죽음을 사색하는 시간

죽음을 사색하는 시간

이창익 지음

인간사랑

죽음을 지우는 시간

죽음과 시간의 관계라는 문제는 얼핏 지나치게 명료해서 이것에 대해 새삼 새로운 이야기를 덧붙인다는 것 자체가 동어 반복에 불과할 수도 있다. 실제로 우리는 일상생활 속에서 부단히 죽음과 시간의 관계에 대한 짤막한 문장들을 발언하고 있으며, 그러한 단문(短文)들의 계열은 대개 논리적 연쇄가 아니라 동어 반복의 양태를 띠고 있다. 따라서 어찌 보면 이 책의 주제는 그리 새롭고 신선한 문젯거리가 아닌 셈이다. 그러나 문장들의 동어 반복적 뒤엉킴이 곧장 하나의 명료한 이야기를 형성하는 것은 아니다. 또한 동어 반복은 논리의 비약마저도 포기한 '선언의 반복'이며 반성을 망각한 '독단의 중얼거림'이기에, 우리는 결코 동어 반복의 이야기에 만족할 수 없다. 그럼에도 불구하고 "시간이 흐르면 인간은 죽는다."라는 문장이 무성 생식과 자가 증식을 거쳐 쏟아 낸 무수한 동어 반복의 단문들이 죽음과 시간의 관계에 대한 일상적인 발언을 지배하고 있다. 그러나 죽음과 시간의 관계라는 문제가 인간 실존에 끼치는 영향의 중대성을 고려할 때, 동어 반복은 실존의 훼손이고 사유의 결손일 수밖에 없다.

죽음과 시간은 유한성의 가장 명확한 표지이다. 시간의 유한성을 구획하는 것이 죽음이고, 죽음을 가져오는 것이 시간이기에 그렇다. 죽음과 시간의 순환론이야말로 유한성의 담론을 형성하는 추축(樞軸)이라 할 수 있다. 따라서 적어도 종교가 유한성 너머의 초월성을 상상하는 일이라고 한다면, 인간 유한성의 가장 명확한 표지인 죽음과 시간은 종교의 가장 일차적인 사유 대상일 수밖에 없다. 그런데 우리는 종교사(宗敎史)를 통해 죽음과 시간의 관계 구조가 단지 동일한 하나의 원을 따라 하염없이 순환하는 것이 아니라, 지름과 고저가 상이한 무수한 나선형의 원들을 형성하며 복잡하게 전개되었다는 것을 알 수 있다. 우리는 종교사를 통해 죽음과 시간의 관계에 대한 사유가 얼마나 다양한 모습으로 전개되었는지, 시간의 문제를 사유하는 방식이 어떻게 죽음의 사실성을 종교적으로 폐기할 수 있는 길을 확보하였는지, 나아가 죽음과 시간이라는 주제가 종교 자체의 논리와 구조를 이해하는 데 얼마나 중요한 것인지를 성찰할 필요가 있다. 그때 비로소 우리는 동어 반복의 구조를 벗어나 죽음과 시간의 관계에 대한 사유가 낳은 다채로운 종교적 발견을 조금이나마 이해할 수 있을 것이다.

죽음을 사색하는 시간

오로지 캄캄한 영화관에 스스로 갇힐 때만 무한성에 대한 상상력에 적대감을 품지 않는 우리 시대에, 인간은 사소하고 하찮은 일들의 영원 회귀를 매일같이 일상 속에서 경험하며 자신의 유한한 시간을 소진한다. 그러다 보면 언젠가 불현듯 죽음이 질병이나 사고의 가면을 쓰고 찾아올 것이다. 이러한 세계 속에서 인간은 유한과 무한의 변증법이 형성하는 구원론적 세계상을 망각할 수밖에 없다. 동어 반복은 망각의 징후이다. 그러므로 동어 반복적 단문들의 틈새에 '새로운 언어'를 이식하여 동어 반복의 사슬을 끊어 버리는 일이 무엇보다 절실하다. 그때 비로소 우리는 새로운 죽음, 새로운 시간을 만날 것이다.

이 책에서 나는 죽음과 시간의 관계 문제를 중심으로 유한과 무한의 변증법이 낳은 몇 가지 종교적 상상력을 유형화하고자 노력할 것이다. 그리고 무엇보다도 죽음의 문제를 해결하고자 했던 다양한 종교적 상상력을 이해하는 데 있어서 시간의 문제가 중요한 열쇠가 될 수 있다는 것을 보여주고자 할 것이다. 나아가 이 책은 구원론적 상상력을 요청하는 실존적인 고백을 주눅 들게 하고 실존의 혀를 마비시키는 그러한 현대적 세계관들에 대한 비판적 검토를 의도한다. 이 책의 지속적인 관심은 시간관의 타락이 죽음의 실존적인 의미를 형해화하는 과정을 포착하는 데 있다. 어떤 시간을 사느냐에 따라 죽음의 의미가 달라진다. 그리고 우리의 삶이 형성하는 시간의 구조가 우리가 경험하는 죽음의 구조에 영향을 미친다. 그런데 어떤 현상의 의미가 경화된다는 것은 주체와 객체의 만남이 철저히 경험의 경계선 안에 유폐되어 있음을 가리킨다. 경험의 현실성이 경험의 잠재성을 억압할 때, 경험론이나 과학주의나 역사주의가 종교적 전승이 지닌 존재론적 힘을 과소평가할 때, 다시 말해서 우리의 경험 안에서 종교가 더 이상 시(詩)를 쓰지 않을 때, 인간은 날것 그대로의 사물들이 형성하는 날카롭고 뾰족한 세계를 아무런 보호 장비 없이 견뎌야 한다.

이 책에서 나는 종교적 상상력이 계속해서 우리의 귀에 나지막이 속삭이는 소리, 즉 "어떻게든 끝까지 살아남아야 한다."는 그 소리를 복원하고자 노력할 것이다. 설사 종교의 이야기를 아무런 객관적 토대가 없는 허구라고, 비현실적인 허튼소리라고, 실체 없는 환상이라고 비난하더라도, 그러한 허구나 허튼소리나 환상 없이 우리가 이 날카롭고 뾰족한 세계를 견디기는 좀처럼 쉽지 않다. 우리가 사는 지금 이 세상은 사실과 진실만을 보라고, 허구와 거짓과 가짜를 경계하라고 강조한다. 그러나 사실을 의도적으로 왜곡해야만, 진실로부터 얼굴을 돌려 거짓을 먹어야만 겨우 숨을 쉬며 살아갈 수 있는 순간들이 있다. 사실이나 진실이 우리를 구원하는 것이 아니라, 오로지 허구와 거짓과 환상만이 우리를 구원할 수 있는 순간들이 있다. 어쩌면 죽음이야말로 바로 그러한 순간인지도 모른다. 차디찬 죽음의 살갗에 우리의 따뜻한 손을 얹을 때, 우리의 객관적인 눈은 점점 침침해지기 시작한다. 우리는 진실과는 거리가 먼 거짓말을 늘어놓기 시작하며, 사실과는 전혀 다른 허구와 환상에 매혹당하기 시작한다.

그렇다면 종교는 우리가 자살하지 않고 끝까지 세상을 살아갈 수 있

죽음을 사색하는 시간

도록 하는 선의의 거짓말에 불과한 것 아닌가? 나는 그렇지는 않다고 생각한다. 나는 그저 현대 세계에서 종교가 처한 상황을 의도적으로 강조하기 위해 종교에 대해 거짓말, 환상, 허구, 허튼소리 같은 부정적인 표현을 사용했을 뿐이다. 설령 종교를 거짓이라고 비난하더라도, 종교는 그냥 거짓이 아니라 유구한 역사를 지닌 거짓이며, 그 거짓을 진실이라 믿은 무수한 사람들이 있었던 거짓이며, 심지어는 명확한 진실조차도 쉽게 지워 버릴 만큼 강한 힘을 지닌 거짓이며, 나아가 진실보다도 논리적으로 더 치밀하게 조직된 지적인 거짓이다. 종교는 종교 밖의 진실을 날것 그대로 받아들이지 않고, 종교적인 맥락에서 재해석한 다음에 받아들인다. 그러므로 모든 진실은 종교 안에 흡수되는 순간 본래의 의미를 잃을 뿐만 아니라 전혀 예상치 못한 새로운 의미를 얻게 된다. 다시 말해서 종교 밖에서는 명확한 진실이었다 하더라도, 종교 안에서 이 진실은 진위(眞僞)의 맥락을 벗어난 전혀 다른 의미를 띠게 된다. 종교는 의도적으로 거짓말을 하는 것이 아니라, 세상의 모든 진실의 의미를 바꾸고 뒤틀고 조작하고 변형시키는 '의미의 실험'을 전개하며, 이로 인해 필연적으로 진실을 전복시킨다. 나는 종교가 극단적으로 전개하는 이러한 '의미의 실험'에 주목하고자 한다.

　현대 세계는 인간의 유한성에 대한 승인을 기반으로 하고 있으며 유한과 무한의 변증법을 적극적으로 간과한다. 그러나 유한과 무한의 변증법은 종교적, 구원론적 삶을 가능하게 하는 모체일 뿐만 아니라, 당해 문화가 자신의 한계상황을 초극할 수 있게 하는 신화적이고 시적인 핵심 동력이다. 인간은 자기 주변에 있는 모든 불완전한 것들을 감싸 안는 완전성의 향기, 즉 원형의 세계를 직관하는 능력을 갖고 있다. 따라서 인간이 죽음이 사라진 세계, 또는 더 이상 죽지 않는 인간을 상상하는 일은 매우 자연스럽다. 모든 불완전한 것은 자연스럽게 완전성에 대한 상상력을 자극하기 때문이다. 그렇다면 종교는 인간의 불완전성에 대한 자연스러운 직관의 산물이다. 그리고 인간은 종교라는 이름으로 전승되는 '원형의 전설'을 통해 현실 세계 너머의 다른 세계를 경험하면서 생(生)의 또 다른 의미를 포획한다. 우리가 감내하는 고통과 무의미의 경험적 세계가 '원형의 전설'로 새롭게 재해석될 때, 비로소 우리는 살다가 언젠가는 결국 죽고 마는 존재에 그치는 것이 아니라, 삶 속에서 무수히 죽고 무수히 부활하는 삶을 살 수 있을 것이다. 모든 문화는 현재 안에 침전된 과거의 전승을 재해석하여 현재의 문제를 넘어서는 새로운 미래상을 그려야 한다. 그러나 우리의 현재 문화는 여전히 원형과 실존의 간극을 조금도 극복하지 못하고 있으며, 우리 세계는 우리가 과거 없는 인간, 오로지 현재 안에서만 잠깐씩 존재하는 인간이 되기를 원하는 것 같다.

이 책에서 나는 현대 세계의 여전한 허무주의를 넘어서기 위해, 신화적 지향성의 회복이라는 문제를 중심으로 삶과 죽음의 실존적 의미를 환기시키고자 한다. 우리는 인간 의식이 지니는 원형에 대한 지향성을 살펴봄으로써, 현재의 자리에 새겨진 영원에 대한 지향성을 드러낼 수 있을 것이다. 원형은 존재의 그림자, 존재의 가능성, 존재의 의미 같은 것이다. 그런데 원형의 세계에 의해 생의 무의미를 정화하는 일은 구원론적 시간성의 지평을 회복할 때만 가능하다. 구원론적 시간성은 시간과 영원의 변증법에 의해 생의 무의미를 초극하게 하는 시간성을 의미한다. 이 책에서 우리는 신화적 시간성에 대한 고찰을 통해 구원론적 시간성이 도대체 현재 우리에게도 가능한지를 물을 것이다. 죽음은 인간의 삶에 시간성을 부여한다. 죽음 의식에 의해 인간은 영원한 현재에 머물지 못하고 과거, 현재, 미래로 분할된 시간 지평에서 살게 된다. 우리는 자신이 소모한 시간의 총량, 자신에게 남겨진 시간의 잔량을 계량하며 살아간다. 이러한 시간관 안에서 인간은 태어나자마자 바로 죽기 시작한다. 나의 정신 세계에 들어온 현실 세계의 거주자들이 하나둘씩 죽어 갈 때, 우리도 그렇게 조금씩 죽어 간다. 어떤 시간이든 죽음을 내포하지 않은 시간은 없게 된다. 철저하게 인간이 시간성의 무게에 짓눌리게 되는 것이다. 우리의 많은 문제는 시간의 압력에서 비롯한다.

이 책에서 나는 시간에 대한 사유와 죽음의 구원론 사이의 접점을 드러내고자 할 것이다. 다시 말해 시간과 영원의 변증법이 구원론적 시간성을 형성하고, 나아가 구원론적 시간성이 죽음의 구원론을 서술하는 그러한 시간 의식의 진행 과정을 묘사하고자 한다. 이를 위해 우리는 시간관에 아로새겨진 죽음관을 해석할 수 있어야 한다. 특정한 시간관은 특정한 죽음관을 내포한다. 타락한 시간관이란 구원론적 시간성을 망각한 시간관이며, 이러한 타락에 의해 죽음의 허무주의가 발생한다. 그러므로 죽음의 허무주의를 치유하려면 먼저 시간관에 대한 비판을 수행할 필요가 있다. 이러한 비판 과정을 통해 우리는 구원론적 시간성의 중요성과 종교적인 담론의 인간학적 위상을 재확인할 수 있을 것이다.

인간은 죽음을 먹어야만 생명을 유지한다. 즉 우리는 다른 존재의 몸을 먹어 우리의 몸을 만든다. 더 이상 죽음을 먹을 수 없을 때 우리는 스스로 죽음이 되어 세상의 먹이가 된다. 우리의 시간은 죽음의 선물이다. 우리는 항상 책 속에서 죽은 자의 말을 경청한다. 그리고 그 말들을 집적하여 우리만의 시간을 창조한다. 책을 쓴다는 것은 죽기 전에 미리 죽음을 연습하는 행위일지도 모른다. 나는 글 속에 나의 시간을 뿌리고, 그 시간이 나의 몸을 대신하여 누군가에게 말이 되어 부활한다. 죽음은 시간을 만들고, 시간은 죽음을 지운다.

이 책의 1부 '살아 있는 죽음'은 『월간미술』 2017년 12월호에 발표한 「죽지 않는 것들의 죽음에 관하여」와 2010년 3월 『역사와 문화』 19호에 발표한 「죽음의 연습으로서의 의례: 이중 장례식의 구조와 의미」를 새로 고쳐 쓴 것이다. 2부 '죽음의 해부도'와 3부 '죽음 너머의 시간'은 1998년 2월에 발표한 「시간과 죽음의 상관성에 대한 연구」라는 제목의 석사학위논문을 물음만 남겨둔 채 모두 새로 다시 쓴 것이다. 따라서 이 책은 이십여 년 전에 내가 처음 제기했던 학문적 물음을 뼈대로 삼고 있다. 4부 '사라지는 죽음'은 2013년 9월 『종교문화비평』 통권 24호에 발표한 「죽음에 관한 일곱 가지 이야기: 정진홍의 죽음론」을 새로 고쳐 쓴 것이다. 1부에서는 '이중 장례식'을 중심으로 하여 원시적인 죽음 관념의 밑그림을 그리고자 한다. 2부와 3부에서는 '시간 관념'을 중심으로 하여 죽음의 신화를 구성하는 주요 개념을 분석하고자 한다. 마지막으로 4부에서는 '좋은 죽음'이라는 주제를 중심으로 하여 현대적인 죽음 관념을 비판적으로 서술하고자 한다.

몹시도 무더웠던 2018년 여름, 나는 연구자로 살아온 지난 세월을 되돌아보게 하는 학문적 한계에 봉착했다. 이 한계는 외적 조건의 한계이자 내적 상태의 한계였다. 나는 이 한계를 넘어서기 위해 어쩌면 매우 진부하게 들릴 수도 있는 '처음으로의 회귀'라는 방법을 선택했다. 그래서 내가 학문의 장에서 처음 발표했던 글, 나도 모르는 사이에 내 학문의 시작을 알렸던 글, 너무 초라하고 부끄러워 다시 꺼내기 힘든 그 글을 새로 읽기 시작했다. 아울러 당시에 그 글을 쓰기 위해 읽었던 책들을 다시 읽기 시작했고, 내처 읽지 못했던 글까지 읽기 시작했다. 나는 나의 처음으로 돌아가 그토록 불완전하고 처량했던 나의 처음을 치유하고자 했다. 내가 돌아간 처음은 완전한 처음이 아니라, 너무도 불완전해서 지우고 다시 써야 하는 처음이었다. 따라서 이 책은 내가 처음 썼던 글을 지우고 다시 쓴 글이다. 이 책으로 인해 나의 처음은 아주 작은 부분을 제외하고 대부분 지워졌다. 그렇지만 이 책은 내가 처음 품었던 질문을 그대로 보존하고 있다. 따라서 이 책은 나의 첫 질문에 대한 조금은 덜 불완전한 해답이기도 하다. 그래서 나는 나의 한계를 잘 넘어섰는가? 아직은 알 수 없다. 다만 이 책이 상당 부분 나의 많은 문제를 치유해 줄 것이라 믿고 싶다. 그리고 이 책이 나처럼 내적이며 외적인 한계에 봉착한 누군가에게 조금이나마 도움이 되기를 바랄 뿐이다. 이 책에 녹아 들어간 나의 시간이 누군가를 위한 시간의 다리가 될 수 있기를 기원한다.

나는 기나긴 장마가 뜨거운 태양을 지워 버린 2020년 여름에야 이 책을 완성할 수 있었다. 올여름 이 책의 1부를 다시 쓰는 동안 나는 일정한 존재의 위기를 겪었고, 내가 책에 뿌린 문자를 하나씩 따라가며 서서히 이 위기를 벗어날 수 있었다. 따라서 처음부터 끝까지 나에게 이 책은 위기의 산물이자 위기의 치료였다. 이 책을 시작하면서 나는 삶의 곳곳에 움푹 팬 '존재의 빈자리'를 메우고 싶었다. 그러나 이 책을 끝내면서 나는 '존재의 전달'이라는 문제에 사로잡혔다. 존재는 우리 안에 있는 것이 아니라 우리 밖에 있다. 나의 존재는 온전한 하나로 내 안에 저장되어 있는 것이 아니라, 내 밖에 흩뿌려진 수많은 조각들로 존재한다. 산다는 것은 그러한 존재를 안으로 모았다가 다시 밖으로 내던지는 일의 반복이라는 생각이 들었다. 그렇다면 순수한 존재는 없다. 우리의 존재는 삶 속에서 끊임없이 타인의 존재와 뒤섞인다. 누구든 세상에 자신의 존재를 흩뿌리며 살아간다. 다만 존재의 강약과 광협이 있을 뿐이다. 이 책을 쓰면서 나는 계속해서 아직 있는 사람과 이제 없는 사람을 생각했다. 그리고 그 모든 사람이 나에게 전달한 존재의 조각, 즉 존재의 힘을 느끼려 했다. 이 책은 한때 나와 삶을 공유했던, 그리고 지금도 나와 삶을 공유하고 있는 모든 사람에게 전하는 서툰 감사의 표시다. 이제 이 책이 세상의 언어와 섞여 누군가에게 조금이나마 존재의 힘을 전달해 주기를 바랄 뿐이다.

2020년 8월

이창익

차례

프롤로그: 죽음을 지우는 시간   5

1부 살아 있는 죽음   21

1. 죽음의 죽음   23
2. 살과 뼈   31
3. 미라와 화장   37
4. 식인 의식과 침묵의 탑   43
5. 죽음의 지연   49
6. 애도 기간   54
7. 무덤과 유골   59
8. 환생의 신화   67
9. 모든 인간의 부활   73
10. 영혼의 식민지   76
11. 죽음의 완성   84
12. 죽음의 무게   89
13. 사물과 영혼   94

2부 죽음의 해부도   105

1. 일생 관념   107
2. 신(神), 시간의 실   116
3. 탄탈로스의 바위   121

4. 죽음 문화   127

5. 죽음 이전의 죽음   132

6. 죽음 이후의 죽음   140

7. 불멸과 필멸   145

8. 영혼의 탄생   150

9. 옷의 신학   160

10. 부활 연습   166

11. 죽음의 시간성   173

12. 내세   178

13. 시간 지우기   183

14. 세네카의 시간   195

15. 폴 리쾨르와 가짜 죽음   208

16. 자살의 유혹   217

17. 자살에 저항하는 힘   228

18. 자살의 거부   237

3부 죽음 너머의 시간   257

1. 죽음과 역사   259

2. 아우구스티누스의 시간   268

3. 시작의 마법   275

4. 시간 밖의 시간   286

5. 원의 죽음   296

6. 시간의 공포   304

7. 영원회귀의 시간   315

8. 자기 지우기   323

9. 지울 수 없는 죽음   330

10. 무의미한 죽음   341

11. 모르스 케르타, 호라 인케르타   352

12. 죽음의 탄생   362

13. 죽은 자의 존재 방식   375

14. 두 개의 미래   381

15. 투우장의 신비   386

16. 철학적인 죽음   395

17. 기독교적인 죽음   404

18. 죽음의 역류   414

19. 영지주의와 죽음   422

20. 조로아스터교와 죽음   442

21. 천사가 된 인간   453

4부 사라지는 죽음   471

1. 기억의 하데스   473

2. 자연적인 죽음   477

3. 죽음의 중지   482

4. 죽음의 부정   491

5. 좋은 죽음은 없다   499

참고문헌   508

1부
살아 있는 죽음

1. 죽음의 죽음

이제 우리가 경험하는 죽음은 더 이상 종교가 제시하는 죽음의 이미지, 또는 불멸의 이미지를 필요로 하지 않는 것 같다. 우리는 전통적인 죽음의 이미지가 현재 우리 시대에서 여전히 유효하게 기능하고 있는지에 대해 질문을 던질 수 있다. 아무도 천국과 지옥을 믿지 않는데도, 누구도 더 이상 혼령의 존재를 염두에 두지 않는데도, 환생은 그저 드라마의 재료일 뿐인데도, 우리의 종교는 여전히 과거와 똑같은 죽음 표상을 고수한다. 이러한 죽음 표상이 누군가에게 도움을 주고 있기는 한 것일까? 인간의 생물학적 복제를 이야기하고, 로봇과 인공지능이 실현할 '인간 이후의 인간'을 이야기하는 이 시대에, 아직도 죽음의 문제에 대처할 수 있는 것은 오로지 종교뿐이라고 주장할 수 있을까? 우리에게 죽음의 문제는 상당 부분 종교적인 죽음 표상과 실제적인 죽음 경험의 불일치에서 생겨나는 것 아닐까? 어쩌면 종교적인 죽음 표상이 우리가 죽음과 똑바로 만나는 것을 방해하고 있는 것은 아닐까?

이 책의 끝에서 좀 더 자세히 이야기하겠지만, 지그문트 바우만은 『필멸성, 불멸성 그리고 다른 삶의 전략들』이라는 책에서 근대성이 어떻게 죽음을 해체했는지를 이야기한다. 그는 이러한 해체 현상을 "죽음의 죽음" 또는 "죽음의 살해"라고 표현한다.[1] 근대성은 죽음을 수많은 죽음의 원인, 즉 무수한 질병으로 해체한다. 따라서 인간은 죽음과 싸우지 않고 죽음의 원인과 싸우면 된다. 이제 인간은 죽지 않기 위해 달걀을 먹지 않고, 담배를 끊고, 운동을 하고, 몸무게를 줄이면 된다. 이것은 필멸성이라는 극복할 수 없는 '큰 죽음'을 인간이 싸울 수 있는 무수히 많은 '작은 죽음'으로 잘게 조각내는 것과도 같다. 죽음을 더 작은 조각으로 분할할수록, 죽음을 극복하는 능력은 향상된다. 종교는 필멸성과 싸우지만, 의학은 질병과 싸운다. 이제 사람들은 죽음이라는 문제를 교회가 아니라 병원에서 해결한다. 이러한 세계에서 인간은 불멸을 꿈꾸는 것이 아니라 매 순간의 건강을 추구한다. 그렇다면 근대 세계에서 종교가 주장하는 죽음 표상은 발붙일 곳이 없다.

그런데 역설적으로 근대성은 삶의 끝에 놓인 '큰 죽음'을 무수히 많은 미세한 죽음 조각으로 분할함으로써 삶 전체를 죽음으로 물들게 했다. 삶의 공간 어디에서든 죽음의 씨앗이 자라며, 어떤 사물이라도 죽음의 원인이 될 수 있는 시대가 된 것이다. 이때 삶은 사라지고 생존만이 절대 가치가 된다. 삶은 무수한 '작은 죽음'에서 살아남는 과정이 된다. 그러나 근대의 끝에서 차츰 인간은 죽음을 완벽히 해체하는 일의 불가능성을 깨닫게 되었다. 바우만에 따르면, 근대 이후의 세계에서 인간은 오히려 불멸성을 해체하는 전략을 구사한다. '큰 불멸성'을 잘게 분해하여 행복이라는 무수한 '작은 불멸성'으로 해체하는 것이다. 이제 사람들은 삶의 끝에 자리하는 천국의 환희를 기대하기보다 일상생활에서 누릴 수 있는 작은 쾌락과 환희, 즉 웰빙에 몰두한다. 삶의 끝에 놓인 불확실한 천국을 갈구하기보다 삶의 매 순간에서 행복한 '작은 천국'을 건설하고자 한다. 바우만은 이러한 현상을 '불멸의 죽음'으로 개념화한다.[2] 근대성이 '죽음의 죽음'을 초래했다면, 이로 인해 근대 이후의 인간은 '불멸의 죽음'을 맞이하게 된다. 죽음이 사라진 시대에 더 이상 불멸이 기능할 자리는 없다.

바우만에 따르면, 이제 인간은 죽는 것이 아니라 사라질 뿐이다. 어제까지는 살아 있던 누군가가 갑자기 삶의 공간에서 소멸하는 현상, 이것이 지금 우리가 죽음이라 부르는 것이다. 사람들은 더 이상 자연사(自然死)를 겪지 않으며, 모두가 충분히 늙기 전에 죽는다. 죽음은 더 이상 과거에 우리 조상들이 경험하던 그런 죽음이 아니다. 장례식은 질병이라는 '작은 죽음'에 허망하게 쓰러진 자들을 향한 애도일 뿐이다. 이제 누구도 천국에 가기를 원하지 않는다. 사람들은 그저 매 순간 행복하기만을 바란다. 불멸이 사라진 시대는 신이 사라진 시대이기도 하다. 지금 우리는 신조차도 죽는 시대, 신이 죽는다고 해도 전혀 이상하지 않은 시대를 살고 있다. 이제 사람들은 종교적인 죽음 표상을 받아들이지도 않고, 나아가 불멸성의 이미지에 매혹되지도 않는다.

따라서 우리는 과연 종교가 여전히 죽음 문제에 대한 해답의 역할을 할 수 있는지를 물어야 한다. 종교가 죽음의 문제를 어떻게 처리하는지, 또는 종교에서 죽음이 어떤 이미지로 치환되거나 압축되어 처리되는지에 대해 간단히 서술할 수는 없다. 그렇지만 어떤 형태로든 구원의 매체로 기능하려면, 종교는 인간의 가장 큰 슬픔이자 전 존재의 실패인 죽음의 문제에 무관심할 수 없다. 죽음의 문제에 대해 아무런 해답도 제시하지 않는 종교를 향해 누가 왜 모든 것을 내팽개치고 온 몸을 던져야 한단 말인가? 그런데 사람들은 종교를 일차적으로 죽음의 문제에 대처하는 초월적인 방식이라고 정의하기도 한다. 실제로 종교는 죽음을 죽이거나 죽음을 이완시키는 여러 기술, 즉 불멸성의 제작 기술을 발전시켰다.

인간이 얼마나 비합리적인 존재인지를 알려면, 죽음에 대처하는 인간의 일반적인 방식을 살펴보면 된다. 태어나서 한동안 인간은 마치 자기가 절대 죽지 않을 것처럼 살아간다. 살아 있는 동안 인간은 자신의 죽음을 하나의 객체로 마주할 수 없고, 죽음을 맞이했다면 더 이상 죽음을 느낄 주체가 없기 때문에, 죽음은 결코 인식의 구조 속에 들어올 수 없다는 점을 위안으로 삼기도 한다. 그러나 우리의 실제 삶은 이와 다르다. 산다는 것은 타인의 죽음을 만난다는 것이고, 이로 인해 우리는 타인의 죽음들이 조금씩 나를 죽이고 있다는 것을 서서히 경험한다. 타인의 죽음은 내가 타인과 함께 구축한 세계의 사라짐일 뿐만 아니라, 나의 존재를 구성하는 데 참여했던 타인의 사라짐이기도 하다.

이처럼 타인의 죽음을 통해 우리는 서서히 작은 죽음들을 축적한다. 인간은 하나의 세계가 아니라 여러 겹의 세계에 동시에 거주하기 때문에, 나와 신체적으로 연결된 타인에서 나와 관념적으로만 연결된 타인에 이르기까지 여러 종류의 타인들 속에서 살아간다. 그래서 어떤 죽음은 가까이에서, 어떤 죽음은 아득히 먼 곳에서 일어난다. 타인의 죽음이 나에게 미치는 영향력도 천차만별이다. 산다는 것은 서로 다른 밝기와 강도를 지닌 작은 죽음들이 우리의 몸속으로 하나둘씩 스며드는 과정이다. 따라서 인간은 갑자기 죽지 않는다. 인간은 서서히 죽어 갈 뿐이고, 우리가 죽음이라 부르는 삶의 끝은 그저 느린 죽음 과정의 휴식일 뿐이다. 나의 세계는, 나의 신체는 그렇게 서서히 무너진다. 사실 우리는 항상 죽어 가고 있다. 우리는 나의 죽음에 앞서 타인의 죽음을 통해 계속해서 죽음을 학습한다. 그리고 이러한 죽음 경험이 내가 지닌 죽음 표상을 구성한다.

신화는 죽음이라는 문제를 "왜 인간이 불멸성을 상실했는가?"라는 질문으로 치환한다. 종교도 죽음을 몰랐던 인간이 죄, 실수, 오만, 탐욕 등의 이유로 죽게 되었다고 말한다. 예컨대 에덴에 살던 최초의 인간은 신이 먹지 말라고 한 것을 먹는 바람에 죽음을 맞이한다. 어떤 신화에서 인간은 바나나를 먹는 바람에 죽게 되고, 다른 신화에서 인간은 신의 목소리를 듣지 못하는 바람에 죽게 된다. 클로드 레비스트로스가 말하듯, 죽음의 신화는 먹지 말아야 할 것을 먹거나, 들어야 할 소리를 듣지 못하거나, 보지 말아야 할 것을 보거나, 맡지 않아야 할 악취를 맡거나, 신체 접촉에 대한 갈망을 이기지 못하는 바람에 인간이 불멸성을 상실했다고 이야기한다. 이처럼 죽음의 신화는 특정 감각이 죽음의 원인이라고 말한다.[3]

실제로 죽음에 대처하는 종교의 해결책은 항상 감각적이다. 종교는 먹지 말라고, 듣지 말라고, 보지 말라고, 냄새를 없애라고, 타인의 신체를 멀리하라고 가르친다. 예컨대 금욕이나 금식이 죽음에 저항하는 신체를 만든다고 말하기도 하고, 신성한 음식이나 음료를 먹으면 불로장생한다고 말하기도 한다. 종교는 죽음을 마치 치유할 수 있는 질병인 듯 이야기한다. 종교에서 죽음의 문제는 보통 어떻게 하면 우리가 잃어버린 불멸성을 되찾을 수 있는가 하는 문제로 변형된다. 그렇다면 우리가 앞서 살펴본 근대성의 경우처럼, 종교도 죽음을 감각의 단위로 해체하여 정복하는 것 같다. 다만 죽음의 원인이 질병인가 감각인가 하는 차이만 있을 뿐이다.

어떤 종교에서는 윤회를 통한 재생(再生)을 주장함으로써 죽음의 문제를 극복한다. 이때 죽음은 그저 완전히 다른 삶을 시작할 수 있게 하는 출발점일 뿐이다. 게다가 현생의 삶이 선하다면 내생에서는 존재의 등급을 끌어올릴 수도 있다고 주장한다. 윤회 개념을 확장하면, 인간은 재생을 통해 식물, 동물, 곤충, 물고기, 심지어는 신이 될 수도 있다. 현생에서 인간은 결코 다른 인간이 될 수 없지만, 환생을 통해 인간은 죽음의 도움으로 성별과 지위를 넘나들며 모든 종류의 인간이 될 수 있다. 모든 인간의 몸과 마음을 관통하는 존재가 신이라면, 결국 인간은 환생을 통해 전 존재를 통과하며 신의 영역에 접근하게 된다. 죽음은 인간의 완성을 위해 모든 존재를 연결함으로써 불멸에 이르는 통로가 된다. 그러므로 모든 존재 영역을 체험하여 신적 상태에 이른 인간, 즉 이제는 더 이상 죽을 필요가 없는 인간이 되는 것이 이러한 종교적 환생의 목표가 된다. 여기에서 죽음은 인간과 인간, 인간과 동물, 인간과 식물의 경계선일 뿐이다. 죽음이라는 경계선을 넘어야 우리는 비로소 다른 존재로 변신할 수 있다. 그렇다면 윤회도 죽음을 '무수한 죽음'으로 확장할 뿐이다.

짐바브웨의 쇼나족(Shona)은 어린아이는 어머니에게 물려받은 부드러운 살과 피를 지니고 있다고 믿었다. 어린아이는 처음에는 딱딱한 뼈가 없지만, 자라면서 점점 내부가 딱딱해진다. 쇼나족은 몸 안의 딱딱한 물질이 아버지와 조상으로부터 온다고 믿었다. 그러므로 삶은 몸이 점점 딱딱해지는 과정, 즉 몸 내부에서 뼈가 자라는 과정으로 이해되었다. 마찬가지로 마다가스카르의 메리나족(Merina)은 사람은 젖은 요소와 마른 요소로 이루어져 있다고 믿었다. 막 태어난 아이는 젖은 요소가 지배적이지만, 성장하면서 점점 마른 요소가 아이를 지배하게 된다. 그러므로 산다는 것은 마른 요소가 젖은 요소를 압도하게 되는 과정이다. 메리나족은 사람이 죽으면 가매장을 해서 시신을 말리는 과정을 일정 기간 지속시켰다. 그리고 젖은 요소가 완전히 사라지면, 즉 뼈만 남

게 되면, 이때 비로소 가족 무덤에 뼈를 안치했다. 그러므로 산다는 것
은 뼈가 점점 자란다는 것이고, 뼈가 자라는 과정은 조상이 되는 과정
이며, 죽음 후에 시신이 육탈하고 나서야 '조상 되기'의 과정이 완성된
다. 결국 이들에게 삶은 조상이 되는 과정, 즉 조상들이 거주하는 죽음
의 세계로 조금씩 진입하는 과정이다. 이처럼 쇼나족과 메리나족은 삶
의 과정을 일종의 죽음의 과정으로 묘사함으로써, 삶과 죽음이 모두 불
멸화 과정에 필수적인 요소라고 주장했다.[4]

결국 종교적인 죽음 표상도 '죽음의 죽음'을 의도하는 것처럼 보인
다. 어떻게든 죽음은 죽음 아닌 것으로 변형된다. 종교는 인간에게 언젠
가 찾아올 죽음을 기다리지 말고 천천히 죽음의 세계를 향해 나아가
라고, 죽기 전에 미리 죽음과 불멸을 동시에 연습하라고 말한다. 그러나
근대적인 인간은 불멸과 단절된 '벌거벗은 죽음'을 마주해야 했다. 심지
어 이제 인간은 죽음 없는 불멸의 시대를 기대하고 있는 것처럼 보인다.
비록 아직은 공상 과학 영화에 머물고 있지만, 우리는 뇌와 마음을 복
제하여 죽지 않고도 불멸하는 인간에 대한 상상력을 전개하고 있다. 이
제 살아간다는 것은 우리의 몸 안팎에서 더 많은 플라스틱과 금속을
받아들이는 과정을 의미하는 것 같다. 플라스틱과 금속이 인간을 구원
할 새로운 뼈가 되고 있다. 이제 조상이 된다는 것은 인간이 플라스틱
과 금속 안에 저장된다는 것을 의미한다. 그렇더라도 인간이 죽음에서
풀려난 불멸을 통해, 죽음 없는 불멸과 불멸 없는 죽음을 통해 정말 종
교를 살해할 수 있을까? 먼저 우리는 장례식이라는 생생한 죽음의 현장

안으로 깊숙이 들어가 죽음에 대한 이야기를 시작할 것이다.

2. 살과 뼈

죽음은 절대적인 영향력을 행사하는 가장 강력한 개념이자 실재이다. 그런데 죽음 연구에 뛰어드는 순간, 우리는 '죽음 개념'의 차이에 주목하지 않을 수 없다. 우리가 죽음을 정의하고 이해하고 처리하는 방식은 항상 역사적이고 사회적이고 정치적인 특수한 죽음 개념의 산물이기 때문이다. 우리는 여기에서 어찌 보면 매우 생소한 죽음 개념 하나를 자세히 살펴볼 것이다. 이를 통해 우리는 현재 우리의 죽음 개념이 얼마나 빈곤하고 처량한지를 알게 될 것이다. 또한 우리는 장례식을 비롯한 의례 장치들이 어떻게 죽음을 연습하는 현장으로 기능했는지를 살펴볼 것이다. 원래 장례식은 죽음을 극단적으로 가시화함으로써 사람들이 죽음을 직접 응시하며 넘어설 수 있는 기회를 제공했다. 또한 매우 기이하고 과도한 장례식에 대한 분석을 통해, 우리는 현대 사회를 특징짓는 '죽음의 비가시화' 현상이 우리의 죽음 관념을 상당 부분 왜축시키고 있다는 것을 알 수 있을 것이다.

프리드리히 막스 뮐러는 『인간학적 종교』에서 "죽음이 일깨우는 감정은 자연스럽게 종교적인 성격을 띤다. 죽음의 광경은 좋든 싫든 인간으로 하여금 저 너머의 것, 우리 감각의 한계를 넘어서는 것, 다시 한 번 무한한 것이라고 불릴 만한 것과 대면하게 한다."라고 말한다.[5] 그런데 죽음을 저 너머의 세계와 연결하는 가장 중요한 매체는 아마도 영혼일 것이다. 장례식은 인간의 몸에서 영혼을 증류하는 기술이다. 그러므로 장례식은 부패하는 신체에서 영혼을 구제하기 위한 일련의 세밀한 절차로 구성된다. 우리는 단일한 장례식이 몸의 장례식과 영혼의 장례식, 또는 살의 장례식과 뼈의 장례식으로 이중화되는 사례를 제시함으로써, 장례식이 어떻게 영혼의 추출 장치로 기능했는지를 살펴볼 것이다.

우리는 죽음과 장례식에 대한 고전적인 연구인 「죽음의 집합 표상 연구를 위한 기고」라는 로베르 에르츠의 글을 이야기의 골격으로 삼을 것이다.[6] 에르츠의 이중 장례식 연구는 장례식의 원형적 구조를 찾기 위한 시도이다. 그의 연구를 통해 우리는 장례식의 원형과 변종 사이의 다양한 거리를 측정함으로써, 장례식의 형태론, 나아가 죽음의 형태론까지도 서술할 수 있는 중요한 단서를 얻을 수 있다. 장례식의 형태론을 서술할 수 있다면, 우리는 그에 상응하는 죽음 개념의 다양한 변형 과정까지도 추적할 수 있을 것이다. 에르츠의 이중 장례식 연구는 그 중요성에도 불구하고 아직까지도 국내에 제대로 소개되지 않고 있다. 우리는 에르츠의 복잡한 논의를 하나씩 따라가면서, 장례식 연구가 죽음 연구의 전체 주제를 어떻게 포괄하고 있는지를 살펴볼 것이다.

우리는 죽음이 무엇인지를 잘 알고 있다고 믿는 것 같다. 그러나 우리의 상식과 달리 죽음의 문제는 그리 단순하지 않다. 왜냐하면 인간에게 죽음은 단순한 생리학적 현상이 아니라, 믿음, 정서, 행위 등이 결부된 복잡한 현상이기 때문이다. 보통 죽음과 매장 사이에 이삼 일 정도의 시간 지연이 요구된다. 이것은 단지 장례식에 필요한 물품을 준비하고 친척과 친구를 불러 모으기 위한 것이 아니다. 장례식은 죽음을 그저 수용하는 것이 아니라 통제하고 관리하려는 의도에서 거행된다. 장례식은 죽음에 대한 사회적 선언이므로 장례식을 치르지 않은 죽음은 죽음으로 인정받기 힘들다. 장례식이 완료되기 전에 인간은 아직 죽은 것이 아니라고 말할 수도 있다.

에르츠는 장례식의 구조를 시신, 영혼, 생자(生者)라는 세 가지 범주로 나누어 서술한다. 에르츠가 분석하는 인도네시아 보르네오의 다약족(Dayak)은 시체를 바로 매장하지 않고 일시적인 거처에 다소 긴 기간 동안 놓아두었다가 최종 장례식을 거행했다.[7] 족장이나 부유한 자의 시신은 최종 장례식 때까지 집에 안치했으며, 마지막에는 관에 시신을 넣은 다음 수지(樹脂)로 관을 봉했다. 보르네오가 네덜란드의 식민지가 되고 나서 네덜란드 당국은 위생학적 이유를 내세우며 시체를 묻지 않는 이러한 관습을 금지했다. 다약족은 수십 가구가 함께 거주하는 롱하우스(longhouse)라는 공동 연립 주택에서 살았고, 길쭉한 집 한 채가 하나의 마을을 형성하고 있었기 때문에, 시신을 집 안에 두는 것은 많은 금기를 발생시켜 살아 있는 자들을 불편하게 했다. 그래서 이미 20세기 초에 장기간의 시체 전시는 매우 드문 현상이 되었다.[8]

집 안에 시신을 두는 불편함을 감수할 만한 죽음이 아닌 경우, 다약족은 며칠 동안 시신을 전시한 후에 작은 나무집이나 지붕이 있는 단

(壇)에 관을 보관했다. 이보다 더 고대적인 관습으로 시신을 나무껍질이나 나뭇가지로 감싼 채 전시하기도 했다. 그리고 이런 것조차 여의치 않을 경우에는 관을 일시적으로 땅속에 매장해 두기도 했다. 그러나 어떤 경우든 예외 없이 시신의 일시적인 일차 보관 장소와 최종적인 무덤은 달랐다. 그리고 일차 장례식에서 이차 장례식까지 소요되는 기간은 천차만별이었다. 최소 7~8개월에서 1년이 걸리기도 했고, 보통은 대략 2년이나 4~6년, 또는 10년이 걸리기도 했다. 인도네시아 티모르 지역에서는 최종 장례식까지 100년이 걸리기도 했고, 이때는 아버지로부터 아들에게 이차 장례식의 의무가 상속되었다.[9]

그렇다면 이처럼 장례식을 지연시키는 이유는 무엇일까? 에르츠에 의하면 죽음 후에 바로 시체를 매장하지 않는 가장 큰 이유는 시체가 완전히 부패하여 뼈만 남게 될 때까지 기다리기 위한 것이다. 부패하여 습해진 시신을 뼈만 남을 때까지 건조시켜야 한다는 생각이 장례 지연의 원인인 것이다. 말레이 제도의 인도네시아인은 시신을 넣고 관을 밀봉한 다음에 관 바닥에 구멍을 뚫어 대나무 대롱으로 부패한 액체를 땅으로 흘려보내거나 질그릇에 모았다. 지역에 따라서 액체가 담긴 그릇을 매일 일정한 의식을 거쳐 비우거나, 액체를 몸에 문지르거나, 액체를 질그릇에 모아 애도 기간 동안 친척들이 쌀에 섞어 먹는 식인 의식(cannibalism)의 모습을 보여주기도 했다. 또한 부패한 액체를 모았던 단지를 이차 장례식 때 깨뜨린 후, 그 일부를 뼈와 함께 두기도 했다. 이러한 기이한 행위들이 뼈의 건조를 위한 과정에 수반되었다. 관을 밀봉하

죽음을 사색하는 시간

는 이유는 시체와 그 냄새의 사악한 힘이 생자에게 영향을 미치는 것을 막기 위한 것이었다. 시신의 눈을 감기거나 몸의 구멍을 동전이나 구슬로 막는 행위도 시신에 내재한 사악한 힘을 물리치거나, 아니면 시신을 외부의 사악한 힘으로부터 보호하기 위한 것이었다고 할 수 있다.[10]

살이 녹아 없어지는 일차 장례식 동안 사자(死者)의 영혼은 이승과 저승 사이에서 방황하는 존재로 그려졌다. 이차 장례식이 거행되기 전까지 죽은 자는 완전히 죽은 것으로 간주되지 않았고 하루에 두 번씩 식사를 제공받기도 했다. 이러한 과도 단계에서 영혼은 이중적인 존재, 즉 이승과 저승 어디에도 아직 깃들이지 못한 주변인이자 이방인이자 침입자로 여겨졌다. 사자의 혼령은 최종적인 휴식을 갈구하며 지상을 배회하는 존재였다. 사자는 갑작스러운 고독을 견디기가 힘들어 생자를 죽음으로 끌어당기는 존재, 생전에 자기가 겪은 온갖 나쁜 일에 대해 복수하고자 하는 존재로 그려졌다. 또한 사자의 영혼은 친척들의 애도 행위를 지켜보다가, 자신의 최종 휴식을 위한 노력을 다하지 않을 때 그들에게 질병을 가져오는 적대적인 존재였다.[11]

따라서 아직 이차 장례식에 도달하지 못한 영혼은 연민과 공포를 동시에 불러일으켰다. 생자는 사자를 위무하고 사자의 최종 휴식을 꾀할 뿐만 아니라, 가급적 빨리 생자의 세계에서 위험한 사자의 영혼을 제거해야 했다. 그래서 장례식을 주관하는 사제에게 저승사자(psychopomp)이자 축귀자(exorcizer)라는 이중적인 직책이 주어졌던 것이다.[12] 살이 사라지고 뼈만 남을 때까지, 일차 장례식을 거쳐 이차 장례식에 도달할 때까지, 사자의 영혼은 불안정하게 이리저리 흔들렸고, 생자는 애도 행위를 통해 사자의 영혼을 상대해야 했다.

영혼과 관련하여 에르츠는 애니미즘(animism)의 논리를 따르며 장례식의 구조를 해석한다. 에드워드 버넷 타일러의 애니미즘 이론에 따르면, 영혼(soul)은 개별적인 사물이나 신체에 부착된 존재이지만, 정령(spirit)은 개별적인 물질적 기반 없이 독립적으로 존재할 수 있는 영적 존재이다. 따라서 살아 있는 동안에는 몸 안에 저장되어 있던 영혼이, 죽음과 함께 몸 밖으로 탈출하여 정령으로서 독자적인 존재 방식을 획득하는 과정이, 바로 죽음 의례의 골격을 형성한다고 생각할 수 있다.[13] 결국 장례식은 신체에서 빠져나온 영혼을 정령으로 변형시켜 죽은 자의 세계에 온전히 안착시키는 장치라고 할 수 있다. 일차 장례식 동안 사자의 영혼은 부패하는 시체에 축적된 나쁜 힘을 인격화하는 존재이자, 생자의 애도 행위를 항상 감시하고 있는 존재로 묘사된다.[14] 죽음의 순간, 죽은 자의 존재는 불안정하게 흔들리기 시작한다. 생자는 사자를 어떻게 대해야 할지 갈피를 잡을 수 없게 된다. 이처럼 애도 기간 동안 죽은 자는 공포와 전율을 불러일으키는 존재로 묘사된다. 원한, 미련, 고독, 분노, 절망, 집착 등이 죽은 자를 사로잡는 것으로 여겨진다. 따라서 죽은 자의 불안정한 영혼에게 확고한 존재의 자리를 마련해 주는 것이 장례식의 주목적이다.

죽음을 사색하는 시간

3. 미라와 화장

죽음은 전염적이고 오염적인 성격을 띤다. 죽음은 일반적으로 '직접적인 접촉'이나 '유사성의 환기'라는 두 가지 경로를 통해 전염된다. 다약족 가운데 특히 올로응가주족(Olo Ngaju)의 경우, 사자의 소유물, 사자나 시신과 접촉한 모든 것, 사자의 이미지와 내밀히 연결되는 모든 것은 죽음에 의해 오염된 것으로 간주되었다. 오염된 물건은 더 이상 세속적 용도로 사용할 수 없기 때문에, 모두 파괴되거나 사자에게 바쳐지거나 일정한 정화 의례를 통해 오염이 제거된 후에 사용되었다.[15]

사자의 친척들도 엄격한 금기를 통해 공동체의 다른 사람들과 구분되었다. 그들은 음식, 옷, 장식, 머리카락 모양 등에서 정상적인 것과는 다른 방식을 취했다. 낡은 나무껍질 옷, 누더기 옷, 흰색이나 검정색의 단색 옷을 입는 것이 대표적인 방식이었다. 또한 애도 기간은 친족 관계의 원근에 따라 달라졌고, 다른 사람들을 대신하여 단 한 명에게 애도의 금기가 집중되는 경우도 있었다. 보통 근친의 애도 기간은 죽음과 이차 장례식 사이의 기간과 일치했다. 그리고 이 기간 동안 과부나 홀아비는 재혼할 수 없었고, 정절을 지키지 못한 과부는 간통을 저지른 것으로 간주되어 처벌을 받았다.[16] 이처럼 이차 장례식 때까지 죽은 자는 여전히 살아 있는 자로 여겨졌다. 어떤 곳에서는 이러한 사실이 이차 장례식을 앞당기는 주원인으로 작용하기도 했다.

애도 기간이 지나면서 시체와 영혼의 위험성은 감소하고, 이것이 일정한 의례를 통해 표현되었다. 일차 장례식과 이차 장례식 사이에 거행되는 '중간 의례'가 금기를 해제하고 애도를 끝내는 시점으로 간주되기도 했다. 이것은 일차적으로 생자의 편의를 위한 것이었다. 죽음 후 49일째 되는 날 거행하는 의례를 통해 애도의 금기를 해제하는 경우도 마찬가지다. 어떤 다약족은 사자의 친척이 수행하는 헤드 헌트(head-hunt), 즉 머리 사냥과 함께 애도의 금기를 해제하고 이차 장례식을 거행했다.[7] 머리 사냥은 외부인의 머리를 제물로 삼아 죽음이 야기한 '장례 상황'에서 생자를 해방시킨다. 그러므로 머리 사냥은 죽임에 의해 죽음을 해소하는 역설적인 현상이다. 또한 다른 사람의 머리를 잘라 내는 머리 사냥이 장례식을 마무리하는 필수 요소로 간주되는 곳에서는, 이차 장례식이 거행되지 않았더라도 머리 사냥만으로 애도의 금기를 완전히 해제하기도 했다. 본래적인 관습이 후대에 점차 약화되면서 장례식의 여러 변종을 낳았던 것이다.

다약족의 살의 장례식과 비슷한 것으로, 에스키모인(Eskimo)은 시신의 살을 야생 동물에게 먹이로 준 다음에 뼈만 수습하여 장례를 치렀다. 중앙 오스트레일리아 부족은 나뭇가지 위에, 파푸아인(Papuan)과 반투족(Bantu) 가운데 일부는 생자의 집 안에, 그리고 폴리네시아인과 많은 북아메리카 인디언은 특별히 제작한 단 위에 시신을 전시했고, 남아메리카 인디언은 일시적인 가매장을 했다. 이처럼 일차 장례식은 전 세계적으로 상당히 보편적인 현상이라고 할 수 있다. 또한 시체를 방부 처리하여 시체가 부패하거나 해골로 변형되는 현상을 차단하거나, 화장

죽음을 사색하는 시간

(火葬)에 의한 신속하고도 완전한 '시체 파괴'를 통해 자연적인 부패 과정을 생략하기도 했다.[18]

에르츠는 방부 처리와 화장을 이중 장례식의 변형체로 간주한다. 이집트에서는 방부 처리를 하는 사람들이 70일 동안 시체에 침투하는 부패와 싸워야 했고, 마침내 방부 처리가 끝났을 때 비로소 시체를 최종적으로 무덤에 안치하여 애도 기간을 끝낼 수 있었다. 이집트에서도 원래 미라(mummy)는 땅이나 공기의 건조 작용을 거친 자연적인 산물이었고, 인공적인 미라 제작 기술은 후대에 도입되었다. 시체가 겪는 변화 과정은 고통스럽고 위험한 것으로 여겨졌기 때문에, 부패 기간을 단축하거나 부패의 강도를 약화시키거나 불길한 영향력을 중화하는 여러 조치들이 취해졌다. 냄새 좋은 연기로 시체를 에워싸거나, 시체에 향기로운 연고를 바르는 경우가 그러하다. 이러한 관습들이 나중에는 잔가지로 만든 틀에 얹어 시체를 훈증하는 방식이나 초보적인 형태의 방부 처리 기술로 이어졌다.[19] 가능한 한 완전한 상태로 시체를 무덤에 안치하려는 욕망으로 인해, 육탈시켜 뼈만 남기는 자연 건조 방식에서 미라를 만들어 살과 뼈 모두를 건조시키는 특별한 방식으로 이행했던 것이다. 그러나 속도와 정도의 차이만 있을 뿐, 이중 장례식과 미라 만들기의 본질적인 의미는 다르지 않다.

이집트에서는 외과적, 화학적, 주술적인 방식으로 시체의 인공적인 건조를 꾀했다. 미라 제작은 크게 삼단계로 진행되었다. 첫 번째 단계에서는 시체를 정화하는 작업을 했다. 먼저 코를 통해 뇌를 끄집어내고 내장을 제거했다. 오로지 심장만 따로 포장해서 보관했다. 다른 신체 기관들은 사람이나 동물 머리의 형상을 한 뚜껑이 달린 '카노푸스의 단지(canopic jar)'에 담았다. 부드러운 조직이나 액체는 천연 탄산소다와 수지(樹脂) 용액을 사용해 항문으로 빼냈다. 영생을 방해하는 모든 것, 즉 부패할 수 있는 더러운 모든 것이 몸에서 제거되었다. 두 번째 단계에서는 시체를 말리고 소금에 절여 건조하는 작업이 대략 40일 이상 진행되었다. 세 번째 단계에서는 가죽과 뼈만 남은 시신을 복원하는 과정이 이어졌다. 피부를 다시 탄력 있게 하기 위해 시신에 발삼 오일을 발랐고, 수지, 아라비아고무, 천, 목모(木毛), 왕겨 등의 물질을 시신 내부에 채워 넣었고, 인공 눈알, 화장품, 가발로 시신을 치장했고, 주문이 새겨지고 부적이 그려진 양질의 아마포로 만든 미라 붕대로 시신을 감쌌다.[20]

초보적인 형태의 미라 제작은 타히티 섬, 우간다의 와간다족(Waganda), 마다가스카르의 안탄카라나족(Antankarana), 사할린의 아이누족(Ainu) 등에서도 보이는 관습이다. 그러나 이때 미라 만들기는 추장이나 사랑하는 아이를 대상으로 하는 예외적인 의례였다. 에르츠에 따르면, 이중 장례식과 달리 살과 뼈를 모두 건조시켜 보존하고자 하는 욕망은 그다지 자연스럽거나 본래적인 것이 아니다. 오스트레일리아 동남부의 쿠르나이족(Kurnai)은 방부 처리의 예비적인 과정으로 내장을 꺼낸 후 시체의 건조를 촉진했다. 멜라네시아의 일부 섬에서는 시체에 물을 쏟아부어 살의 부패를 촉진했다.[21] 미라와 마찬가지로 자연 건조

후에 남은 건조된 뼈나 부패의 잔류물도 죽은 자의 불멸의 몸을 구성했다.

화장에는 부패 전에 시체를 화장하는 경우와 자연 건조를 하고 나서 최종 매장 전에 뼈만 화장하는 경우가 있다. 화장은 그 자체로 충분한 최종적인 행위가 아니며, 대체로 연이은 보완적인 의례를 필요로 한다. 고대 인도에서는 시체를 불태운 후에 유골을 모아 두었다가 일정 기간 후에 장례 기념물에 안치했다. 집안 가장의 유해는 완전한 장례식을 누렸지만, 다른 유해는 땅에 매장하거나 강물에 뿌렸다. 그리고 화장과 최종 매장 사이의 간격은 고대에는 10일이었고, 오늘날에는 3일이 일반적이다.

고대 아즈텍인은 화장 후에 죽은 자의 가면을 쓴 조각상 안에 4년 동안 뼈를 넣어 두었다. 그러고 나서 이차 화장을 한 후에 유골을 매장했고, 이때 비로소 영혼은 죽은 자의 세계에 들어갈 수 있었다. 미국 오리건주 톨코틴족(Tolkotin)의 경우, 석회화된 뼈를 과부에게 건네주면 대략 3주의 애도 기간 동안 과부가 뼈를 가지고 있다가 최종적으로 장례 기념물에 안치했다. 인도의 토다족(Toda)은 시체를 화장한 후에 한 달에서 일 년 이상 유골을 망토로 감싼 채 마치 시체처럼 취급하다가, 이차 화장을 한 후에 유골의 재를 최종적으로 매장했다. 그러므로 일차 화장은 일차 장례식에, 이차 화장과 유골의 매장은 이차 장례식에 해당된다고 할 수 있다. 과테말라의 키체족(Quiché)은 화장과 미라 제작을 결합한 기묘한 장례 풍습을 가지고 있었다. 그들은 화장 후에 고무를 이용해 유골을 조각상처럼 만들었고, 이 조각상에 죽은 자의 특징을 표현하는 가면을 씌우고 나서 이것을 무덤에 안치했다.[22] 이처럼 이중 장례식의 구조 안에서 우리는 화장의 의미를 더 명확히 이해할 수 있다.

화장은 위험하고 불순한 시체를 파괴하기 위한 것이 아니라, 오히려 생자와 사자 모두를 위해 시체를 정화하기 위한 것이다. 화장은 불의 작용으로 시체를 '새로운 몸'으로 변화시키고 시체에 새로운 생명을 주어 영혼을 구제하기 위한 것이다. 이때 마른 뼈는 부서지지 않는 단단한 영혼을 상징하는 물질적 기반이다. 이중 장례식의 현장에서 죽음은 추상적으로 이해되는 것이 아니라, 신체의 물질적 변형 과정에 상응하는 영혼의 변형 과정으로 이해된다. 화장은 불로 신속히 살을 파괴하여 몸을 불변적인 뼈로 탈바꿈시키는 방법이다. 화장이 다약족의 일차 장례식과 다른 점은 시체 변형의 속도와 방식이다.[23] 일반적으로 살의 부패 기간과 애도 기간은 일치한다. 그러므로 자연적인 육탈을 불에 의한 인공적인 육탈로 대체할 때 애도 기간은 비약적으로 축소될 수 있다. 화장으로 인해 생자는 애도에서 더 빨리 해방되지만, 역으로 사자는 생자의 기억에서 더 빨리 사라진다. 현대 사회에서 화장이 보편적인 장례 방식으로 정착한 이유도 애도 기간을 단축하려는 생자의 욕망, 사자의 시체로부터 가능한 한 빨리 생자를 해방시키려는 사회적인 의도, 사회적인 애도 의례의 축소 등에서 찾을 수 있을 것이다.

남부 캘리포니아의 샌티족(Santee)이나 하와이인(Hawaiian)은 집 안에서 며칠 동안 자연적인 육탈을 진행한 후에 곧이어 불로 뼈에서 살을 제거하는 부분적인 화장 방식을 택했다. 이것은 뼈의 건조를 더 빨리 완수하고, 불순한 살을 더 빨리 제거하기 위한 것이었다. 북아메리카의 틀링기트족(Tlingit)은 집 안에서 충분히 육탈을 진행한 후에 화장을 했다.[24] 모든 곳에서 화장이 자연적인 육탈 과정을 대체한 것은 아니었지만, 자연적인 부패 과정을 가속화하기 위해 화장은 세계 각처에서 이용되었다.

4. 식인 의식과 침묵의 탑

막스 뮐러는 『인간학적 종교』에서 매장과 화장 가운데 어떤 것이 더 원시적인지를 결정하기는 힘들다는 점을 지적하면서 오스트레일리아 원주민의 장례식에 대해 다음과 같이 이야기한다.

시체가 불태워질 때 남게 되는 몇 개의 뼈들도 마찬가지로 땅속에 묻힌다. 그러나 이게 전부는 아니다. 어떤 오스트레일리아 부족은 불 앞에서 시체를 말려 그것으로 일종의 미라를 만든다. 게다가 다른 부족들은 기둥 위나 나뭇가지 사이에 단을 만들고, 살이 모두 부패할 때까지 나무껍질 사이에 시체를 남겨 둔다. 그러고 나서 뼈를 깨끗이 닦아 꾸러미로 만들어 여러 달 동안 이리저리 들고 다니다가, 마지막에는 속이 빈 나무 안에 던져 넣거나 매장한다. 대부분의 미개 부족들은 죽은 자의 살을 뼈에서 잘라 내고, 두개골을 물그릇으로 사용하며, 어떤 사례들에서 오스트레일리아 원주민은 실제로 죽은 자를 먹는다.[25]

화장이나 자연적인 육탈은 불순하고 썩기 쉬운 살을 파괴하고 뼈를 보존하기 위한 것이다. 매우 극단적인 사례이긴 하지만, 이제 우리는 엔도카니발리즘(endocannibalism), 즉 '족내 식인 의식'을 잠시 살펴볼 것이다. 엔도카니발리즘은 친척들이 사자의 살을 의례적으로 섭취하는 행위를 가리킨다. 이것은 잔인한 식인 행위도 아니었고, 육체적인 식욕을 위한 것도 아니었다. 또한 이것은 그저 사자의 뼈를 정화하기 위한 의례도 아니었다. 이 의례는 부족의 한정된 집단만이 참여하는 성스러운 식사였고, 이를 통해 생자는 사자의 육체에 남아 있는 생명력과 특별한 속성을 자기 자신의 존재 속으로 통합시켰다. 엔도카니발리즘을 실행하는 부족은 살 속에 존재하는 생명력을 그냥 부패하도록 내버려 둘 경우 자기 부족의 힘이 상실될 거라고 믿었다. 여기에서 우리는 부족의 생명력의 양이 일정하기 때문에, 어떤 식으로든 생자가 사자의 생명력을 회수해야 한다는 관념을 만난다. 뒤에 이야기할 환생의 신화에서도 우리는 똑같은 관념을 발견할 수 있다. 인류학자인 모리스 블로흐도 장례식이 집단 내부에서 죽은 자의 생명력을 재활용하는 것을 목적으로 한다고 주장한다.[26]

화장에서처럼, 엔도카니발리즘에 의해 사자는 역겹고도 느린 부패

죽음을 사색하는 시간

의 과정에서 해방되어 즉시 뼈의 정화에 도달한다. 그리고 사자의 살은 생자의 몸을 묘지로 삼는다. 오스트레일리아의 투르발족(Turrbal)은 사자에 대한 애정 때문에 그의 살이 악취를 풍기며 썩지 않도록 하기 위해 식인을 한다고 주장했다. 남아메리카 인디언인 마수루나족(Masuruna)의 어떤 기독교 개종자는 기독교식 매장으로 인해 자신의 몸이 친척들이 아니라 벌레들에게 먹힐 거라고 불평했다. 오스트레일리아 원주민은 유아 살해 후에 손위 형제자매에게 그 살을 먹여 그들의 생명력을 강화하고자 했다. 또한 인간의 지방이 지닌 주술적인 힘에 대한 광범위한 믿음이 있었다. 인간의 힘과 건강이 지방 안에 존재한다고 믿었기 때문에, 오스트레일리아 남부의 디에리족(Dieri)은 사자의 지방만을 섭취했고, 사자의 지방을 먹음으로써 친척들의 슬픔이 진정된다고 주장했다.[27]

엔도카니발리즘을 실행할 때 친척들은 살의 섭취 후에 뼈를 모아 보관하다가 일정 기간이 지나면 최종 장례식을 치렀다.[28] 오스트레일리아의 빈빈가족(Binbinga)은 식인 의식 후에 뼈를 나무껍질로 감싼 후 완전히 마를 때까지 단 위에 놓아두었고, 그다음에 뼈를 다시 포장하여 일 년이나 그 이상 동안 두 갈래로 나누어진 나무 기둥에 올려 두었다. 같은 지역의 구단지족(Gudanji)은 특별한 경우를 제외하고 엔도카니발리즘을 실행하지 않았다. 먼저 대부분의 살이 뼈에서 사라질 때까지 나무에 있는 단 위에 시체를 올려 두었고, 그다음에 뼈를 나무껍질로 감싼 후 쉽게 해체될 정도로 마를 때까지 단 위에 두었다. 그리고 다시 뼈를 다른 포장 재료로 감싸 나무에 그냥 놓아두었다가 뼈가 하얗게 되면 최종 장례식을 치렀다. 빈빈가족은 식인 의식을 통해 살을 제거했고, 구단지족은 나무에 올려 두고 자연적으로 살이 제거되기를 기다렸지만, 양자 모두 장례식의 기본 구조는 동일하다.[29] 어떤 사례에서든 우리는 최종 장례식이 더 이상 변하지 않는 건조된 뼈를 가지고 거행되었다는 것을 알 수 있다. 살이 부패하고 있는 시신은 애도의 대상일 뿐, 아직 최종 장례식의 대상은 아니었다.[30]

조로아스터교의 경전인 『젠드아베스타(Zend-Avesta)』에도 시체의 불결함에 대한 교리가 등장한다. 부패하는 시신은 접촉한 모든 물질을 오염시키기 때문에, 최대한 안전하게 시신을 처리하는 것이 중요했다. 따라서 조로아스터교는 시체에 의한 오염으로부터 신의 선한 창조물을 보호하기 위해 많은 규칙을 만들었다. 부패하는 살은 흙과 물과 불의 성스러움을 손상시키기 때문에 매장도 수장도 화장도 할 수 없었다. 그래서 시체는 멀리 떨어진 황폐한 고지나 돌로 만든 원통형 건축물인 다크마(dakhma), 즉 '침묵의 탑'으로 보내졌다. 이곳에서 시체는 태양에 노출된 채 육식을 하는 개나 독수리나 야생 동물의 먹이로 주어졌다.[31] 조로아스터교의 교리에 따르면, 죽음 후에 영혼이 몸을 떠나자마자 나수(Nasu)라는 악마가 파리의 모습을 하고 나타나 시체를 부패시킨다. 따라서 개나 독수리가 시체의 살을 먹어 나수를 지옥으로 돌려보내는 것이다. 독수리가 시체를 처리하는 데 한 시간도 채 걸리지 않았다고 한다.

죽음을 사색하는 시간

헤로도토스(Herodotus)에 따르면, 조로아스터교의 장례식에서는 먼저 개나 맹금이 시체를 갈가리 찢었고, 그다음에는 땅과의 접촉을 차단하기 위해 시체를 밀랍으로 감싼 후 매장했다. 이슬람교 시대에 이르러 조로아스터교에서는 다크마를 건립했다. 다크마는 시체 처리의 장소이자 무덤이기도 했다. 다크마는 벽을 둘러친 폐쇄된 석조 건물로 중앙에 구덩이가 있었고, 독수리 같은 청소동물이 노천에서 시체의 살을 제거할 수 있도록 설계되었다.[32]

다크마에서는 주변부가 중심부보다 약간 더 높은 거의 평평한 지붕 위에 시체가 놓인다. 지붕은 동심원 모양의 세 개의 고리로 구획되고, 남자의 시신은 바깥쪽 고리에, 여자의 시신은 중간 고리에, 어린아이의 시신은 안쪽 고리에 배치된다. 지붕의 중심부에 납골 구덩이가 있으며, 시체의 뼈가 하얗게 될 때까지 보통 일 년 정도 기다렸다가 뼈를 이곳으로 밀어 넣는다. 특히 인도의 다크마에는 지하수로 스며들기 전에 시체나 뼈와 접촉한 빗물을 정화하는 독창적인 여과 장치가 설치되어 있다. 이란에서 다크마는 주로 산꼭대기에 세워졌다. 야즈드 지역의 다크마 아래쪽에는 점토로 지은 보조 건물들이 있었는데, 시체 처리 후에 친척들이 이곳에 머물면서 추도하고 기도하고 음식과 술을 나누었다. 다크마 근처에는 밤에 다크마를 비추도록 불이 활활 타는 건물이 있었다. 인도에도 다크마 근처에 작은 불의 신전이 있고, 뭄바이 지역의 다크마 근처에는 장례식과 연이은 의식을 치르는 여러 채의 작은 방갈로가 있다.[33]

원래 조로아스터교 장례식에서는 일 년 후에 뼈가 완전히 건조되면 뼈를 만질 수도 있었고, 땅을 오염시키는 일 없이 최종 매장지에 안치할 수도 있었다. 9세기까지도 다크마에서 살이 제거된 유해는 다른 곳으로 옮겨졌다. 그러나 시간이 흐르면서 뼈를 따로 모아 납골당에 안치하는 이차 장례식은 사라졌다. 이슬람교의 박해를 피해 인도로 이주한 조로아스터교도의 파시(Parsi) 공동체는 이차 장례식을 치르지 않고 일 년에 두 번 다크마의 중앙 우물에 건조된 해골을 던져 넣었다.[34]

19세기 중엽에 이란에 의과 대학이 설립되자 해부용 시체에 대한 수요가 생겨났다. 이슬람교는 불필요한 시체 해부를 금지하기 때문에, 다크마의 시체를 도난당하는 일이 연이어 일어났다. 또한 서서히 도시가 팽창하면서 다크마가 도시 내부에 자리하는 일이 벌어지기 시작했다. 종교의 근대화와 합리화를 추구하면서, 이란의 조로아스터교도는 20세기 초에 다크마 사용을 중단하고 매장이나 화장을 하기 시작했고, 1970년대에는 아예 다크마 사용을 금지했다. 그리고 이때부터 이용한 공동 묘지에서는 콘크리트로 묘혈을 만들고 돌로 무덤을 덮어 시체와 땅의 접촉을 차단했다.[35]

인도의 다크마도 또 다른 곤경에 처했다. 인도에서는 1992년에서 2003년 사이에 독수리가 99% 가량 감소했다. 여러 연구는 비스테로이드성 소염제인 디클로페낙이 투여된 가축의 사체를 먹고 나서 독수리들이 죽었다는 것을 보여준다. 인도에서는 2005년에 디클로페낙 사용이 금지되었다. 독수리가 거의 절멸하자 인도 뭄바이의 파시 공동체는 태양열 집광 장치를 사용해 섭씨 120도의 열로 3일 안에 시체의 살을 모두 제거하는 방식을 택했다. 또한 화학 약품으로 시체의 살을 제거하려는 시도도 있었다. 독수리가 없는 다크마에서 시신이 그저 부패하고 있다는 사실이 일부 사람들에게 큰 충격을 주었던 것으로 보인다. 독수리의 절멸 위기로 인해 살의 장례식이 존폐의 기로에 서게 된 것이다.[36]

5. 죽음의 지연

대체로 어느 지역이든 시체의 상태와 영혼의 상태는 일정한 상응 관계를 보여준다. 프랑스령 기아나의 카리브인(Carib)은 죽은 자를 그의 장신구나 무기와 함께 구덩이에 놓아두고, 뼈에서 살이 완전히 사라질 때까지 먹을 것과 마실 것을 바쳤으며, 살이 없는 자만이 하늘로 올라갈 수 있다고 믿었다. 남아메리카 인디언인 보토쿠도족(Botocudo)에 따르면, 영혼은 시체의 부패가 끝날 때까지 무덤 근처에 머물면서 접근하는 자를 괴롭힌다. 투아모투 제도 원주민의 경우, 시체가 부패하는 2주 동안 죽은 자의 과부와 친척들이 밤마다 음식을 가져와 무덤을 지켰다.[37] 이것은 시체에 살이 붙어 있는 동안 사자의 영혼이 지상에 묶여 있다는 믿음을 보여준다.

희생제의(sacrifice)의 기본 논리가 여기에서 작동한다. 희생제의의 제물처럼, 물질적인 사물이나 살아 있는 존재를 이 세상에서 저세상으로 보내려면, 또는 물질로부터 영혼을 해방시키거나 영혼을 창조하려면, 먼저 가시적인 사물이나 존재가 파괴되어야 한다. 가시적인 사물은 파괴를 거친 후 다른 세계에서 변형된 모습으로 재구성된다. 따라서 시체의 완전한 파괴 없이는 영혼의 구원도 없다. 제물처럼 갑작스러운 파괴가 일어날 수도 있고, 무덤의 시신처럼 점진적인 파괴가 발생할 수도 있다. 시체의 부패가 끝나지 않으면, 영혼은 저세상으로 넘어가지 못한 채 무덤 안이나 그 주변에서 살아가야 한다.[38] 사자에게 바치는 물건을 불태우는 행위도 같은 맥락에서 이해할 수 있다. 아일랜드에서 어떤 사람은 죽은 아버지를 위해 옷을 주문해서 자기가 직접 입었는데, 이 옷이 해어지면 다른 세계에 있는 아버지가 이것을 입을 수 있다고 믿었다.[39] 모든 제물은 물질적으로 완전히 파괴되어야 영적인 것으로 변화하여 세상의 경계선을 넘을 수 있다. 장례식에서는 시체가 제물의 역할을 맡는다.

북서 아메리카의 어떤 부족은 시체가 부패하는 동안 과거에 죽은 자들의 영혼이 밤마다 찾아와 시체의 뼈에서 살을 떼어 땅의 중심에 있는 영혼의 집으로 가져간다고 믿었다. 그리고 이러한 운반 과정이 끝날 때 죽은 자가 옛날의 몸과 비슷한 새로운 몸을 저승에서 소유한다고 생각했다. 이렇게 몸의 영적 복제가 이루어진다고 생각한 것이다. 일반적으로 사람들은 영혼이 떠난 몸은 바로 부패하기 시작하고, 죽음 후에 영혼은 독립적인 삶을 유지한다고 믿었다. 그리고 죽은 자의 세상으로 간 영혼은 지상에 남은 시신의 상태를 계속해서 감지한다고 생각했다.[40] 따라서 우리는 근대에도 여전히 지속되고 있는 몸과 영혼의 이분법이 장례식에 기원을 두고 있다고 생각할 수 있다. 장례식은 많은 중요한 종교적 관념들의 모태였다.

멜라네시아 여러 섬들의 믿음에 따르면, 시체가 부패하는 동안 저세상에 갓 도착한 영혼은 힘이 약하지만, 영혼에 밴 냄새가 사라지면 영혼은 다시 힘을 얻었다. 특히 초자연적 힘인 마나(mana)가 풍부한 영혼은 생자가 숭배하는 틴달로(tindalo) 또는 틴다드호(tindadho)라는 수호령이 된다고 생각했다.[41] 로버트 헨리 코드링턴에 따르면, 멜라네시아 종교에서 마나는 고정되지 않고 흘러 다니며 보이지 않는 영역에 속하는 초자연적 힘이다.[42] 대부분의 일반 사람들은 죽은 뒤에 하찮은 존재로 전락하여 기억에서 사라지지만, 추장처럼 마나를 가진 사람의 영혼은 틴달로가 된다. 따라서 중요한 사람들이 죽을 때는 시신을 땅에 매장한 후 두개골, 이빨, 손가락 뼈 같은 유골을 추려 마을의 성소에 따로 보관했지만, 일반인의 시신은 바다로 내던졌다. 솔로몬 제도의 플로리다 섬에서는 추장의 두개골을 땅에서 파내 집 안에 매달아 두기도 했다. 그리고 이사벨 섬에서는 추장이 죽으면 머리가 지표면 가까이 있도록 매장하고 나서, 땅 위에서 계속 불을 피워 나중에 두개골만 꺼내 후계자의 집에 보관했다.[43] 또한 죽은 자의 영혼이 상어나 군함새 같은 다양한 동물의 몸 안에서 살고 있다는 믿음이 있었다. 이처럼 어느 순간 영혼은 완전히 사람이기를 멈춘다.[44] 장례식과 관련된 믿음을 통해, 우리는 현재 우리가 생각하는 것처럼 죽음이 순간적인 단절의 사건으로 이해되지 않았다는 것을 알 수 있다. 사후 세계에 대한 상상력, 즉 장례의 상상력에서 죽음은 순간의 사건에 그치지 않고 긴 일련의 과정에 의해 완성된다.[45] 살의 부패가 끝날 때 죽음이 완성되며, 그때 비로소 죽은 자는 이승을 떠나 저승으로 들어간다.

마다가스카르의 시하나카족(Sihanaka)은 살과 뼈가 분리될 때 영혼이 혹독한 고통을 겪으며, 고통을 극복한 영혼은 영적 존재가 되고, 고통에 쓰러진 영혼은 나비의 몸 안에 들어간다고 믿었다. 여기서도 영혼의 고통은 몸의 부패와 연결된다. 또한 마다가스카르에는 살의 부패 과정에서 생기는 액체가 영혼의 새로운 육화에 의해 신화적인 동물을 낳는다는 일반적인 믿음이 존재했다. 따라서 이 액체를 질그릇에 모았고, 때로는 죽은 자의 재생을 돕기 위해 황소 피와 함께 흩뿌렸다. 같은 지역의 베칠레오족(Betsileo)은 죽은 자가 작은 벌레의 모습으로 돌아오지 않을 경우, 시체를 매장하거나 들판에서 일하는 것을 금지했다. 몸의 부패에 의해 새로운 몸이 형성되고, 사자의 영혼이 이 새로운 몸에 거주한다고 믿었던 것이다. 또한 베칠레오족은 유명한 사람이 죽으면 몇 달후에 무덤에서 뱀을 찾아 일정한 의식과 함께 마을로 데려왔고, 이후로이 뱀은 마을의 수호자가 되었다. 특히 부자나 주술사는 몸이 부패하자마자 뱀으로 변한다고 믿었다. 그러나 부패를 통해 증발한 몸이 죽은 자의 새로운 몸을 형성한다는 관념은 보편적인 것이 아니다. 일반적으로는 죽은 자의 몸이 증발해야만, 이러한 승화 작용에 의해 영혼이라는 우월한 존재 양식이 만들어진다는 믿음이 있었다.[46]

한편으로 부패하는 살이 영혼의 새로운 살이 된다는 믿음이 있었다. 다른 한편으로 뼈만이 육체를 잃은 영혼의 물질적인 기반이라는 믿음이 있었다. 어떻든 여기에서 우리는 하나의 주제를 표현하는 두 가지 보완적인 관념을 발견한다. 첫째, 죽음은 하나의 즉각적인 행위에 의해 완결되지 않는다. 죽음은 몸의 부패가 끝나야만 완료되는 지속적인 과정이다. 둘째, 죽음은 파괴가 아니라 과도기로 인식된다. 죽음이 진행되면서 동시에 재탄생도 진행된다. 낡은 몸은 파괴되지만 새로운 몸이 형태를 취하며, 이 몸을 가지고 영혼이 지금과는 다른 존재의 차원에 들어가는 것이다.[47]

애도 기간에는 아직 죽음이 완료되지 않았기 때문에 사자는 여전히 생자처럼 취급받는다. 그래서 최종 장례식이 끝나야만 과부는 재혼을 하거나 친정으로 돌아갈 수 있었고, 유산이 분배될 수 있었고, 죽은 추장의 계승자가 선포될 수 있었다.[48] 라이베리아의 나이지리아 부족의 경우, 왕의 시체는 그의 계승자가 죽을 때 비로소 매장되었다. 계승자가 통치하는 기간은 죽은 왕의 일차 장례식 기간에 상응하며, 이 기간 동안 죽은 왕이 계승자를 돕고 보살핀다고 생각했다. 살아 있는 동안 모든 왕은 죽은 왕의 섭정을 받았고, 자신의 죽음과 계승자의 죽음 사이의 기간 동안에만 진정한 왕의 역할을 수행했다. 진정한 왕이 되려면 먼저 '죽은 왕'이 되어야 했다. 서아프리카 베냉족(Benin)의 경우에도 죽은 왕의 죽음이 완결되고 나서 새로운 왕의 즉위가 이루어졌다. 왕이 죽을 때 하인을 함께 생매장했고, 이 하인에게 질문을 던져 하인이 답변하는 한 음식이 제공되고 애도 기간이 지속되었다. 사오일 정도 지나 답변이 없으면 비로소 왕위 계승이 이루어졌다.[49]

공위(空位) 기간은 정치적, 도덕적으로 혼란스러운 기간이기 때문에 추장의 죽음이 일정 기간 비밀에 부쳐지기도 했다.[50] 피지 섬에서는 추장이 죽으면 피지배 부족들이 수도를 침입해서 아무런 저항 없이 온갖 못된 짓을 저질렀다. 다른 지역에서도 죽은 추장의 가족은 식량과 물품을 약탈당했다. 추장은 죽어서는 안 되는 강력한 인간이기 때문에, 추장의 죽음은 그 자체로 신성모독이었다. 그래서 추장의 측근들은 처벌을 감수해야 했고, 약탈 행위에 저항하지 않는 것은 죽은 추장의 속죄 의식 같은 것이었다. 하와이 제도에서도 공위 기간에 사람들은 분노에 사로잡혀 방화, 약탈, 살인 등을 저질렀고, 여자들은 공공연히 매춘 행위를 했다. 다른 지역에서도 왕의 죽음이 공표되면 세상이 무법천지로 변해 처벌 없이 이웃의 물건을 마음대로 훔쳤으며, 계승자가 선포되고 나서야 혼란이 종식되었다.[51]

6. 애도 기간

누군가의 죽음은 일시적으로 사회 전체를 죽음의 수렁에 빠뜨린다. 특히 시체는 전염을 일으키는 강력한 오염원으로 여겨졌다. 코스타리카의 브리브리족(Bribri)은 시체를 가장 불결한 것으로 여겼고, 일차 매장지 곁을 지나간 동물은 오염되었다는 이유로 살해하여 그 고기도 먹지 않았다.[52] 안다만 제도 사람들은 사자를 매장한 후 마을을 버리고 최종 장례식 때까지 몇 달 동안 멀리 떨어진 임시 거처로 옮아가 살았고, 위험을 경고하기 위해 버려진 마을에 나뭇잎으로 만든 금줄을 둘러쳤다. 멜라네시아 제도의 여러 지역에서는 최종 매장 때까지 죽은 자의 카누, 나무, 개를 만질 수 없었다. 죽은 자의 거처뿐만 아니라 그가 사용한 모든 물건이 죽음에 오염된 것으로 간주되었다.[53]

애도 기간에는 사자의 상태와 생자의 상태 사이의 내밀한 연결이 지속되었다. 지역에 따라서 시체의 상태와 무관하게 생자의 편의를 위해 애도 기간이 단축되기도 했다. 피지 섬에서는 10~20일 동안 지속되는 애도 기간을 '백일 밤'이라 부르는데, 이것은 원래 100일이었던 기간이 나중에 축소되었다는 것을 보여준다. 인도네시아에서 과부나 친척은 날마다 또는 정해진 날에 부패한 살에서 나온 액체를 모아 자기 몸에 바르거나 음식에 섞어 먹었다. 오스트레일리아, 파푸아 뉴기니, 뉴브리튼 섬, 뱅크스 제도, 마다가스카르, 오리건주의 톨코틴족 등에서도 비슷한 관습이 보인다. 이러한 행위는 사자에 대한 애정이나 상실감의 표시로 설명되기도 하지만, 이에 응하지 않을 경우 사형에 처할 정도로 엄격한 의무 사항이기도 했다. 이것은 생자로 하여금 사자의 현재 상태에 참여하게 하는 행위였다. 이런 식으로 사자와 소통하며 죽음과 하나가 됨으로써 친척들은 죽음에 대한 면역력을 갖게 되었다. 공동체는 죽음의 영향력을 애도자에게 집중시킴으로써 죽음의 나쁜 영향력을 물리칠 수 있었다. 또한 생자는 시체에서 나온 액체를 바르거나 먹음으로써 죽은 자의 능력이나 시체의 신비한 힘을 흡수하고자 했다.[54]

원시 사회는 불행과 불결을 거의 구별하지 않는다. 애도자에게 닥친 죽음의 불행은 그를 불결한 존재로 만든다. 그래서 애도 기간에 유족의 몸은 마치 시체처럼 다루어졌다. '시체와의 동일시' 또는 '시체 되기'로 인해 이들에게 죽음은 결코 타자로 머물지 않았다. 오스트레일리아의 마부이엑 섬에서는 애도자를 '죽음의 사람들'이라고 불렀다. 사회적인 관점에서 유족은 죽은 사람과 동일시되었고, 잠시 죽은 사람으로 취급되어 격리되었다. 타히티 섬에서 시체 방부 처리자는 장례 기간 동안 사회적으로 기피되었고, 이때 그는 더럽힌 손에 오염된 음식이 죽음을 초래할 것을 두려워하여 자기 손으로 음식을 먹지 않았다. 북아메리카의 후파족(Hupa)은 월경하는 여자와 마찬가지로 애도자를 망가진 '나쁜 몸'을 가진 사람의 범주 안에 넣었다. 알래스카 우날리트족(Unalit)의 경우, 죽음이 발생한 첫날 마을 주민들은 자신을 해로운 영향력에 저항할 수 없는 부드럽고 연약한 존재라고 생각했다. 둘째 날 그들은 자기가 조금 더 단단해졌다고 생각했고, 셋째 날에는 시체가 추위에 얼어붙고 있는 것처럼 자기도 원래의 단단함으로 돌아가고 있다고 생각했다. 이때 오줌 목욕은 그들을 악한 힘에서 해방시키고 살을 다시 단단하게 만들었다.[55] 여기서도 시체의 상태와 생자의 상태 사이의 대응 관계가 잘 드러난다.

북아메리카 인디언인 콰키우틀족(Kwakiutl)의 경우, 사자의 가장 가까운 친척은 4일 동안 움직이지 않아야 했고, 그 후 목욕재계하고 나서 조금 움직일 수는 있지만 12일 동안 걸을 수 없었다. 그에게 말을 걸면 다른 친척이 죽을 거라고 믿었다. 그는 전년 간조 때 잡은 연어를 늙은 여자의 도움으로 하루에 두 번 먹었다. 그는 조금씩 움직이면서 다른 사람들에게 말을 건넬 수 있는 자유를 얻었다. 오스트레일리아 와라문가족(Warramunga)의 경우에도 애도 기간 동안 사자의 여성 친척은 철저한 침묵을 유지했다. 뉴헤브리디스 제도에 사는 어떤 원주민의 경우, 애도 중인 직계 가족은 재배한 나무의 열매를 먹을 수 없었고, 단지 숲에서 딴 야생 열매만 먹었다. 또한 일반적으로 애도자는 예법의 의무가 면제되었고, 사회적 노동, 공식 축제와 모임, 예배 의식 등을 삼가야 했다.[56]

이중 장례식이 세계의 모든 곳에서 관찰되는 것은 아니다. 그러나 우리는 이중 장례식에 대한 분석을 통해 장례식의 일반적인 구조와 변화 과정을 추적할 수 있는 발판을 얻을 수 있다. 남아메리카의 어떤 인디언 부족들은 이중 장례식 없이 시체에 밧줄을 묶은 후에 바로 매장을 했고, 밧줄의 끝자락을 무덤의 지표면에 노출시켰다. 그리고 이 밧줄이 닳거나 빗물로 사라질 때 비로소 사자의 영혼이 무덤을 떠나 타계로 갔다고 생각했다.[57] 이중 장례식을 하지 않았기 때문에, 밧줄의 상태로 언제 죽은 자와 완전히 이별할 것인지를 결정한 것이다.

이중 장례식이 거행되지 않는 경우에는 일반적으로 애도 기간이 일정한 시간 길이로 고정되었다. 일정한 시간이 지나면, 죽음이 완성되고, 영혼이 지상을 떠나고, 생자의 애도가 끝났다. 이제 죽음의 시간이 끝나고 새로운 삶의 시간이 다시 시작되었다. 남아메리카 부족의 경우에 영혼의 지상 체류 기간이나 영혼의 타계 여행까지 걸리는 기간은 4일로 정해졌다. 특히 죽음과 관련하여 4라는 숫자가 두드러지게 등장한다. 다른 지역에서는 애도 기간이 4일이 아니라 40일, 4개월, 4년이 되기도 한다. 친척들이 사자에게 음식물을 제공해야 하는 의무가 40일째 되는 날 끝나기도 한다. 고대 프랑스 국왕의 경우 죽음에서 장례식까지 40일이 걸렸으며, 이 기간 동안 죽은 자를 표상하는 인형에게 음식을 제공했다.[58]

로베르 에르츠는 세계 각지에서 보이는 이중 매장 또는 이중 장례식의 기본 구조를 분석한다. 일차 장례식을 통해 개별성의 상징인 살을 제거하며, 이렇게 만들어진 하얀 뼈를 가지고 이차 장례식을 치른다. 첫 번째 장례식은 살의 장례식이자 개별성의 장례식이고, 두 번째 장례식은 뼈의 장례식이자 영혼의 장례식이다. 뼈는 재생, 생식력, 영혼의 상징으로 중요하게 취급된다. 이처럼 이중 장례식은 죽은 자의 개별성을 탈각하여 집합적 영혼을 추출하는 방법이다. 초분(草墳)처럼 한국에도 이중 장례식이 존재한다. 살은 명확한 개별성의 징표이며 죽음의 직접적인 대상이다. 따라서 이중 장례식은 개별성을 지우고 집합성을 창조하는 의례, 즉 시간을 지우고 영원을 창조하는 의례라고 할 수 있다.

　　　　　　　　　　　　　　　　　　　　　죽음을 사색하는 시간

7. 무덤과 유골

말레이 제도의 대다수 섬에서는 최종 장례식 때 대연회(大宴會)를 벌였다. 올로웅가주족의 연회인 티와(tiwah)는 7일 동안 계속되었고, 할마헤라 섬에서는 연회가 한 달 또는 그 이상 동안 지속되었다. 이 대연회를 위한 정성스러운 준비 과정과 많은 비용으로 인해 사자의 가족은 극심한 가난에 시달리기도 했다. 티와 연회의 비용을 충당하기 위해 노예로 일하는 사람도 있었다. 때로는 엄청난 주연을 벌여 많은 동물을 잡아먹었다. 술라웨시 중부의 토페바토족(Topebato)은 별로 중요하지 않은 연회에서 물소 80마리, 염소 20마리, 돼지 30마리를 도축했고, 바탁족(Batak)은 추장이 죽을 때 물소 200마리를 도축했다. 대연회 때는 주변의 모든 마을 사람들을 초청했고, 때로는 티와의 주요 연회에 800~1,000명의 사람들이 참석했다. 누구도 초대를 거절하지 않았고, 연회는 집합적인 성격을 띠었다.[59]

한 가족이 부담하기엔 너무 많은 비용이 들었기 때문에, 보통 여러 가족이 비용을 분담하여 한꺼번에 여러 명의 사자를 위해 대연회를 열었다. 아예 대연회를 주기적인 간격으로 개최하여 그동안 죽은 모든 자들을 위해 합동 장례 연회를 열기도 했다. 술라웨시 중부의 알푸루족(Alfuru)은 약 3년 주기로 연회를 열었고, 툰다이족(Toundae)은 마을에서 10명이 죽었을 때 기일을 따로 정해 연회를 열었다. 카르니코바르 섬에서도 시체가 건조될 때까지 기다렸다가 삼사 년마다 연회를 열었다.

그러나 대체로 시체의 상태와는 별도로 최종 장례식의 날짜를 정했다. 최종 장례식의 목적은 보통 세 가지로 정리된다. 첫째는 죽은 자의 유해를 매장하는 것이고, 둘째는 영혼이 평화를 얻어 죽은 자의 땅에 들어가게 하는 것이고, 셋째는 생자를 애도의 의무에서 해방시키는 것이다.[60]

보르네오 동남부 다약족은 경질(硬質) 목재를 사용하여 정교하게 조각한 작은 집을 만든 다음, 같은 목재로 만든 꽤 높은 나무 기둥 위에 이 작은 집을 얹어 납골당으로 사용했다. 많은 유해를 안치할 수 있는 이러한 가족 매장지를 산둥(sandung) 또는 산동(sandong)이라 부른다. 산동은 내용물과 크기에 따라 두 가지 유형이 있다. 산동 라웅(sandong raung)에는 사자의 건조된 유해를 담은 관들을 안치했고, 훨씬 작은 산동 툴랑(sandong tulang)에는 미리 화장한 유골을 천으로 싸거나 유골 단지에 넣어 안치했다. '라웅(raung)'은 '관(棺)'을 의미하고, '툴랑(tulang)'은 '뼈'를 의미한다. 말레이 제도의 여러 민족에게서 뼈를 화장하는 관습이 발견되는데, 이것은 아마도 힌두교의 영향을 받은 것이다. 산동 라웅에는 대략 30구 정도의 유해가 안치되었고, 하나가 가득 차면 그 옆에 다른 산동 라웅이 세워졌다. 산동은 집 근처 마을 울타리 안쪽에 세워지기도 했고, 멀리 떨어진 가족의 땅에 세워지기도 했다. 산동의 수가 많다는 것은 그 마을이 부유하다는 것을 나타냈다.[61]

산동 라웅과 산동 툴랑이라는 두 가지 매장 유형은 더 원시적인 매장 형태에서 파생된 것으로 볼 수 있다. 산동 툴랑은 속을 파낸 경질 재질의 나무통 안에 사자의 유해를 안치하는 보르네오 내륙 부족들의 관습에서 파생된 것으로 보인다. 살아 있는 나무 안에 유해를 안치하는 부족도 있었다. 산동 라웅은 뼈를 담은 관들을 최종적으로 바위틈이나 지하 동굴에 놓아두는 말레이 제도의 공통 관습에서 변형된 것으로 보인다. 보르네오와 술라웨시에서는 이슬람교의 유입 이전에 지하 동굴이 표준적인 매장지로 이용되었다. 일차 장례식에서는 시신이 홀로 고립되어 있지만, 최종 매장지는 가족적이거나 집단적인 형태를 취했다. 따라서 이차 장례식 때 유해의 안치 장소를 변경하는 일은 사자의 상태 변화를 가져왔다. 사자가 죽음 이후의 개별적 고립 상태에서 벗어나 조상들과 재결합하는 것이다.[62]

최종 장례식은 다음과 같은 절차를 따랐다. 일단 사자의 유해를 임시 무덤에서 마을에 있는 화려하게 장식된 남성 결사 단체의 집이나 장례용 집에 있는 관대(棺臺)로 옮겼다. 그리고 나서 먼저 꼼꼼히 뼈를 세척하는 작업을 했다. 육탈이 아직 완전하지 않을 경우, 뼈에 붙어 있는 살을 제거한 후에 포장지로 뼈를 감쌌다. 이것은 물리적으로 혐오스러울 뿐만 아니라, 초자연적 위험으로 가득 찬 작업이었다. 보통 나무껍질로 만든 포장지로 뼈를 감쌌다. 어떤 지역에서는 연회 동안 두개골에 나무로 된 가면을 씌웠고, 나머지 뼈들은 포장지로 싸서 매우 작은 관 안에 두었다. 이러한 의례는 시체를 정화하고 사자에게 새로운 옷을 입히면서 한 시기를 끝내고 새로운 시기의 시작을 알렸다. 불길한 과거를 끝내고, 조상들의 무리에 들 수 있도록 사자에게 새로운 몸을 준 것이다.

장엄한 고별 의식과 지상의 화려한 마지막 날들을 거친 후에 사자는 저세상으로 떠났다. 생자는 사자의 뼈 가까이에 가족의 성스러운 단지와 진귀한 보물을 전시함으로써 사자를 달랬다. 이 물건들 각각의 영혼이 사자를 따라가 타계에서 그의 윤택함을 보증한다고 믿었던 것이다.[63]

다약족은 육체적인 영혼이 주(主) 영혼과 재결합할 수 있도록 시신의 모든 유해를 모았고, 생전에 사자의 몸에서 떨어져 나간 모든 머리카락과 손발톱 등을 유해에 다시 붙여 달라고 선한 정령들에게 기도했다. 신화적인 저승사자인 템폰 텔론(Tempon Telon)이 유해에서 육체적인 영혼을 꺼내고, 그의 아내가 이 영혼에게 생명의 물을 뿌린 다음, 되살아난 사자의 영혼을 천상의 도시로 안내하는 의례 절차를 거쳤다. 영혼이 겪는 상상의 사건들에 정확히 대응하는 일들이 시신에게 의례적으로 행해졌다. 이러한 의례의 목적은 몸의 진정한 부활이었다.[64]

술라웨시 중부의 알푸루족은 연회의 전월에 사자의 유해를 둘러싸고 춤을 추었다. 그리고 연회 때 손님들이 도착하면 여사제들이 포장된 뼈를 안고 연회의 집에서 이틀 내내 노래를 하며 뼈를 전시했다. 이렇게 생자는 마지막 작별 인사를 하기 전에 사자에게 생전과 똑같은 애정을 보여주었다. 매장지가 멀리 강가에 있을 경우에는 화려하게 장식된 배에 유해를 실었고, 여사제들과 친척들은 다른 배를 탔다. 산동에 도착하고 뼈를 그 안에 넣으면, 여사제들이 그 주위에서 춤을 추면서 앞서 죽은 자들에게 신입자를 환대해 달라고 부탁했다. 사자의 뼈가 산동에서 선조들의 뼈와 하나가 된 것처럼, 사자가 선조들과 교류할 수 있도록 도왔던 것이다. 그제야 생자는 사자에게 더 이상 빚진 게 없다고 느끼며 산동을 떠났다. 올 때는 침묵을 유지했지만, 갈 때는 노래하고 술을 마시며 즐거워했다. 이차 장례식에 의해 죽음이 지배하는 어두운 시기가 끝나고, 이제 새로운 시기가 시작된 것이다.[65]

이차 장례식 후에 생자가 뼈에 대해 느끼는 감정은 일차 장례식 때 시체에 대해 느끼는 감정과 다르다. 최종 장례식 후에도 지나치게 가깝게 뼈와 접촉하는 것은 두려운 일이었고, 사자와 생자 사이의 적정 거리를 확보하는 것이 중요했다. 그러나 이제는 혐오와 반감보다는 공경하는 신뢰의 감정이 표출되었다. 또한 뼈가 유익한 영향력을 발산하여, 마을을 불행에서 보호하고 생자의 일을 돕는다고 믿었다. 이러한 믿음과 감정이 발전하여 유골 숭배가 자리를 잡는 경우에는 최종 장례식의 성격에도 중대한 변화가 일어났다.[66]

술라웨시 중부의 알푸루족은 뼈를 장식하는 데 사용한 작은 나무껍질 조각들을 보관했고, 사자의 보호를 받기 위해 전쟁 때 지니고 다녔다. 바바르 섬에서는 산악 동굴에 유해를 안치한 여자들이 거기서 나뭇가지를 가져와 나뭇잎을 마을 주민들에게 나누어 주었다. 술라웨시 동부의 알푸루족은 주술적인 효력이 있다고 믿어서 가족들이 뼈를 나누어 가졌다. 추장이나 중요한 인물의 유해는 주술적 효력을 얻기 위해 생자의 집에 항구적으로 보관하기도 했다. 말레이 제도에서는 죽은 사람의 힘이 응축되어 있는 두개골을 장식하여 집이나 가까운 장소에 두었다. 다른 뼈들은 집단 납골당에 두거나, 아예 땅에서 파내지 않았다. 사자의 아들이 불운을 피하려고 해골의 척추골 두 개를 걸치고 다니기도 했다. 유골을 보존하지 않는 어떤 부족들은 사자의 머리만 따로 떼어내서 집단 무덤에 모아 두기도 했다.[67]

때로는 두개골에 음식을 제공하고 특별한 액체를 발랐으며, 이것을 가족의 번영을 보증하는 성스러운 보물처럼 취급했다. 그러므로 사자의 유해가 반드시 공동 무덤에서 선조들의 유해와 하나가 된 것은 아니다. 특히 죽은 자들의 무리에 섞여 사라지기에는 지나치게 뛰어나고 강한 인간은 두개골의 형태로 생자의 세계에 돌아와 숭배를 받았다. 유골 숭배는 표준적인 최종 장례식의 변형된 결과물이다.[68] 그러나 모든 유골이 아니라 뛰어난 인간의 유골을 주로 숭배한다는 점에서, 유골 숭배는 이차 장례식에서 파생된 조상 숭배의 한 형태라고 생각할 수 있다. 이차 장례식은 조상 숭배의 출발점이기는 하지만, 처음부터 신격화된 영혼에 대한 숭배를 지향하지는 않았다. 이차 장례식은 인간의 '완전한 죽음'을 위한 것이었다. 이차 장례식에 의해 인간은 개체로서 사멸하고 조상이라는 덩어리로 존재하게 된다. 이와 달리 조상 숭배는 죽은 자가 개별적으로 생자의 세계로 귀환하는 것을 허용한다.

죽음의 오염 때문에 이차 장례식은 고통스럽고 두려운 일이었다. 특히 파묘(破墓)의 일은 특별한 예방 조치와 정화 의식을 요구하는 위험한 작업이었다. 니아스 섬의 남부에서는 폭력을 써서 붙잡은 사람에게 파묘 작업을 떠맡긴 후, 그의 머리를 잘라 사자의 유해와 함께 두기도 했다. 자연적 발전이나 외부적 영향으로 인해 많은 부족들은 성가시고

죽음을 사색하는 시간

위험한 이차 장례식을 폐지했다. 일차 장례식 때 연회를 열어, 일차 장례식을 최종 장례식처럼 만들기도 했다. 연회는 제때 열지만, 분묘를 바꾸는 일은 흔적만 남아 있는 경우도 있다. 이슬람교도가 된 알푸루족은 최종 장례식 때 더 이상 파묘를 하지 않았다. 그들은 그저 무덤 위에 난 잡초를 뽑고, 무덤을 덮은 작은 집을 제거하고, 영혼의 여행을 위해 새로운 나무껍질 옷과 식량을 무덤에 둘 뿐이었다. 숨바 섬에서는 최종 장례식 때 사자의 일시적인 집을 파괴했고, 그때까지는 말린 물소 가죽으로만 덮여 있던 무덤을 완전히 봉했다. 올로웅가주족은 때로는 파묘 없이 정교하게 조각한 긴 대나무를 무덤에 세웠는데, 이것은 영혼이 이제 죽은 자의 세계에 들어갈 수 있다는 신호였다. 해양 다약족도 이차 장례식 없이 때로는 무덤에 경질 목재로 만든 기념비를 세우고 음식을 두었다. 이처럼 이차 장례식의 흔적이 점점 사라지면서, 정화된 뼈를 일시적인 휴식처에서 최종적인 집단 무덤으로 옮긴다는 이차 장례식의 본질적인 목표도 점차 망각되었다.[69]

마다가스카르의 메리나족도 시신의 살이 모두 부패한 후에 친척의 시신을 파내 집단 무덤에 안치하는 파마디하나(famadihana)라는 의식을 거행했다. 모리스 블로흐에 의하면, 파마디하나는 이차 장례식과는 조금 달랐다. 죽고 나서 처음부터 집단 무덤에 놓인 시신의 파마디하나는 장례식과 무관하게 행해졌다. 그리고 파마디하나는 모든 사자를 대상으로 하지도 않았기 때문에, 파마디하나를 행하지 않는다고 해서 장례식이 완결되지 않는 것도 아니었다. 또한 하나의 시신을 위해 여러 번

파묘하는 일은 매우 흔했다. 왜냐하면 새로운 시신이 집단 무덤 안으로 들어오면 오래된 시신이 자리를 양보해야 했기 때문이다. 파마디하나가 열리면 집단 무덤 안에 놓인 시신들의 배치가 변경되었다. 그러므로 파마디하나는 집단 무덤의 재구성을 초래했다. 집단 무덤 안에서 시신들은 죽은 지 얼마 안 된 시신, 죽은 지 20~30년이 지난 시신, 그보다 오래된 시신, 더 이상 이름도 기억할 수 없는 시신 등으로 위계화되었다. 시신의 위계에 따라 파마디하나의 방식이나 수의의 품질도 달라졌다. 시신에 따라 '죽음의 밀도'가 달랐다. 그리고 집단 무덤 안에 놓인 시신의 배치에 의해 생자는 '영혼의 밀도'를 감지할 수 있었다. 더 이상 이름도 기억할 수 없는 시신은 '영혼의 밀도'가 희박할 수밖에 없었다.[70]

파마디하나가 열리면 집단 무덤에서 꺼낸 해골에 새로운 수의를 입힌 후, 여자들이 해골을 어깨에 메고 앞뒤로 움직이며 무덤 주변을 돌면서 춤을 추었다. 그리고 생자의 감정을 강하게 자극하는 시신일 경우, 어깨에 멘 해골을 공중으로 던지면서 격렬하게 춤을 추었다. 그리고 최종적으로 다시 가족묘에 해골을 안치했다. 블로흐에 따르면, 이러한 의례적 신성모독 행위에 의해 생자는 사자가 그저 마른 뼈에 불과하다는 것을 인식했고, 이로 인해 죽음의 비가역성을 승인할 수 있었다. 즉 뼈를 만짐으로써 생자는 사자와 더 쉽게 거리를 둘 수 있었다. 특히 사자에 대한 매우 친밀한 감정과 기억을 가지고 있는 사람들이 해골을 만져야 했고, 그들은 부모나 형제가 이제 마른 뼈에 불과하다는 사실, 즉 죽음의 현실성을 받아들여야 했다.[71] 모리스 블로흐는 메리나족의 파마디

하나에 대한 분석을 통해 에르츠의 이중 장례식 분석을 비판하고 있다. 그러나 메리나족의 사례는 이중 장례식의 특수한 변형물일 수 있다. 메리나족은 무덤 안에 모인 뼈보다는 오히려 돌로 지은 집단 무덤을 통해 그들의 단단한 조상 관념을 표현했던 것처럼 보이기 때문이다.

8. 환생의 신화

이중 장례식은 사자의 몸을 조작하여 사자의 영혼을 사로잡는 불안을 잠재우고, 영혼의 상태를 변화시킨 후에 영혼을 완전한 죽음의 세계로 인도하는 역할을 한다. 장례식에 의해 인간이 비로소 '죽은 사람'으로 변모하는 것이다. 타계에 이르는 길에는 불 회오리바람 같은 온갖 위험이 도사리고 있기 때문에, 올로응가주족의 템폰 텔론처럼 강력한 저승사자의 안내와 보호를 받지 못하면, 영혼은 목적지에 도달할 수 없다. 영혼의 여행을 돕기 위해 올로응가주족 사제들은 북소리에 맞춰 긴 주문을 왼다. 템폰 텔론은 대기의 선한 정령이며, 자신의 노예인 텔론(Telon)의 주인이라고 불린다. 템폰 텔론의 진짜 이름은 악어를 의미하는 '라우잉(Rawing)'이다. 산동을 장식하는 조각물도 주로 악어와 뱀의 형상을 하고 있었다. 템폰 텔론이 호랑이로 표현되기도 하므로, 흔히 산동 가까이에 호랑이 조각상이 있었다. 또한 코뿔새가 저승사자의 역할을 맡기도 했다. 말레이 제도에는 인간과 악어나 호랑이 사이의 특별한 친족 관계에 대한 믿음, 그리고 죽음 후에 인간의 영혼이 이러한 동물의 몸속에서 환생한다는 믿음이 있었다.[72]

장례 연회는 다음과 같은 절차로 진행된다. 먼저 사제들이 하늘로 올라가 천상의 정령들을 땅으로 초청한다. 그리고 정령들이 내려와 사자의 영혼, 연회의 제물로 바친 동물의 영혼, 연회 때 전시한 보물의 영혼을 배에 싣는다. 북과 총소리에 맞추어 템폰 텔론이 노를 젓는 배가 빠른 속도로 출발한다. 이때 템폰 텔론은 코뿔새 보트, 보석 보트, 물뱀 보트, 황금 보트를 이용한다. 이러한 상상의 드라마가 절정에 달하면서 감정이 더 격렬해진다. 참석자들은 조용히 모든 것을 경청한다. 템폰 텔론과 일체가 된 사제는 광란에 사로잡혀 얼굴 표정이 일그러지고 입에 거품을 물며 땀에 젖는다. 템폰 텔론이 보트를 위협하는 위험과 불회오리바람을 통과하여 마침내 죽은 자들의 도시에 도착한다. 영혼들은 보트에서 내려 새로운 집 주위를 돌며 춤을 추고 자축하면서, 황금빛으로 번쩍이는 풍요로운 도시를 바라본다. 영혼들은 푸짐한 식사를 한 후에 노예를 불러 치장을 하고 머리카락에 기름을 바르고 이빨을 검게 만들고 나서 진심으로 기뻐한다. 생전에 자기가 머리 사냥으로 머리를 잘랐던 사람이나 제물로 바친 동물이 노예 역할을 한다. 그리고 죽은 지 오래된 조상들이 모여서 도착한 영혼들을 환영한다. 그러나 티와 의식 때까지 시신과 함께 머물던 뼈의 영혼, 머리카락의 영혼, 손발톱의 영혼이 오랜 마비 상태에서 깨어나 천상의 도시에 도착하여 주(主) 영혼과 합류할 때, 비로소 영혼의 구원과 해방이 완성된다. 모든 죽은 자

　　　　　　　　　　　죽음을 사색하는 시간

들이 함께 살면서 다시 가족이 만들어진다. 최종 장례식의 모든 의례는 이러한 상상의 드라마를 연행했다.[73]

어떤 기독교 선교사는 영혼의 여행과 천상의 도시에 대한 묘사는 사제가 창작한 신화에 불과하다고 비판했다. 신화적인 '영혼의 이동'에 대한 설명이 어떠하든, 장례식에서 실제로 연행되는 것은 임시적인 관(棺)에서 산동으로의 '뼈의 이동'이다. 다약족에게 영혼은 유해에 결부돼 있으며, 영혼은 산동 내부나 근처에서 살아가는 것으로 그려진다. 영혼이 마침내 도달하는 천상의 도시는 집단 무덤인 산동을 가리킨다. 그렇다면 장례 연회 때 사제가 노래하는 신화는 '뼈의 의례'를 신화의 언어로 번역한 것에 불과하다. 그러나 다약족의 신화는 순전한 거짓말이 아니다. 죽음과 마주하면서 다약족은 언젠가 조상들과 재결합할 수 있다는 생각에서 유일한 위로를 얻었다. 조상들과의 이러한 재결합은 공동 무덤에 유해를 안치하는 행위와 죽은 자의 집합적 거주지에 영혼을 들여보내는 행위라는 이중적인 방식으로 이루어진다. 이 두 가지 행위가 결합할 때 장례식의 온전한 의미가 드러난다. 의례는 개념에 물질적 기반을 제공하고, 상상력은 의례가 그린 밑그림을 확장하고 완성한다.[74] 그러므로 우리는 다약족의 '죽음의 신화'에 대해 관심을 기울일 필요가 있다.

다약족의 영혼은 영원한 휴식을 누리기 위해 천상의 세계로 올라가지 않는다. 이승에서든 저승에서든 불멸성은 인간의 것이 아니다. 올로응가주족은 다음과 같은 매우 독특한 윤회의 신화를 이야기한다. 영혼은 일곱 세대 동안 하늘에 머물면서 생사를 반복하고, 일곱 번째 죽음을 겪고 나서 다시 지상에 내려와 마을 근처에 있는 버섯이나 열매 속으로 들어간다. 여자가 이 버섯이나 열매를 먹을 때, 영혼은 여자의 몸속으로 들어가 머지않아 인간으로 태어난다. 하지만 물소, 사슴, 원숭이 같은 동물이 열매를 먹으면 영혼은 동물의 몸으로 환생하고, 이 동물을 인간이 잡아먹어야만 영혼은 인간 세계에서 다시 태어날 수 있다. 아무도 먹지 않은 채 동물이나 열매가 죽거나 사라지면 영혼은 영원히 소멸한다.[75] 그렇다면 영혼은 하늘에서 지상보다 일곱 배 많은 유한한 삶을 살 뿐이고, 그 후의 모든 것은 우연에 맡겨진다.

사라왁 지역의 어떤 다약족은 천상에서 영혼이 세 번 죽음을 반복하며 그때마다 다른 이름으로 산다고 믿었다. 술라웨시 중부의 알푸루족도 천상에서 영혼이 세 번 죽으며 매번 다른 장소에서 태어난다고 믿었다. 니아스 섬의 원주민도 영혼이 천상에서 아홉 번 죽고, 타계에서 맞는 각각의 삶은 지상에서 보낸 삶과 같은 기간 동안 지속된다고 믿었다. 다약족은 초식동물의 몸에 인간의 영혼이 있을 수 있으므로 초식동물 고기를 즐겨 먹었다고 한다. 이와 반대로 많은 다약족은 조부모의 영혼이 내재해 있을 수 있으므로 사슴이나 멧돼지나 야자 잎을 먹지 않는다는 주장도 있다. 올로옹가주족은 물소와 인간의 증조부가 같다고 생각해서 티와 연회에서 사람 대신 물소를 제물로 바쳤다. 발리 섬에서는 영혼이 천상의 삶을 끝내고 이슬이 되어 땅에 다시 내려와 같은 가족의 아이로 환생한다고 믿었고, 이것이 격세유전에 따른 가족의 유사성을 설명한다고 생각했다. 그러나 많은 민족들은 원시적인 믿음이 피폐해지면서 환생에 대한 믿음을 잃어버렸다. 고작해야 영혼은 이슬로 땅에 돌아오거나, 숲속의 이름 없는 식물이나 곤충 안에서 소멸한다고 생각했다.[76]

이처럼 흥미로운 환생 신화들이 있긴 하지만, 일반적으로 다약족은 영혼이 천상으로 올라갔다가 다시 인간이나 동물로 환생하는 식으로 끊임없이 죽음과 재생을 반복한다고 생각했다. 지상에서 일어나는 두 가지 육화 사건을 분리하는 과도 단계에서 영혼이 조상들과 함께 하늘에 머무는 것이다. 그렇다면 죽음은 개인의 역사에서 단 한 번 일어나는 유일한 사건이 아니다. 죽음은 끊임없이 되풀이되는 사건이자, 하나의 존재 형태에서 다른 존재 형태로의 이행을 표시하는 사건이다.[77]

최종 장례식이 끝나면 이제 영혼은 친척들을 떠나 다른 세계로 간다. 장례 연회가 끝나면 다약족은 죽은 자를 잊어버리고, 죽은 자의 혼령도 생자를 잊어버린다. 이제 생자와 사자는 적합한 시간에 적합한 방식으로만 정기적인 관계를 맺는다. 생자는 사자에게 제사를 드리고 사자는 추수와 같은 지상적인 일의 성공을 보증한다. 어떤 지역에서는 성화된 물체나 죽은 자를 표현하는 작은 조각상을 가정의 화로 근처에 두고 그 안에 깃들인 영혼을 숭배했다. 이처럼 최종 장례식을 통해 조상들과 하나가 된 사자의 영혼에게 수호신의 성격이 부여되기도 했다.[78]

로테 섬에서는 영혼이 죽은 자의 세계로 출발하는 날에 특정한 방식으로 야자수 잎을 잘라 거기에 제물로 바친 동물의 피를 흩뿌렸다. 마이크(maik)라 불린 이 잎에 사자의 이름을 붙였고, 이전에 죽은 다른 사람들을 표상하는 똑같은 잎들에 이것을 덧붙여 지붕 아래에 매달았다. 닳거나 벌레 먹어 마이크가 사라지더라도 새로운 마이크를 만들지 않았다. 정령은 마이크가 남아 있어서 집 안에서 제사를 받는 내부의 정령과, 마이크가 사라져서 더 이상 생자가 그 이름을 기억하지 못하기 때문에 집 밖에서 제사를 받는 외부의 정령으로 나누어졌다. 가정 제사는 가장 가까운 조상들과 관련된 것이었고, 일정 기간 후에 영혼은 마을의 집합적 영혼에 통합되어 사라졌다.[79]

니아스 섬 북부에서는 죽자마자 타계로 가는 '그림자 영혼'과 20일이나 30일 후에 거미로 변신하는 '심장 영혼'이 있다고 믿었다. 시체 곁에 머무는 거미를 친척들이 무덤 위에서 찾아 집으로 데려왔고, 거미는 조상의 이미지들과 함께 있는, 화로 근처에 놓인 작은 조각상 안에서 살았다. 티모르 해의 어떤 섬들에서는 두개골에서 조각상으로 이행하는 과도기적 형태가 보인다. 이곳에서는 사자의 머리를 집에 보관했고, 사자를 표상하는 조각상도 만들었다. 영혼이 두개골이나 조각상 가운데 하나에 거주하는 것이 아니라, 초혼(招魂) 때마다 영혼이 두 곳 가운데 하나를 선택하는데, 파리가 앉는 곳을 영혼이 선택한 장소라 여겼다. 마이크, 조각상, 두개골은 모두 이차 장례식의 대체물로 간주될 수 있다. 또한 이차 장례식이 사라진 곳에서는 한꺼번에 수많은 조상들의 영혼을 동시에 추출하는 의례가 거행되기도 했다. 환생 신화뿐만 아니라 마이크, 거미, 조각상, 두개골 등은 모두 영혼의 물질화를 지향한다. 영혼은 다른 세계로 사라지는 덧없는 것이 아니라, 어떤 식으로든 지상 세계로 돌아와 일정 기간 구체적인 사물로 현존할 수 있는 것이다.[80]

9. 모든 인간의 부활

사실상 죽음은 사자가 아니라 생자에게 큰 위기를 초래한다. 누군가를 상실하면, 이 상실의 의미를 끊임없이 변주하여 상실의 위기를 최대한 억제하기 위해 인간은 장례식을 거행한다. 다약족의 장례 연회도 친척들을 죽음의 애도에서 해방시키는 기능을 수행했다. 올로응가주족의 티와(tiwah)라는 말은 '자유롭다, 금지에서 해방되다'를 뜻한다. 눈물과 악몽을 끝내기 위한 마지막 연회가 벌어졌다. 티와 의식의 첫날, 여자들만 참여하는 연회 후에 여자들 가운데 한 명이 사자의 영혼을 위해 7개의 작은 쌀 꾸러미를 준비하고, 악령을 위해서도 7개를 준비했다. 이 공물은 생자와 사자가 이별할 시간, 애도 기간 동안 생자를 덮친 모든 근심을 일소할 시간이 됐다는 것을 알리는 신호탄이었다. 이제 생자가 장례식의 마지막 주인공이었다.[81]

티와 의식은 다음과 같은 절차로 진행된다. 여사제들이 주문을 외고 노래를 부르면서 앞치마에 생자들의 영혼을 담아 마치 어린아이인 듯 운반한다. 장례식에는 생자의 영혼을 천상으로 끌어당기는 매혹이 존재한다. 따라서 천상까지 사자를 따라간 친척들의 영혼이 천상에 머물지 않게 하려면 이름을 불러 그들을 지상으로 소환해야 한다. 여사제들은 애도 기간 동안 사자의 친척들을 사로잡았던 부정적인 힘을 해소하고 유익한 에너지를 끌어들이려 한다. 또한 애도 기간 동안 생자의 생명력과 사회적 힘이 극도로 위축되기 때문에, 이것들을 다시 회복하는 의례가 행해져야 한다. 여사제들은 가장 강력한 정령을 불러내 불행, 악취, 오염, 불운을 축출하려 한다. 이것은 생자를 물들이고 있는 장례식의 오염을 제거하는 치유 의례의 성격을 띤다. 저승사자인 템폰 텔론도 생자를 재생시키고 생자의 몸에 부활의 물을 뿌려 장수를 보증한다. 그는 생자에게 부(富), 상업적 성공, 영광을 보증하는 강력한 힘을 준다. 사악한 힘을 제거하고 유익한 힘을 끌어오는 것이다. '나쁜 것'을 축출하기 위해 집과 가구를 박박 문지르고 때려서 정화하고, '나쁜 것'이 여사제들 위에 내려앉으면 이것을 밖으로 가져가 보트에 실어 바다 한가운데로 쫓아낸다. 여사제들이 천상의 정령들을 대신하여 이러한 모든 정화 의례를 수행한다. 이로 인해 생자는 깊은 변화를 겪고, 새로운 생명력과 사회적 힘을 얻어 정상적인 삶으로 복귀한다. 그렇다면 장례식은 생자를 위한 죽음과 부활의 연습이었던 셈이다. 장례식에서 생자는 사자와 함께 죽었다가 다시 부활한다.[82]

다약족에게 생자의 불순(不純)을 제거하는 가장 확실한 방법은 인간의 머리를 잘라 희생제의를 거행하고 그 후 머리를 따로 보관하는 것이었다. 티와 의식의 하루를 인간 희생제의에 바쳤다. 미리 주술로 영혼을 제거한 죄수나 노예를 기둥에 묶고, 사자의 남성 친척들이 제물 주변에서 춤추다가 창으로 제물을 마구 찔렀다. 더 잔인하게 고문할수록 천상의 영혼들이 더 행복해진다고 믿었다. 마침내 제물이 땅에 쓰러지면 머리를 잘라 사자의 뼈와 함께 안치하거나 산동 근처에 세운 기둥 꼭대기에 매달아 두었다. 여사제는 제물의 피를 받아 생자에게 뿌렸다. 이 행위는 생자와 사자의 화해를 의미할 뿐만 아니라, 이제 터부가 제거되었다는 것을 알렸다. 제물의 머리를 자르는 생자의 분노가 사자의 영혼을 평화롭게 하고 사자의 몸을 재생시킨다고 믿었다. 살아 있는 죄수나 노예가 없을 때는 머리 사냥을 통해 사람을 살해하여 그 머리를 가지고 희생제의를 거행했다. 니아스 섬 남부에서는 인간 제물이 시체를 향해 마지막 숨을 내뿜게 했다. 마찬가지로 유해를 부활시키기 위해 제물의 피를 사용하기도 했던 것 같다. 그리고 제물의 영혼이 천상 세계에서 사자와 함께하거나 사자의 노예가 된다는 믿음도 있었다.[83]

모든 종교 의례의 끝에는 참여자가 의례에서 획득한 위험한 힘을 정화하고 다시 그를 세속적인 세계로 되돌려 보내는 과정이 있다. 티와 의식이 초래하는 위험은 매우 크다. 티와 의식에서 참여자들은 죽음의 왕국과 접촉한다. 이러한 접촉의 위험한 영향력을 정화하기 위해 참여자들은 제물로 바친 동물의 피를 강물에 뿌리고 나서 목욕하기도 했다. 그들이 강독까지 헤엄치는 동안, 여사제들이 보트를 타고 뒤따르면서 불타는 횃불과 성스러운 빗자루로 그들의 몸에서 사악한 기운을 쓸어냈다. 제물로 바친 동물의 피로 목욕하는 경우도 있었다. 이러한 의례가 끝나면 참여자들은 죽음의 전염을 모두 털어 낼 수 있었다. 이처럼 장례식은 사자를 조상의 무리로 인도할 뿐만 아니라, 사자의 가족을 다시 생자의 공동체로 돌려보낸다. 결국 장례식은 생자와 사자라는 서로 다른 범주의 사람들에게 적용되는 똑같은 해방 행위였다.[84]

10. 영혼의 식민지

로베르 에르츠는 다약족의 이중 장례식을 검토한 후, 토테미즘이 지배하는 중앙 오스트레일리아 원주민의 장례식을 추가적으로 분석한다. 아룬타족(Arunta)의 신화에 따르면, 신화적인 '꿈의 시간'에 한 명 또는 여러 명의 조상이 절반은 인간이고 절반은 동물인 모습을 하고 나타나 이리저리 땅 위를 방랑하다가, 자기의 영혼이나, 자기 몸에서 유출된 영혼이나, 자기가 운반하는 성스러운 사물의 영혼을 남기고 땅속으로 가라앉는다. 이런 식으로 신화적인 조상은 나무나 바위 같은 특정한 자연물에 깃들인 '영혼의 식민지'를 건설한다. 이 영혼들이 계속 환생을 반복하면서 신화적인 조상이나 그가 남긴 사물과 관련된 인간 집단을 구성한다. 따라서 모든 인간은 신화적인 조상이나 그가 남긴 영혼의 일시적인 육화이다. 모든 인간은 자기의 영혼이 어떤 장소에서 왔는지를 알고 있으며, 이 장소와 밀접한 관계를 형성한다. 그리고 '영혼의 장소'가 그의 정체성을 형성하고, 종교 공동체 안에서 그의 위치나 기능을 결정한다.[85]

죽음을 사색하는 시간

빈빈가족은 죽음 후 대략 일 년이 지나면 최종 장례식을 거행했다. 사자의 토템이 그려진 속이 텅 빈 나무통에 뼈를 넣은 후에 이 나무통을 연못 위로 뻗친 나뭇가지 위에 놓아두고 절대 건드리지 않았다. 와라문가족은 일차 매장지에서 꺼낸 사자의 유해를 아무런 의례 없이 먼저 개미총에 놓아두었다. 그러고 나서 모든 뼈가 아니라 팔에서 취한 요골(橈骨) 하나만을 포장한 후 최종 장례식을 거행했다. 장례식의 마지막 순간에는 요골 안에 포함된 영혼을 해방시키기 위해 요골을 도끼로 내리쳐 조각냈다. 그리고 토템 조상이 땅속으로 사라지는 그림을 땅 위에 그리고 나서 근처에 작은 무덤을 팠다. 무덤은 토템 조상이 죽은 장소와 동일한 곳으로 간주되었다. 마지막으로 무덤 안에 조각난 요골을 놓고 나서 평평한 돌로 봉하면 장례식이 끝났다. 이것은 사자의 죽음이 토템 조상의 죽음과 하나가 되고, 사자가 토템과 재결합했다는 것을 보여준다. 아룬타족은 이차 장례식 없이 죽음 후에 바로 시신을 매장했지만, 12개월에서 18개월이 지난 다음에 무덤에 생긴 나무 잔가지를 짓밟는 의식을 거행했다. 이 의식은 슬픔을 땅에 묻고 이제 생자와 사자가 이별할 시간이 됐다는 것을 알려주기 위한 것이었다.[86]

브라질의 보로로족(Bororo)은 죽음 후에 인간이 앵무새 같은 특정 동물이 된다고 믿었고, 최종 장례식에서 건조된 뼈를 앵무새 깃털로 장식하여 사자에게 새로운 몸을 주고자 했다. 아프리카의 남부 반투족이나 타히티 섬의 원주민도 사자의 영혼이 동물의 몸속으로 이주한다는 믿음을 갖고 있었다. 오스트레일리아 원주민도 죽음을 절멸의 사건이 아니라 지속적인 환생의 한 과정으로 이해했다. 그러나 일부 토템 조상이 동물 모습을 하고 있긴 하지만, 죽은 자가 동물로 환생한다는 믿음은 이 지역에서 나타나지 않는다. 죽음은 토템과 영혼을 하나로 만들지만, 영혼은 언젠가 여자의 몸으로 들어가 다시 인간으로 태어난다. 죽음과 재생 사이의 기간은 대체로 영혼의 변덕이나 상황에 좌우되지만, 아룬타족은 뼈가 먼지로 변하고 나서야 환생이 일어난다고 믿었다. 구단지족은 빗물이 뼈를 씻어 정화한 다음에 환생이 이루어진다고 믿었다. 로리챠족(Loritja)은 살해된 희생자의 뼈를 파괴하여 환생을 막음으로써 죽은 자의 복수를 근절하려 했다. 여기에서도 뼈의 상태와 영혼의 상태의 연관성이 나타난다. 대체로 유해가 모두 사라져야만 영혼이 환생할 수 있다고 믿었던 것으로 보인다. 오스트레일리아에서도 장례식은 영혼을 추출하여 공동체가 소유한 영혼의 총량을 보존하기 위한 방법이었다.[87]

인도네시아 다약족과 오스트레일리아 원주민의 최종 장례식은 모두 애도의 끝을 알리고 영혼을 조상의 세계로 보내기 위한 것이었다. 또한 양자 모두 죽음 이후에 영혼의 상태가 영원히 지속된다고 믿지 않았다. 단지 장례식은 사자의 영혼을 추출하여 '영혼 회귀'의 조건을 마련했다. 인도네시아보다는 오스트레일리아의 환생 개념이 더 강력하고 엄밀하다. 오스트레일리아에서 죽은 자의 사회는 그다지 자율성과 안정성을 지니고 있지 않았다. 영혼들은 공동 집단을 형성하지 않고, 부족 영토의 표면에 있는 수많은 특정 중심지들에 흩어져 있었다. 또한 오스트레일리아에서는 뼈들의 집단 매장이 없었다. 따라서 사자와 조상의 재결합은 물질적인 방식이 아니라 신비로운 방식으로 이루어졌다. 아룬타족의 경우에 조상들의 영혼이 존속하려면 토템 문양이 새겨진 추링가(churinga)라는 성스러운 사물을 잘 보존해야 했다. 추링가는 토템 조상이 사라지면서 몸 없는 영혼의 집으로 사용하려고 남겨 둔 것이다. 오스트레일리아 북쪽 지역에서는 장식된 뼈가 추링가를 대신하여 영혼의 신체로 기능했다. 추링가는 주술적인 힘과 생식력이 응축된 성스러운 사물이었다.[88]

오스트레일리아 외부의 대다수 지역에서는 같은 살과 뼈를 지닌 친족의 뼈를 하나로 결합시키는 것을 매우 중요하게 생각했다. 조상이라는 집합적 개념도 뼈의 장례식에 기반을 둔 것이다. 북아메리카의 착토족(Choctaw)은 친족의 뼈와 이방인의 뼈를 뒤섞는 것을 신성모독의 범죄라고 생각했다. 많은 민족들은 멀리 떨어진 타지에서 사망하여 영원히 친족과 분리되는 것을 가장 큰 불행이라 여겼다. 그래서 어떻게든 모국으로 죽은 자의 뼈를 가져와 선조들의 뼈와 재결합시키려 했다. 이것은 집단이 가진 영혼의 총량을 보존하려는 노력이었다. 아메리카 인디언들은 사냥한 동물의 뼈를 모아 두었다. 그들은 뼈가 동물의 영혼을 담고 있기 때문에, 뼈를 모아 두면 언젠가 동물이 다시 살을 입고 부활할 거라고 믿었다. 마찬가지로 인간의 뼈도 미래 존재의 싹을 포함하고 있으므로 집단 존속을 위해 보존할 필요가 있었다. 납골당은 조상들의 공동 거주지일 뿐만 아니라 후손들이 흘러나오는 영혼의 저장소였다.

남아메리카 오리노코강(江) 상류의 동굴에서는 약 600개의 해골을 담고 있는 바구니와 질그릇 유골함이 발견되었다. 이 집단적인 납골당은 가족을 넘어 전체 공동체의 뼈를 저장했다. 이것은 모든 죽은 사람의 무덤이었다.[89]

휴런족(Huron)도 10년 내지 12년마다 '영혼의 축제'를 벌여 모든 죽은 자들의 유해를 공동 무덤에 모았다. 마지막 축제 이후로 사망한 모든 죽은 자들의 유해를 파내고, 뼈에 들러붙은 살을 제거한 다음에, 새 옷을 입히고 구슬 목걸이나 화환으로 장식했다. 최종 장례식에서는 초대받은 이방인에게 선물을 주었고, 주술적인 힘이 깃들어 있다고 믿어서, 뼈를 감쌌던 옷을 조각내서 참여자에게 나누어 주었다. 다약족과 마찬가지로, 휴런족의 최종 장례식도 사회의 응집이라는 분명한 집합적 성격을 띠고 있었다. 그러나 다약족과 달리 휴런족의 최종 장례식은 가족이나 마을의 단위를 넘어선 민족적 차원의 정치 의례였다. 모든 죽은 자들의 사회를 확립함으로써 생자의 사회를 주기적으로 재창조했던 것이다.[90]

죽은 자의 뼈는 이중적인 감정을 자아냈다. 뼈는 주술적인 힘을 지닌 성스러운 사물이었다. 그래서 한편으로는 뼈의 유익한 힘을 보존해야 했고, 다른 한편으로는 적들이 무덤과 뼈를 더럽힐지도 모른다는 두려움을 느꼈다. 이러한 기대와 공포로 인해 비밀 매장을 하기도 했고, 아예 뼈를 가족의 집으로 다시 가져오거나, 친척들에게 뼈를 나누어 주고 착용하게 했다. 남아메리카의 여러 부족들은 최종 장례식 때 뼈를 화장하거나 가루로 만들어 몸에 문질러 바르거나 음료와 함께 들이켰다. 어떤 인디언들은 뼈에 영혼이 거주한다고 믿었기 때문에 뼈를 먹어 죽은 자를 몸 안에서 부활시키고자 했다.[91]

안다만 제도에서는 악한 정령을 물리치기 위해 사람의 뼈로 만든 목걸이를 착용한 성인을 쉽게 볼 수 있었다. 이곳에서는 시신의 살이 모두 사라지면, 뼈를 파내 씻은 후에 거주지로 가져왔다. 그리고 두개골과 턱뼈에 붉은 물감과 하얀 점토를 바르고, 끈을 사용해 이것들을 목에 걸 수 있게 만들었다. 사자의 친척들은 두개골과 턱뼈를 목의 앞이나 뒤에 매달고 다니면서 오랫동안 간직했다. 두개골과 턱뼈를 교환하고 빌려주고 물려주기도 했으며, 결국 죽은 자가 누구인지도 모르는 사람이 유골을 소유하기도 했다. 팔다리뼈도 붉은 물감과 하얀 점토를 칠한 후에 오두막의 지붕에 보관했다. 손과 발의 뼈는 그대로 실에 꿰고, 늑골과 척추골은 적당한 크기로 조각내서 실에 꿰어, 붉은 물감을 칠한 후 목걸이로 만들었다. 누구나 한두 개 정도 뼈 목걸이를 가지고 있었고, 질병의 치유와 예방을 위해 꺼내 착용했다. 죽은 자의 여자 친척들이 뼈 목걸이를 만들었고, 이것을 선물로 나누어 주었다. 아이의 두개골도 작은 바구니에 담아 여행을 하거나 물고기를 잡을 때 가지고 다녔다.[92]

이중 장례식에서 생자는 시체를 가지고 죽은 자의 영혼을 구제하려는 힘겨운 노력을 펼친다. 사자도 죽음의 여러 단계를 통과하면서 죽은 자의 세계로 진입하여 새로운 존재로 부활하는 것으로 그려진다. 이중 장례식의 집합적 상상력에서는 몸과 영혼의 경계가 사라진다. 생자는 오로지 가시적인 몸을 조작하여 비가시적인 영혼에 영향을 미칠 수 있다. 그래서 이중 장례식에서는 몸과 영혼이 하나로 여겨진다. 그러나 어떻든 인간의 죽음은 달과 태양의 죽음과 다르다. 달과 태양은 매일 매월 똑같은 모습으로 부활하지만, 인간은 타계에서 부활하거나 다른 존재로 부활할 수 있을 뿐이다. 이것이 인간의 죽음에 담긴 원초적인 절망일 것이다. 장례식의 상상력은 결코 죽음을 완전히 폐기하지 못하며, 그저 죽음이 다른 생으로의 도약이기를 기원할 뿐이다.[93]

어떤 민족은 장례식이 끝나자마자 지체 없이 영혼이 여자의 자궁 안으로 이동하여 환생할 수 있다고 생각했다. 일반적으로 죽은 자의 가족에게 새로운 아이가 태어날 때 환생이 일어난다고 믿었다. 에스키모인은 아이가 태어나면 마을에서 가장 최근에 죽은 사람이나 멀리서 죽은 친척의 이름을 아이에게 붙였다. 이러한 이름 전달 의식은 아이의 몸으로 죽은 자를 부활시키는 결과를 가져왔다. 새로 태어난 아이는 같은 이름을 소유했던 죽은 자의 살아 있는 화신으로 여겨졌다. 또한 아이는 죽은 자의 재능을 물려받은 것으로 생각되었고, 죽은 자를 위한 연회에서도 그를 표상했다. 이름 전달은 의무적인 것이었고, 이를 어기면 아이에게 해로운 영향이 미친다고 생각했다. 따라서 한두 살 난 아이가 아프면, 가족은 어떤 영혼이 해를 끼치고 있는지를 알아내기 위해 점쟁이를 찾았고, 아픈 아이에게 죽은 자의 이름을 붙여 죽은 자를 달랬다. 이름에는 영혼의 일부가 묻어 있다. 그래서 아이에게 죽은 자의 이름을 붙이면 영혼이 아이의 몸 안으로 따라 들어온다고 생각한 것이다. 에스키모인은 이름이 전달되기 전까지 죽은 자의 이름을 발설하지 않았다. 에스키모인에게 이름의 전달은 최종 장례식의 기능을 대신했다. 이름의 전달을 통해 영혼을 달래고, 영혼을 환생시키고, 장례식의 모든 위기를 끝낼 수 있었던 것이다. 어떤 인디언 부족들은 죽은 추장이나 저명인사의 이름을 새로운 인물에게 전달하여 죽은 자를 부활시켰다. 이름의 부활이 영혼의 부활을 대체한 것이다.[94]

이차 장례식은 뚜렷한 퇴행 과정을 겪으면서 다양한 형태로 변형되거나 축소되거나 대체되었다. 예컨대 캐나다의 데네족(Dene)은 죽음 후에 일정 기간이 지나면 석관을 열어 식사를 제공하고 나서 영원히 무덤을 닫았다. 어떤 지역에서는 무덤을 밟는 의식이나, 장례 기념비를 세우고 무덤을 봉인하는 의식을 거행했다. 유대인도 죽은 지 일 년이 지난 후에 묘비를 세웠다. 그러나 그저 장례식과 애도 기간을 끝내기 위해, 그리고 죽은 자에게 마지막 음식을 제공하기 위해 장례 연회를 열 뿐, 별도의 의식을 전혀 거행하지 않는 다른 사례들도 있다. 또한 최종 장례식 후에 죽은 자의 옷과 물건을 파괴하거나 매장하거나 외부인에게 나누어 주는 의례를 행하는 경우도 많았다.[95]

그렇다면 현재 우리들은 어떠한가? 지금처럼 죽음 후에 바로 최종 장례식을 치를 경우, 우리들은 그때부터 비로소 영혼의 구원에 대해 생각하기 시작한다. 애도의 성격도 완전히 달라진다. 이제 생자는 사자의 현재 상태에 참여하면서 부패하는 그의 몸과 함께 애도하는 것이 아니라, 이와 별개로 자신의 슬픔을 표현한다. 애도 기간은 시체의 상태가 아니라 가정적이고 사회적인 다른 이유에 의해 결정된다. 이제 이차 장례식은 제사나 추도식의 형태로 어렴풋한 흔적만 남아 있다. 이것은 사자에게 경의를 표하고 사자의 죽음을 기념한다는 의미만을 지닌다. 이차 장례식이 사라지면서 우리는 이제 충분한 애도의 시간을 갖지 못하고 있다. 그러나 이것이 애도의 부재를 의미하지는 않는다. 오히려 이제는 장례식이 끝난 후에 우리의 삶이 애도의 시간으로 검게 물들기 시작한다. 장례식은 애도의 종점이 아니라 기점이 되고, 생자는 삶 속에서 장례의 지연 현상에 짓눌린다.[96]

11. 죽음의 완성

우리는 죽음의 문제를 단순히 시체의 문제로 축소할 수 없다. 사자의 사회적 지위나 존재의 등급에 의해 죽음이 생자에게 불러일으키는 감정의 밀도는 달라진다. 예컨대 아프리카의 어떤 지역에서는 추장이 죽을 때 죽음의 공포가 집단 전체를 사로잡았고 마을 전체가 버려졌지만, 아이가 죽을 때는 죽음이 발생한 오두막의 문만 닫았다. 대체로 외부인, 노예, 아이 등의 죽음에는 별로 신경 쓰지 않았고, 이때는 장례식도 치르지 않았다. 이처럼 죽음은 생물학적 현상에 그치는 것이 아니라 사회학적 현상이기도 하다. 개인이 삶 속에서 획득한 '존재의 무게'가 장례식을 통해 표현되기 때문이다. 죽음은 개인의 신체적 생명을 끝낼 뿐만 아니라, 개인에게 이식된 사회적인 존재를 파괴한다. 인간은 사회가 만든 성스러운 작품이기 때문에, 인간의 죽음은 사회의 일부가 파괴되는 경험을 초래한다. 또한 사회는 개인을 통해서만 사회의 영속성을 표현한다. 따라서 사회의 불멸성을 가장 잘 표상하는 사람일수록 그 사람의 죽음은 사회에 큰 충격을 준다. 개인 안에 들어온 '사회의 질량'에 따라 개인이 맞는 죽음의 무게가 달라지는 것이다.[97]

원시 민족은 죽음을 자연적인 현상이라 생각하지 않았다. 죽음의 자연성과 필연성을 받아들인다는 것은 사회와 인간의 성스러움에 대한 모독이었다. 그래서 항상 죽음의 원인을 찾아 죽음을 좀 더 우연적인 것, 좀 더 부자연스러운 것으로 만들고자 했다. 그리고 어떤 식으로든 죽음의 원인을 색출하여 분노를 표출하고자 했다. 실제로 죽음은 극단적인 분노와 절망을 야기한다. 와라문가족의 경우, 사람들은 죽어 가는 자에게 뒤죽박죽 몸을 내던지고 비명을 지르면서 잔혹하게 자신의 신체를 훼손했다. 이처럼 한 사람의 죽음은 전 사회의 죽음처럼 경험되었다. 인간 사회는 개인이 영원히 사라진다는 것을 인정할 수 없다. 따라서 사자가 죽음의 손아귀에서 부활하여 어떤 식으로든 사회로 돌아올 거라는 믿음이 생겨났다. 게다가 환생을 믿는 사회는 사회가 보유한 영혼의 총량이 일정하다고 믿었다. 기독교가 말하는 부활과 생명도 모든 사회가 개인에게 하는 약속의 새로운 형태일 뿐이다. 다만 차이가 있다면, 기독교에서는 특별한 의식 없이 신의 은총에 의해 부활이 이루어질 뿐이다. 어떤 종교에서든 죽음 관념은 일정한 부활 관념과 연결되어 있

다. 종교는 사회가 잃어버린 인간의 영혼을 어떤 식으로든 회수하려는 처절한 노력이다.[98]

사회는 죽은 자가 일정 기간 머물 수 있는 이상적인 세계, 영혼의 세계, 죽은 자의 세계를 창조한다. 그런데 종교적 진화에 의해 종교가 다른 사회 영역으로부터 분화될수록, 시간적이고 신체적인 삶은 신과 인간을 분리시키는 재난으로 인식되고, 죽음은 인간을 시간과 몸에서 해방시키는 계기가 된다. 이제 죽은 영혼은 사회 전체가 아니라 종교적인 영역으로만 회수된다. 그리고 죽음 이후의 세계는 자율적이고 비가시적인 종교적인 영역으로 특화되어 천국이나 지옥이 된다. 이제 죽음 이후의 세계는 영혼의 여관이 아니라 영혼의 영원한 거주지가 되고, 죽음은 천국이나 지옥으로 들어가는 입문식이 된다.[99]

장례식에서 사자는 가시적인 사회에서 비가시적인 사회로 이행한다. 소년을 여자들의 공동체에서 빼내 성인 남성 사회로 입문시키는 성인식도 장례식과 비슷한 구조를 보여준다. 죽음과 부활의 상징이 양자를 지배하기 때문이다. 성인식에 의해 소년은 사회의 성스러운 신비에 접근하고, 인격의 깊은 변화를 겪고, 새로운 몸과 영혼을 얻는다. 마찬가지로 결혼식도 여자를 자기 가족이나 씨족에서 빼내 남편의 가족이나 씨족으로 입문시키고, 여자를 어린 소녀에서 결혼한 여성으로 변모시킨다. 또한 출생 의례에서는 장례식과 반대로 영혼이 비가시적인 세계에서 가시적인 세계로 이동하며, 신생아의 몸도 시체만큼이나 성스러운 것으로 여겨진다. 그런데 어떤 입문식에서든 인간은 과거의 존재를 죽이고

죽음을 사색하는 시간

새로운 존재로 부활한다. 입문식을 통해 인간은 죽음 이전에 삶 속에서 상징적인 죽음과 존재의 파열을 경험할 수 있다. 이처럼 인간의 일생은 하나의 실이 아니라 징검다리 같은 여러 덩어리로 구성된다. 특히 원시 사회에서는 일생 전체를 단 하나의 '존재의 실'에 꿰지 않았다. 인간의 일생은 여러 가지 '존재의 실'로 이루어졌고, 하나의 일생에서 인간은 여러 개의 작은 일생을 살 수 있었다.[100]

입문식이 붕괴된 우리 사회에서 개인의 삶은 출생에서 죽음까지 거의 똑같은 방식으로 진행된다. 그리고 개인의 일생은 단 하나의 '존재의 실'에 꿰인다. 일생은 일관성 있는 하나의 이야기로 구성되어야 하고, 인간은 모든 사건이 전체 일생에 영향을 미치는 단 한 번의 일생을 살아야 한다. 그러나 원시 사회에서 개인의 삶은 이질적인 단계들의 연속으로 이루어졌고, 한 단계에서의 죽음을 통해 다른 단계에서의 재생을 획득하는 형태로 구성되었다. 또한 다양한 입문식을 통과하면서 인간은 삶 속에서 '존재의 상승'을 경험할 수 있었다. 삶은 여러 단계로 이루어진 '죽음과 부활의 연습'이었다. 따라서 이러한 사회에서 '마지막 죽음'은 삶의 일반적인 현상의 특수한 사례로 그 의미가 축소될 수 있었다.[101]

신체적인 죽음만으로는 사람들의 마음속에서 죽음이 완성되지 않는다. 죽은 지 얼마 안 된 사람의 이미지는 여전히 세상 사물들에 박혀 있다. 따라서 내면의 이별 과정을 통해서만 죽은 자의 이미지가 서서히 세상 사물들에서 풀려날 수 있다. 죽은 자가 우리의 본질 안에 들어와 있고, 우리의 많은 부분이 죽은 자 안에 들어가 있고, 우리와 죽은 자를 잇는 사회적인 끈이 여기저기 나뒹굴고 있기 때문에, 하루아침에 죽은 자의 죽음을 완성하는 일은 불가능하다. 죽음의 사실적인 증거에도 불구하고 기억, 이미지, 욕망, 희망의 홍수가 생자를 습격한다. 죽음의 증거는 현실 세계에서 느리게 자리를 잡아 가고, 이 과정이 모두 끝나야 죽음이 완성된다. 따라서 죽은 자에 대한 심리적 표상이 최종적으로 안정화되는 상태를 확보하지 못하는 이상, 죽음이 자아내는 고통은 끝나지 않는다.[102]

친밀했던 사자의 이미지를 곧장 조상의 이미지로 변경하기는 어렵다. 따라서 죽음과 부활 사이에 장례식이라는 중간 단계가 설정된다. 보통 영혼은 죽음 후에 극심한 불안과 고통을 겪다가 점차 안정을 되찾는 것으로 그려진다. 기독교의 연옥도 '영혼의 장례식'을 위해 설정된 중간 단계라고 할 수 있다. 연옥 개념은 죽음 후에 영혼이 겪는 불안과 고통을 인간이 지상에서 저지른 죄의 결과이자 속죄 행위라고 묘사한다. 이처럼 천국, 연옥, 지옥 같은 개념은 장례식에서 표출되는 다양한 이미지의 도덕적 번역물일 뿐이다. 장례식이 어떤 식으로 해석되고 번역되든, 장례식은 죽은 자에 대한 기억을 사회에서 삭제하려는 시도이다. 장례식이라는 중간 단계를 거쳐야만, 죽은 자는 조상이라는 익명의 집합성에 용해되어 새로운 존재로 부활할 수 있는 것이다.[103]

인간 사회는 사자를 생자의 세계에서 완전히 추방함으로써 죽음의 충격에서 벗어나 점차 균형을 되찾는다. 그러나 죽음을 지우는 일은 생각만큼 쉽지 않다. 그래서 어떤 곳에서는 상상의 살인자를 처형하여 죽은 자의 영혼을 달래고, 사회에 축적된 감정적 에너지를 분출하고자 했다. 이러한 피의 복수를 통해 비로소 최종 장례식이 완결되고 애도 기간이 끝났다. 살인으로 죽음을 지워 사회와 사자를 동시에 구원하고자 했던 것이다. 죽은 자의 이미지를 완전히 해체하여 새로운 이미지로 재구성하기까지는 많은 시간과 노력이 필요했다.[104]

12. 죽음의 무게

장례식에서는 계속 몸의 표상과 영혼의 표상 사이의 대응 관계가 작동한다. 에르츠에 따르면, 집합적 사유는 추상적이기보다 구체적이며, 자극적이고 극적인 성격을 띤다. 왜냐하면 사회는 구성원들의 주목을 끌 수 있고, 상상력을 분명한 방향으로 이끌 수 있고, 사람들의 믿음을 자극할 수 있는 행동을 필요로 하기 때문이다. 그래서 죽음 후에 사자의 몸이 자연스럽게 집합적 활동의 대상이 된다. 장례식을 통해 몸을 조작함으로써 영혼의 상상적 드라마도 비로소 완전한 실재성을 얻을 수 있다. 이렇듯 죽음은 순전한 몸의 현상이 아니다. 장례식에서 몸은 집합적 표상과 감정을 형성하고 조작하는 강력한 물질적 기반이다. 어디에도 순수한 물질은 없다. 인간의 몸에는 사회적인 사유 방식과 감정이 투영되어 있다. 몸의 조작은 사회적인 사유와 감정의 조작이다. 따라서 죽은 자의 몸을 처리하는 방식을 통해 자연스럽게 사회적인 '몸의 질서'가 드러난다. 장례식과 무덤이 몸의 보존과 배제를 위한 장치로 기능하는 것이다.[105] 여기에서는 사회적으로 가벼운 죽음과 예외적인 죽음에 대해 잠시 살펴보려 한다.

첫째, 아이의 죽음에 대해 살펴보자. 올로마아냔족(Olo Maanyan)의 경우, 7세 미만 아이의 시신은 바로 관에 넣어 사망 당일 가족묘 밖에 두었다. 다음날 딱 한 번 제사했고, 부모의 애도 기간도 일주일에 불과했다. 표르트족(Fjort)도 빈민, 노예, 아이의 시신은 지체 없이 바로 매장했다. 『마누 법전』에 따르면 2세 이하 아이의 시신은 화장하지 않고 바로 숲속에 버렸다. 토다족은 2세 미만 아이에 대해 같은 날 일차 장례식과 이차 장례식을 모두 치렀다. 다약족과 파푸아인은 아이의 시신을 나무 안에 집어넣거나 나뭇가지에 매달았다. 이것은 인간이 나무에서 왔고 다시 나무로 돌아가야 한다는 믿음을 반영했다. 이처럼 아이의 죽음은 마치 실제 죽음이 없었던 것처럼 매우 약한 사회적 반응을 불러일으켰다. 코스타리카인은 아이는 죽지 않고 천사가 된다고 믿었기 때문에, 아이의 장례식에서 눈물을 흘리지 않고 즐거워했다. 중국에서는 8세 이상의 아이가 죽었을 때만 상복을 입었다. 미얀마의 카얀족(Kayan)은 출생 후 한 달이 지나면 아이에게 이름을 붙였고, 이름이 없는 아이의 경우에는 표면적인 애도 행위도 없었다.[106]

오스트레일리아 등지에서도 아이의 영혼은 쉽게 출생 이전의 본래의 자리로 되돌아갈 수 있다고 생각했고, 조산아나 미숙아는 똑같은 여자의 자궁 안에서 더 나은 모습으로 바로 환생할 수 있다고 믿었다. 북아

죽음을 사색하는 시간

메리카의 알곤킨족(Algonkin)이나 몽골인(Mongol)은 7세 미만 아이의 시신을 사람들이 많이 다니는 길가에 두면 영혼이 쉽게 환생한다고 생각했다. 성인의 죽음에 비해 아이의 죽음은 사회적으로 가벼운 것이었고, 이로 인해 유아 살해도 크게 문제되지 않았다. 아이는 아직 사회에 본격적으로 들어서지 않았기 때문에, 이중 장례식 같은 느리고 고통스러운 의례 과정을 통해 아이의 시신과 영혼을 사회에서 꺼낼 필요가 없었던 것이다. 사회가 아직 아이에게 아무것도 주지 않았기 때문에, 아이의 죽음은 사회에 큰 영향을 주지 못했다. 부모의 개인적인 슬픔의 강도와는 무관하게, 특정 연령 이하의 아이에 대한 애도 기간의 극단적인 축소나 부재는 매우 일반적인 현상이었다.[107] 게다가 아이는 정령의 세계, 보이지 않는 세계, 조상의 세계, 신들의 세계에서 아직 완전히 분리되지 않은 존재였다. 아이는 죽음과 삶의 경계선을 넘어 방금 삶으로 돌아왔기 때문에 쉽게 죽음의 세계로 되돌아갈 수 있다고 믿었던 것이다.

둘째, 샤먼, 주술사, 수도자 같은 종교 전문가의 죽음도 사회적으로 가벼운 죽음이었다. 샤먼은 삶과 죽음의 경계선을 자유롭게 넘나드는 존재였다. 수도자도 살아 있는 동안 이미 사회에서 배제되어 다른 세계에 속했기 때문에, 그의 죽음은 사회적으로 가벼웠다. 해양 다약족은 샤먼의 시신을 나무에 매달았다. 힌두교 수도자는 화장 같은 특별한 의식 없이 바로 매장되었다. 종교 전문가는 죽음이 면제된 사람, 죽음에 면역된 사람이었다. 그는 이미 삶 속에서 죽음을 완성한 자였다. 살면서 이미 죽음을 완성한 자에게 장례식은 무의미한 것이었다.[108]

셋째, 노인이나 여자의 죽음도 사회적으로 가벼운 죽음이었다. 오스트레일리아 원주민이나 아루 제도의 파푸아인은 뼈의 건조를 위한 일차 장례식 없이 노인의 시신을 바로 매장했다. 노인은 생전에 이미 마른 뼈가 된다. 노인의 죽음은 흔히 애도의 축소나 부재를 보여준다. 마다가스카르의 남부 사칼라바족(Sakalava)이나 남아프리카의 츠와나족(Tswana)은 노인의 죽음이 잠과 같다고 생각하여 노인의 장례식을 즐겼다. 노인은 신체적이고 정신적인 능력이 약화되어 더 이상 사회생활에 참여할 수 없는 경우가 많았다. 이처럼 노인은 생전에 이미 사회적 배제가 완료된 상태였기 때문에, 신체적으로는 살아 있더라도 사회적으로는 이미 죽은 존재에 가까웠다. 노인이 죽을 때 이미 사람들은 노인의 사회적 부재에 익숙해져 있는 상태였다. 그래서 노인의 죽음은 대체로 무겁지 않았다. 노인의 죽음은 외부적인 원인의 개입이 없는 '자연적인 죽음'이었다. 오스트레일리아 월라로이족(Wollaroi)의 경우, 여자는 종교 생활에 전혀 참여하지 않았기 때문에 여자의 시신은 장례식 없이 바로 매장되었다. 이와 달리 와라문가족은 환생할 때마다 영혼이 성별을 바꾼다고 믿었기 때문에 남자와 여자의 장례식을 똑같이 거행했다.[109]

넷째, 죽음의 유형이나 방식이 예외적인 죽음을 만들었다. 변사, 횡사, 사고사, 익사, 자살이 발생하거나, 여자가 출산 중에 죽거나, 누군가가 벼락 맞아 죽었을 때, 이러한 죽음은 강렬한 공포심을 유발했기 때문에 신속히 시신을 처리해야 했다. 예외적인 죽음을 맞은 사람의 뼈는 조상들의 뼈와 함께 두지 않았다. 예외적인 죽음을 맞은 자의 불안하고 악의적인 영혼은 지상을 영원히 배회하거나, 여타의 영혼과는 다른 사후 세계로 간다고 생각했다. 따라서 이러한 저주받은 죽음의 희생양은 죽음이 완성될 수 없는 자, 삶과 죽음의 틈에 빠져 버린 자였다. 남부 반투족은 번개에 맞아 죽은 사람을 애도하지 않았다. 이러한 애도는 하늘에 대한 반란 행위라고 여겼기 때문이다. 인디언들은 머리 가죽이 벗겨진 전사의 시체를 이미 영혼이 사라진 썩은 고기라고 여겨서 절대 매장하지 않았다. 기독교 세계에서는 자살자를 성스러운 땅에 매장하지 않았다. 목을 매어 죽은 사람의 영혼은 영원히 시체 곁에 머문다는 믿음도 널리 퍼져 있다.[110]

그러나 예외적인 죽음이 항상 저주받은 죽음으로 여겨진 것은 아니다. 서부 에스키모인은 죽음 후에 지하 세계로 가는 다른 사람들과 달리, 비명횡사한 사람은 하늘로 올라가 햇빛 속에서 윤택하게 산다고 믿었다. 고대 아즈텍인은 전사한 남자와 출산 중에 죽은 여자는 태양에 인도되어 하늘에서 산다고 믿었기 때문에 이러한 멋진 죽음을 기뻐했고, 익사자나 벼락 맞아 죽은 사람의 죽음도 슬퍼하지 않았다. 비정상적인 죽음이 저주받은 죽음이 아니라 오히려 선택받은 죽음으로 여겨진 것이다. 예외적인 죽음은 갑작스러운 강렬한 사회적 감정을 자극하는 저주일 수도 있고 영광일 수도 있다.[111]

매우 불행한 방식으로 이 세상에서 찢겨 나간 사람들은 생자의 기억에 너무 강렬한 죽음의 광경을 남긴다. 이 이미지는 절대 완전히 지워지지 않는다. 또한 이렇게 죽은 사람들은 정상적인 조상의 범주로 통합되지 않기 때문에, 생자의 기억 속에서 영원히 죽음을 반복한다. 그런데 절대 완성되지 않는 죽음, 영원한 죽음은 사회에 균열을 일으킨다.[112] 따라서 사회는 예외적인 죽음에 대해 극단적으로 배타적인 태도를 유지하거나, 아니면 이러한 죽음을 아예 성스러운 죽음으로 절묘하게 둔갑시킨다. 어느 쪽이든 사회적 배제는 지속된다.

13. 사물과 영혼

제프리 고러에 따르면, 현대 사회의 가장 큰 문제는 애도를 다루는 '사회적 의례'의 부재로 인해 죽은 자에 대한 애도가 철저히 사적 영역으로 유폐되고 있다는 점이다.[113] 죽은 자에 대해 이야기하는 것, 그리고 애도의 감정을 공개적으로 표출하는 것은 주위 사람들을 불편하게 하는 무례한 일로 간주된다. 그래서 사람들은 사별의 슬픔을 애써 감춘다. 애도 의례의 부재는 슬픔을 사회적으로 표현할 수 있는 수단의 상실을 의미한다.[114]

그러나 누군가를 잃을 때 어떤 식으로든 우리의 애도는 내면에서 지속된다. 애도를 다루는 공적 의례가 사라지면, 사적 의례나 고통스러운 심리적인 적응 과정을 통해 개인적인 방식으로 애도를 지속할 수밖에 없다. 이 과정에서 많은 사람들이 슬픔의 먹이가 되어 신체적이거나 심리적인 질병을 앓게 된다. 애도 의례의 부재로 인해 죽음이 낳은 슬픔

죽음을 사색하는 시간

은 개인의 마음 공간에 방치되고, 많은 사람이 절망의 끝에서 허우적 거린다. 제프리 고러는 애도 의례의 상실로 인해 우리가 슬픔을 극복할 수 있는 사회적 능력을 잃어버렸다고 주장한다.[115]

애도의 공개적 표출을 억누르면서 애도자에게 어떤 의례적 원조도 제공하지 못하는 사회는 필연적으로 신경증적 반응과 사회적 부적응을 낳는다. 그래서 고러는 죽은 자의 유족, 친척, 친구, 이웃에게 세속적인 애도의 장을 제공할 수 있는 '사회적 의례'를 만들 필요가 있다고 말한다. 적절한 애도 의례가 없을 때, 보통 6주에서 12주의 기간 동안 생자의 강렬한 슬픔이 지속된다. 이 기간에 애도자는 인생의 어떤 시기보다도 사회적 원조와 도움을 필요로 한다. 그러나 우리 사회는 애도자의 불행, 고독, 절망, 부적응에 거의 아무런 도움도 주지 못하고 있다.[116] 따라서 우리는 원시 사회나 전통 사회의 애도 의례, 나아가 장례 의례에 대한 연구를 통해 이중 장례식이 죽음의 충격을 어떻게 완화했는지를 유심히 관찰할 필요가 있다.

인간의 살아 있는 몸이 차디찬 시체로 변하는 바로 그 순간에 몸과 영혼의 이분법이 싹을 틔운다. 죽음이 부드러운 몸을 차츰 고체처럼 딱딱하게 굳히기 시작할 때, 인간은 몸과 영혼의 차이에 대한 상상력을 전개한다. 살아 있는 몸과 죽은 몸의 차이가 주는 충격에서 죽음 개념이 형성되기 시작한다. 과거에 인간은 장례식에 의해 시체에서 영혼을 추출했다. 몸 없이는 영혼도 없다. 살아 숨 쉬는 몸에서 영혼을 찾기는 쉽지 않다. 살아 있는 몸에서는 몸과 영혼이 마구 뒤섞여 있어서, 우리는 몸의 입을 열어 그 속에서 영혼을 발견하지 못한다. 그런데 몸이 녹아 흘러내리고 딱딱한 뼈가 드러날 때, 살이 사라지고 뼈만 남을 때, 몸이 액체 없는 완전한 고체로 치환될 때, 이때 비로소 영혼이 발아를 시작한다. 인간이 사물이 될 때 영혼이 말을 건네기 시작하는 것이다.

조르주 바타유에 따르면 시체는 영혼에 대한 가장 완벽한 긍정이다.[17] 그러나 이중 장례식에 대해 자세히 살펴본 우리는 조금 다르게 이야기해야 한다. 살이 녹아 없어진 뼈, 즉 사물이 된 인간은 영혼에 대한 가장 완벽한 긍정이다. 그리고 죽은 인간이 사물이 될 때, 죽은 인간이 영혼이 될 때, 죽은 인간이 사회 밖에 놓일 때, 비로소 생자는 애도에서 해방될 수 있다. 영혼은 '사물이 된 인간'이라는 역설적 상황에서 태어난다.

죽음은 우발적이고 예측 불가능한 사건이다. 죽음은 삶이 주는 안정성이 허상이었음을 증언하는 불안한 사건이다. 언제라도 죽을 수 있다는 사실은 살아 있다는 것이 얼마나 취약한 것인지를 잘 보여준다. 죽음이 일어날 때마다 인간의 세계가 흔들린다. 따라서 인간은 종교에 의해 어떤 식으로든 죽음의 위기를 통제하고자 했다. 결국 죽음의 통제는 삶을 위한 것이었다. 그런데 죽음의 때와 장소를 스스로 정하는 일에서부터 종교적인 자살이나 생식과 출산의 거부에 이르기까지 인간은 몸의 현실성을 부정하려는 온갖 종교적 노력을 기울였다.

우리는 '타인의 죽음'을 처리하는 장례식에 대해 살펴보았다. 그러나 인간에게 '타인의 죽음'은 '나의 죽음'과 긴밀히 연결돼 있다. 타인들이

죽음을 사색하는 시간

죽어 갈 때, 내가 몸담고 살던 나의 세계는 조금씩 허물어지고, 나도 점점 죽어 간다. 죽음은 갑자기 들이닥치는 사건이기도 하고, 살아 있을 때 내가 미리 극복해야 하는 미래의 이미지이기도 하다. 따라서 종교는 그저 죽음을 예측하거나 관망하지 않고, 삶 속에 들어온 죽음과 치열하게 싸운다. 현재의 자리에서 아직 일어나지 않은 미래와 싸우는 것이다. 우리는 이 책의 다음 부분에서 인간의 이러한 모습에 대해 살펴볼 것이다. 이제 우리는 '몸의 죽음'이 아니라 '영혼의 죽음'에 대해 이야기할 것이다.

주

1   Zygmunt Bauman, *Mortality, Immortality, and Other Life Strategies*, Stanford: Stanford University Press, 1992, pp. 152–160.

2   *Ibid.*, pp. 187–191.

3   Claude Lévi-Strauss, *The Raw and the Cooked: Introduction to a Science of Mythology: 1*, New York and Evanston: Harper & Row, Publishers, 1964, pp. 147–163.

4   Maurice Bloch, *Prey into Hunter: The Politics of Religious Experience*, Cambridge: Cambridge University Press, 1992, pp. 81–82, 86–87.

5   Friedrich Max Müller, *Anthropological Religion: The Gifford Lectures Delivered before the University of Glasgow in 1891*, London: Longmans, Green, and Co., 1892, p. 236. 막스 뮐러는 종교학의 탐구 대상인 자연적인 종교(natural religion) 를 크게 물질적 종교(physical religion), 인간학적 종교(anthropological religion), 심리학적 종교(phychological religion)로 구분하여 연구를 진행했다. 이에 대한 자세한 내용은 다음 책을 참고하라. Lourens P. van den Bosch, *Friedrich Max Müller: A Life Devoted to the Humanities*, Leiden: Brill, 2002, pp. 440–477.

6   Robert Hertz, "A Contribution to the Study of the Collective Representation of Death," *Death and the Right Hand*, trans. Rodney and Claudia Needham, London and New York: Routledge, 1960. 로베르 에르츠의 이 글은 원래 1907년 『사회학 연보(Année Sociologique)』 10호에 발표되었다. 여기에서 나는 에르츠 의 연구 성과를 조금은 다른 방식으로 구조화하면서, 추가적인 내용을 보충하고 자 했다. 그렇더라도 이 책의 1부 전체는 철저히 에르츠의 연구 성과를 요약하고 정리한 것에 가깝다. 죽음 표상에 대한 또 다른 연구로는 마르셀 모스의 다음 글 을 참고하라. Marcel Mauss, "The Physical Effect on the Individual of the Idea of Death Suggested by the Collectivity (Australia, New Zealand)," *Sociology and Psychology: Essays*, trans. Ben Brewster, London: Routledge & Kegan Paul, 1979, pp. 35–56.

7   '다약'은 특정한 보르네오 부족의 이름이 아니라, 보르네오 내륙 원주민을 가리키 는 일반적인 표현이다. 이 말은 '강의 상류'를 뜻하는 'dayah'라는 보르네오 단어 에서 유래한다. 에르츠는 다약족 가운데서도 특히 보르네오 동남부의 올로옹가 주족에 관한 자료를 이용하고 있다.

8   Hertz, *op. cit.*, pp. 29–30.

9   *Ibid.*, pp. 30–31.

10   *Ibid.*, pp. 32–33, 118–119, nn. 24, 33.

11   *Ibid.*, pp. 36–37.

12   *Ibid.*, p. 120, n. 55.

13   죽은 영혼이 신(manes)이 되는 과정에 대해 타일러의 다음 책을 참고하라. Edward Burnett Tylor, *Religion in Primitive Culture*, Gloucester: Peter Smith, 1970, pp. 194–209. 또한 영혼과 정령의 구별에 대해서는 P. D. Chantepie de la Saussaye, *Manual of the Science of Religion*, trans. Beatrice S. Colyer–Fergusson, London and New York: Longmans, Green, and Co., 1891, pp. 37–40을 참고하라.

14   Hertz, *op. cit.*, p. 121, n. 56.

15   *Ibid.*, p. 38.

16   *Ibid.*, pp. 39, 122, nn. 62, 66, 67.

17   *Ibid.*, p. 40. 머리 사냥에 대해서는 다음 글을 참고하라. 레나토 로살도, 『문화와 진리: 사회분석의 새로운 지평을 위하여』, 권숙인 옮김, 아카넷, 2000, pp. 27–59.

18   Hertz, *op. cit.*, p. 41.

19   *Ibid.*, pp. 42, 123, n. 83.

20   Jan Assmann, *Death and Salvation in Ancient Egypt*, trans. David Lorton, Ithaca and London: Cornell University Press, 2005, pp. 32–33.

21   Hertz, *op. cit.*, pp. 123–124, nn. 85, 87, 88.

22   *Ibid.*, pp. 124–125, nn. 91, 92, 96.

23   *Ibid.*, p. 43.

24   *Ibid.*, p. 125, n. 99.

25   Müller, *op. cit.*, p. 276.

26   Hertz, *op. cit.*, p. 44. 생명력을 집단의 한정된 재화로 보는 시각에 대해서는 다음 글을 참고하라. Maurice Bloch, "Death, Women, and Power," in Maurice Bloch and Jonathan Parry, eds., *Death and Regeneration of Life*, Cambridge: Cambridge University Press, 1982, pp. 228–230.

27   Hertz, *op. cit.*, pp. 44, 126, nn. 102, 103.

28   *Ibid.*, p. 44.

29   *Ibid.*, p. 126, n. 104.

30 *Ibid.*, p. 45.

31 *Ibid.*, pp. 45, 127, nn. 108, 109.

32 Michael Stausberg, *Zarathustra and Zoroastrianism: A Short Introduction*, trans. Margret Preisler-Weller, London: Equinox, 2008, pp. 93-94.

33 *Ibid.*, p. 94.

34 Hertz, *op. cit.*, pp. 45, 127, n. 112.

35 Stausberg, *op. cit.*, p. 95.

36 독수리 감소의 여러 요인과 영향에 대해서는 다음 글을 참고하라. Anil Markandya, et al., "Counting the Cost of Vulture Decline: An Appraisal of the Human Health and Other Benefits of Vultures in India," *Ecological Economics*, September 2008, pp. 2-5, 8-9.

37 Hertz, *op. cit.*, pp. 45-46.

38 *Ibid.*, p. 46. 희생제의의 구조에 대해서는 다음 책을 참고하라. Henri Hubert and Marcel Mauss, *Sacrifice: Its Nature and Functions*, trans. W. D. Halls, Chicago: The University of Chicago Press, 1964, pp. 34-35.

39 Hertz, *op. cit.*, p. 127, n. 115.

40 *Ibid.*, pp. 46-47.

41 *Ibid.*, p. 47.

42 Robert Henry Codrington, *The Melanesians: Studies in Their Anthropology and Folk-lore*, Oxford: Clarendon Press, 1891, pp. 118, fn. 1, 119, fn. 1.

43 *Ibid.*, pp. 254, 257-258.

44 Hertz, *op. cit.*, p. 47.

45 장례식의 상상력과 신화적인 장례 지리학에 대해 논의하면서, 엘리아데는 죽음이 새로운 존재에 대한 상상력의 모체라고 주장한다. Mircea Eliade, "Mythologies of Death: An Introduction," *Occultism, Witchcraft, and Cultural Fashions: Essays in Comparative Religions*, Chicago: The University of Chicago Press, 1976, pp. 32-46.

46 Hertz, *op. cit.*, pp. 47-48, 128, nn. 121, 122.

47 *Ibid.*, p. 48.

48 *Ibid.*, pp. 49-50.

49 *Ibid.*, p. 129, n. 126.

50 *Ibid.*, p. 49.

51 *Ibid.*, p. 129, n. 127.

52 *Ibid.*, p. 130, n. 131.

53 *Ibid.*, pp. 50, 130, n. 132.

54 *Ibid.*, pp. 51, 131, nn. 137, 138.

55 *Ibid.*, pp. 51−52, 131−132, nn. 142, 144, 145.

56 *Ibid.*, p. 132, n. 147.

57 *Ibid.*, p. 52.

58 *Ibid.* pp. 132−133, n. 150.

59 *Ibid.*, pp. 53, 133, nn. 151, 153, 154, 155.

60 *Ibid.*, pp. 53−54, 133, n. 157.

61 *Ibid.*, pp. 54, 135, nn. 158, 159, 160.

62 *Ibid.*, pp. 54−55, 134, nn. 163, 164.

63 *Ibid.*, pp. 55−56, 135, nn. 171, 172, 175.

64 *Ibid.*, p. 135, n. 174.

65 *Ibid.*, p. 56.

66 *Ibid.*, pp. 56−57.

67 *Ibid.*, pp. 135−136, nn. 179, 180.

68 *Ibid.*, pp. 57, 136, n. 181.

69 *Ibid.*, pp. 57−58, 136, nn. 182, 185.

70 Maurice Bloch, *Placing the Dead: Tombs, Ancestral Villages, and Kinship Organization in Madagascar*, Illinois: Waveland, 1994, pp. 146−147, 157−158.

71 *Ibid.*, pp. 112−113, 156−158, 168−171.

72 Hertz, *op. cit.*, pp. 58, 137, nn. 186, 187.

73 *Ibid.*, pp. 58−59, 137, nn. 192, 193, 195. 또한 다음 책을 참고하라. Hans Schärer, *Ngaju Religion: The Conception of God among a South Borneo People*, trans. Rodney Needham, The Hague: Martinus Nijhoff, 1963, p. 143.

74 Hertz, *op. cit.*, pp. 60, 138, nn. 198, 199.

75 *Ibid.*, pp. 60−61.

76 *Ibid.*, pp. 138−139, nn. 201, 202, 203.

77 *Ibid.*, p. 61.

78 *Ibid.*, pp. 61, 139, nn. 204, 205, 206.

79 *Ibid.*, p. 139, n. 207.

80　*Ibid.*, p. 139, nn. 207, 208.

81　*Ibid.*, pp. 61−62, 139−140, n. 209.

82　*Ibid.*, pp. 62−63, 140, nn. 217, 220.

83　*Ibid.*, pp. 140−141, nn. 222, 223.

84　*Ibid.*, p. 64.

85　*Ibid.*, pp. 65, 141, nn. 227, 228, 230, 231. 오스트레일리아 원주민의 신화적 시간인 '꿈의 시간(Dream Time)'에 대해서는 엘리아데의 다음 책을 참고하라. Mircea Eliade, *Australian Religions: An Introduction*, Ithaca: Cornell University Press, 1973, pp. 42−59.

86　Hertz, *op. cit.*, pp. 67, 142, nn. 235, 243.

87　*Ibid.*, pp. 67−69, 143−144, nn. 250, 254.

88　*Ibid.*, pp. 69, 144, n. 257.

89　*Ibid.*, pp. 70−71.

90　*Ibid.*, pp. 71, 145, n. 269.

91　*Ibid.*, pp. 72, 145, n. 273.

92　A. R. Radcliffe−Brown, *The Andaman Islanders*, Glencoe: The Free Press, 1948, pp. 112−113.

93　Hertz, *op. cit.*, pp. 72−74.

94　*Ibid.*, pp. 74−75, 146, nn. 285, 286. '이름이 같은 사람(namesake)'의 종교적 의미에 대해서는 다음 책을 참고하라. Marcel Mauss and Henri Beuchat, *Seasonal Variations of the Eskimo: A Study in Social Morphology*, trans. James J. Fox, London: Routledge & Kegan Paul, 1979. pp. 59, 64, 68, 114, n. 47. 아이가 조상의 이름을 갖는 에스키모인의 경우, 아이는 독립적인 존재로 인정받았고, 따라서 부모가 아이를 구타하는 일도 벌어지지 않았다.

95　Hertz, *op. cit.*, pp. 75, 147−148, nn. 296, 297.

96　*Ibid.*, p. 76.

97　*Ibid.*, pp. 76−77, 148, n. 298.

98　*Ibid.*, pp. 77−79, 149, n. 308.

99　*Ibid.*, pp. 79−80.

100　*Ibid.*, pp. 80−81.

101　*Ibid.*, pp. 80−81. 입문식이 지닌 죽음과 부활의 구조에 대해서는 다음 책을 참고하라. Mircea Eliade, *Birth and Rebirth: The Religious Meanings of Initiation in*

Human Culture, New York: Harper & Brothers Publishers, 1958.

102 Hertz, *op. cit.*, pp. 81–82.

103 *Ibid.*, pp. 82, 150, nn. 320, 322.

104 *Ibid.*, pp. 82, 150–151, n. 323.

105 *Ibid.*, p. 83.

106 *Ibid.*, pp. 84, 151–152, nn. 328, 332.

107 *Ibid.*, pp. 84, 152, n. 331.

108 *Ibid.*, p. 153, n. 333.

109 *Ibid.*, pp. 85, 152–153, nn. 334, 335, 336.

110 *Ibid.*, pp. 85, 153, nn. 337, 338.

111 *Ibid.*, p. 153, n. 339.

112 *Ibid.*, p. 86.

113 Geoffrey Gorer, *Death, Grief, and Mourning in Contemporary Britain*, London: The Cresset Press, 1965, p. 58.

114 *Ibid.*, pp. 51–54.

115 *Ibid.*, p. 83.

116 *Ibid.*, pp. 77, 116, 132.

117 Georges Bataille, *Theory of Religion*, trans. Robert Hurley, New York: Zone Books, 1989, pp. 39–40.

2부 죽음의 해부도

1. 일생 관념

　인간은 누구나 자신의 삶에 끝을 부여하는 어느 하루, 즉 죽음의 날을 맞이한다. 인간은 이러한 어느 하루 가운데 어느 순간에 '나의 시간'의 끝을 경험한다. 그러나 죽음과의 조우는 인간이 예견하던 끝이며, 인간은 '나의 죽음'을 겪기 전에 이미 수많은 '너의 죽음'을 접한다. 그러므로 '나의 죽음' 이전에 내가 만나는 죽음은 '너의 죽음'뿐이라고 말해도 무방하다. 물론 '너'조차 되지 못한 수많은 '그들'의 죽음이 있다. 그러나 대체로 '너의 죽음'과 '그들의 죽음'은 너무 다른 것이다. 우리와 '그들'의 시공간적 거리감으로 인해 심지어 우리는 '그들의 죽음'이 낳은 차이를 거의 느낄 수도 없다. 설령 어린 시절 나와 친밀했던 사람이라도 20년 동안, 30년 동안 전혀 만난 적이 없다면, 그는 그저 나의 기억 속에서 과거의 모습으로만 살고 있기 때문에, 그의 죽음은 '너의 죽음'만큼 나의 삶에 큰 충격을 주지 않는다.

그저 이미지로만 기억에 저장된 채 더 이상 우리 삶에 개입하지 못하는 존재는 이미 죽은 자와 거의 다를 바 없는 실존적 가치를 지닌다. 우리 마음에 저장된 과거 시간 속에서 이미지로만 살고 있는 사람은 우리의 현재 세계에 들어와 눈앞에서 직접 말을 거는 존재와는 매우 다르다. 심지어 우리는 언론에 노출되는 수많은 사건 사고의 죽음보다도 영화와 소설 속의 허구적인 죽음을 더 사실적인 죽음처럼 수용한다. 그러므로 우리에게 모든 죽음이 동일한 정서적 질량을 갖지는 않는다. 각각의 죽음은 '나의 죽음'으로부터 측정되는 실존적 거리에 따라 그 의미의 무게를 달리한다. '나의 죽음'을 중심으로 할 때, 수많은 '너의 죽음'들이 각각 거리를 달리하며 중심 주변에 포진하고, '너의 죽음'의 경계 너머에 역시 수많은 '그들의 죽음'이 포진한다. 그러므로 '나의 죽음'을 중심으로 삼으면서 배치되는 서로 다른 질량의 수많은 죽음들 전체가 형성하는 '죽음의 지형도' 같은 것을 상상해 볼 필요가 있다.

'나의 죽음'은 상상 불가능한 것이기 때문에, 죽음의 지형도에서 중심은 텅 비어 있을 것이다. 그리고 '너의 죽음'과 '그들의 죽음'을 포함하여 그 주변에서 명멸하는 수많은 죽음들이, 심지어는 책이나 이야기를 통해 학습된 무수한 죽음 표상들이 무질서한 형태로 중심 주변에 산포되어 있을 것이다. 그러한 죽음 가운데 어떤 죽음은 이미 죽음의 의미를 상실한 채 죽음의 지형도 바깥으로 밀려나고 있을 것이다. 그리고 나는 그저 '나의 죽음'을 둘러싼 수많은 죽음 표상들에 의해서만 겨우 '나의 죽음'을 상상할 수 있을 뿐이다. 그러나 이 죽음의 지형도는 일정한 형태로 고정되어 있는 것이 아니라, 내가 살아가면서 경험하는 수많은 죽음 표상들의 등장에 의해 계속해서 변화할 것이다. 어쩌면 우리가 가진 죽음 개념이란 이러한 죽음의 지형도에 의해서만 겨우 포착할 수 있는 것인지도 모른다. 그런데 가만히 보면 죽음의 지형도는 결국 삶의 지형도와 다르지 않다. 우리가 어떤 삶을 살고 있는지에 따라 누군가가 '나'에게 '너'가 되기도 하고 '그들' 가운데 하나가 되기도 한다. 그러므로 내가 상상하는 '나의 죽음'은 결국 내가 어떤 삶을 살고 있는지에 따라 달라질 것이다. 결국 '나의 죽음'에 대한 물음은 '나의 삶'에 대한 물음일 수밖에 없는 것이다.

그러나 '나의 죽음'은 아직 존재하지 않기 때문에, 우리에게 가장 문제되는 것은 보통 '너의 죽음'이다. 그러므로 많고 다양한 '너의 죽음'들이 초래하는 '너의 사라짐', 즉 '너의 없음'으로 인해 죽음이라는 '끝'의 실존적 의미가 가장 첨예하게 부각된다. 이처럼 살아가면서 우리에게 가장 문제를 일으키는 것은 일차적으로 '너의 죽음'이다. '너의 죽음'은 곧장 내 세계의 파괴로 이어진다. '너'와의 원근에 따라 나의 세계가 두 동강이 날 수도 있고, 세계의 귀퉁이가 살짝 마모되는 정도에 그칠 수도 있다. 그리고 내가 겪는 '너의 죽음'의 양태는 내가 상상하는 '나의 죽음'의 이미지에도 영향을 미친다. 많은 경우, '나의 죽음'의 이미지는 '너의 죽음'들이 만든 이미지들의 집합이자 집적이다. 물론 외로운 죽음이자

인지되지 못한 죽음인 자살이나 고독사에 대한 사회적 두려움처럼, 언론에 노출되는 '그들의 죽음'이 '나의 죽음'의 이미지에 영향을 주는 것도 사실이다.

그리고 '나의 죽음'에 대한 상상은 나의 부재 속에서도 아랑곳하지 않고 유지될 수많은 '너의 세계'들을 근원적으로 승인하게 한다. 즉 '나의 죽음'에 대한 상상을 통해 우리는 '너의 세계'라는 차가운 존재를 감내하는 법을 배우게 된다. '나의 죽음'과 무관하게 나와 친밀한 사람들의 세계가 문제없이 유지될 거라는 상상을 통해 우리는 나의 존재가 갖는 완벽한 상대성을 의식하고 긍정하게 된다. 이렇게 볼 때 그리스 철학자인 에피쿠로스(Epicurus)의 다음과 같은 주장은 '나의 죽음'만을 전제로 한 것임을 쉽게 알 수 있다.

> 죽음이란 아무것도 아니라는 사실에 익숙해지도록 하게. 왜냐하면 모든 악이나 선은 우리의 감각 속에 존재하는데 죽음이란 감각의 부재이기 때문일세. 우리가 존재하는 한 죽음은 우리와 함께 있지 않으며, 죽음이 오면 우리는 더 이상 존재하지 않기 때문에, 모든 악 중 가장 끔찍한 것인 죽음은 우리에게 아무것도 아니라네. 그러므로 죽음이란 산 자에게도 죽은 자에게도 관여하지 않는데, 이는 산 자에게는 죽음이란 존재하지 않으며, 죽은 자는 더 이상 존재하지 않기 때문일세.[1]

죽음을 사색하는 시간

에피쿠로스의 주장은 사실 일종의 자기중심적인 재담이다. 왜냐하면 죽음은 죽음의 순간에 신체적으로 겪는 감각의 고통에 불과한 것이 아니기 때문이다. 오히려 죽음은 살아가는 내내 인간을 괴롭히는 심리적인 문제일 뿐만 아니라, '나의 세계'의 완전한 소멸 가능성에 대한 수용의 문제이기도 하다. 그러므로 우리에게 문제가 되는 것은 어찌 보면 죽음의 사실이 아니라 죽음의 가능성이다. 즉 나라는 존재 자체가 갖는 근원적인 허약성이 우리의 가장 큰 문제이다.

끝은 부재를 의미한다. 이제부터 우리가 논의할 것은 바로 이 끝을 어떻게 해석할 것인가 하는 문제이다. 도대체 죽음이라는 끝은 어떤 의미에서 끝이라 선포될 수 있는가? 이 끝이 끝장내는 것은 도대체 무엇인가? 인간의 일생은 삶의 흐름이 형성하는 시간성(temporality)을 통해 재구성될 수 있다. 그리고 이런 시간성이 '나의 시간', 즉 현상학적·주관적 시간을 구성한다.[2] 우선 우리는 존재의 한계선을 가리키는 죽음의 의미를 부각시키기 위해 현상학적·주관적 시간만을 운위하고자 한다.[3] 왜냐하면 우주론적·객관적 시간에 대한 논의를 잠시 유보할 때, 죽음이 지닌 '끝'으로서의 실존적 의미가 더 명확히 드러날 것이기 때문이다. 죽음은 분명 일생의 완결점으로 서술될 수 있다. 그러나 일반적으로 종교적 상상력에서 죽음은 '끝'이면서 동시에 '시작'이라고 표현된다. 그렇다면 무엇의 '시작'이고 무엇의 '끝'인가? 바로 이 '끝'과 '시작'에 대한 물음을 통해, 우리는 죽음이라는 경계선이 갖는 의미를 드러낼 수 있을 것이다. 우선은 '나의 시간'의 시작과 끝이 형성하는 '일생(lifetime)'이라는 개념에서 논의를 시작해 보려 한다.

인간은 죽음이라는 의미심장한 한계선에 대한 의식을 통해서만 '일생'이라는 관념을 지닐 수 있다. 인간의 출생은 항상 죽음을 전제하며, 미래의 어딘가에서 발생할 자신의 죽음 사건을 예상함으로써만 우리는 일생 관념을 갖게 된다.[4] 물론 일생(一生)의 '일(一)'이 강조하듯, 인간은 하나의 삶만을 꾸릴 수 있을 뿐이다. 인간은 둘 이상의 '일생들'을 살 수 없으며, 일생이란 시작과 끝을 통해 완결되는 한 인간의 일대기에 다름 아니다. 또한 '나'의 일생과 '너'의 일생을 더한다고 해서, 그 두 일생의 합이 '나'와 '너'의 공동 일생을 형성하지도 않는다. 일생은 타인과 공유할 수 없는 '나'만의 고유 영역이며, 타인의 일생과 더할 수 없는 반(反)덧셈의 영역이다. 또한 일생들이 서로 더해질 수 없다는 점에서, 일생은 정복하거나 정복당할 수 있는 지리학적 영토가 아니다. 그러므로 나의 일생이 짧다고 해서, 타인의 일생을 정복하여 일생의 영토를 확장할 수도 없는 일이다. 어떤 일생이든 타인의 일생과 혼동될 수 없는 고유성을 지니고 있으며, 이렇듯 생(生)은 '일(一)'이라는 숫자를 통해서만 셀 수 있을 뿐이다. 그리고 이 '일'이라는 숫자를 가능케 하는 것이 바로 죽음이라는 '끝'이다. 왜냐하면 우리는 시작과 끝을 갖는 것만 셀 수 있기 때문이다.

가령 인간에게 죽음이라는 '끝'이 주어지지 않았다면 일생 관념도 없었을 것이다. 출생이라는 생명의 시작만 존재할 뿐, 인간에게 죽음의 순간이 절대 찾아오지 않는다고 가정해 보자. 이런 상황에서 죽음 없는

죽음을 사색하는 시간

인간에게 시작과 끝이라는 개념이 존재하기나 할까? 시작과 끝이라는 두 가지 경계선, 그리고 이 둘 사이에 끼여 있는 인간의 일생, 이처럼 일생은 시작과 끝이라는 두 가지 경계선에 의해서만 개념화된다. 의식되든 의식되지 않든 간에, 여하간 인간이 그 속에서 살아 왔고, 살고 있으며, 살아갈 시간 영토가 바로 일생이다. 일생은 시간이라는 질료에 의해 구성된 하나의 덩어리에 다름 아니다. 또한 타인과 공동으로 소유할 수 없기에, '나의 일생'은 나 홀로 경작해야 할 영토이다. 일생이라는 시간 영토, 인간은 이 시간 영토를 소유하는 유일한 주권자의 역할을 떠맡는다.

정확히 말하자면 일생이라는 말은 살다 이미 죽은 자의 삶 전체를 가리키는 말이다. 우리는 죽은 자의 출생에서 죽음 사건에 이르기까지의 일대기를 죽은 자의 일생이라고 부른다. 하지만 아직 죽지 않은 인간이라도 자신에게 일생이 주어져 있음을 알고 있으며, 이 앎을 통해 자신의 일생 전체를 조망할 수 있다. 그리고 이러한 조망이 바로 과거·현재·미래라는 시간의 근본 구조를 직조하는 원동력이다. 이제 막 태어난 아이는 아직 조각되지 않은 무정형의 시간 덩어리를 부여받는다. 그러나 그저 주어진 무정형의 시간 덩어리는 아직 일생이 아니다. 왜냐하면 아이는 시간 덩어리를 조각하는 과정을 통해 발생하는 과거·현재·미래의 상호 침윤 현상을 통해서만 진정한 일생 관념을 갖게 될 것이기 때문이다. 이렇듯 일생 관념이란 인간의 생존 과정에서 과거·현재·미래가 부단히 상호 침윤함으로써 형성되는 시간 관념이다. 이때 일생이라는 시간 덩어리는 직선적으로 흘러가 사라지는 일회성이 아니라, 과거·현재·미래가 서로 뒤엉켜 엮인 복합적 유기성을 갖게 된다.

　현재에 남겨진 과거의 흔적, 미래에 남겨질 현재와 과거의 흔적, 현재에 의해 재해석되는 과거, 미래에 대한 예측에 의해 영향받는 현재, 현재의 결정에 의해 모습을 드러내는 미래, 이처럼 우리는 직선적인 시간 관념이 아니라, 과거·현재·미래가 부단히 융합 작용을 벌이며 그때그때마다 일시적으로 형성하는 일생 관념을 가지고 살아간다. 일생 관념은 계속해서 부피와 두께와 깊이와 형태가 달라진다. 어쩌면 우리는 현재의 상황에 의미를 부여하고 현재의 나를 정당화하는 적합한 일생 관념을 계속 구성하면서 살아간다. 그러므로 내가 지닌 일생 관념이 현재의 내 상황에 얼마나 적합한 것인지가 내 존재의 의미를 어느 정도 결정할 것이다. 일생 관념의 적합성이 문제가 되는 것이다. 그리고 과거·현재·미래의 상호 작용이 마비되면서 일생 관념의 현재적 적합성이 사라질 때, 나의 존재는 존재 의미의 위기를 겪을 수밖에 없다. 존재 의미의 위기 상황에서 우리는 인생이란 일장춘몽(一場春夢)이라고 나직이 중얼거리면서, 일생의 허무함에 대한 자신의 깨달음을 고백할지도 모른다. 또는 이미 더 이상 현재적 적합성을 지니지 않은 경화된 일생 관념을 껴안고 계속해서 현재의 상황과 충돌하며 자신을 소모할지도 모른다. 그러므로 어떤 일생 관념을 지니고 있는지, 일생 관념의 현재적 적합성을 유지하고 있는지의 문제는, 우리가 어떤 삶을 살고 있으며 어떤 죽음을 상상하고 있는지의 문제와 긴밀히 연결되어 있다.

시간 영토는 소진을 향한 소비의 영역이다. 살아 있다는 것은 주어진 시간 영토를 소비하는 점진적인 영토 상실의 과정이라 할 수 있다. 그러나 이러한 영토 상실은 시간 영토를 기억 영토로 변형시켜 저장한다는 의미에서만 소비라고 할 수 있다. 달리 말해 시간 영토는 주체의 시간 경작을 통해 기억으로 변형된다. 그러나 모든 시간, 즉 일생 전체가 기억으로 전환되는 것은 아니다. 사실 기억이라는 '정신적 시간'으로 육화되는 시간은 그리 많지 않다. 또한 설령 기억으로 전환되었다 하더라도, 진정으로 '나의 인생'이었다고 자부할 수 있을 만한 기억은 얼마 되지 않는다. 일생의 시간 영토 중에서 인간의 실존적 각성에 의해 체험되는 시간이 아닌 나머지 시간은 '나의 인생'이라 할 만한 것이 못 되며, 그러한 시간은 '나의 인생'으로 격상되지 못한 채 물화된 시간으로 가라앉는다.[5]

시간은 주체의 능동적 참여에 의해서만 기억 속에서 자신의 생명력을 보존한다. 그리고 주체의 능동적 참여는 무형의 시간을 기억이라는 유형의 이야기로 직조해 낸다. "어떤 이가 흰머리와 주름살을 지녔다는 것이 그가 오랜 시간을 살았다고 생각할 만한 이유가 되진 않는다. 그는 오랜 시간을 살았던 것이 아니라, 다만 오랫동안 존재했던 것이다."[6] 산다는 것과 존재한다는 것을 구분하는 세네카의 이 말은 우리에게 인간 존재가 소비하는 시간 영토에 관한 문제를 제기한다. 도대체 인간과 시간의 관계는 어떤 방식으로 규정될 수 있는가? 우리가 '나의 인생' 또는 '나의 삶'이라 부르는 것은 시간의 기억화 이외에 또 다른 어떤 것을 필요로 하는가? 만약 인간의 기억이 모두 '나의 인생'이 되는 것은 아니라면, 어떤 자격을 갖추었을 때 기억은 인생이 되는가? 우리는 나중에 다시 이 문제를 다룰 것이다.

2. 신(神), 시간의 실

인간의 일생을 하나의 의미 있는 이야기로 구성하는 시간의 통일성은 인간의 고유한 의미론적 시간성에 의해 확립된다. 이때 의미론적 시간성이란 일생에 의미를 부여하는 시간 구성의 원리를 뜻한다. 모든 인간이 동일한 시간성에 의해 일생의 이야기를 서술하는 것은 아니다. 인간마다 일생의 다양한 사건들을 구조화하는 시간 구성의 원리가 조금씩 상이할 수밖에 없는 것이다. 따라서 어찌 보면 '나'와 '너'는 서로 다른 시간을 경험하며 살아간다. 인간 누구나가 소유하는 시간은 시간 경작자가 누구인가에 따라 그 내용과 리듬을 달리한다. 그리고 '나'와 '너'의 구분도 결국 각각의 이질적 시간의 차이에서 기인한다. '나'와 '너'의 차이는 시간의 차이를 의미한다. 그러므로 우리는 이질적 시간들이 지닌 각각의 시간 구조의 통일성을 인간 정체성의 토대로 간주할 수 있다. '나'와 '너'는 서로 다른 시간 내용뿐만 아니라 서로 다른 시간적 통일성을 지니고 있다. '나'라는 존재는 결국 시간적 통일성의 구성 원리를 가리킨다. 이 이야기는 조금 더 부연할 필요가 있다. 자신의 죽음 1년 전에 발표한 「최초의 시간과 최후의 시간」(1949)이라는 글에서 종교학자 판 데르 레이우는 다음과 같이 말한다.

> 그러나 시간, 즉 오늘의 시간은 우리의 필수적인 요소이다. 우리는 자신이 고정된 한 점에 서 있다고 상상하고자 하며, 이 고정된 점으로부터 편안히 과거를 회상하거나 기대를 통해 미래를 예상한다. 그러나 고정된 점은 없다. 우리는 급류에 휩쓸린 것처럼 시간에 휩쓸려 운반된다. 우리는 시간적이다. 다시 말해서 우리는 시간 속의 한 점을 움켜쥐거나 단단히 붙들 수도 없고, 우리 자신의 존재를 움켜쥐거나 꼭 붙들 수도 없다. 9시 30분의 인간은 9시 25분의 인간과 똑같지 않다. 우리는 시간으로 존재한다.[7]

판 데르 레이우에 의하면, 계속 흐르고 있는 시간과 함께 인간도 흐르고 있기 때문에, 인간은 시간 안에서 어떤 고정된 점에 자리잡을 수 없다. 이러한 시각에 따르면 과거와 미래뿐만 아니라 현재라는 것도 존재하지 않는다. 내가 지금 속해 있다고 상상하는 '오늘'이나 '현재'라는 것은 인간의 시간적 환영일 뿐이다. 마찬가지로 마치 고정된 존재처럼 여겨지는 현재의 '나의 존재'라는 것도 시간 속에서 액체처럼 흐르고 있기 때문에, 우리는 우리의 존재를 결코 붙잡을 수 없다. 결국 내가 상상하는 나는 항상 내가 아니다. 인간 자체가 시간이기 때문이다. 그럼에도 불구하고 인간으로 존재하려면 우리에게는 오늘과 현재라는 것이 필요하고, '나'라는 존재가 필요하다. 판 데르 레이우는 독일의 신학자인 카를 하임(Karl Heim)의 말을 인용하면서 연이어 다음과 같이 말한다.

> 그럼에도 불구하고 우리는 존재하고 우리 자신을 "우리"라고 부른다. 우리는 "우리의" 과거를 가지며 "우리의" 미래를 위한 계획을 세운다. 이것은 카를 하임이 "동시성(simultaneity)"이라고 부른 그런 것을 함축한다. "만약 … 시간 마디가 경험된다면, 시간적인 사건의 요소들 사이에는 연속성의 관계와 함께 동시성의 관계가 존재할 것이다. 음악 작품의 음들이 그저 연속적으로 울릴 수는 없다. 그것들은 또한 서로 결합해야 한다. 영화 영사기가 재빨리 연속적으로 스크린에 투사하는 이미지들이 그저 차례대로만 보일 수는 없다. 그것들은 하나의 총합적인 이미지로 융합해야 한다."[8]

우리가 경험하는 시간과 공간은 빈틈없이 매끄럽게 이어지는 수학적인 시간과 공간이 아니다. 그래서 판 데르 레이우는 "우리가 경험하는 공간은 연속체가 아니라 수많은 섬들이며, 그 섬들 사이에는 아무것도 없다."라고 말한다.[9] 우리가 산책하거나 차로 이동할 때, 여기에 아름다운 풀밭이 있고 저기에 강이 있으며, 여기에 마을이 있고 저기에 농가가 있다. 그러므로 이렇게 경험되는 '공간의 섬들'을 종합적으로 이해할 때, 비로소 우리는 공간 안에 거주할 수 있다. 이러한 이야기는 '시간의 섬

죽음을 사색하는 시간

들'에도 그대로 적용된다.

> 그러나 시간뿐만 아니라 공간도 인간이 선호하는 점들과 간격들
> 을 선택하여 창조하는 삶의 형식이다. 공간은 추상적인 크기가 아
> 니라 내가 자리잡은, 말하자면 내가 선호하는 일련의 "장소들"이
> 다. 시간은 내가 가치 있다고 생각하여 구별하는, 어떤 의미에서
> 는 꼭 붙드는 일련의 시간적인 점들이다. … 그것들을 통해 나는
> 시간의 진행과 나 자신의 지속을 경험한다.[10]

우리는 의미 있는 일련의 장소들을 연결하는 '공간의 실'을 갖고 있으
며, 이 실에 의해 내가 머무른 여러 장소들에 일정한 의미를 부여할 수
있다. 마찬가지로 내가 선호하는 '시간의 섬들'을 연결하여 하나의 단일
한 총체로 경험할 수 있게 하는 것, 바로 이것이 시간성이다. 그러므로
시간의 힘은 어쩌면 '시간의 실'에 있다고 해야 할 것 같다. 우리는 어떤
'시간의 실'에 우리의 인생을 꿰고 있는가? 다시 판 데르 레이우는 독일
의 철학자인 요한 게오르크 하만(Johann Georg Hamann)의 말을 인용하
면서 다음과 같이 말한다.

> 하만은 시간의 모든 순간은 "완전히 동그랗고", 각각의 시간은 다
> 음 시간과는 독립적으로 존재한다고 말했다. 연속성은 단지 섭리
> 의 실(thread of providence)로 인해 생겨난다. 그러나 인간은 그 자

신의 섭리가 될 수 있으며 마법처럼 시간을 확립할 수 있다. 그는 시작을 만들 수 있다. 왜냐하면 다시 한 번 말하지만, 모든 것은 자연적으로 존재하지 않는 시작에 달려 있기 때문이다. 시작이 수중에 들어오자마자 모든 것이 반복될 수 있다."

하만은 시간이 구슬처럼 동그랗다고 말한다. 그리고 모든 인간은 동그란 시간 구슬을 꿰는 자기만의 '시간의 실'을 갖고 있다. 그리고 '시간의 실'에 의해 인간은 마법처럼 과거, 현재, 미래가 동시에 존재하는 시간이라는 것을 갖게 된다. 그리고 시간을 갖게 될 때 비로소 인간은 시간의 시작과 시간의 끝을 가질 수 있으며, 나아가 시작과 끝에 의해서만 시간의 반복과 갱신을 실행할 수 있다. 시간은 '시간의 실'이 인간에게 주는 선물 같은 것이다. 그렇다면 내가 경험하는 '시간의 섬들'을 하나로 꿰는 '시간의 실'을 어디에서 발견할 수 있는가? 판 데르 레이우에 의하면 근대인과 다르게 원시적인 민족은 신화가 이야기하는 최초의 시간과 최후의 시간에서 '시간의 실'을 발견한다. 신화에 대해서는 차후에 더 자세히 설명할 기회가 있을 것이다. 이러한 맥락에서 보면, 내 시간의 시작과 끝을 어떻게 설정하고 해석하는지에 따라 내가 지니는 '시간의 실'이 달라진다고, 즉 나의 시간 경험 자체가 달라진다고, 나아가 내가 경험하는 세계가 달라진다고 말할 수 있을 것이다. 결국 탄생과 죽음의 의미가 시간 경험 자체를 결정한다고 말할 수 있을 것이다. 다시 판 데르 레이우의 이야기를 들어 보자.

그리고 하만이 우리에게 상기시키는 것처럼, 각각 단독으로 취해지는 분리된 순간들은 시간을 구성하지 못하며, 구슬들은 실에 꿰여야 한다. 이 일은 최초의 시간에 의해 수행된다. 그러나 이것은 최후의 시간에도 마찬가지로 적용된다. 그것이 실을 형성한다. 그것이 동시성의 기적을, 경험된 시간의 기적을 일으킨다. 그로 인해 모든 시간 경험이, 요컨대 인생이 가능해진다.[12]

판 데르 레이우는 과거, 현재, 미래라는 시간의 세 가지 차원 이외에도 '시간의 실'이라는 시간의 네 번째 차원을 고려해야 한다고 주장한다. '시간의 실'로 인해 시간의 시작과 끝이 존재하고, 인간은 시간이라는 선물을, 인생이라는 선물을 받는다. 그래서 판 데르 레이우는 신(神)이 '시간의 실'로 존재한다고 말한다. 신은 시간이 없는 영원이 아니라 시간 속에서 '시간의 실'로 존재한다는 것이다. 이런 식으로 그는 시간 안에서 신을 발견한다. 신은 '시간을 묶는 자'이다.

3. 탄탈로스의 바위

먼저 우리는 시간의 경계선에 위치하는 두 가지 중요한 타자를 분석해 볼 것이다. '시간의 실'이 만든 인간의 시간을 뒤흔드는 가장 강력한 두 가지 타자는 죽음과 타인이다. 타인은 나와는 다른 '시간의 실'을 지닌 존재일 뿐만 아니라, 나의 시간을 풍성하게 할 수도 있고 나의 시간을 약탈할 수도 있는 존재이다. 우리는 타인과의 교류를 통해 시간을 만들기도 하고 지우기도 한다. 타인은 우리에게 우리가 몰랐던 시간을 경험하게 한다. 나라면 절대 할 수 없는 타인의 경험을 듣고서, 나는 내 시간의 빈틈을 메우기도 하고, 내 시간을 확장하기도 한다. 부모나 연인의 경험을 듣고 나는 내 시간 끄트머리에 그들의 시간을 접합시키거나, 내 시간에 살짝 그들의 시간을 포개 보기도 한다. 우리는 이렇게 타인의 경험을 마음속에서 반복함으로써 마치 자신의 시간인 듯 가상적인 시간 경험을 한다. 우리의 '이야기 시간'은 그렇게 타인의 이야기와 접속하여 성장하고 증식한다.

그러나 인간은 사회적 동물이기 때문에 끊임없이 타인의 시간을 훔치며 살아가야 한다. 돈을 지불하고 타인의 시간을 사기도 하고, 타인의 시간을 무단 점유 하기도 한다. 그리고 인간은 자발적으로, 또는 생존을 위해 타인에게 자기 시간의 일부를 내어 주며 살아간다. 그러므로 타인과의 만남은 시간의 증여와 시간의 약탈이라는 이중적인 과정을 통해 이루어진다. 그래서 인간은 자기만의 '시간의 실'에서 이탈하여 자칫 타인의 시간 재료로 전락하기 쉽다. 책을 읽으면서 우리는 '나의 시간'을 지운다. 그러나 거기에서 그치지 않고 우리는 책 속에 문자로 고착되어 있는 '타인의 시간', 그렇게 글자로 정지된 생각의 시간 속에 빠져든다. 게다가 죽은 인간조차도 타인의 시간 속에 잠입하여 타인의 기

죽음을 사색하는 시간

억 안에서 연명할 수 있다. '나의 시간'도 타인의 기억에 스며들어 생존한다. 그렇지만 나의 죽음과 무관하게 타인은 계속해서 살아가기 때문에, 타인은 내 죽음의 단독성을 여실히 증명해 주는 내 몸의 차디찬 경계선이다. 또한 나의 생명은 그저 내 몸 안에 갇혀 있고, 내 몸의 경계선 너머로 뿌리를 뻗지 못하고, 타인의 몸속으로 스며들지 못한다는 점에서, 타인은 항상 내 생명의 한계선을 표시한다. 타인은 내 생명의 경계선 너머에 살고 있다. 그러므로 저승 또는 내세가 내 시간 너머에 있을 '나의 죽음'을 가리킨다면, 타인은 내 몸 밖에 있는, 즉 내 공간 너머에 있는 '나의 죽음'을 가리킨다. 나의 죽음 여부와 상관없이 타인은 매일같이 나의 부재 속에서 나의 죽음을 겪는다.

죽음은 언제라도 '시간의 실'을 절단할 수 있는 현재적 가능성으로 존재한다. 그러므로 죽음은 시간을 줄 뿐만 아니라 동시에 시간을 뺏는 존재로 그려진다. 죽음이라는 끝에 의해 비로소 인간은 시작과 끝이 구비된 시간을 선물 받는다. 그러나 반대로 죽음은 언제라도 나의 시간을 지울 수 있다는 듯 내 머리 위를 맴돈다. 나는 죽음 이후에도 죽음 이전과 똑같이 나의 '시간의 실'이 여전히 이어질 거라고 기대하기도 하고, 죽음 이후에는 모든 '시간의 실'이 사라진, 즉 시간의 한계나 시간의 고통이 사라진 시간 없는 세계가 펼쳐질 거라고 기대하기도 한다. 여하간 죽음은 도저히 멈출 것 같지 않던 시간을 멈출 수 있는 유일한 힘이다.

죽음은 '탄탈로스의 바위'처럼 인간의 머리 위를 떠돈다. 그리스 신화에서 탄탈로스는 신들과의 친교를 통해 신들의 호의를 산다. 그리고 제우스는 탄탈로스가 원하는 무엇이든 들어주겠다는 약속을 한다. 그런데 신들과 놀다 보니 탄탈로스는 신들의 삶을 선망하게 된다. 결국 탄탈로스는 신들의 쾌락에 빠진 채, 제우스에게 자기도 신처럼 먹고 마시면서 살게 해 달라고 요청한다. 당연히 제우스는 이 요구에 깜짝 놀라지만, 이미 약속을 했기 때문에 탄탈로스의 요구를 무시할 수 없다. 그러나 제우스는 요구를 들어주는 대신, 탄탈로스가 자기 앞에 놓인 음식과 음료를 마음 놓고 즐길 수 없도록 그의 머리 위에 바위 하나를 매달아 둔다. 그리고 탄탈로스는 자기에게 제공된 음식과 음료에 손을 대는 순간 바위가 머리로 떨어질지도 모른다는 공포심 때문에, 신들의 음식과 음료를 바라보기만 할 뿐 먹거나 마시지 못한다. 결국 탄탈로스는 신성을 탐할 뿐 신처럼 되지는 못한 채 영원한 기갈에 시달리며 살아간다.

인간에게 죽음은 '탄탈로스의 바위' 같은 것인지도 모른다. 탄탈로스의 머리 위에 매달린 채, 언제 허공에서 떨어져 탄탈로스의 머리를 박살낼지 알 수 없는 이 바위로 인해, 탄탈로스는 감히 신의 음식을 먹지 못한다. 아마도 제우스는 탄탈로스의 오만함을 징벌하기 위해 머리 위에 바위를 매달았을 것이다. 그러므로 바위는 인간과 신의 건널 수 없는 경계선을 의미한다. 탄탈로스는 바위의 추락을 감수하지 않는 한, 신의 음식에 손을 댈 수 없다. 신처럼 살려면 탄탈로스는 신들의 음식을 먹어야 한다. 그러나 음식에 손을 대는 순간 바위가 떨어질 것이다. 신처럼 살려고 하는 순간 탄탈로스는 인간으로서 처참한 죽음을 맞이

죽음을 사색하는 시간

해야 한다. 마찬가지로 죽음은 항상 신과 인간의 차가운 경계선을 알려 준다.

인간 일생의 통일성은 저절로 확립되는 것이 아니다. 일생의 통일성은 타인의 타자성과 죽음의 타자성에 대한 경험을 통해 형성된다. 나의 시간과 너의 시간 사이에서 벌어지는 다양한 투쟁을 통해 인간은 자신의 정체성을 확보할 수 있다. 즉 하나의 일생을 지님으로써, '시간의 실'에 꿰인 유기적인 시간을 지님으로써 인간은 타인과는 다른 나만의 개별성을 확보한다. 인간은 시간적 동질성을 지닌 일생을 통해 자기만의 개별화를 성취한다. 이처럼 동질적인 시간 구조를 토대로 일정한 지속성을 유지하는 인간만이 객관적 개별성을 확보한다.[13] 그런데 타자의 시간을 경험함으로써 비로소 '나의 시간'의 개별성이 도드라진다. '너의 시간'의 이질성과 접촉함으로써 비로소 '나의 시간'의 동질성이 인지된다. 죽음과 타인이 바로 그러한 이질적인 시간, 타자적 시간이다.

타인이 내 몸의 경계선 너머에서 '나의 시간'을 위협하는 타자라면, 죽음은 시간의 끝에서, 즉 내 정신의 경계선 너머에서 '나의 시간'을 위협하는 타자일 것이다. '나'와 '타자'의 이러한 조우가 나의 시간성, 나의 정체성, 나의 개별성을 빚어낸다. 인간은 죽음과 타인이 지닌 타자성을 경험하고, 그러한 타자성을 자기만의 방식으로 흡수하며, 이로써 자신의 정체성을 확립한다. 따라서 나의 타자들은 나의 '시간 그물'에 걸려들어, 나의 시간을 구성하는 시간 질료가 된다. 이렇게 볼 때 죽음과 타인이야말로 시간의 주요 구성 요소라고 말할 수 있다. 타인과의 공시적 관계와 죽음과의 통시적 관계라는 이중적 관계 구조를 통해, 인간은 자신의 일생에 시간성의 긴장감을 불어넣는다.

그런데 낡은 '시간의 실'을 버리고 새로운 '시간의 실'을 얻을 수 있을 때, 즉 새로운 시간성을 경험하는 것이 가능할 때, 인간은 시간 질료인 죽음과 타인을 전혀 다른 방식으로 경험할 수 있다. 또한 시간성의 전환은 과거의 인생과는 다른 새로운 인생을 가능하게 한다. 다른 인생, 그것은 인간이 기존의 '시간 감옥'을 탈출할 수 있을 때 열리는 하나의 가능성이다. 타자를 경험하는 방식이 바뀌고, 이전과는 다른 행위의 윤리학을 지닐 때, 인간은 지금까지와는 다른 새로운 의미의 세계에서 살 수 있다. 또한 내가 타인을 만나는 방식이 바뀐다는 것은 내가 죽음을 대하는 방식이 바뀐다는 것을 의미한다. 마찬가지로 내가 죽음을 바라보는 방식이 바뀐다면, 내가 타인을 대하는 방식 또한 바뀔 수 있다. 결국 이 모든 문제는 내가 어떤 시간을 살고 있는지, 그래서 어떤 죽음을 죽고 있는지에 대한 물음으로 이어진다. 종교적인 관점에서 보면, 타자와 소통함으로써만, 나와 타자의 경계선을 지움으로써만, 나는 '시간 감옥'에서 탈출할 수 있다. '나의 시간'이 '너의 시간'이 되고, '너의 시간'이 '나의 시간'이 되는 상황, 삶과 죽음의 경계선이 허물어지는 상황, 바로 여기에서 구원의 시간이 열릴 것이다.

죽음을 사색하는 시간

4. 죽음 문화

우리는 '나의 시간'을 약탈하거나 '나의 시간'을 지워 버릴 수 있는 적들을 막기 위해 시간 방책(防柵)을 세운다. 앞서 말한 것처럼 시간 방책은 주로 타인과 죽음이라는 두 종류의 침입자를 상정한다. 이때 죽음은 일생 관념을 생성시키는 시간의 끝임과 동시에, 일생과 대칭되는 의미에서 비시간의 영역이기도 하다. 한편으로 죽음은 호흡의 중지와 시신으로의 변모 등이 가리키는 '시간의 끝'을 의미한다. 다른 한편으로 죽음은 삶과 대비되는 맥락에서 '죽음의 순간 이후의 상태', 즉 '죽은 상태'를 의미하기도 한다. 후자의 경우에 "죽음이란 무엇인가?"라고 물을 때, 이 질문은 죽음 이후에 신체 너머에서 일어난다고 여겨지는 일련의 영적 현상을 향한 것이다. 이처럼 죽음은 '시간의 끝'을 가리키기도 하고, 시간의 끝 이후에 펼쳐지는 '시간 없음의 상태'를 가리키기도 한다.

대체로 삶과 죽음은 시간과 비시간의 대립을 통해 서술된다. 역설적인 표현이지만 죽음은 '비시간의 시간성'을 지닌 영역으로 묘사된다. 즉 죽음은 일생의 시간과는 전혀 다른 시간성에 의해 구성되는 비시간의 절대 영역으로 상상된다. 긍정적인 의미에서 평가할 때, 비시간은 시간의 감옥에서 벗어난 불멸과 영원의 상태를 지칭할 것이다. 부정적인 의미에서 평가할 때, 비시간은 더 이상 시간이 존재하지 않는 영원한 죽음과 소멸의 상태를 지칭할 것이다. 우리는 비시간이라는 말이 갖는 이중적인 함의에 유의할 필요가 있다. 왜냐하면 비시간이라는 말 속에 '절멸'과 '불멸'이라는 모순적인 의미가 공존하고 있기 때문이다. 따라서 죽음은 그 자체로 절멸 또는 불멸의 상태로 그려지기도 하고, 절멸이나 불멸에 이르는 수단으로 여겨지기도 한다. 오직 죽음의 경계선을 건너야만 불멸에 참여할 수 있는 기회가 생긴다고 주장하기도 하고, 죽음 자체가 자동적으로 불멸을 초래한다고 주장하기도 한다. 이러한 맥락에서 볼 때 죽음 이후는 대체로 '절멸'과 '불멸'이라는 두 가지 가능성에 의해 묘사된다. 대체로 종교에서는 오로지 죽음을 통해서만 더 이상 죽지 않는 불멸의 영역에 도달할 수 있다고 주장한다. 이것이 바로 죽음이 지닌 기본적인 역설이다. 죽어야만 죽음이 사라지는 것이고, 죽어야만 비로소 죽지 않을 수 있는 것이다.

이처럼 죽음은 일회적인 사건이면서도 사후 세계의 모습으로 그려지며, '비시간의 시간성'을 지닌 또 다른 시간 영토처럼 묘사되기도 한다. 그런데 일생의 매 순간은 언제라도 죽음의 시간으로 탈바꿈할 잠재성을 지닌 시간이다. 이때 죽음의 시간이란 사후의 시간을 의미한다. 일생 영토의 시간이 죽음의 잠재성을 보유하고 있다는 사실, 시간 질료가 언제라도 죽음의 재로 화할 수 있다는 사실, 이로 말미암아 인간 일생은 팽팽한 긴장감을 부여받는다. 인간의 일생은 본래적으로 죽음의 방문을 부단히 지연시킴으로써 조금이라도 더 일생의 외연을 확장하려 한다. 결국 일생은 외연 확장을 욕구하는 시간 덩어리에 다름 아니며, 이러한 증식 욕구를 통해 죽음으로부터 자신을 보호하려는 무의식적 방어 기제를 갖추게 된다. 결국 죽음과의 투쟁은 삶이라는 자기 동일성의 시간이 죽음이라는 타자의 시간으로 변모되는 것을 막기 위한 노력이다.

인간은 자기 동일성의 시간 지평을 영토화함으로써 죽음을 시간 영토 바깥에 위치시키려 한다. 죽음 없는 깨끗한 시간 영토를 구축하려 하는 것이다. 요컨대 인간의 시간은 죽음의 시간을 토대로 한 시간이며, 삶은 현실성의 시간으로, 죽음은 잠재성의 시간으로 기능한다. 삶의 소멸이 죽음이지만, 인간은 이미 삶 속에서 죽음을 타자화함으로써 계속해서 삶과 죽음을 대립시킨다. 이러한 대립 구도, 즉 죽음과의 거리 설정은 무엇을 의미하는가? 우리는 앞으로 이 점을 논의할 것이다. 우리는 죽음이 하나의 객체로서 지니는 본질적인 의미를 도출하는 것이 아니라, 죽음을 객체화하는 인간 의식이 죽음에 부여하는 의미를 탐구하고자 한다. 그런 점에서 우리는 끊임없이 현상학적 방법론에 입각하여 논의를 전개하고 있다.

시간 보호의 방책은 일생 관념과 이것을 가능하게 하는 '일생 바깥'의 관념을 분리시킨다. 이때 '일생 바깥'이란 사후의 영역을 가리킨다. 우리는 보통 산 자의 영역과 죽은 자의 영역을 가르는 울타리, 즉 죽음이라는 임계 상태를 통해 '일생의 끝'이라는 관념을 갖는다. 그리고 '일생의 끝'이라는 관념을 통해 일생의 일(一)이라는 관념을 획득한다. 끝이 주어지지 않은 시작은 아직 진정한 시작이 아니다. 시작은 끝을 의식함으로써 온전한 시작으로 정립될 수 있다. 시간의 시작과 시간의 끝을 부여할 때 생기는 팽팽한 시간 구조를 통해서만, 우리는 일생이라는 시간 영토를 얻을 수 있다. 그렇다면 죽음이라는 끝은 삶과 이어진 끝일 뿐, 죽음 이전의 모든 이어짐을 완전히 해체하는 타자는 아니다. 삶의 이어짐은 그 끝마저도 포용하며, 끝은 끝에 이른 이제까지의 이어짐의 한 모습이다.[14]

에마뉘엘 레비나스(Emmanuel Levinas)의 말마따나, 죽음은 인간 일생에 시간성을 부여하는 절대 타자이며, 죽음을 통해서만 일생은 통시적 시간 구조를 획득할 수 있다. 죽음은 인간이라는 동일자(同一者) 속에 침투하여 인간 고독의 단조로움과 지루한 시계 소리를 중지시킬 수 있는 사건의 발생 가능성이다. 그리고 인간의 통시성, 또는 인간의 역사성은 시간 영토의 끝에 있는 죽음과의 관계를 통해서만 획득될 수 있다.[15] 이렇듯 죽음은 일생 너머에 있음에도 불구하고 일생의 시간 영토 전체에 관계하는 타자라고 할 수 있다. 그러나 죽음은 생명 바깥에서 생명 현상에 관여하는 비가시적인 것임에도 불구하고, 끊임없이 생명 현상에 흔적을 남김으로써 자신의 비가시성을 가시성으로 전환시킨다. 원래 죽음은 삶 바깥에 있기 때문에 우리가 볼 수 없는 것이지만, 그럼에도 불구하고 우리는 삶 속에서 죽음을 볼 수 있다. 보이는 죽음은 죽음 자체라기보다 죽음의 흔적, 물질화된 죽음, 구체화된 죽음, 언어화된 죽음 같은 것이다. 이러한 가시적인 죽음의 총체가 '죽음 문화'라고 부를 만한 것을 형성한다. 죽음의 가시성은 죽음이 남긴 범행 흔적이며, 우리는 오로지 이 흔적, 이 암호를 짜깁기하여 겨우 죽음의 몽타주를 만들 수 있다. 따라서 죽음 문화에 대한 암호 해독 작업 이외에 다른 방법으로는 결코 죽음의 의미를 밝힐 수 없다. 그러므로 죽음의 의미는 죽음 문화의 의미일 수밖에 없다.

요약하면 죽음은 인간의 일생 구조에 시간성을 부여함으로써 죽음 문화를 형성한다. 죽음 문화는 소극적인 의미에서 볼 때 장례 문화나 매장 문화 등으로 이루어진 문화 형태를 가리킨다. 그러나 우리는 소극적인 의미의 죽음 문화를 죽음 문화 전체로 간주하지 않아야 한다. 왜냐하면 죽음 문화는 인간 문화 전반에 스며들어 이산돼 있는 전 문화적 현상이기 때문이다. 인간의 문화 전체는 죽음으로 얼룩져 있다. 문화라는 포장지를 벗기는 순간, 모든 문화 현상 안에 죽음이 숨어 있다. 그러므로 모든 문화는 근원적인 차원에서 결국 죽음 문화로 수렴된다고 할 수 있다.

거꾸로 말하자면, 우리의 문화는 죽음 은닉의 결과물이다. 문화는 결국 죽음 은폐의 메커니즘이다. 그러므로 모든 문화 해석은 필연적으로 그 끝에서 죽음의 얼굴과 마주한다. 그러나 우리는 인간 문화 전반에 스며들어 있는 틈입자로서의 죽음, 항상 내 그림자를 뒤따르는 죽음, 내가 늘 먹고 마시고 입는 죽음, 바로 이 죽음의 얼굴을 제대로 인식하지 못한다. 우리는 죽음이 얼마나 깊숙이 삶 전체에 관여하고 있는지를 인식하지 못한 채, 죽음의 얼굴을 그냥 지나치곤 한다. 죽음의 흔적을 인식할 수 없기에 해석할 수도 없으며, 해석의 부재는 필연적으로 의미의 결핍을 발생시킨다. 이처럼 죽음 문화에 대한 모든 논의는 근본적인 문화 비판으로 기능할 수밖에 없다.

죽음 문화의 의미 결핍이 문화적 질병의 상당 부분을 유발한 병인(病因)이라는 인식이 이 책에서 전개되는 죽음 연구의 출발점이다. 문화 전반에 이산돼 있는 죽음의 흔적을 해석함으로써, 우리는 의미 없이 부유하는 죽음 문화에 해석이라는 '의미의 중력'을 부여할 수 있을 것이다. 그리고 문화 해석을 통해 발생하는 '의미의 중력'만이 죽음 문화에 대한 논의를 문화 비판의 차원으로 끌어올릴 수 있을 것이다. 우리의 기본 전제는 다음과 같다. 죽음은 물리적으로는 비가시적이지만 문화 구조적으로는 가시적인 역설적인 현상이다. 그렇다면 죽음 담론이 죽음의 역설을 담아낼 수 있게 하는 죽음 서술의 문법은 어떤 것일까? 어쩌면 죽음 서술의 문법은 옥시모론(oxymoron)의 문법이어야 한다. 옥시모론의 문법은 문자 그대로 모순 어법의 비논리성에 의해 전개된다. 우리는 이와 같은 전제에 입각하여 죽음 담론의 옥시모론이 지닌 비논리성의 논리적 구조를 확인하려 한다. 이로써 우리는 모순 어법이라는 부정성을 탈피한 '죽음의 논리학'을 서술할 수 있을 것이다.

5. 죽음 이전의 죽음

시간 속에는 죽음이 살고 있다. 우리는 죽음 이전에 무수한 죽음을 죽는다. 그리고 우리가 겪는 무수한 죽음의 각 양태는 서로 다르다. 그런데 무수한 죽음을 겪는다는 것은 결국 우리가 그러한 각각의 죽음을 극복하고 매번 부활한다는 것을 의미하지 않는가? 그렇다면 시간 속에는 죽음뿐만 아니라 부활도 같이 살고 있다고 말해야 하지 않을까? 우리는 살아가면서 무수한 부활을 겪는다. 판 데르 레이우는 자신이 사망한 해에 발표한 「불멸」(1950)이라는 글의 도입부에서 죽음에 대해 다음과 같이 말한다.

> 죽음은 삶의 끝이지만, 동시에 삶의 일부분이다. 우리는 우리의 삶이 끝나야만 죽음을 알 수 있으며, 결과적으로 죽음에 대해 아무것도 말할 수 없다. 그럼에도 불구하고 우리는 죽음을 잘 알고 있으며 죽음에 대해 잘 이야기할 수 있다. 죽음은 미래이자 현재이다. 죽음은 우리 생명의 리듬에 속해 있다. 산다는 것은 죽는다는 것이다. "태어난 순간부터 우리는 죽기 시작한다. 끝이 시작부터 드리워져 있다." 우리는 살기 시작하자마자 죽기 시작한다. 잠들어 있는 모든 시간은 절반의 죽음이다. 타나토스(Thanatos)와 히프노스(Hypnos)는 형제이다. 삶의 한 국면에서 다른 국면으로의 모든 이동은 일종의 죽음이다. … 삶은 밀물과 썰물이 있는 대양이다. 이것은 죽음이 항상 삶 속에 잠재해 있다는 것을 의미한다. … 삶은 자신을 되풀이하는 어떤 것이다. … 이로부터 우리는 바로 우리 문제의 중심, 즉 불멸성이라는 인간학적 주제에 이르게 된다. (이 지점에서 내가 분명히 진술하고 싶은 것처럼) 이 관념은 역설이 아니다. 바로 죽음이 삶을 초월할 뿐만 아니라 삶의 일

부를 형성하기 때문에, 인간학적 관점에서 죽음을 고찰하는 일이 가능하다. 이러한 의미에서 "초월적인 것"은 적어도 부분적으로 "내재적인 것"이 된다.[16]

판 데르 레이우에 따르면, 죽음은 삶 밖에 있으면서도 삶 안에 존재하기 때문에 우리가 죽음에 대해 말할 수 있다. 죽음이 오로지 삶 밖에 있다면, 우리는 보이지 않는 죽음을 이야기할 수 없다. 우리가 태어나는 순간부터 슬며시 죽음은 삶 속에 들어오기 시작한다. 그래서 판 데르 레이우는 "동물은 인간과 같은 의미에서 필멸적이지 않다. 죽음은 인간의 실존을 구성한다. 인간은 죽어야만 할 뿐만 아니라, 죽어 감을 통해 자신의 본질을 완성한다."라고 이야기한다.[17] 다시 말해서 인간만이 삶 안에 들어온 죽음을 응시하며 살아간다. 죽어 간다는 사실이 인간 존재의 본질적인 의미를 구성한다고 말할 수 있다. 그러므로 인간에게 생기는 죽음의 문제는 기본적으로 삶 외부에 있는 죽음이 지속적으로 삶 속으로 파고든다는 사실에 있는 것인지도 모른다. 헨리에테 롤란트 홀스트(Henriëtte Roland Holst)라는 네덜란드 시인은 이렇게 말한다.

자연 안에서 죽음은 얼마나 고요한가.

잎이 지고 침묵하는 땅 위에서 녹슬고,

사라지고 소멸하면서 새로운 가치를 얻는다.

모든 피조물은 자신의 때를 알고 자신의 시간을 기다린다.

죽음을 사색하는 시간

(중략)

그러나 인간 세계에는 출현하는 세대와

소멸하는 세대의 뒤섞임이 있다.

그것은 끔찍한 일이다. 부패의 냄새가

의심 없는 어린 영혼들 위로 무겁게 내려앉는다.[18]

　판 데르 레이우는 인간의 죽음이 자연으로부터의 소외의 증표라고 말한다. 동물은 자연으로부터 소외돼 있지 않기 때문에, 즉 자연의 일부가 되어 살기 때문에 자신의 죽음을 응시하며 살지 않는다. 동물의 죽음은 삶 내부를 파고들지 않고 삶의 외부에 자리잡고 있다. 동물은 죽음과 함께 사라진다. 그러나 인간은 이전 세대의 인간들이 남긴 것, 만든 것, 생각한 것 안에서 죽음의 냄새를 맡으며 살아간다. 인간은 자신의 삶 안에 들어온 죽음을 보고 듣고 만지며 살아간다. 그리고 이로 인해 역사가 가능해지고, 문화가 가능해지고, 인간으로 산다는 일이 가능해진다. 인간은 죽음 이전에 죽음을 경험함으로써 인간이 된다. 바로 '죽음 이전의 죽음'이야말로 인간만이 겪는 지극히 인간적인 죽음일 것이다. 계속 이어지는 판 데르 레이우의 주장은 더욱 자극적이다.

　만약 각각의 개별적인 인간과 모든 인류가 죽어야만 한다면, 그
　것은 자신을 객체화할 수 있는 인간의 힘 때문이다. 동물과 자연
　은 소멸한다. 그러나 인간은 자신이 죽는 것을 본다. 인간은 자신

의 마지막 시간에 다다르기 오래전에 자기 자신의 죽음을 경험한다. 인간은 본능적으로 자신이 자연도 아니고 신도 아니라는 것을 알며, 수많은 인간의 신화는 어떻게 해서 죽음이 세상에 왔는지를 이야기한다. 인간은 자연 안의 죽음뿐만 아니라 신의 불멸성을 향해서도 비판적인 태도를 취한다.[19]

그렇다면 인간은 자연으로부터 자신을 분리시켜 객체화할 수 있는 능력을 가지고 있기 때문에 '죽음 이전의 죽음', 나아가 죽음의 공포를 겪는다고 말할 수 있다. 과거에는 출생 의례, 성인식, 입문식, 결혼식, 장례식 등의 경우처럼, 삶 안에 들어온 죽음을 일정한 형태로 다듬어 삶의 중요한 지점에 배치한 다음에, 일정한 의례적 수단을 통해 죽음의 그림자, 즉 '작은 죽음들'을 극복하는 방식을 취했던 것으로 보인다. 일생의 끝에 자리하는 '큰 죽음'을 수많은 '작은 죽음'으로 분해한 다음에, '큰 죽음'이 아니라 '작은 죽음'과의 싸움에서 승리하는 방식을 취했던 것이다. 이때 사람들은 '작은 죽음'을 극복함으로써 하나의 상태에서 다른 상태로 옮겨가게 된다. 따라서 죽음은 '소멸'이 아니라 '변형'의 과정으로 이해된다. 모리스 렌아르트(Maurice Leenhardt)의 말처럼, "삶과 죽음의 분할선이 존재와 무의 경계선이 아니라 두 가지 존재 상태의 경계선"이 되는 것이다.[20]

이러한 맥락에서는 '작은 죽음'이 그러했듯 '큰 죽음'도 한 상태에서 다음 상태로 옮겨가는 통과 의례처럼 생각된다. 오늘날 우리에게 죽음

죽음을 사색하는 시간

이 문제가 된다면, 그것은 삶의 끝에 존재하는 '큰 죽음' 때문이 아니라, 오히려 아무런 대책 없이 삶 속에 질펀하게 퍼져 있는 '작은 죽음' 때문인지도 모른다. 우리는 '죽음 이전의 죽음'을 효과적으로 극복할 수 있는 효율적인 문화적 장치를 가지고 있지 않다. 오늘날의 인간은 '작은 죽음'을 극복하여 '작은 부활'을 성취하는 문화적인 능력을 잃어버린 것처럼 보인다.

과거에 인간의 일생은 한쪽 끝에 출생이 있고 다른 쪽 끝에 죽음이 있는 유한한 시간 토막으로 이해되지 않았다. 삶 안에 수많은 '작은 죽음들'이 배치될 뿐만 아니라, 심지어는 잠을 자고 일어나는 일조차도 죽음과 부활의 도식 속에서 이해되었다. 그렇다면 인간은 매일 밤 죽고, 매일 아침 부활한다. 나아가 출생과 죽음도 결국 통과 의례 같은 것이기 때문에, 자연스럽게 '출생 이전'과 '죽음 이후'가 가정된다. 이로 인해 출생과 죽음은 존재의 시작과 존재의 끝으로 읽히는 것이 아니라, 서로 고립된 개별적인 존재들을 이어줄 수 있는 가교 역할을 한다. '현재의 나'는 출생 이전에 다른 존재였고, 죽음 이후에 또 다른 존재가 될 것이기 때문이다. 삶 속에 있는 인간은 삶을 파고드는 '작은 죽음들'을 극복하면서 계속해서 자신을 갱신한다. 삶 밖으로 나간 인간은 예컨대 윤회의 상상력에서처럼 다른 존재들과 이어지면서 자신의 개별성을 무화시킨다.

죽음의 공포를 없애는 가장 일반적인 방법은 삶과 죽음을 넘어서는 더 큰 차원을 상정하는 것이다. 즉 삶과 죽음을 넘어서면서 그 둘을 감싸 안는 더 큰 원이 그려진다. 삶과 죽음은 이 원 안에서 일어나는 일시적인 현상일 뿐이다. 죽음을 일시적인 현상으로 만든다는 점이 가장 중요하다. 죽음보다 더 큰 어떤 원리를 상정함으로써 죽음의 의미를 상대화시키는 것이라고 할 수 있다. 죽음이란 우리가 생각하는 그런 것이 아니라고 주장함으로써 죽음의 의미를 최대한 부드럽게 한다고 말할 수 있다. 영원한 소멸을 가리키는, 우리가 아는 그런 죽음은 없다는 것이다. 그런 죽음은 사라져야 할 잘못된 죽음 표상인 것이다. 그러므로 이러한 죽음관에는 끊임없이 죽음을 다시 삶으로 되돌리는 일정한 부활의 원리가 개입한다. 되풀이하여 죽는 것처럼, 되풀이하여 태어나야 하기 때문이다.

죽음을 부정하는 방식과는 대조적으로, 죽음을 절대 긍정하는 다른 관점이 있을 수 있다. 그래서 우리는 죽음을 대하는 전혀 다른 태도를 생각해 볼 수 있다. 판 데르 레이우는 나일강 상류 골짜기에 사는 딩카족(Dinka)의 다음과 같은 노래를 인용한다.

어스레한 태곳적에 신이 사물을 만들었을 때,
그는 태양을 만들었다.
그리고 태양은 나타나고 사라지고 나타난다.

신은 달을 창조했다.
그리고 달은 나타나고 사라지고 나타난다.

죽음을 사색하는 시간

신을 별을 창조했다.

그리고 별은 나타나고 사라지고 나타난다.

신은 인간을 창조했다.

그리고 인간은 나타나고 사라지고 다시 오지 않는다.[21]

태양과 달과 별을 바라보며 인간은 자신의 죽음을 생각한다. 그리고 태양처럼, 달처럼, 별처럼 되기를 꿈꾼다. 그리고 모두 다시 돌아오는데 왜 유독 인간만 죽은 뒤에 다시 돌아오지 않는 것인지를 묻는다. 따라서 인간의 죽음은 다른 죽음과 다르다. 자연은 결코 다시는 돌아오지 않는 죽음을 모른다. 그래서 마법의 존재를 믿은 아프리카의 많은 부족들은 '자연사'를 인정하지 않았고, 직접적인 폭력에 의해서든 마법에 의해서든 간에, 모든 죽음에는 살인자가 있다고 생각하여 살인자 찾기에 골몰했다. 그렇다면 죽음은 자연적인 것이 아니라 인위적인 것이다. 그래서 그들은 죽음의 사실을 어떤 형이상학적 방법으로도 정당화할 수 없었던 것이다. 죽음은 그저 아프고 슬픈 것이었고, 누군가를 원망하고 누군가에게 복수하지 않으면 극복할 수 없는 상처였다. 그래서 딩카족은 죽음이란 가차 없는 엄연한 사실이고, 죽은 인간은 절대 돌아오지 않는다고 생각했다.

어떤 사람은 자연사를 인정하지 않고 마법을 건 살인자를 추적하는 데 힘을 낭비하는 아프리카 부족의 죽음관이 미개하다고 생각할 것이다. 그러나 모든 인간의 마음속에는 딩카족이 살고 있다. 그래서 판 데르 레이우는 이렇게 말한다. "동물은 자신의 생명을 넘어 생명 전체와 하나로 어우러진다. 그러나 인간은 본질상 생명 전체와 하나로 어우러질 수 없다. 인간의 생명은 그 자체로 죽음에 대한 항변이다. 원시인이 옳다. 오로지 폭력을 통해서만 인간으로부터 그의 생명을 빼앗을 수 있다."[22] 즉 사고로 죽든 질병으로 죽든 노령으로 죽든, 인간은 모든 죽음을 폭력적인 것으로 경험한다. 어떤 죽음의 양태도 인간을 설득할 수 없다. '좋은 죽음', 그런 것은 애당초 불가능한 언설이다. 그래서 인간은 굳이 인간의 폭력이 아니더라도 모든 죽음에서 '신의 폭력', 또는 '악마의 폭력'을 찾는다. 죽음에는 항상 피 냄새가 고여 있다. 죽음은 항상 폭력의 그림자로 얼룩져 있다. 기독교의 경우라도 죽음은 인간 존재가 근원적으로 떠안아야 하는 형벌의 이미지로 그려진다.

6. 죽음 이후의 죽음

한편으로 인간은 죽음의 사실 자체를 부정하면서 생명과 죽음의 자리를 넘어선 지점에 위치하는 불멸성을 탐색한다. 생명과 죽음의 순환이 형성하는, 또는 생명과 죽음의 순환 고리를 넘어서는 더 큰 차원을 전제한다고 말할 수 있다. 윤회의 사슬에서 벗어난 상태를 추구하는 열

죽음을 사색하는 시간

반의 이미지가 여기에 가깝다. 다른 한편으로 인간은 죽음의 사실 자체를 긍정하면서, 죽음에도 불구하고 인간이 불멸성을 성취할 수 있는지에 대해 질문을 던진다. 예컨대 고대 이집트인의 경우처럼 죽음 안에서 인간이 신이 될 수 있는 가능성을 찾는 시도가 여기에 속한다고 말할 수 있다.

고대 이집트인의 상상력에서, 죽음 이후에 인간은 '두 번째 죽음'을 통해 완전히 절멸할 수도 있고, '두 번째 죽음'을 피해 신처럼 존재할 수도 있다. 우리가 알고 있는 죽음은 진짜 죽음이 아니다. 최종적인 죽음은 죽음 이후에 존재하기 때문이다. 그러므로 '죽음 이후의 죽음'이 죽음 문제의 골자가 된다. 장례 문화의 모든 노력은 '죽음 이후의 죽음'을 극복하는 데 쏟아진다. 모든 죽은 자는 태양신 레(Re)나 오시리스(Osiris)와 자기 자신을 동일시함으로써 "신과 동등한 자"가 되어야 한다. 이로써 죽은 자는 죽음 이후에 '두 번째 죽음'을 겪지 않아도 되는 존재, 즉 더 이상 죽지 않는 자가 된다. 그래서 모든 죽은 자는 신의 이름을 자신의 직함으로 삼는다.[23] 따라서 죽음 이후에 절멸과 영생이라는 두 가지 선택지가 놓여 있다. 그러나 불멸의 존재가 되기 위해서 인간은 반드시 먼저 죽어야 한다. 죽음을 구원하는 것이 아니라, 죽음이 구원이 된다.

고대 이집트인의 경우에는, 죽음만이 죽음으로부터 인간을 구할 수 있다. 그리고 죽음을 통해서만 인간은 영생을 얻을 수 있다. 죽음은 오로지 죽음 안에서만 극복되며, 인간은 죽음을 통해서만 죽지 않는 자가 될 수 있다. 인간은 신과의 동일시에 의해 신이 지닌 "부활의 힘"을 소유하게 된다. 죽음이 중단시킬 수 없는 "절대적인 생명"에 참여하게 되는 것이다.[24] 예컨대 인간은 자기 자신을 세계 창조자인 태양신 레와 동일시함으로써 세계 창조자의 절대적인 생명력과 부활의 힘을 소유한다. 인간은 신이 됨으로써만 죽음을 극복하고, 죽음을 통해서만 신이 된다. 죽은 인간은 부활하여 다시 인간이 되는 것이 아니라 신으로 부활한다. 부활은 오로지 신의 것이기 때문이다. 이에 대해 브레데 크리스텐센은 다음과 같이 말한다.

우리는 인간이 자기 자신을 죽음 안에서, 그리고 죽음에 의해서 세계 창조자와 동일시하는 일을 어리석거나 거의 미친 짓이라고 생각할지도 모른다. 그러나 올바로 이해한다면 우리는 이것이 논리적인 생각의 결과물일 뿐만 아니라 종교적으로도 타당하다는 것을 인정해야 한다. 부활, 즉 인간의 부활이라는 관념이 우리에게 완전히 틀에 박힌 것이 되어 버렸기 때문에 우리가 이러한 이미지를 기묘하다거나 귀에 거슬린다고 생각하는 것이다. 이로 인해 이 이미지가 함축하는 엄청난 역설을 이해하는 일이 어려운 것이다. … 인간이 죽음에서 부활하는 일보다 세계 창조가 더 큰 기적인 것은 아니다. 또는 이집트인처럼 표현하자면, 부활은 창조, 즉 생명의 창조이다. 창조의 기적은 모든 곳에서 항상 똑같다. 그것은 태초에도 똑같았고, 지금도 똑같고, 자연 세계와 인간 세계

죽음을 사색하는 시간

의 모든 재생에서도 여전히 똑같을 것이다. 모든 재생/부활은 창
조이다.[25]

고대 이집트인은 죽음에 패배하지 않는 '진정한 생명'은 오로지 죽음 이후에 존재한다고 생각했다. 그래서 판 데르 레이우도 "죽음 이후의 생존을 위한 첫 번째 조건은 죽음 자체이다."라고 말한 것이다.[26] 그러나 부활 관념에 대한 크리스텐센의 비판이 더 중요하다. 우리의 종교적인 상상력은 보통 죽음 이후에 이루어질 부활을 창조 질서의 역전 현상처럼 묘사한다. 즉 우리는 흔히 죽은 것들이 다시 삶 속으로 역류하는 것을 부활이라 부른다. 그래서 부활은 죽은 자의 귀환처럼 묘사된다. 그러나 크리스텐센은 이집트인에게 부활은 그런 것이 아니었다고 말한다. 재생이 부활이라면, 태양은 날마다 부활하고 달도 매달 부활한다. 그러므로 부활은 자연 안에 늘 항상 존재하는 것이다. 즉 부활은 우리가 생각하는 만큼 기적은 아니다. 아니 기적은 일상 속에 늘 항상 존재한다. 다만 인간이 그러한 재생과 부활의 질서에서, 즉 기적의 질서에서 소외된 채 살아간다는 것이 문제인 것이다. 그러므로 죽음은 인간을 다시 재생과 부활의 질서로 되돌려 준다. 인간이 신이 된다는 것은 인간이 이제 신처럼 죽음과 부활의 리듬 속에서 살아간다는 것을 의미한다.

그러므로 고대 이집트인의 경우, 예외적이고 극적인 '큰 부활'이 아니라 자연 세계에 편재하는 '작은 부활'이 더 중요한 것 같다. 신의 죽음과 부활을 이야기하는 신화를 의례적으로 모방하고 반복함으로써 인간이

죽음을 극복하려 한다는 주장은 일견 타당하다. 그러나 우리는 반대로 생각해 볼 수 있다. 즉 자연 세계와 인간 세계에 편재하는 죽음과 부활의 질서를 확대하고 과장하고 압축해서 가장 극적으로 표현한 것이 바로 '죽어 부활하는 신'에 관한 신화이다. 마찬가지로 자연 세계에는 수많은 '작은 창조'가 편재해 있다. 창조 신화는 이러한 '작은 창조들'을 확대하고 과장하고 압축해서 가장 극적으로 표현한 것이다. 그런 의미에서 신화는 아득한 옛날의 머나먼 곳에 대해 이야기하는 것이 아니라, 우리가 잊고 있는 바로 지금 이곳에 대해 이야기한다. 창조 신화라는 돋보기를 통해 우리는 바로 지금 내 발 밑에서, 내 머리 위에서, 내 주변에서 시시각각 일어나는 창조에 눈을 돌리고 귀를 기울일 수 있다. 신화는 그런 것이다.

그러므로 신화는 일상 세계와 자연 세계에서 우리가 그전에는 보지 못하던 것을 확대해서 보여주는 돋보기 같은 것이다. 그전에는 보이지 않던 세계를 보는 것, 더 이상 시간 속에서 계속 죽어 가기만 하지는 않는 것이 구원의 첫걸음이다. 바로 그때 죽음은 이제 더 이상 예전의 죽음처럼 보이지 않는다. '죽음 이전의 죽음'과 '죽음 이후의 죽음'이라는 관념을 통해 죽음이 그전과는 다른 죽음으로 변모하는 것이다. 죽음이라는 고정불변의 실체 앞에서 인간이 스스로를 변모시키는 것이 아니라, 죽음 관념 자체를 바꾸는 것이 구원의 시작이 된다. 현재 우리의 죽음 관념이 계속해서 문제를 일으킨다면, 우리는 죽음 관념 자체에 묻은 수많은 얼룩과 편견을 닦아 볼 필요가 있다. 그래야만 다른 죽음의 가

죽음을 사색하는 시간

능성을 탐색할 수 있는 길이 열릴 것이다.

7. 불멸과 필멸

죽음에 대한 논의에서 필멸성과 불멸성이라는 주제는 매우 중요하다. 죽음의 적극적인 의미에서, 필멸성은 영혼과 육체 모두가 언젠가 반드시 죽어 소멸한다는 것을 뜻한다. 죽음의 소극적인 의미에서, 불멸성은 육체의 소멸과는 별도로 영혼은 지속한다는 제한적인 죽음 이해를 전제한다. 물론 신체의 불멸성을 주장하는 종교적인 입장도 있지만, 역사상 어떤 인간의 신체도 불멸을 증명한 적은 없다. 따라서 인간의 불멸성에 대한 주장은 대체로 영혼의 존재에 의존하지 않을 수 없다.

한편으로 영혼은 신체 안에 깃들인 무형의 실체이며, 죽음을 기점으로 신체를 벗어나 독립적으로 존재한다는 주장이 있다. 또한 보통 사람들은 오로지 죽음을 통해서만 신체와 영혼의 분리를 성취하지만, 샤먼 같은 종교 전문가는 살아 있으면서도 자유자재로 신체와 영혼을 분리시킬 수 있다고 주장하기도 한다. 즉 샤먼은 살아 있으면서 미리 죽음을 맛본 자이며, 일정한 의례적 절차를 밟아 신체와 영혼을 분리시켜 삶과 죽음의 경계선을 자유로이 넘나드는 존재라는 것이다. 다른 한편으로 인간은 죽음 이후에 비로소 영혼으로 변화한다는 주장이 있다. 예컨대 장례식 또는 무덤은 죽은 인간을 영혼으로 변환시키는 의례적 도구가 된다. 따라서 누구나 영혼이 될 수 있는 것은 아니다. 영혼으로 변모하지 못한 자는 소멸할 수밖에 없다. 이러한 거친 시선으로 바라보기만 해도, 우리는 죽음 문화가 얼마나 다양하게 펼쳐질지 미루어 짐작할 수 있다.

종교적 상상력에서 불멸성은 보통 신의 전유물로 이해된다. 따라서 인간 영혼의 불멸성을 주장한다는 것은 인간이 신의 자리로 이동한다는 것, 즉 인간이 신이 될 수 있는 가능성을 가리킨다. 그래서 인간 안에 있는 '죽지 않는 것'을 발견함으로써 인간이 신을 발명하기 시작했다는 주장이 나오기도 한다. 영혼의 발견이 신의 발견과 일치한다는 것이다. 인간의 영혼은 인간 안에 살고 있는 신의 다른 이름이 된다. 그렇다면 영혼은 인간과 신의 경계선을 혼란스럽게 하는 개념이다. 따라서 영혼 개념과 신 개념은 종교적인 논리 안에서 지속적으로 충돌할 수밖에 없다.

죽음 담론의 가장 중요한 문제는 죽음의 공포를 극복하는 방법일 것이다. 이러한 방법과 관련하여 역사적으로 크게 두 가지 담론 유형이 형성되었다. 하나는 불멸성의 담론이고, 다른 하나는 필멸성의 담론이다. 불멸성의 담론은 죽음 이후의 삶을 상정함으로써 죽음을 죽음 아닌 것, 즉 비(非)죽음으로 만든다. 죽음은 비죽음으로 도약하는 임계 상태이기 때문에 죽음을 두려워할 이유가 전혀 없다는 것이다. 죽음은 전인간적 무화 현상이 아니라 영혼의 지속에 병행하는, 또는 영혼의 해방을 낳는 육체의 소멸 과정에 불과하다는 것이다. 그러므로 불멸성의 담

죽음을 사색하는 시간

론은 필연적으로 영혼과 육체의 이분법을 통해 영혼 중심적 사유를 전개한다. 육체는 약하지만 영혼은 강하다. 그리고 육체는 영혼이 언젠가 벗어야 하는 옷 같은 것이다. 죽음은 육체라는 옷을 벗는 탈의(脫衣) 과정일 뿐인 것이다. 또는 윤회에 대한 주장처럼, 죽음은 낡은 육체의 옷을 벗고 새로운 육체의 옷을 입는 탈의와 착의(着衣)의 과정으로 묘사된다.

반면에 필멸성의 담론은 죽음보다는 삶을 강조함으로써, 죽음 공포의 허구성과 무의미성을 고발할 뿐만 아니라 심지어 죽음의 유용성까지 이야기한다. 에피쿠로스에 의하면, 영혼은 단지 물질적 원자들로 구성된 특별한 구성물일 뿐, 죽음이라는 물리적 파괴 후에는 존속할 수 없다. 앞서 살펴보았듯, 에피쿠로스는 살아 있는 자에게는 죽음이 존재하지 않고, 죽은 자는 더 이상 존재하지 않기 때문에, 죽음은 생자와 사자 모두와 무관한 현상이라고 주장한다. 결국 에피쿠로스에게 인간의 죽음 공포는 허구이며 망상에 불과하다. 물론 에피쿠로스의 영혼관에 이의를 제기할 수도 있겠지만, 영혼의 문제에 대해서는 다시 뒤에서 간략히 살펴볼 것이다. 그리고 죽음의 유용성의 경우에 우리는 마르틴 하이데거(Martin Heidegger)를 떠올릴 수 있다. 하이데거는 죽음의 필연성을 이야기함과 동시에 죽음을 통한 인간의 개별화를 이야기한다. 죽음은 인간이 홀로 겪어야 하는 숙명이며, 그 누구도 나를 대신할 수 없는 고독의 극치이다. 죽음의 사실성으로 인해 인간은 개별화를 통한 삶의 긴장성을 확보할 수 있으며, 나아가 인간으로서 인간답게 살 수 있는 것이다.

그러나 필멸성과 불멸성에 대한 믿음은 과연 이처럼 분리된 채 유지되는 것인가? 우리는 그저 일상적인 경우를 염두에 두며 이야기하려 한다. 우리는 다음과 같이 전제할 수 있다. 일상적인 사람의 실존에 있어서 죽음은 필멸성과 불멸성의 공존을 통해 이해될 수밖에 없다. 다시 말해 인간 실존은 필멸성과 불멸성의 공존이 일으키는 상호 모순과 상호 갈등을 통해 부단히 필멸성과 불멸성의 연결 가능성을 확립해 나가고자 한다. 우리는 대립 관념들의 이러한 공존 현상을 통해서라야 죽음의 논리학을 이끌어 낼 수 있다. 앞서 말한 바 있듯, 죽음의 논리학은 옥시모론의 문법을 통해 삶의 일상적인 논리를 붕괴시킨다. 죽음은 일상의 형식 논리를 파괴한 채 삶 속에 들어앉아 실존적, 문화적 긴장감을 불러일으킨다.

우리는 불멸과 필멸의 이러한 연결 고리를 '일생 구조'와 '사후 구조'에 대한 인식 속에서 찾아볼 수 있다. 특히 종교적인 맥락에서 죽음은 '일생 구조'와 '사후 구조'가 만나는 경계선에 놓인 현상으로 인식된다. 즉 사후 세계에 대한 가정이 없다면, 죽음은 임계점으로 기능할 수 없다. 그런 점에서 죽음이라는 임계 상황은 일생과 사후의 경계선에서 발생하는 현상, 즉 두 구조의 접촉이 낳은 현상이라고 말할 수 있다.[27] 그러므로 일생과 사후를 연결시키려는 많은 종교적인 시도가 존재한다. 예컨대 천국이나 지옥 같은 사후 세계가 일생에 대한 윤리적 심판의 결과물처럼 인식되는 경우는 매우 흔하다. 그러나 이러한 종교적인 논리

죽음을 사색하는 시간

속에서는 모든 것이 일생을 중심으로 하여 이해되고, 사후 세계는 그저 일생에 대한 상벌의 맥락에서만 논의된다. 따라서 이러한 시각에는 일생을 바라보는 독특한 종교적 시선이 개입돼 있을 수밖에 없다. 신의 시선에서 볼 때 일생이 종교적인 평가의 장으로 기능하는 것이다. 일생은 그저 신이 인간 영혼의 무게를 가늠하기 위해 만든 저울인 것이다. 신이 준 '시간의 선물'을 어떻게 사용했는지의 여부가 영혼의 운명을 결정짓는 것이다. 이때 모든 시간은 죽음과 연결된다.

죽음의 의미는 살아 있는 주체가 지금 현재의 자리에 선 채 일생에서 사후로 상상적 이동을 감행함으로써 발견하는 의미라고 할 수 있다. 일생은 삶의 시간성에 의한 역사적 이야기로 구성되지만, 사후는 죽음의 시간성에 의한 허구적 이야기로 구성된다. 적어도 구원론적 죽음관이 형성되기 위해서는 죽음이 역사적 이야기와 허구적 이야기의 접점에 위치할 수 있어야 한다. 죽음의 구원론이 형성되기 위해서는, 죽음이 일생의 끝에서 벌어지는 최종적인 사건으로 읽힐 뿐만 아니라, 사후 세계라는 허구적 이야기의 시작점으로 읽힐 수 있어야 한다. 생(生)으로의 귀환을 이야기하든 생으로부터의 영원한 탈출을 이야기하든 간에, 허구적 이야기는 죽음 문화를 형성하는 동인이라고 말할 수 있다.

8. 영혼의 탄생

사후 세계를 이야기하려면 필연적으로 우리는 사후 세계를 경험하는 주체에 대해 묻지 않을 수 없다. 시간이 흐르면 인간의 시체는 부패하여 사라질 것이다. 그렇다면 죽어 가는 몸 안에서 빠져나온 무언가가 사후 세계를 경험한단 말인가? 인간의 몸 안에 죽어도 죽지 않는 무엇이 살고 있단 말인가? 도대체 '나의 죽음'을 겪는 주체가 있단 말인가? 아니, 그러한 주체가 있다 하더라도 그것이 여전히 '나'일 수 있는가? 죽음 문제를 구성하는 이러한 기초적인 질문을 회피하기는 어렵다. 판 데르 레이우의 다음과 같은 말을 먼저 경청해 보자.

우리는 죽음을 인정하는 일이 사후 세계 관념의 필요조건이라는 것을 살펴보았다. 그러나 다음과 같은 물음이 생긴다. 다른 한편으로, 죽음을 인정하는 순간 모든 존속이 불가능해지는 것 아닌가? 만약 내가 죽어서 삶의 다른 단계로 들어가는 것이 아니라 정말로 죽는다면(즉 썩어 버린다면), 어떻게 내가 계속해서 살 것이라고 기대할 수 있단 말인가? 더 정확히 말하자면 내 안에 있는 무엇이 계속해서 살 것이라고 기대할 수 있단 말인가? 왜냐하면 나는 나, 즉 몸과 영혼을 지닌 인간이기 때문이다. 그리고 이 인간의 일부가 파괴를 면할 수 있을 만한 단 하나의 근거도 없다. 왜냐하면 우리가 "정신"이라 부르는 것이 때로는 "몸"보다 빨리 죽기

죽음을 사색하는 시간

때문이다. 인간학적으로 말하자면, 이것이 우리 문제의 가장 중요한 부분이다. 인간이 본질적으로 필멸적이고, 인간이 그 사실을 알고 있을 때, 그가 사후 세계 관념을 상상이라도 한다는 것이 어떻게 가능한가? 또는 달리 말하자면, 인간은 그가 죽는 것을 알 수 있는가? 인간은 그가 죽는 것을 볼 수 있는가?[28]

우리는 이미 몸보다 영혼이 빨리 죽는 시대를 살고 있다. 치매와 뇌사가 그 대표적인 예일 것이다. 몸은 꿈틀꿈틀 살아 움직이지만 영혼은 녹슬어 고장 나서 삐걱거린다. 몸은 숨을 쉬고 있지만 영혼의 낌새는 찾아볼 수 없다. 이미 우리는 영혼이라고 할 만한 것이 결코 몸보다 튼튼하지 않은 시대를 살고 있다. 우리는 영혼이 얼마나 바스러지기 쉬운 것인지를 시시각각 목격하며 살고 있다. 어쩌면 의학 기술의 발달로 몸의 수명이 이미 영혼의 수명을 넘어서 버린 것인지도 모른다. 우리는 영혼이 몸보다 훨씬 허약한 그런 시대를 살고 있다. 수많은 정신질환도 영혼이 얼마나 무른 것인지를 잘 보여준다. 자살의 문제도 일정 부분 몸보다 빨리 죽는 영혼의 문제이기도 하다. 그러므로 이러한 세상에서 우리가 사후 세계를 주장하는 일은 결코 쉽지 않다. 사후 세계는 오로지 영혼 관념에 근거하기 때문이다.

우리는 앞서 인용한 판 데르 레이우의 마지막 문장들, 즉 "인간은 그가 죽는 것을 알 수 있는가? 인간은 그가 죽는 것을 볼 수 있는가?"에 주의를 기울일 필요가 있다. 대체로 죽음의 상상력은 '내가 죽는 것을 지켜보는 '나'에 관한 이야기로 꾸며진다. 나의 분리, 나의 이중화가 이루어지고, 이를 통해 나를 보는 또 다른 나에 대한 가정이 지속적으로 등장한다. 그렇다면 영혼은 다른 것이 아니라 '나를 보는 나'이다. 영혼은 내가 죽는 것을 알고, 내가 죽는 것을 지켜보는 또 다른 나, 즉 '나 아닌 나'이다. 인간은 살아가면서 계속해서 자기를 알고, 자기를 보고, 자기를 듣고, 자기를 관찰하는 그런 존재를 의식한다.

그래서 판 데르 레이우는 "동물은 직접적으로 살지만, 인간은 인간 외부의 어떤 것을 통해 간접적으로 산다. 인간 실존은 탈중심적(ex-centric)이다."라고 말한다.[29] 인간은 사물을 직접적으로 만나지 않는다. 나는 내가 사물을 만나고 있다는 것을 관찰하는 또 다른 나의 존재를 무시할 수 없다. 나아가 나를 관찰하는 '나 밖의 나'는 나의 삶을 요약하고 평가하고 성찰한다. 인간의 양심(conscience)도 이러한 존재를 가정할 때 비로소 성립한다. 따라서 나는 '나 밖의 나'를 매개로 하여 사물을 경험한다고 말할 수 있다. 이 '나 밖의 나'를 영혼이라 부른다면, 우리는 항상 영혼을 매개로 하여 사물을 경험한다고 말할 수 있을 것이다. 사물의 의미에 대한 경험도 이러한 방식으로 이루어진다. 결국 인간은 '나'라고 하는 중심에 갇히기보다 끊임없이 이 중심에서 빠져나가 살고자 한다. 이것이 판 데르 레이우가 말하는 '탈중심'이라는 말의 의미일 것이다. 인간은 선천적으로 나 밖에서 나를 찾고 나 밖에서 나를 관찰한다. 인간적인 삶은 자기 밖으로 뛰쳐나가 외부에서 자기를 관찰하는 이러한 시선 때문에 가능하다. 심지어 인간은 과거나 미래의 시점에

죽음을 사색하는 시간

서 현재의 나를 관찰하기도 하고, 타인의 관점에서 나를 관찰하기도 하고, 허공으로 빠져나가 나를 관찰하기도 한다. 판 데르 레이우의 이야기를 다시 들어 보자.

> 이러한 관점에서 볼 때, 불멸성에 대한 믿음은 인간 실존의 극한 사례이다. 인간 실존의 기반은 삶 그 자체가 아니다. 만약 인간 실존의 기반이 삶 그 자체라면, 인간은 자신을 관찰하지 못하는 동물, 세계의 한 조각, 단순한 자연에 불과할 것이다. 인간 실존은 한 가지 믿음에 근거한다. 인간은 자기 밖에 있는 어떤 것을 믿으며, 이것이 그의 실존을 보증한다. 우리는 그것을 의식(consciousness)이라 부를 수 있으며, 동시에 우리 삶에 대한 공동 지식(co-knowledge)이라는 의미에서, 어떤 외부의 시점에서 이루어지는 삶의 객체화라고 부를 수도 있다. 이 '외부의 시점'은 항상 존재하며, 죽음에서도 존재한다. 이 때문에 우리가 처음부터 죽는 일은 인간적인 문제라고 말했던 것이다. 인간은 숨 쉬며 살아갈 때는 분명히 불멸적이지 않다. 또한 인간은 자신의 죽음 이후에도 계속해서 살지 않는다. 그러나 죽음이나 삶과는 완전히 독립적으로, 지각하는 "그것(it)", 지각하면서 죽음 너머의 존재를 가정하는 "그것"이 존재한다.[30]

인간은 자기 외부로 빠져나가 자기 자신뿐만 아니라 자신의 삶 자체를 하나의 '객체'로 지각한다. 우리는 이러한 외부의 시선을 '의식'이라 부를 수도 있고, 판 데르 레이우처럼 단지 '그것'이라 부를 수도 있다. 이처럼 '나 밖의 나'로 존재하는 의식은 죽음을 보고 관찰할 뿐 스스로의 죽음을 상상할 수 없다. 판 데르 레이우는 타계 방문에 관한 많은 이야기도 나를 보고 나의 죽음을 관찰하는 또 다른 나의 산물일 거라고 말한다. 즉 타계는 객체로 인식되는 죽은 자기에게 일정한 환경을 제공하려는 또 다른 나의 시도에서 기인한다는 것이다. 그렇다면 타계는 계속해서 나를 관찰하고자 하는 또 다른 나, 즉 인간 의식의 작품이다. 의식은 자신의 죽음을 믿지 않는다. 그러나 내가 죽으면 나의 의식은 객체를 상실한다. '객체 없는 주체'로 남는다고 말하는 것이 더 적절하다. 그러므로 죽은 자기에게 일정한 거주지를 제공함으로써 계속해서 죽은 자기를 객체로 지각하려는 의식의 관성이 타계를 창작한 것이라고 말할 수 있다. 객체를 상실할 위기에 몰린 주체가 만들어 낸 허구적 객체가 바로 '죽음 이후의 존재'인 것이다. 우리는 바로 이 지점에서 우리에게 익숙한 영혼 개념의 탄생을 목격할 수 있다. 판 데르 레이우는 다음과 같이 말한다.

인간적인 삶을 구성하기 때문에 존속하는 "그것"을 인간의 한 부분으로 제한하는 사상가들이 아주 오래전부터 있었다. 그들은 그렇게 함으로써 죽음이라는 사실을 얼마간 제한한다고 믿었다. 죽음이나 불멸성과 관련하여 영혼의 교리가 갖는 의미는 그러하다.

죽음을 사색하는 시간

이것은 본래적인 영혼 개념과는 전혀 관계가 없다. 원시적인 마음에서 영혼은 인간 자신이거나 다른 부분들과 함께 있는 인간의 일부분이다. 인간이나 인간의 부분들이 계속해서 살 수도 있지만, 해체되는 몸과 대립하여 사는 것은 아니다. 플라톤적 인간학의 압도적인 영향력 아래 영혼은 거의 보편적으로 "불멸의 영혼"으로, 즉 인간이 파괴된 후에 남는 것으로 여겨졌다. 인간학도 신학도 영혼 그 자체에는 별로 관여하지 못했다. … 플라톤적 인간학과 기독교의 "불멸성의 교리"는 설사 영혼을 고양시켰더라도 결국 영혼을 타락시켰다. 그것들이 영혼을 단순한 도피처, 즉 탈출구로 만들었으며, 문제 회피의 수단으로 만들었다고 해도 과언이 아니다. 피할 수 없는 죽음은 "몸"으로 국한된다. 신격화된 영혼은 불멸이다. 그러한 견해를 옹호할 때 인간이 삶의 가능성뿐만 아니라 계속해서 살 수 있는 가능성을 포기한다는 것을 분명히 깨달은 사상가는 거의 없었다. 이와는 반대로, 영혼의 부패는 몸의 부패만큼 쉽게 확인할 수 없기 때문에, 기독교적 플라톤주의는 영혼에 기대어 불멸성의 희망을 쌓아 올린다.[31]

판 데르 레이우는 앞서 말한 '나 밖의 나', 또는 '나에 의해 객체화된 나'가 영혼 개념의 시초에 놓여 있었을 것이라고 말한다. 그렇다면 외부에 있는 '나 밖의 나'를 내부에 있는 '나 안의 나'로 각색하여 영혼을 만들어 낸 셈이다. 그리고 플라톤 철학에 의해 '죽는 육체'와 '죽지 않는 영혼'의 이분법이 확고한 틀로 자리잡게 되었으며, 향후 종교적인 사유도 이러한 이분법에서 결코 자유로울 수 없었다. 그러나 우리는 판 데르 레이우가 "영혼의 부패" 가능성을 언급하고 있다는 점에 주의할 필요가 있다. 우리는 몸보다 빨리 쇠퇴하는 영혼의 사례를 얼마든지 제시할 수 있다. 그러나 불멸하는 영혼에 대한 믿음이 죽음의 문제를 해결할 수 있는 유일한 가능성으로 제시되면서, 영혼은 신격화의 대상이 되었다. 그리고 인간은 부서지기 쉬운 나약한 영혼의 존재를 의도적으로 간과했다. 인간은 불멸의 영혼을 소유하고 있기 때문에, 그리고 영혼이야말로 인간의 본질이자 모든 것이기 때문에, 죽음으로도 인간은 결코 말소되지 않는다는 사고가 지배력을 얻기 시작했다.

그러나 본래 죽음의 문제에서 중요한 것은 영혼이 아니라 불멸성이었다. 우리는 인간 어디에서도 불멸성을 암시하는 강건한 영혼의 존재를 만나기 쉽지 않다. 그러므로 영혼의 불멸성에 대한 믿음은 생각만큼 그리 자연스러운 것이 아니다. 살아가면서 우리는 정신의 허약함을 치유하기 위해 교육, 독서, 명상 같은 수많은 방법을 동원한다. 그렇다면 어떻게 해서 그다지 자연스럽지 않은 '영혼의 존재'에 대한 주장, 나아가 '영혼의 불멸성'에 대한 주장이 주류로 자리잡은 것일까? 앞서 살펴본 것처럼, 판 데르 레이우는 불멸성 또는 사후 세계에 대한 가정은 자연스러운 것이지만, 영혼의 불멸성에 대한 주장은 그렇지 않다고 말한다.

매우 적절하게도 프로이스(Konrad Theodor Preuss)는 다음과 같이 말한다. "따라서 소위 불멸성의 교리가 그보다 먼저 발견된 영혼 개념에 의해 만들어진 것이 아니라, 그 반대라고 할 수 있다. 어떻게든 존재하는 죽음 이후의 존속에 대한 믿음으로 인해, 인간은 내세의 본질, 그리고 내세의 죽은 자와 살아 있는 자의 차이에 대해 심사숙고하게 되었고, 그리하여 자신의 생각을 신앙으로 고정시켰다." 죽음 이후의 존재에 대한 인간의 의식, 여하튼 사후 존속이 자신의 본질적인 인간성의 일부를 형성한다는 그의 확신이 항상 일차적인 것이다. 영혼의 교리(원시적이거나 성서적인 믿음이 아니라 플라톤적이고 기독교적인 교리)는 그저 죽음을 초월하는 인간 속성에 대한 인간의 믿음을 구체화하려는 시도일 뿐이다. 이렇게 해서 죽음의 작용은 제한되지만, 이와 함께 인간 실존의 가능성도 제한된다. 테르툴리아누스(Tertullian)가 말한 것처럼 "그렇다면 죽음의 작업은 그러한 것, 즉 몸에서 영혼을 분리하는 것이 된다."[32]

판 데르 레이우는 영혼 개념으로 인해 인간 실존의 가능성이 제약되었다고 말한다. 죽음이 지닌 끝으로서의 의미가 퇴색할 때, 죽음의 의미가 몸과 영혼의 분리 작업으로 축소될 때, 인간의 삶은 많은 것을 잃게 된다. 영혼 개념으로 인해 삶과 죽음은 서로 무관한 현상으로 전락한다. 인간은 삶 속으로 파고들어 삶의 매 순간 명멸하는 죽음과 부활을 망각하게 된다. 판 데르 레이우의 주장은 일견 매우 난해하지만, 우리는 그의 주장 안에서 죽음, 영혼, 불멸성이라는 개념에 대한 근본적인 비판의식을 엿볼 수 있다. 왜 영혼 개념이 실존의 가능성을 제한하는지를 알기 위해, 우리는 판 데르 레이우가 인용하는 프란츠 로젠츠바이크의 『구원의 별』의 한 대목을 음미해 볼 필요가 있다.

> 우주에 대한 모든 지식은 죽음에서, 죽음의 공포에서 발생한다. 철학은 감히 지상의 공포를 벗어던지고, 죽음의 독침을 제거하고, 하데스(Hades)의 해로운 입김을 없애겠다고 나선다. … (철학은) 지상의 고통을 부정한다. 철학은 우리의 모든 발걸음 앞에서 열리는 무덤을 그럴듯한 말로 얼버무린다. 철학으로 인해 몸은 심연으로 떨어지고, 자유로운 영혼만이 심연 위를 훨훨 날아다닌다. 죽음의 공포는 몸과 영혼으로의 그러한 분할을 알지 못한다는 것, 그것은 나[我], 나, 나라고 절규하면서, 공포를 그저 "몸"으로만 한정하는 일에 대해 아무것도 모를 것이라는 것, 철학은 이런 것들에 관심을 기울이지 않는다. 철학의 위대한 노력은 그저 인간으로 하여금 죽음과의 유대, 죽음 안에서의 유대를 망각하게 한다. (그러나) 인간은 지상적인 것에 대한 자신의 공포를 벗어던지지 않아야 한다. 그는 죽음의 공포 안에 머물러야 한다. 철학은 죽음이 아무것도 아니라고 결론 내린다. 그러나 사실상 죽음은 최종적인 끝이 아니라 최초의 시작이며, 죽음은 없어지기를 바랄 수 없는 가차 없는 어떤 것일 뿐만 아니라, 사실상 겉으로 보이는 그런

죽음을 사색하는 시간

것이 아니다.[33]

로젠츠바이크는 인간을 몸과 영혼으로 분할한 후에 몸만이 오롯이 죽음을 맞이하고 영혼은 죽음 너머로 유유히 날아가는 그런 식의 죽음 그림을 부정한다. 인간은 죽음의 공포 안에 머물러 그것을 견뎌야 한다. 인간은 몸과 영혼으로 간단히 해체할 수 있는 존재가 아니다. 그렇다면 영혼 개념은 죽음의 공포를 회피하려는 목적에서 만들어진 허구적 산물이다. 죽음으로도 죽일 수 없는 그 영혼이 도대체 삶 속에서 어떤 모습으로 존재하는지, 도대체 삶 속에서 우리는 영혼을 얼마나 드물게 감지하는지를 물어야 하는 것이다. 판 데르 레이우는 계속해서 앞서 말한 '나 밖의 나', 즉 '그것'에 대해 이야기한다. 그리고 그는 마르틴 하이데거, 막스 셸러(Max Scheler), 카를 야스퍼스(Karl Jaspers), 알베르 카뮈(Albert Camus) 등의 실존주의 철학에 의해 죽음의 공포, 그리고 삶과 죽음의 관계가 다시 한 번 진지하게 다루어지고 있다고 평가한다. 바로 이 지점에서 판 데르 레이우는 매우 신학적인 논리를 구사한다. 그러나 그가 말하는 '그것'이 무엇인지에 대해서는 여러 해석이 가능할 것이다.

왜냐하면 이러한 철학(실존주의 철학)에서는 인간이 썩는 것을 보고, 천국과 지옥으로 여행을 떠나고, 삶과 죽음 모두에서 실존을 구성하는, 인간 안에 있는 "그것"에 대해 뭔가를 이야기하는 일이 가능하기 때문이다. 이러한 "그것"은 몸도 없고 영혼도 없다. 그것은 결코 추상물은 아닐지라도, 우리의 삶 전체를 지배하는 시간과 전혀 관계없는 것처럼 보인다. 우리의 정신물리적인 자아는 역사를 갖는다. 이것은 발전을 겪는다. 그러나 또한 우리의 자아인 이 지각자(perceiver), 우리의 탈중심적인 나는 시간 과정 외부에 머무른다. 그는 우리가 죽을 때 우리의 시야에서 사라지지 않는다. (우리는 더 이상 어떤 시야도 갖지 않는다.) 바로 우리가 그의 시야에서 사라진다.[34]

여기에서 비로소 판 데르 레이우는 '그것'의 정체에 대해 단서를 흘린다. '그것'은 시간 밖에 머무르는 시간 관찰자이다. 우리가 그것을 신이라고 부를 수 있을까? 인간이 '신의 시선'에서 자신을 바라보고 자신의 사후 세계를 상상하는 것, 이것이 바로 영혼 개념의 핵심인가? 오로지 신의 시선으로 자신의 죽음을 응시하는 것, 이것이 죽음의 공포를 견디는 유일한 해결책인가? 여전히 우리의 궁금증은 사라지지 않는다. 그래서 판 데르 레이우가 전개하는 독특한 '옷의 신학'을 살펴봄으로써, 조금 더 문제의 핵심에 다가가려 한다.

9. 옷의 신학

몸과 영혼의 관계를 이야기할 때 자주 거론되는 것이 바로 옷의 은

유이다. 몸은 사람이 죽을 때 영혼이 벗어던지는 옷처럼 묘사된다. 탄생은 옷을 입는 것이고, 죽음은 이제는 낡아 해어진 옷을 벗는 것이다. 그리고 죽음 이후에 어쩌면 새 옷이 우리를 기다리고 있다. 그러나 판 데르 레이우는 옷의 은유를 다른 식으로 펼치고 싶어 한다.

독일의 신학자인 에리크 페테르손(Erik Peterson)은 아담과 이브가 입은 최초의 옷에 관한 창세기의 이야기가 "옷의 기원에 대한 설명"이 아니라 "인간 본성에 관한 이론"이라고 주장한다. 그에 따르면, 타락한 인간은 몸을 가리면서 비로소 자기 인식을 얻을 수 있었다. 타락 이전에 최초의 부모는 옷을 입지 않았지만 벌거벗고 있지는 않았다. 그들은 인간을 성스럽게 하는 은총의 옷을 입고 있었고, 이 옷이 벗겨지자 죽음의 지배를 받게 되었다. 그러므로 우리는 인간을 벌거벗음이 아니라 옷을 통해 이해해야 한다. 페테르손은 벌거벗음은 오로지 타락 이후에 존재하게 되었고, 이때 나신(裸身)을 지각하는 인간의 눈이 열린 것이라고 말한다. 결국 타락 이전에 인간은 몸에 대해 완전히 다른 시각을 갖고 있었다. 인간적인 옷을 입고 있지 않았더라도, 인간의 몸은 신 앞에서 벌거벗지 않은 상태였다. 타락에 의해 인간의 존재 자체가 벌거숭이가 되었다. 인간은 옷을 잃었다. 이제 인간이 자신의 몸 위에 걸치고 있는 것은 사회적 지위를 표시하는 의복일 뿐이다. 그래서 신학자답게 페테르손은 인간이 입어야 할 참된 옷은 인간을 본래의 결백한 상태로 회복시키는 세례의 옷밖에 없다고 주장한다.[35]

페테르손의 이러한 주장을 근거로 판 데르 레이우는 몸을 영혼이 입는 옷이라고 보는 고질적인 은유를 비판한다. 몸은 우리가 마음대로 입고 벗을 수 있는 것이 아니기 때문에 옷이 아니다. 페테르손이 말하는 옷은 인간을 인간답게 만드는 옷이며, 타고나는 벌거벗은 몸이 아니라 인간이 살면서 입는 어떤 옷, 신이 인간에게 입히는 어떤 옷이다. 동물은 벌거벗은 것이 가장 동물답지만, 인간은 옷을 입고 있을 때 가장 인간답다. 그러나 인간이 반드시 인간의 옷을 입을 필요는 없다. 그래서 판 데르 레이우는 그리스 예술과 르네상스 미술에서 옷을 벗김으로써 인간을 발견하고자 했던 사실을 상기시킨다. 그러한 예술 작품에서 인간을 벌거벗김으로써 발견했던 것은 동물과 같은 상태의 자연적인 벌거벗음이 아니라, 벌거벗김에도 불구하고 벌거벗지 않은 인간의 모습이었다. 옷을 모두 벗었음에도 불구하고 여전히 입고 있는 눈에 보이지 않는 신비한 옷을 통해 인간의 인간다운 모습을 보여주고 싶었던 것이다. 동물처럼 벌거숭이가 되었음에도 불구하고 여전히 동물성으로 낙하하지 않는 그 무엇을 발견하고자 했던 것이다. 다시 말해서 그러한 예술 작품은 본성상 벌거벗지 않은 인간, 옷을 벗었지만 여전히 영(spirit)의 옷을 입은 인간을 묘사했던 것이다.[36]

옷에 관한 이야기를 통해 판 데르 레이우는 "인간 안에서 지속하는 것은 몸도 영혼도 아니고 옷이다."라고 말한다. 여기에서 그는 앞서 말한 '그것'을 옷으로 표현한다. 그리고 죽음이란 영혼이 몸이라는 옷을 벗는 것이라는 은유를 단숨에 거꾸로 뒤집으려 한다. 왜냐하면 그는 몸을 영혼이 입고 벗는 옷처럼 묘사하는 죽음관이 가장 큰 문제라고 생각하기 때문이다. 그렇다면 죽음은 옷을 벗는 것이 아니라 옷을 입는 과정이라고 묘사해야 하는 것 아닌가? 과연 영혼 개념을 벗어난 자리에서 우리가 죽음의 문제를 논할 수 있는가? 현재 대부분의 죽음 논의는 영혼 개념을 전제한 상태에서 전개된다. 그러나 여전히 우리는 이렇게 물어야 한다. 도대체 이 허약한 영혼이 불멸할 수 있는가? 이에 대해 판 데르 레이우는 이렇게 말한다.

> 그러므로 삶과 죽음을 구성하는 "어떤 것"은 근본적으로 "초월적"이다. 그것은 인간 안에 있지 않다. 그것은 인간을 만든다. 따라서 우리는 몸이든 영혼이든 인간의 어떤 일부가 지속한다는 의미를 갖는 "불멸성"에 관한 플라톤적 정의를 받아들일 수 없다. 인간 안에는 영원한 것이란 없다. 그러나 단지 탈중심적이고 의식적이고 객체화하는 자아 덕분에 인간이 인간일 수 있는 것처럼, 자기 외부에 있는 어떤 것에 의해서만 인간이 인간으로 존재할 수 있는 것처럼, 인간은 "자기 자신의 외부에" 존재하는 한에서만, "옷 입혀진" 한에서만 죽음에서 살아남을 수 있다.[37]

판 데르 레이우는 신이 주는 옷을 입어야만 인간이 죽음에서 살아남을 수 있다고 말한다. 나아가 그는 그리스 철학의 영향으로 인해 기독교의 불멸성 개념이 타락했다고 말한다. 예컨대 키케로(Cicero)는 "인간의 영혼은 신성하고, 영혼은 인간의 몸을 떠날 때 천국으로 돌아갈 수 있으며, 고결하고 정의로운 영혼이라면 이 일이 더 쉽다."라고 말한다. 그러나 키케로 식의 이러한 영혼 개념이 기독교에만 영향을 준 것은 아니다. 여전히 우리는 이러한 영혼 개념으로 인해 죽음을 똑바로 보지 못한다. 죽음의 문제를 논할 때, 대부분의 논의는 영혼 개념을 전제하거나, 아니면 영혼의 존재 자체를 부정한다. 그러다 보니 영혼 개념 자체를 차분히 비판적으로 성찰하는 글은 그리 많지 않다. 비록 신학적인 색깔을 탈피하지 못하고 있더라도, 판 데르 레이우는 죽음을 논의하는 새로운 시선을 우리에게 선물한다.

판 데르 레이우는 영혼의 불멸성 개념이 성서적인 부활 개념과 반대되는 것이라고 말한다. 그런데 현대 세계에서 육체의 부활은 거의 종교적인 주장으로도 등장하지 않는다. 육체의 부활은 상상력의 소산이라는 전제하에서 영화에서나 등장할 뿐이다. 만약 육체의 부활을 주장하는 종교가 있다면, 우리는 그것을 쉽게 '이단'이나 '사이비'라고 낙인찍는다. 우리는 영혼의 존재에 대한 가정만이 종교적인 유효성을 획득하는 시대를 살고 있는 것 같다. 판 데르 레이우가 무엇을 비판하는지를 더 구체적으로 보여주는 대목이 있다.

> 존재의 한 부분이 나머지를 구제할 목적으로 절대 희생되지 않는다. 모든 것이 똑같이 필요하다. 그리스인과 대부분의 기독교 세계가 선호하는 인간학은 근본적으로 다르다. 그것은 나머지를 구제할 수 있다는 희망에서 "불멸성을 얻기 위해" 인간의 일부를 죽게

죽음을 사색하는 시간

하는 인간학이다. 이것이 진짜 플라톤주의이며, 이러한 주장의 일부는 플라톤 이전의 것이다. 그것은 영혼을 구제하기 위해 몸을 파괴에 내맡긴다. 이러한 개념이 고대 세계의 일부를 지배했고, 기독교 인간학에서는 거의 독점적으로 우세한 위치를 점유했다. 그러나 교회의 믿음은 본능적으로 육체의 부활에 매달렸다. 여기에서 성서적 사유, 원시주의, 그리고 또한 기독교 신앙이 어느 정도 옹호되었다. 그러나 부활에 대한 믿음이 불멸성에 대한 믿음에 대항하며 전진하기 시작한 것은 단지 최근의 일이다. 성서는 인간 그 자체에 대해서만 말하며, 구약성서는 조금도 경멸적인 의도 없이 인간을 바사르(basar), 즉 육체라고 부른다. 모든 육체, 즉 모든 인간은 풀처럼 존재한다. "만약 그가 전 세계를 얻고 자기 자신의 영혼을 잃는다면, 그것이 인간에게 무슨 도움이 되겠는가?"라는 말처럼, 신약성서에서는 영혼 또는 영이 인간 안에 있는 본질적인 것을 가리키기 위해 사용된다. 틀림없이 특히 성 바울의 경우에 때로는 육체와 영혼의 구별이 이루어지지만, 육체와 영혼은 결코 이분법적으로 표현되지 않는다. 우리는 소멸하기 쉬운 육체와 대립하는 신성하거나 불멸하는 영혼에 대해서는 결코 듣지 못한다. 성 바울에게 인간 내부의 신성한 것은 결코 인간 본질의 일부가 아니라, 어떤 의미에서는 인간 본질에 첨가되는 것이다. 그것은 인간의 영이 아니며, 하느님 자체는 아니더라도 하느님의 영인 프네우마(pneuma)이다.[38]

판 데르 레이우는 육체와 영혼의 이분법을 비판하면서, 불멸이 아니라 부활이라는 관념에서 죽음의 문제를 극복할 수 있는 단서를 찾으려 한다. 그는 초기 기독교에서는 영혼과 육체의 이분법적 구별이 없었다고 말한다. 인간은 풀처럼 존재한다. 풀은 풀 자체로서 죽고 부활할 뿐이지, 풀의 영혼이 불멸하지는 않는다. 그래서 판 데르 레이우는 육체의 부활을 포기하고 영혼 불멸에 매진하는 종교의 모습을 비판한다. 인간 전체성의 구원을 포기한 채, 몸의 구원을 포기한 채, 오로지 영혼의 구원에만 몰두하는 것은 결국 인간적인 삶 자체를 파괴할 것이기 때문이다. 죽음이 문제가 아니라, 삶 자체가 쓸모없는 것으로, 그저 벗어버리면 되는 헌옷처럼 버림을 받기 때문이다.

10. 부활 연습

인간은 죽음의 공포를 넘어서기 위해 죽음 이전에 무수한 죽음을 연습한다. 우리가 직간접적으로 접촉하는 모든 죽음의 현상은 우리에게 죽음 학습의 장이기도 하다. 그러나 아무리 많이 죽음을 보고 듣고 배우고 연습해도 여전히 죽음은 문제로 남는다. 그리고 많은 경우 우리는 죽음을 넘어서기보다 죽음의 공포만을 학습한 채 물러선다. 그렇다면 우리에게 필요한 것은 '죽음 연습' 이상으로 '부활 연습'이 아닌가? 이러한 맥락에서 판 데르 레이우는 부활을 죽음 이후가 아니라 죽음 이

죽음을 사색하는 시간

전의 사건으로 재배치하려 한다. 그에게 부활 또는 영생은 죽음 이후가 아니라 죽음 이전에, 즉 현생에서 미리 시작된다. 그에게 부활은 인간의 몸뿐만 아니라 내면에도 적용된다. 판 데르 레이우는 이렇게 말한다.

> 부활이란 바로 인간에게 부여된 새로운 생명이다. ··· 인간학적으로 말하자면, 마치 인간이 죽기도 선에 죽음이 인간을 지배하는 것처럼, 인간이 여전히 살아 있는 동안 새로이 창조된 생명이 인간을 소유하는 것이다. 현생에서 필멸의 인간이 죽음 너머로 뻗어 가는 생명을 얻는 것이다. 이것이 다시 우리를 "지속하는" 이름 없는 "어떤 것", 즉 생명과 죽음 모두의 목격자이고, 생명이 살고 죽는 것을 보고, 인간의 일부는 아니지만 인간을 구성하고, 인간 외부에서 와서 처음으로 외적 인간뿐만 아니라 내적 인간의 가능성을 창조하는 이름 없는 "어떤 것"으로 데려간다. 부활에 대한 기독교적 시각에서, 이러한 존속의 영역, 이러한 내세는 동시에 "구원"의 영역이 된다. 부활은 중단 없이 계속되는 존재일 뿐만 아니라 새로운 창조의 "영적이고, 구원적인 세계" 안에 있는 생명이다.[39]

판 데르 레이우는 '인간학에 이르는 신학'을 꿈꾼다. 그의 말에서 묻어나는 신학적 함축을 제거하기는 힘들다. 다음과 같은 그의 말은 더욱 그렇다. "성서적인 인간학에서, 신을 제외하고 누구도 '불멸적'이지 않다.

인간은 죽는다. 인간은 단지 재생된 새로운 생명, 부활의 생명을 실제로 받아야만 새로운 생명을 획득한다." 그러나 그가 매우 체계적인 방식으로 신학 안에서 최대한의 인간학적 함의를 끌어내려 한다는 것은 부인할 수 없다. 그가 말하고 싶은 것은 죽음의 사실 자체를 수용하지 않는 한 부활은 존재할 수 없다는 것 아닐까? 영혼 불멸의 주장은 죽음으로부터 인간을 구원하는 강력한 도식이다. 그래서 서양에서든 동양에서든 환생과 윤회에 대한 주장은 죽음 문제에 대한 일반적인 답변으로 쉽게 자리잡을 수 있었다. 루크레티우스(Lucretius)처럼, 인간이 아무리 무한정 살고자 하더라도 자연이 인간에게 해 줄 수 있는 게 없다는 것을 수용하는 일은 그리 쉽지 않다.[40]

판 데르 레이우는 불멸적인 요소가 몸이라는 무덤 안에 갇혀 있다고 주장하는 플라톤적 인간학과의 긴 싸움을 벌이고 나서 아서 녹(Arthur D. Nock)의 긴 글을 인용한다.

마르쿠스 아우렐리우스(Marcus Aurelius)가 말하는 것처럼, 인간은 자신이 "죽은 몸을 운반하는 작은 영혼"이라고 느꼈다. … 몸이 거듭 승리하고 인간은 매번 조금 더 적게 자기 자신의 주인인 것 같은 느낌을 갖는다. 훈련으로 무언가를 할 수는 있지만, 단 하나의 진정한 해방은 육체로부터의 자유를 통해서만 이루어질 것이다. … 기독교 신학은 이 관념들의 가치를 부정하지 않았다. 부활한 인간의 영광체(榮光體)는 바울 같은 고등 신학에서 지상의 몸과 완전히 다르며, 악의 경향성이나 관능적인 갈망을 갖지 않을 것이다. 부활하고 나서 그들은 결혼하지도 않고 아들과 딸을 결혼시키지도 않을 것이다. 그리고 인간의 현재의 몸은 금욕과 고행적 통제를 필요로 했다. 그러나 영혼은 본질적으로 신성하고 본질적으로 불멸적이고 몸에 비해 무한히 우월한 것이며, 영혼이 영원히 신(神)을 누리려면 단지 정화와 육체적인 접촉으로부터의 자유만을 필요로 한다는 철학적 관념에 대해 기독교 신학은 근본적으로 반대했다. … 이교 사상은 진정한 자기의 해방을 지지했고 성사(聖事)와 체계의 도움을 받았지만, 결국 자체 안에 구원의 수단을 갖추었고, 덕(德)에 따라 살기를 원하여 이에 성공한 사람들이 받는 상(賞)인 천국의 불멸성을 위해 분투했다. 기독교는 더 높은 요소들을 포함한 하나의 실체로서 전체의 구원과 부활을 지지했다. 이 실체는 그 자체로는 무력하지만, 신의 은혜에 의해 구원을 받을 수 있고, 종국에는 영광스러운 통일체가 되도록 정해져 있다. 결국 은총의 교리가 쟁점이다. 기독교의 정신은 아우구스티누스(Augustine) 쪽에 있고, 이교 사상의 정신은 펠라기우스(Pelagius) 쪽에 있다. 전자는 죄에 대한 의식과 계시에 의존했고, 후자는 선에 대한 의식과 분별력에 의존했다. 이 문제와 관련하여 우리 모두는 어느 한쪽의 편을 들어야 한다.[41]

판 데르 레이우는 영혼이 몸이라는 옷을 벗어던지는 것이 바로 죽음이라고 주장하는 철학적, 종교적 관념에 계속해서 이의를 제기한다. 그는 인간 외부에 존재하는 '그것'의 정체를 조금씩 밝히면서, 마찬가지로 외부에서 오는 은총의 옷, 즉 신이 입혀 주는 새로운 옷을 입어야만 인간이 죽음을 넘어설 수 있다는 신학적인 주장을 펼친다. 그래서 판 데르 레이우에게 죽음의 공포는 신이 주는 옷, 즉 '나 밖의 나'를 잃는다는 공포와 같은 것이다. 나의 삶과 죽음을 관찰하는 '나 밖의 나'의 죽음, 바로 '옷의 죽음'이야말로 진짜 죽음이다.

그러나 판 데르 레이우의 주장이 여기에서 끝나는 것은 아니다. 인간만이 우리가 아는 그런 죽음을 겪는다. 그리고 인간의 죽음은 인간이 자신을 객체로 만들어 관찰할 수 있는 능력을 가지고 있기 때문에 가능하다. 자기의 죽음을 상상하고 바라보는 '또 다른 나', '나 밖의 나'의 존재로 인해 인간은 죽음 이전에 미리 죽음을 겪는다. 그러나 판 데르 레이우에 의하면, 바로 이러한 죽음을 겪기 때문에 인간은 부활이라는 새로운 가능성을 만난다. 동물은 죽지만, 인간처럼 죽지 않으며, 인간처럼 부활을 꿈꾸지도 않는다. 인간은 죽음을 얻고, 덤으로 부활도 얻는다. 그러나 부활은 거저 얻어지는 것이 아니다. 어떤 종교도 죽음을 자연스러운 과정으로 여기거나 죽음에 대해 침묵하지 않았다. 어떤 형태로든 죽음은 늘 누군가의 폭력이 낳은 결과물이었다. 죽음은 항상 소란스러웠다. 자신의 죽음이든 타인의 죽음이든 간에, 인간은 항상 죽음을 향해, 죽은 자를 향해 최선의 노력을 기울이고자 했다. 이미 죽어 사라진 자를 위해 밥을 차리고, 많은 비용을 들여 장례식을 거행한다. 그리고 비록 산속 먼 곳일지라도 죽어 사라진 자들에게 일정한 공간을 주고 시신들에게 죽음의 세계를 만들어 준다.

판 데르 레이우는 "내세는 당연히 주어지는 어떤 것이 아니다."라고 말한다.[42] 어떤 종교도 내세를 거저 얻는다고 말하지 않는다. 내세는 얻기 힘든 것이었고, 그 내세를 얻기 위해 인간은 생전에 많은 노력을 기울였다. 인간이 죽음 이후에도 계속해서 살 수 있도록 하기 위해 일정한 의례를 행했고, 애도와 기억만이 죽은 자를 완전히 죽지 않게 한다고 생각했다. 내세는 인간이 죽으면 누구나 당도하는 그런 곳이 아니었다. 그래서 우리는 내세를 얻기 위해 인간이 기울이는 노력이 내세를 만든 것이라고, 내세는 삶 속에서 진행되는 내세 획득의 노력과 비례하여 투명해지거나 불투명해진다고 말할 수 있을지도 모른다. 내세가 인간이 죽으면 누구나 가는 그런 곳이라면, 굳이 내세에 입장할 수 있는 자격을 논하거나 내세의 설계도를 세밀히 묘사할 필요가 없을 것이다.

그런데 많은 종교는 내세에서 이루어지는 '두 번째 죽음'을 이야기하고, 또 다시 죽지 않기 위해 무엇을 해야 하는지를 이야기한다. 이와 반대로 종교는 열반이나 해탈에 대한 주장처럼 다시는 태어나지 않기 위해 '두 번째 죽음'을 꿈꾸기도 한다. 다시는 태어나지 않고, 그래서 다시는 죽지 않을 '완전한 죽음'을 갈망한다. 그러나 이러한 '완전한 죽음'도 결국에는 다시는 죽지 않기 위한 노력, 또 다시 죽음으로 물든 삶을 반복해서 살고 싶지 않다는 소망, 마침내 신이 되거나 신에 가까운 존재가 되고자 하는 기대를 표현하고 있다. 판 데르 레이우는 「불멸」이라는 글의 끝에서 이렇게 말한다.

가장 최근의 생물학이 우리에게 가르쳐 주는 것처럼, 때 이른 자궁 밖의 탄생인 인간 생명은 허약하고 부서지기 쉽다. 인간 생명은 탄생과 죽음 사이에 자리잡고 있다. 우리는 탄생에 대해 거의 알지 못한다. 고작해야 인간이 탯줄을 자르는 데 한평생이 걸린다는 것, 인간은 죽을 때까지 계속해서 태어난다는 것을 알 뿐이다. 그리고 인간은 태어나자마자 죽기 시작한다(nascentes morimur). 우리는 죽음에 대해 훨씬 많은 것을 알고 있다. ··· 그러므로 죽음은 우리에게 삶의 탈중심적인 성격을 깨닫게 한다는 점에서 필요불가결한 것이다. 리히텐베르크(G. C. Lichtenberg)가 말한 것처럼, 우리는 '생명 이후(afterlife)'의 문제만큼이나 "생명 이전(pre-life)"의 문제에 관심을 가져야 한다. 우리의 생명은 출현하고 나서 이전과 이후라는 두 개의 신비 사이에 자리를 잡는다. 그러나 우리가 이전과 이후에 대해 말할 수 있다는 사실만으로도, 우리는 탄생처럼 죽음도 우리의 삶 안에서 완료되지 않는다는 것을 알 수 있다.[43]

인간은 탄생과 죽음이라는 두 신비 사이에서 살아간다. 그리고 이 신비를 해독하고자 수많은 신화가 만들어졌다. 우리는 탄생의 신비가 힘을 잃으면 결국 죽음의 신비도 힘을 잃을 것이라고 가정해 볼 수 있

죽음을 사색하는 시간

다. 태어난다는 것이 더 이상 신비롭지 않다면, 죽는다는 것이 신비로울 리 없기 때문이다. 판 데르 레이우가 말하는 것처럼, 우리는 살아가면서 계속해서 태어나고 계속해서 죽는다. 아니 계속해서 죽어야 한다. 우리는 삶의 시간 안에서 작은 탄생과 작은 죽음을 수없이 되풀이하며 살아간다. 그리고 작은 죽음에 넘어진 채 더 이상 부활하지 못하고 계속해서 작은 죽음만을 반복하다가 영원히 쓰러지기도 한다. 죽어 부활하는 신은 멀리 있지 않다. 삶은 언제나 죽음과 부활의 반복 속에서 이루어진다. 그러므로 우리에게 정말 필요한 것은 죽음의 연습이 아니라 부활의 연습일지도 모른다.

11. 죽음의 시간성

우리는 다음과 같은 물음을 제기하지 않을 수 없다. 죽음은 그저 사물처럼 덩그러니 눈앞에 실재하고, 우리는 그 죽음을 극복하려고 온갖 노력을 기울이는가? 하지만 죽음은 실체가 아니라 현상이다. 그러므로 우리는 죽음을 눈앞에 두고 마주하는 것이 아니라, 죽음이라는 현상 안에 들어가 죽음을 겪는다. 볼테르(Voltaire)는 "인류는 자신이 죽어야 한다는 것을 아는 유일한 짐승이며, 오로지 자기 경험을 통해 이 사실을 안다."라고 말한다.[44] 또한 그는 "버려진 섬으로 보내진 채 홀로 자란 어린아이는 고양이나 식물 이상의 죽음 관념을 갖지 않을 것이다."라고 덧붙인다.[45] 고양이나 식물은 죽음을 현상으로 경험하지 못한다. 그러나 인간은 보이지 않는 죽음을 하나의 현상으로 경험하고, 죽음을 학습하고, 이로써 일정한 죽음 관념을 갖게 된다. 그러므로 죽음을 하나의 현상으로 경험한 적이 없는 어린아이는 결코 죽음 관념을 가질 수 없다.

이렇게 생각해 볼 수도 있다. 살아가면서 접하는 서로 다른 모습의 수많은 죽음에 대한 경험이 전혀 없다면, 어쩌면 인간은 살아 있는 동안 전혀 죽음을 모른 채 살아갈 수 있을지 모른다. 인간은 더 이상 우리가 아는 그런 죽음을 겪지 않을지 모른다. 그저 죽어 간다는 사실도 모른 채 살아가다가 어느새 눈앞에 도착한 죽음에 화들짝 놀라면서 죽을 것이다. 죽음은 현상이 아니라 사건이나 사고에 그칠 것이다. 태어나서 노인을 처음 본 출가 이전의 싯다르타처럼, 도대체 저 노인이 세상에 존재하는 유일한 노인인지, 아니면 모든 인간이 결국 저런 노인이 되고 마는 것인지를 물으면서 충격에 빠질지도 모른다. 그러나 우리는 아무런 죽음도 경험하지 않고 살 수 없다. 인간의 문화는 죽음의 흔적으로 넘쳐 나고, 인간의 역사는 죽음의 기억으로 가득 차 있다. 적어도 인간으로 산다는 것은 어떤 식으로든 죽음 현상에 노출된다는 것을 의미한다.

어쩌면 인간에게 있어서 가장 큰 저주는, 자신에게 부여된 '시간의 총량'을 개념화할 수 있는 능력이 선천적으로 주어져 있다는 사실이다. 그러나 이에 대해 많은 논란이 있었다. 왜냐하면 인간이 선천적으로 일생 관념을 갖고 있다면, 마찬가지로 인간은 선천적으로 죽음 관념도 갖고 있을 것이기 때문이다. 일생 관념은 시작과 끝, 즉 출생과 죽음에 의

죽음을 사색하는 시간

해 그어지는 시간적 경계선을 통해 형성된다. 또한 일생 관념을 형성하는 경계선은 필연적으로 인간으로 하여금 경계선 너머에 대한 사유와 상상력을 전개하게 한다. 경계선은 항상 금기 개념과 연결된다. 경계선은 금지와 유혹을 동시에 담고 있다. 아니, 금지와 유혹의 공존이 경계선을 만든다고 말해도 좋을 것 같다. 출생과 죽음의 신비에 강력한 터부(taboo)가 설정되고, 이와 함께 생식과 죽음의 매혹이 인간 정신을 사로잡은 것도 이 때문일 것이다.

공간 통과는 장소의 변화를 초래한다. 마찬가지로 시간 통과는 시간상의 위치 변화를 초래한다. 그렇다면 경계선을 통과한다는 것은 그저 시간이나 공간 안에서의 자리 이동에 불과한 것인가? 경계선의 은유가 초래하는 존재론적 변화는 어떻게 가능한가? 시간이나 공간의 일정한 경계선을 넘어가는 것이 어떻게 인간의 존재론적 변화를 초래하는가? 인간의 문화는 시간과 공간에 수많은 금을 그으면서 만들어진다. 문화 자체가 금 긋기인 것처럼 보인다. 인간은 시간과 공간에 금을 그어 놓고, 이 금을 통과하면 존재 양태가 달라진다고 주장한다. 존재 양태의 변화를 '금의 은유'로 표현한 것이라고 그 의미를 축소할 수도 있다. 그러나 꼭 그렇지만도 않다. 인간은 금 하나, 선 하나에 많은 힘을 축적한다. 그리고 수많은 '금의 금기'를 만들어 낸다. 여기서 저기로 갔다는 사실 하나만으로도, 오늘이 내일이 되었다는 사실 하나만으로도, 인간은 존재 변화를 실감한다. 그렇지만 시간 통과는 눈에 보이는 공간 통과와는 확연히 다르다. 시간 통과에서는 시간의 경계선도 보이지 않는다. 그렇다면 시간 통과에서 인간은 어떤 상상의 경계선을 통과하는가?

종교학에서 통과 의례의 이론적 위상은 지극히 확고하다. 통과 의례의 문법은 종교학의 핵심 문법이었다. 통과 의례의 문법을 구성하는 금기와 위반의 변증법은 확실히 매력적인 이론적 도구이며, 이를 통해 종교학은 종교 문화에 대한 심층적인 통찰을 획득할 수 있었다. 그러나 통과 의례의 문법에 대한 엄밀하지 못한 고찰은 이론의 남용과 오용으로 흐르기 쉽다. 예컨대 성년식의 구조 분석은 일반적으로 성년식이라는 분석 대상의 특성을 간과한 채 진행되곤 한다. 개인사(個人史)의 관점에서 볼 때, 성년식은 일생의 한 시기에 행하는 시간 통과의 의례이다. 그럼에도 불구하고 우리는 '분리·전이·통합'이라는 공간 통과의 문법을 통해서만 성년식을 기술한다. 성년식을 치르는 사람은 먼저 공동체에서 분리된 외딴곳으로 이동하여 공간적 고립 상태에 빠지고, 그다음에 육체적, 정신적 시련과 교육을 통해 변화의 과정을 겪으며, 마지막으로 변화된 존재가 되어 다시 공동체로 복귀한다. 이처럼 공간 통과의 문법에 의해 성년식을 기술할 때, 우리는 중요한 분석 결과와 이해를 이끌어 낼 수 있다.

그러나 성년식이 시간 통과의 의례를 공간 통과의 문법에 의해 구조화하고 있다손 치더라도, 성년식 자체의 본질은 시간 통과에 있다. 성년식을 보면, 인간은 그저 공간의 경계선을 넘나들 뿐, 도대체 시간의 경계선을 통과하는 것처럼 보이지 않는다. 오히려 공간 이동에 의해 시간을 만들고 있다는 인상을 지울 수 없다. 그러나 성년식은 하나의 시간을 끝내고 새로운 시간을 만드는 의례이다. 그리고 그 안에서 우리는 아이의 죽음과 어른의 탄생을 본다.

인간의 일생은 출생과 죽음이라는 생물학적 격변을 통해 제 모습을 드러낸다. 출생과 죽음은 일생의 시작과 끝을 표시하면서 일생 영토를 형성한다. 그리고 일생은 달력과 시계가 긋는 무수한 시간적 경계선으로 이루어져 있다. 그런데 우리가 죽음을 하나의 경계선처럼 상상하는 순간 죽음에 의해 경계 내부와 외부가 나누어진다. 죽음이 '죽음 이전'과 '죽음 이후'라는 이질적 시간의 경계선이라면, 죽음이 '죽음 이전'에서 '죽음 이후'로 건너가는 통과 사건이라면, 죽음 사건은 반드시 '일생'과 '사후'라는 두 구조에 의해 서술된다. 종교적이든 비종교적이든 간에, 모든 죽음 문화는 '죽음 너머'를 상정한다. 그리고 '죽음 너머'에 대한 상상은 필연적으로 영혼의 존재를 가정한다. 왜냐하면 죽음의 경계선을 넘는 월경자가 없다면, '죽음 너머'에 대한 상상은 불필요하기 때문이다.

그러나 이러한 설명에 문제가 없는 것은 아니다. 왜냐하면 죽음을 경계선으로 상정할 경우, 그리고 '죽음 너머'라는 공간 개념을 사용할 경우, 시간 통과를 공간 통과로 환원할 염려가 있기 때문이다. 죽음 사건은 시간 통과일 뿐 공간 통과는 아니다. 죽음은 시간에서 영원으로 나아가는 경계선이나 시간과 비시간의 경계선으로 간주될 수 있다. 우리는 영혼관이나 사후관에 입각한 각 종교의 죽음 담론이 대부분 공간 통과의 문법을 사용하고 있다는 것을 쉽게 알 수 있다. 그러나 죽음 담론에서 드러나는 공간 개념 자체가 문제되는 것은 아니다. 시간 문법의 틀 안에서 움직이는 공간 개념의 경우, 이것은 환원의 오류를 일으키지 않는다. 사정이 이렇다면 죽음의 시간성을 어떻게 묘사할 수 있단 말인가? 우리는 이 책의 3부에서 이에 대한 좀 더 선명한 답변을 발견할 수 있을 것이다.

12. 내세

죽음 담론에서 공간 통과의 도식이 시간 통과의 도식을 대체하는 현상이 일어날 때, 우리는 죽음을 그저 '장소의 이동'으로 묘사하게 된다. 종교사에서 자주 드러나는 유토피아를 향한 집착이 그러하다. 유토피아에 대한 집착과 강조는 죽음을 '장소의 이동'으로 치환하고 '죽음의 시간성'을 삭제한다. 예컨대 천국과 지옥의 구조를 다듬기 위해 연옥의 공간을 삽입하는 문제도 마찬가지다. 연옥의 창안에 의해 죽음 너머의 공간을 완전한 것으로 다듬는 과정은, 이제 죽음 담론이 철저히 공간 통과의 도식에 잠식되고 있음을 보여준다. 죽음 사건에 대한 사유와 상상력이 '죽음 이전'에 의미를 불어넣는 것이 아니라, '죽음 이후'에 있을 가상의 구조물을 조각하는 데 집착하는 경우, 죽음은 유토피아와 사후 세계에 의해 물화된다. 결국 일생과 사후의 상호 작용은 사라지고, '죽음 너머'의 세계에 대한 과도한 병적 상상력만이 활개를 친다.

이때 죽음 담론에 의한 삶의 반성은 사라지고, 죽음 너머의 건축술만 발달하게 된다. 그리고 죽음 담론은 '죽음 너머'라는 가상의 건축물을 중심으로 하는 유토피아 담론으로 전락한다. 유토피아의 과잉 증식은 필연코 삶을 좀먹을 수밖에 없다. 죽음 이후의 세계가 유토피아라면 도대체 왜 인간은 현재의 고통을 참으면서 힘겹게 계속 살아야 하는가? 유토피아가 오로지 죽음 이후에 얻어지는 것이라면, 죽음이 유토피아의 문이라면, 도대체 우리의 인생은 무엇이란 말인가? 삶은 그저 유토피아에 들어가기 위한 시험장일 뿐이란 말인가? 삶의 이 가벼움을 어떻게 수습할 것인가?

그렇다면 도대체 어떤 경로를 거쳐 죽음 문법의 타락이 발생하는 것일까? 왜 죽음 문법은 시간 통과의 도식을 버리고 공간 통과의 도식으로 물화되는 것일까? 그러나 우리는 한편으로 죽음 문법의 타락 과정을 비판적으로 고찰하면서도, 다른 한편으로 극단적인 시간 중심주의를 경계해야 한다. 왜냐하면 공간 문법의 완전한 해체를 통해 시간 문법을 구축하려는 시도는 반드시 아포리아(aporia)에 봉착할 것이기 때문이다. 공간 없는 순수한 시간은 없다. 시간 없는 순수한 공간도 없다. 공간의 해체는 필연적으로 시간의 해체로 귀결한다. 공간이 없으면 시간도 없다. 역으로 시간이 없으면 공간도 없다. 인간은 영화 필름처럼 공간적 이미지를 병치시킴으로써 시간을 경험한다. 또한 인간은 시간의 밀도, 시간의 질서, 기억의 압력을 통해 공간을 경험한다. 인간은 시간 개념을 통해서만 공간을 인간적인 공간으로 변환할 수 있고, 마찬가지로 공간 개념을 통해서만 시간을 인간적인 시간으로 변환할 수 있다.

시간 문법은 공간 문법이 만든 비연속적 공간을 접합하여 공간의 연속성을 생성시킨다. 왜냐하면 공간 이동에 따른 공간들의 분리는 시간적 연속성에 의해서만 해소되며, 시간만이 흩어진 공간 파편들을 한 줄로 엮을 수 있기 때문이다. 우리는 시간 속에서 방금 전에 머물던 공간과 현재 머무는 공간을 연결시킨다. 시간은 공간의 매듭이다. 시간은 죽은 공간을 살려 내고, 아직 태어나지 않은 공간을 미리 불러온다. 과거의 공간이 부활하고 미래의 공간이 예언된다. 그리고 시간은 이렇게 현재로 소환된 과거의 공간에 기억을 저장한다. 마찬가지로 시간은 미래에서 소환된 공간에 미래에 대한 예측과 기대를 저장한다. 시간은 이렇게 과거와 미래에서 공간을 소환함으로써 시간다운 시간이 된다.

더 이상 존재하지 않는 과거의 공간, 향후 존재할지도 모르는 미래의 공간이 시간을 구성할 것이다. 이처럼 시간 문법은 공간 파편들을 이어서 공간의 연속성을 확보하고, 이로써 시간 문법의 비가시성을 가시성으로 전환시킨다. 공간의 도움으로 시간이 보이기 시작한다. 그러나 문제는 항상 미래의 공간이다. 과거의 공간은 회상된 이미지로 존재하지만, 미래의 공간은 학습된 이미지, 창안된 이미지, 예측된 이미지로 존재할 수밖에 없다. 죽음 이후의 공간이 특히 그러하다. 우리는 죽음 전통 안에서 죽음 이후의 공간을 학습하고, 상상력의 도움으로 새로운 사후 공간을 창안하고 예측한다. 이런 식으로 우리는 시간을 본다. 우리는 과거와 미래를 보고, 나아가 죽음 이후의 세계를 본다.

죽음을 공간 통과의 사건으로만 서술할 경우, 우리는 인간이 경험하는 죽음의 의미 구조를 간과하기 쉽다. 죽음 사건을 공간 통과로 환원할 경우, 우리는 죽음을 공간 단절의 사건으로 파악하게 된다. 이때 죽음 사건에 의해 분할된 두 공간, 즉 현세와 내세는 서로 넘나들 수 없는 소통 불가능의 공간이자 서로에게 낯선 이질적 공간이 된다. 그리고 이러한 죽음 이해의 경우, 내세의 실제적인 존재 여부에 의해 죽음의 의미가 달라진다. 현재 우리의 논의는 대부분의 죽음 문화가 수용하고 있는 영혼 관념을 전제한 상태에서 전개되고 있다. 결국 죽음 사건을 통과하는 주체로 가정되는 영혼의 존재를 수용할 경우, '죽음 너머'에 존재하는 영혼의 집이 내세가 된다. 내세관은 보이지 않는 '죽음 너머'를 빚어내는 공간 건축술이다.

죽음 담론은 '죽음 이전'과 '죽음 너머'의 관계에 의해 서술된다. 죽음이 현세와 내세의 공간 단절 사건으로 이해될 경우, 대체로 현세보다는 내세에 무게 중심이 놓이게 된다. 이때 인간의 숙명인 죽음은 내세라는 이질적 공간이 보장하는 죽음 주체의 연속성에 의해 별문제 없는 것으로 치부될 수 있다. 이렇게 죽음이 비죽음이 될 때, 인간은 별다른 저항감 없이 죽음을 맞이할 수 있다. 그러나 서양 중세의 기독교 문명이 그랬듯 종교적 상상력은 내세를 '죽음 이후'라는 단순한 상태로 머무르게 하지 않았다. 종교적 상상력은 내세의 정교한 구조화를 통해 천국·연옥·지옥이라는 식으로 내세의 다층화를 시도했다. 모든 인간의 죽음이 현세에서 내세로 이주하는 것에 불과하다는 식의 평면적 내세관은 죽음을 공간적 경계선으로 이해하게 한다. 그런데 내세의 다층화가 초래하는 입체적 내세는 '죽음 이후'를 심판의 장소로 둔갑시킨다. 중세 기독교가 전념하여 조직했던 입체적 내세는 각각의 장소에 거주할 인간을 선별하는 장치였으며, 거주자 선정과 분할은 죽음 이후의 재판정이 내리는 심판에 의해 이루어졌다. 그리고 이 심판은 죽음 주체의 일생에 대한 종교적, 도덕적 심판이었다.

　이런 식으로 내세가 현세를 심판하는 판관의 자격을 얻게 될 때, 현세는 내세를 의식하며 자신의 내용을 꾸려 간다. 내세라는 판관의 눈치를 보며 사는 일생은, 입체적 내세의 거주자를 결정하는 규칙, 즉 내세의 분류학을 가능케 하는 규칙에 의해 재단된다. 내세의 분류학이 현세를 주조한다. 이때 현세의 모든 문화는 결국 죽음 문화로 환원되며, 죽음 문화는 유토피아의 도덕률에 적확히 들어맞는 인간 개념을 형성한다. 이렇듯 내세의 다층화는 현세의 의미론적 무게를 감소시킨다. 여기에서 죽음은 그 자체로는 별다른 의미가 없는 사건이다. 죽음은 단지 내세의 의미론적 무게에 짓눌린 가느다란 경계선에 불과하다. 그리고 죽음 사건은 공간의 비연속성을 경험하는 주체의 연속성을 통해 서술된다. 그러나 죽음 자체의 의미가 퇴색하기 때문에 죽음의 임계적 성격은 약화된다. 죽음이 시간 개념을 잃어버릴 때 일생의 시간성은 느슨해진다. 죽음이 인간에게 가져오는 시간 소멸이라는 원초적인 공포는 사라지고, 일생의 자서전은 천국에 들어가기 위한 여권으로 변질된다.

죽음을 사색하는 시간

13. 시간 지우기

그리스 철학에서 아페이론(apeiron)과 페라스(peras)는 중요한 대립적 개념 쌍이다. 대체로 아페이론은 한계 없는 무제약성이나 무질서를 의미하고, 페라스는 경계를 지닌 제약성이나 질서를 의미한다. 아리스토텔레스는 아페이론을 악으로 페라스를 선으로 분류하며, 후기 피타고라스학파는 '아페이론에 페라스를 부여하는 것'을 통일성의 원리로 생각했다. 플라톤의 경우, 아페이론과 페라스는 모든 사물에 내재하는 것으로 간주되며, 생성의 영역에서 이해 가능성과 아름다움은 경계선의 설정, 즉 한계 설정을 통해 발현된다. 플라톤은 아페이론과 질료적 원리를 동일시하고, 페라스와 형상적 원리를 동일시한 것 같다.

한 가지 주목할 것은, 아리스토텔레스와 플라톤에 의해 주장된 '유한한 우주' 관념이 스토아학파와 르네상스 이전 중세 사상가들의 사유 방식을 특징짓는다는 점이다. 우주를 무한으로 파악하느냐 유한으로 파악하느냐에 따라, 즉 우주론의 질적 차이에 따라, 역사관과 인간관 자체가 달라질 것이다. 이에 대한 조금 더 자세한 설명은 이 책의 3부로 미루고자 한다. 우리는 아페이론과 페라스라는 관념을 염두에 두며 다음 논의를 진행할 것이다. 조금 뒤에 살펴볼 세네카의 일생 관념도 결국 아페이론의 시간 질료에 페라스의 시간 형상을 덧씌우는 작업으로 해석될 수 있다. 이러한 일생 관념이 제기하는 구원론은 아페이론과 페라스의 변증법을 통해 우주론적 질서, 즉 지고의 영원성에 참여하는 것으로 귀결한다.

일생 관념은 시간의 지리학을 가능케 한다. 인간은 살아온 과거와 살고 있는 현재, 그리고 살아갈 미래를 영토화함으로써 일생이라는 지도를 그린다. 지도 그리기가 땅이라는 분할되지 않은 순수한 공간에 분할의 경계선을 덧씌우는 작업인 것처럼, 일생 관념도 시간 질료에 역사성을 덧씌울 때 형성된다. 시간 질료 자체가 일생 관념을 형성하는 것이 아니라, 인간의 역사성이 시간 질료에 문맥과 줄거리를 부여하는 것이다. 시간 질료를 문맥과 줄거리에 의해 하나의 이야기로 전환하는 일, 우리가 일생 관념에 의해 의미하는 바는 이런 것이다. 결국 우리가 다루고 싶은 것은, 시간 질료를 일생 이야기로 전환하는 데 있어서 인간 주체가 어떤 역할을 하는가, 나아가 인간 주체의 역할에 영향을 주는 외적 요인에는 어떤 것이 있는가 하는 문제이다. 앞서 살펴본 것처럼 죽음은 삶에 시간성을 부여함으로써 이야기의 서술 기반을 확보한다. 그런 점에서 죽음은 인간이 일생 이야기를 구성할 수 있는 토대인 셈이다. 폴 리쾨르는 이렇게 말한다.

> 모든 이야기 작업에 의해 펼쳐지는 세계는 항상 시간적인 세계이다. … 시간은 이야기의 방식에 따라 조직되는 한에서 인간적인 시간이 된다. 다음으로 이야기는 시간 경험의 특징을 묘사하는 한에서 의미 있는 것이 된다.[46]

죽음을 사색하는 시간

리쾨르의 이 말은 우리 논의의 핵심을 잘 대변해 주고 있다. 시간은 이야기하기를 통해 인간적인 시간으로 변형되고, 이야기는 시간 흐름을 구조화할 때에만 의미 있는 이야기가 된다. 우리는 시간과 이야기의 이러한 상호 의존성과 순환성을 읽어 냄으로써 일생 관념의 본질에 접근할 수 있다. 왜냐하면 리쾨르가 말하는 "인간적인 시간", 즉 '이야기가 된 시간'이 바로 일생 관념을 형성할 것이기 때문이다. 삶은 텅 빈 시간이 아니라, 이야기로 채워진 시간이다. 인간에게 시간은 평평하고 균질적이고 일방향적인 것이 아니라, 과거, 현재, 미래라는 세 차원으로 분할되면서 후퇴하거나 전진하거나 도약하거나 멈추기도 하는 그런 것이다. 인간 의식에 의해 시간을 재구성하고 조율하는 이러한 시간 구성 방식에 대해 우리는 '시간성'이라는 이름을 붙일 수 있다. 인간은 회상을 통해 과거를 이야기하고, 기대를 통해 미래를 이야기하고, 지각과 직관에 의해 현재를 이야기한다. 나아가 과거, 현재, 미래를 교차시키면서 더 큰 이야기를 만들기도 한다. 그러므로 인간은 이야기를 통해 과거의 시간을 붙들기도 하도, 미래의 시간을 당겨쓰기도 한다.

죽음으로 인해 인간은 자신의 유한성을 자각하고, 이 유한성으로 인해 인간의 시간은 과거, 현재, 미래로 분할된다. 그리고 이러한 시간 분할로 인해 인간은 시간을 이야기로 변형시킬 수 있고, 시간이 이야기가 될 때 비로소 인간은 죽음을 넘어설 수 있는 가능성을 발견하게 된다. 그렇다면 인간은 죽음으로 인해 이야기를 하고, 죽음에 저항하기 위해 이야기를 하며, 죽음을 넘어서기 위해 이야기를 하는 것처럼 보인다. 그러므로 우리는 시간, 이야기, 죽음이라는 세 차원이 어떻게 서로 얽혀 있는지를 살펴볼 필요가 있다.

주어진 시간의 총량에 대한 개념화, 즉 일생 개념은 죽음에 대한 인간의 자각에서 기인한다. 죽음에 대한 자각이 없다면 시간에 대한 자각도 없을 것이다. 왜냐하면 인간에게 죽음이라는 마지막 호흡이 없다면, 인간은 이미 시간이 아니라 영원을 경험하고 있을 것이기 때문이다. 죽음은 인간에게 시간을 부여한다. 그러나 죽음이 부여하는 시간은 달력의 시간이나 시계의 시간이 아니다. 시간의 객관적인 양태는 시계와 달력이지만, 인간의 시간 경험은 시계와 달력에 대한 경험으로 국한되지 않는다. 인간은 달력 속에서 달력을 넘어서는 시간을 경험한다. 이렇듯 우리가 우선 주목할 시간은 달력을 넘어서는 시간, 즉 달력으로 환원될 수 없는 잉여적인 시간이다.

앙리 위베르는 달력이란 결국 시간을 영원으로 변형시키기 위한 장치라고 말한다. 달력은 여러 가지 기준에 의해 시간을 미세하게 분할하고 잘게 토막 낸다. 그런데 이러한 미세한 시간 분할을 통해 달력은 시간 토막들 사이에서 다양한 유사성을 창조하고, 이로써 처음에는 전혀 달랐던 시간 토막들을 점점 서로 비슷한 것으로 변형시킨다. 예컨대 날짜는 다르더라도 모든 수요일은 서로 비슷한 시간이 되고, 달과 해가 다르더라도 모든 15일은 서로 비슷한 시간이 된다. 서로 다른 시간 주기에 의해 다양한 방식으로 달력 안에 '시간의 등가성'이 스며든다. 이처럼 달력은 시간 토막들의 차이를 서서히 제거함으로써 자동적으로 시간에 영원을 끌어들인다. 또한 달력은 보이지 않는 시간을 보이는 시간으로 변화시킴으로써, 시간에 대한 인간의 원초적인 불안을 가라앉힌다. 앙리 위베르의 통찰력으로 인해, 우리는 달력이 어떤 측면에서 시간 생성의 장치가 아니라 시간 제거의 장치일 수 있는지를 알게 된다. 달력은 시간을 만들어서 지운다. 또는 달력은 시간을 지우기 위해 시간을 만든다. 그래서 위베르는 달력에 의해 시간이 "영원성의 연속"이 된다고 말한다.[47]

달력은 인간 내면에 흔적을 남긴다. 그러나 이러한 흔적은 달력이라는 객관적인 시간의 그림자가 아니라, 달력의 시간 구조 안에서 경험하는 인간 실존의 내용이다. 이처럼 인간은 항상 달력 속에서 '달력 너머', 역법(曆法)의 잉여를 경험한다. 그리고 이러한 '역법의 잉여'는 달력이라는 객관적인 시간과는 다른 질서화 방식을 갖고 있다. 역법이 자연과 우주의 변화, 왕조의 교체, 통치 영역의 변화, 우주론 또는 종말론 등을 토대로 하여 조직된다면, '역법의 잉여'는 인간 주체의 의식 작용에 의해 구성되는 시간, 즉 '사적 시간(private time)'이라 할 만한 그런 것이다.[48] 이러한 '사적 시간'은 죽음이라는 인간 실존의 한계를 자각함으로써 획득되는 시간이며, 나아가 역법이 만드는 거대한 우주론적 시간 틀 내에서 인간 일생의 위치와 의미를 파악하게 하는 시간이다. 한쪽에는 수치에 의해 질서 잡힌 역법의 시간이 있고, 다른 한쪽에는 과거, 현재, 미래의 시간성이 형성하는 '사적 시간'이 있다. 여기에서 잠시 과거, 현재, 미래라는 말이 갖는 의미에 대해 좀 더 구체적으로 생각해 볼 필요가 있다.

맥타가르트(J. M. E. McTaggart)는 시간은 실재하는 것이 아니라고 말한다. 그러나 시간의 비실재성에 대한 주장은 종교와 철학에서, 특히 신비주의에서 늘 제기되던 것이고, 스피노자, 칸트, 헤겔, 쇼펜하우어도 결국 시간은 실재하지 않는다고 주장했다. 미르챠 엘리아데(Mircea Eliade)가 말하듯, 많은 종교는 시간을 지우는 기술에 대해 이야기한다. 시간은 사물과 세계에 덧씌워진 환각의 거미줄일 뿐이다. 그러므로 이 시간이라는 환각을 제거해야만 우리는 사물을 본래의 모습으로 경험할 수 있다. 시간 없는 세상, 시간이 지워진 세계, 시간 밖의 사물에 대한 사유는 늘 항상 종교적인 함축을 지닌다. 마찬가지로 맥타가르트는 우리가 시간에 속고 있다고 말한다. 그는 시간을 지워야만 보이는 세상에 대해 말하고 싶어 한다. 그러나 그는 기존의 철학자와는 다른 이유로 시간의 비실재성을 주장한다.[49] 먼저 그의 말을 들어 보자.

> 시간이 얼핏 우리에게 나타나는 것처럼, 시간 위치는 두 가지 방식으로 구별된다. 각각의 위치는 다른 위치의 어떤 것보다는 앞에 있고, 어떤 것보다는 뒤에 있다. 그리고 각각의 위치는 과거이거나 현재이거나 미래이다. 전자의 종류에서 이루어지는 구별은 항구적이지만, 후자의 구별은 그렇지 않다. 만약 M이 N보다 앞에 있다면, 그것은 항상 앞에 있다. 그러나 지금 현재인 사건은 전에는 미래였고, 나중에는 과거가 될 것이다. … 나는 먼 과거에서 가까운 과거를 거쳐 현재로, 그다음에는 현재에서 가까운 미래와 먼

미래로 흐르는 위치들의 계열을 A계열(A series)이라고 부를 것이다. 나는 이전에서 이후로 흐르는 위치들의 계열을 B계열(B series)이라고 부를 것이다. 시간 위치의 내용은 사건이라 부른다. … 시간 위치는 순간이라 부른다. … 우선 우리가 이 두 계열을 형성하는 시간을 제외한다면 시간을 결코 관찰하지 못한다는 것은 분명하다. 우리는 시간 안의 사건들을 현재라고 지각하고, 그것들이 우리가 직접적으로 관찰하는 유일한 사건들이다. 그리고 우리가 기억이나 추측에 의해 실재한다고 믿는 다른 모든 시간 사건들은 과거나 미래로 간주된다. 현재보다 앞에 있는 사건들은 과거이고, 현재보다 뒤에 있는 사건들은 미래이다. 그러므로 우리가 관찰하는 시간 사건들은 B계열뿐만 아니라 A계열을 형성한다.[50]

맥타가르트는 과거, 현재, 미래의 시간 구별이 형성하는 시간을 A계열의 시간이라 부르고, 선후의 시간 구별이 형성하는 시간을 B계열의 시간이라 부른다. 그리고 그는 B계열의 시간보다는 A계열의 시간이 더 근본적인 것이라고 말한다. B계열의 시간에서는 모든 사건이 일정한 시간 위치에 있기 때문에, 어떤 사건도 새로 시작되거나 끝나 없어지지 않는다. 그저 모든 사건이 선후 관계에 따라 일정한 시간 위치를 점유하고 있을 뿐이다. 따라서 시간의 본질은 변화이지만 B계열에서는 어떤 변화도 일어나지 않는다.

2018년에도 1971년에도, 1919년에 태어나 1993년에 돌아가신 나의 할머니는 한결같이 1993년 여름 어느 날 죽음을 맞이한다. B계열의 시간 안에서는 모든 사건이 일정한 시간 위치를 점유하고 있을 뿐이고, 사건 자체는 어떤 변화도 겪지 않는다. 그저 우리가 시간이라 부르는 모든 내용이 일정한 질서에 따라 함께 공존하고 있다고 생각하면 될 것 같다. 나의 할머니는 살아 있다가 죽은 것이 아니라, 여전히 1990년에 살아 있다. 그러므로 B계열의 시간은 '내가 직접 겪는 시간'이 아니라, 마치 달력을 내려다보듯 '위에서 내려다본 시간'에 가깝다. 실제로 우리는 그렇게 시간을 내려다보며 살아간다. 그러나 맥타가르트에 의하면 어떤 사건도 움직이지 않기 때문에, 이것은 시간이 아니다.

그러나 사건 자체는 똑같더라도 B계열에 시간적 변화가 들어올 수 있는 한 가지 방법이 있다. 그것은 B계열의 시간에 A계열의 시간을 도입하는 것이다.[5] 그렇게 하면 똑같은 사건이 처음에는 먼 미래였다가 가까운 미래가 되고, 다시 현재가 되고, 이어서 가까운 과거가 된 후 점점 먼 과거로 후퇴한다. 1982년에는 내 할머니의 죽음이 먼 미래였지만, 1991년에는 가까운 미래가 되고, 1993년에는 현재가 되고, 1995년에는 가까운 과거가 되고, 다시 2018년에는 먼 과거가 된다. 즉 내 할머니의 죽음이라는 사건이 미래에서 현재를 거쳐 과거로 이동하는 것이다. 이것이 우리가 익히 알고 있는 시간의 모습이다. 시간은 보통 이중적인 방향을 갖는 것으로 인식된다. 한편으로, 내가 과거에서 현재를 거쳐 미래로 미끄러져 가는 시간 그림이 있다. 이때 시간 안에서 움직이는 것은 사람이다. 다른 한편으로, 어떤 사건이 미래에서 현재의 나를 향해 다

　　　　　　　　　　　　　　　　　　　죽음을 사색하는 시간

가온 다음, 다시 과거를 향해 미끄러져 가는 시간 그림이 있다. 이때 시간 안에서 움직이는 것은 사건이고, 나는 항상 현재에 서 있다.

따라서 A계열의 시간만이 우리가 아는 그런 시간을 만들 수 있다. B계열도 결국 A계열과 결합해야만 시간이 된다.[52] 그러므로 시간은 A계열과 B계열의 조합을 통해 만들어진다고 말할 수도 있다.[53] B계열의 어떤 위치가 현재가 되면, '이전에 현재였던 것'은 과거가 되고, '이후에 현재가 될 것'은 미래가 된다. 이제 맥타가르트는 아예 B계열을 논의에서 제외한다. B계열은 그 자체로는 이미 시간이 아닌 것으로 판명되었기 때문이다. 맥타가르트는 시간에서 가장 중요한 것은 A계열임을 보여준다. 그래서 그는 A계열의 시간만 제거할 수 있다면, 우리가 시간을 파괴할 수 있을 것이라고 주장한다. 과거, 현재, 미래가 허상이라면, 시간이 지워질 것이기 때문이다.[54] 시간 안에 있다는 것은 A계열 안에 있다는 것을 의미한다. 그러나 맥타가르트는 A계열도 단독으로 존재할 수 없다고 말한다. 매우 이상한 표현일지 모르지만, 시간은 이미 시간이 존재할 때만 존재한다. 맥타가르트가 이렇게 말하는 것은 아니지만, 결국 시간이 있다고 생각하면 시간은 있고, 시간이 없다고 생각하면 시간은 없을 것이다.

> 과거, 현재, 미래는 공존할 수 없는 결정 요소이다. 모든 사건은 이것이거나 저것이어야 한다. 그러나 어떤 사건도 하나 이상일 수 없다. … 만약 M이 과거라면, 그것은 한때 현재였고 미래였다. 만

약 M이 미래라면, 그것은 현재가 되고 과거가 될 것이다. 만약 M
이 현재라면, 그것은 미래였고 과거가 될 것이다. … (그러나) M이
동시에 현재이자 과거이자 미래로 존재한다는 것은 결코 참이 아
니다. M은 현재이고, 과거일 것이고, 미래였다. 또는 M은 과거이
고, 미래였고, 현재였다. 또는 M은 미래이고, 현재와 과거가 될 것
이다.[55]

맥타가르트는 과거, 현재, 미래로 구성되는 A계열만이 시간을 만든
다고 주장한다. 그러나 과거, 현재, 미래라는 시간 속성만으로는 시간이
만들어지지 않는다. 왜냐하면 같은 사건 M에 과거, 현재, 미래라는 시
간 속성이 모두 들러붙을 수 있기 때문이다. 그런데 시간이 만들어지려
면 과거, 현재, 미래라는 세 가지 시간이 구별되어야 한다. 즉 사건 M이
시간 안에서 미끄러지며 움직여야 한다. 하나의 사건이 동시에 과거이
자 현재이자 미래일 경우, 시간은 사라질 것이다. 그러므로 시간이 만들
어지려면 "M은 과거에는 미래였고, 현재에는 현재이고, 미래에는 과거
가 될 것이다."와 같은 문장이 만들어져야 한다. 즉 A계열이 시간이 되
려면, 그 이전에 존재하는 두 번째 A계열(과거에는~, 현재에는~, 미래에는
~)을 가정해야 한다. 그리고 두 번째 A계열은 세 번째 A계열을 가정하
고, 이는 무한히 이어진다. 맥타가르트의 표현에 의하면, 시간은 시간 안
에 놓여야 시간이 된다. 시간은 그 이전의 시간에 대한 가정 없이는 존
재하지 않는다. 시간은 시간을 전제할 때 시간이 된다. 시간이 존재하려

죽음을 사색하는 시간

면 시간이 필요하다는 시간의 역설이 발생한다.

그래서 맥타가르트는 이러한 시간의 모순이 제거되지 않는 한, 시간을 실재에 적용할 수 없다고 주장한다. 그는 시간을 거부해야 한다고 주장한다. 그는 과거, 현재, 미래라는 시간 구별은 기억, 지각, 기대라는 심적 상태의 결과물일 수 있다고 말한다.[56] 그러나 시간은 여전히 실재가 아니라 실재의 왜곡된 반영물일 뿐이다. 맥타가르트는 우리가 시간에 속지 않아야 한다고 주장하는 것 같다. 그리고 시간에 속지 않을 때, 비로소 우리가 사물을 직접적으로 경험할 수 있을 것이라고 말한다. 우리가 경험하는 모든 사물, 모든 관념에는 시간의 허울이 덮여 있다. 맥타가르트처럼 말하자면, 죽음 관념에도 시간의 허울이 덮여 있을 것이다. 그리고 과거, 현재, 미래라는 이러한 시간의 환각으로 인해 우리는 죽음을 있는 그대로 경험하지 못한다. 우리는 처음에 죽음이 시간을 만든다고 말했다. 그러나 이제 시간이 죽음을 만든다고 말할 수 있을 것 같다.

우리는 앞서 시간이 과거에서 미래로 흐르기도 하고, 미래에서 과거로 흐르기도 한다고 말했다. 시간 주체는 과거에서 미래로 흘러간다. 그러나 시간 속 사건은 미래에서 과거로 흘러온다. 따라서 우리가 경험하는 시간은 '주체의 시간'과 '사건의 시간'의 결합 속에서 만들어진다. 어떤 사건 M은 미래였다가, 현재가 되고, 다시 과거가 된다. 그러나 이 사건 M이 동시에 과거이자 현재이자 미래일 수 없는 것은 시간 주체가 있기 때문이다. 시간을 경험하는 현재의 나를 기준으로 하여, 과거에는 미래 사건이었던 M이, 현재에는 현재 사건이 되고, 미래에는 과거 사건이 되는 것이다. 나의 과거에 사건은 미래에 있었다. 나의 현재에 사건은 현재에 있다. 나의 미래에 사건은 과거에 있을 것이다. 우리는 이것을 '주체의 시간'을 기준으로 '사건의 시간'이 측정되고 있다고 말할 수 있다. 물론 '사건의 시간'을 기준으로 '주체의 시간'이 측정될 수도 있다. 우리는 어떤 기억할 만한 사건을 기준으로 내가 그 사건의 앞에 있는지 뒤에 있는지를 측정한다. 이처럼 우리의 시간 경험은 매우 복잡한 방식으로 이루어진다. 그러나 맥타가르트에 의해 우리는 처음으로 시간에 대해 좀 더 투명하게 생각해 볼 수 있었다.

작은 시간이 아니라 더 큰 시간의 맥락에서, 즉 우주론적 질서의 맥락에서 일생이 차지하는 자리를 고려할 때, 인간은 죽음 너머를 감지하고 그 너머와 소통하려는 노력을 펼친다. 인간의 일생은 스스로 그 자체의 구조를 드러낼 수 없다. 일생은 일생의 끝을 예감할 때, 비로소 우주론의 자리로 도약한다. 이 끝에 대한 예감은 일생에 유한성을 부여한다. 그러나 유한성은 항상 유한 너머의 무한을 꿈꾼다. 무한을 꿈꾸지 않는 유한성은 이미 유한성이 아니라 무한성이다. 그러나 유한성은 무한을 꿈꾸고 동경하는 데 만족하지 않는다. 유한성은 항상 유한을 넘어서기 위해 무한을 꿈꾼다.

무한성과 유한성은 일정한 거리를 둔 채 떨어져 있는 대립적이고 적대적인 것이 아니라, 서로에게 삼투함으로써 자신을 부정하는 역설적인 것이다. 무한성과 유한성을 이분법의 도식으로 구조화하는 한, 무한성도 유한성도 절대 자신의 본질을 드러내지 않는다. 유한성의 자각은 대체로 유한성의 부정을 낳으며, 이때 무한성은 유한성이 도달할 수 있는 어떤 것이 된다. 더 나아가 무한성은 유한성을 창조하고 구원하는 유한성의 모태 또는 자궁이 된다.

인간은 자신의 죽음을 예감함으로써 자신의 한계를 자각한다. 한계의 자각을 통해 유한성을 인지하게 되고, 동시에 한계 너머에 있을 무한성을 감지한다. 그러므로 죽음에 대한 자각은 유한성과 무한성을 함께 자각하는 것이다. 유한은 무한을 꿈꾸고 무한의 영역으로 도약한다. 그리고 무한은 유한 속에 스며들어 유한을 무한으로 팽창시킨다. 또한 무한은 유한성의 지평에 출몰하여 무한의 유한화를 꾀한다. 무한으로 팽창하는 유한과 유한으로 축소되는 무한은 이런 식으로 상징적 상호 교환을 수행한다.[57]

14. 세네카의 시간

필멸성의 공포는 불멸성의 염원을 낳는다. 그러나 이 염원이 필멸성에 대한 혐오감을 조장할 때, 이것은 필멸성의 망각과 불멸성의 물화를 초래한다. 필멸성의 망각은 '죽음을 향한 존재'라는 인간 본질을 외면하고, 일생 관념이 부여하는 시간적 긴장마저 망각하는 현상을 가리킨다. 반면에 불멸성의 물화는 영생(永生) 관념을 통해 '죽음 이전'과 '죽음 이후'를 동일한 시간성의 흐름에 배치함으로써, 죽음을 생의 유한성에서

생의 영원성으로 넘어가는 가교로만 생각하는 현상을 가리킨다.[58] 이
때 '죽음 이후'는 영원과의 만남을 통한 인간 한계의 초극이 아니라, 일
생의 무한 연장을 선물하는 영생으로 해석된다. 영생이 의미하는 생의
무한성은 생의 유한성의 끝없는 연장일 뿐이다. 결국 이때 무한성과 유
한성은 질적 차이가 아니라, 양적 차이 또는 길이의 차이를 통해 대립
한다. 영생 관념에서 생의 유일한 구원은 죽음이며, 일생은 질병 상태에
놓인 것으로 이해된다.

　이때 인간은 그저 짧은 일생을 한탄하며 긴 일생을 갈망한다. 이러한
상황이 되면 당연히 필멸성은 무의미한 것이 된다. 다만 물화된 불멸성
이 일생의 주도 원리가 되고, 일생은 불멸성을 준비하는 수단의 차원으
로 전락한다. 더 크고 긴 것을 위해 작고 짧은 것을 희생한다는 식의 계
량적 시간관과 영원관이 일생을 지루하고 덧없는 질병의 상태로 퇴락시
킨다. 인간의 죽음은 '영원한 비죽음'으로 나아가기 위해 반드시 인내해
야 할 통과 사건으로 간주되고, 이제 죽음은 영원히 죽지 않기 위해 죽
는다는 역설적인 의미를 갖게 된다. 세네카의 말을 들어 보자.

　　어떤 이도 죽음을 생각하지 않으며, 어떤 이도 먼 곳에 희망을 거
　　는 일을 삼가지 않는다. 정말 어떤 이는 삶 너머의 일에 대비한다.
　　거대한 크기의 무덤, 공공 토목 공사의 헌정, 그들의 장례용 장작
　　더미와 호화스러운 장례식을 위한 증여. 그러나 진실로 그러한 사
　　람들의 장례식은 횃불과 밀랍 촛불로 밝힌 채 행해져야 한다. 마

치 그들이 가장 적은 양의 시간을 살았을 뿐이라는 듯.[59]

　세네카가 살던 당시에는 짧은 일생을 살다 죽은 어린아이의 장례식은 밤에 행하는 게 관례였다고 한다. 세네카에 의하면, 내세에 온 힘을 기울이는 바람에 현세의 시간을 제대로 살지 못한 사람들은 마치 어린아이처럼 짧은 인생을 살았을 뿐이다. 따라서 그들의 장례식은 어린아이의 장례식처럼 밤에 치러져야 한다는 것이다. 세네카는 평생 내세에 몰두하다 죽은 노인의 손아귀에 쥐어진 어린아이의 인생을 조롱하고 있다.

　세네카는 양적 무한성을 갈망하는 영생 관념을 경계한다. 왜냐하면 영생 관념은 죽음의 현실성을 외면함으로써 일생 영토를 경작해야 하는 인간 주체의 역할을 지우기 때문이다. 그래서 세네카는 필멸성과 불멸성 가운데 어느 것이 인간의 객관적 운명인가 하는 문제가 아니라, 필멸성의 틀 안에서 인간 주체가 할 수 있는 최선에 대해 이야기한다. 세네카는 인간 일생이 무한성으로 나아가기 위한 도구로 퇴락하는 것을 강력하게 비판한다. 그에 따르면, 인간은 죽음의 공포를 극복하기 위해 부단히 죽음의 얼굴을 응시해야 한다. 왜냐하면 인간은 죽음의 얼굴을 정면으로 응시하는 법을 배움으로써만 '우주론적 자아'를 체감할 수 있기 때문이다. 인간은 죽음을 통해 생의 한계를 자각함으로써 우주론적 영원성 안에서 자신의 위치를 성찰하게 된다. 지루한 일상의 느슨한 시간은 우주론적인 거대한 흐름 속에서 한 점으로 응축된다.

세네카는 철학을 한다는 것은 죽음을 배워 영원성과 소통하는 것이라는 식의 플라톤적 관점을 견지한다.[60] 그러므로 죽음의 현실성이 주는 공포를 회피하기 위해 불멸성의 유토피아로 도피하여 필멸성의 지옥을 망각하려 해서는 안 된다. 또한 죽음을 비죽음으로 각색하는 영생 관념은 죽음이 주는 선물인 영원성을 은폐한다. 죽음은 인간에게 시간성을 부여하며, 이 시간성을 통해서만 인간은 영원의 깊이를 인식할 수 있는 것이다. 그러나 이때의 영원성은 사후의 영생이 아니라, 일생의 매 순간마다 현재의 시간 위로 솟구쳐 분출하는 영원성이다. 일생의 모든 현재가 일생의 주체인 인간에게 영원성을 선물하는 것이다. 그러므로 사후의 영생에 대한 준비로 일생을 소모하는 것만큼 어리석은 짓은 없다. 영생은 인간 실존의 자리에 현존해 있다. 영생은 삶의 무한 연장이 아니라, 영원과의 소통을 통해 일생 속에서 유한과 무한의 만남을 실현하는 것이다. 또한 세네카의 입장에서 사후의 영생에 대한 믿음은 미래의 복락을 위해 현재의 모든 고통과 불의를 감내하게 하는 어리석은 착각일 뿐이다. 미래를 위해 현재를 잃어버린다는 것은 영원과 맞닿아 있는 현재의 깊이를 상실하는 것이다.

> 그들은 먼 미래에 대한 전망을 통해 그들의 목적을 형성한다. 그러나 연기(延期)는 일생의 가장 큰 낭비이다. 그것은 다가오는 매일을 그들로부터 박탈하며, 미래의 어떤 것을 약속함으로써 그들로부터 현재를 강탈한다. 삶의 가장 큰 장애는 기대하는 일이다.

죽음을 사색하는 시간

기대(期待)는 내일에 의지함으로써 오늘을 낭비한다. 당신은 운명
의 손아귀에 놓여 있는 것(미래)은 처리하지만, 당신 자신의 수중
에 놓여 있는 것(현재)은 내버린다.[61]

이처럼 세네카에게 가장 중요한 시간은 현재이다. 현재는 운명의 불
확실함에 휩싸여 있는 시간이 아니라, 인간 주체가 어떻게 경작하느냐
에 따라 그 양상이 달라지는 시간이다. 그러므로 현재만이 진정한 '인
간의 시간'이며, 현재만이 무한과 소통할 수 있는 창구가 될 수 있다. 그
러나 미래에 대한 기대는 미래라는 목적을 위해 현재를 소비하는 것이
며, 가상의 미래를 현재의 백지에 기입하는 것이다. 이때 현재의 모든 내
용물은 가상의 미래에 종속되며, 가상의 미래가 지닌 불확실성이 현재
라는 시간 지평에 균열을 일으킨다. 물론 이렇게 가상의 미래를 지향하
는 현재는 현재의 축적을 통해 미래라는 목적을 달성하려 한다. 그러나
미래 중심적 현재는 이미 현재의 무게를 통해 운영되는 시간이 아니라,
미래에 대한 기대 또는 기다림에 의해 운영되는 시간이다. 그러므로 미
래 중심적 현재는 축적의 고통과 권태를 수반한다. 세네카도 축적을 이
야기한다. 그러나 세네카의 축적은 정신의 축적이지 물질의 축적이 아
니다. 하지만 미래 중심적 시간은 물질의 축적을 통한 미래의 환락을 기
대하게 한다. 물질의 축적에는 재물의 축적과 미래적 쾌락의 축적이 모
두 포함된다.

세네카는 강력한 현재성의 지반에 선 인간이야말로 윤리적 인간일

수 있다고 강조한다. 흔히 이야기하듯 스토아학파의 기본적인 인간관은 자연과 조화를 이룬 동시에 자연으로부터 독립한 도덕적 주체로서의 인간을 지향한다.[62] 세네카 또한 이러한 스토아적 골조에 근거하여 자신의 윤리학을 설파한다. 세네카가 생각하는 이상적인 인간은 우주론적 신성의 의지와 소통하는 인간의 의지를 지닌다.[63] 즉 인간 영혼의 내적 원리와 우주론적 원리의 일치를 통해서만, 인간은 생성과 소멸의 우주 속에서 불변의 영원성을 감득할 수 있는 것이다. 인간은 자신의 다이몬(daimon), 즉 수호신인 자아의 판단력을 통해 영원의 질서에 참여하며, 이러한 참여를 통해 신성과 결합할 수 있다.[64] 그렇다면 세네카에게 신성과의 결합을 가능케 하는 출구는 바로 현재가 아닌가? 그러나 우리가 알고 있는 바의 현재, 즉 순수 백색의 현재, 또는 투명한 아페이론의 현재는 신의 영역에 이르는 구원의 길이 아니다. 세네카의 현재는 이와는 다른 현재, 즉 페라스의 현재이다. 즉 세네카의 현재는 비한정적이고 비가시적인 현재가 아니라, 한정적이고 가시적인 현재이다. 현재의 한정, 또는 가시화만이 인간을 시간의 무상(無常)에서 구원할 수 있다. 그렇다면 아페이론(무질서, 무한)을 페라스(질서, 유한)로 전환할 수 있는 방법은 무엇인가? 아페이론을 페라스로 전환하는 것은 인간이 신의 우주 창조에 버금가는 창조 행위를 수행하는 것과 다름없는 일 아닌가?

인간의 시간은 다양한 한계들로 이루어진 유한한 것이다. 시간을 뜻하는 라틴어 템푸스(tempus)는 '분할' 또는 '구획'을 의미한다. 그리고 시간은 시간 흐름에 놓인 인간의 위치를 기점으로 하여 과거, 현재, 미래

죽음을 사색하는 시간

로 분할된다. 이 시간 분할의 생명력은 과거, 현재, 미래가 기본적으로 서로 넘나들 수 없다는 데 있다. 과거, 현재, 미래는 각자의 경계선을 지니고 있으며 서로 외접해 있다. 하지만 이 세 가지 종류의 시간은 인간이 배제된 상태에서는 존재할 수 없는 시간이다. 시간의 시제는 인간이 현재라는 아페이론에 자리잡을 때만 성립할 수 있다. 인간은 시간에 시제를 주는, 시간 성립의 주체이다. 아페이론의 현재는 인간에 의해 페라스의 현재로 조각된다. 경계선에 의해 분할된 시간 영역들인 과거, 현재, 미래는 시간의 비가역성과 시간의 비약 불가능성에 의해 특징지어진다. 현재는 과거로 역류할 수 없으며, 현재는 갑작스레 동떨어진 먼 미래로 비약할 수 없다.

그런데 이 같은 진술에는 어딘가 결함이 있다. 왜냐하면 이 진술은 객관적인 시간의 비가역성과 비약 불가능성을 가리키는 것 같기 때문이다. 그런데 세네카의 시간은 스스로 운동하는 시간이 아니다. 세네카가 볼 때, 인간의 시간은 스토아적 이성의 작용에 의해 확장될 수도 있고 축소될 수도 있다. 인간은 시간을 지배할 수 있다. 인간은 "시간의 주인"이다.[65] 인간이 시간의 비가역성을 체감할 때, 그 비가역성은 시간의 역류 불가능성이 아니라, 인간의 역행 불가능성을 가리킨다. 다시 말해 시간의 비가역성이란 표현은 시간에 시제를 주는 인간 주체가 현재에서 과거로 넘어갈 수 없다는 것, 즉 현재와 과거의 경계선을 통과할 수 없다는 것을 의미한다. 마찬가지로 시간의 비약 불가능성은 인간이 현재와 미래의 경계선을 통과할 수 없다는 것을 의미한다. 인간은 현재에 살면서 동시에 미래에 살 수 없으며, 미래에 살기 위해서는 현재를 떠나 미래로 나아가야 한다. 비가역성이 주는 허무와 비약 불가능성이 주는 권태는 인간적인 시간의 속성이다.

아페이론의 시간이 인간 주체의 현재성에 의해 페라스의 시간으로 전환될 때, 현재는 과거와 미래를 구성하는 시간축의 자격을 부여받는다. 현재라는 시간축이 긴장을 잃게 되자마자 페라스의 시간은 무너진다. 그런데 세네카에게 현재의 시간이 시간축의 긴장을 확보하는 계기는 죽음의 현실성에 대한 자각에 있다. 세네카에게 죽음은 대우주와 소우주의 관계에 의해 설명될 수 있다. 인간은 대우주의 일익을 담당하는 소우주이며, 인간의 일생은 대우주라는 유기적인 전체의 일부를 구성하는 하나의 직분이다. 그러므로 인간은 자신의 일생을 우주론적 직분에 적합한 것으로 만들어야 한다. 이러한 직분을 완수함으로써 인간은 신성 또는 영원성을 지닌 우주론적 자리에 들어설 수 있다. 스토아학파 철학자인 에픽테토스(Epictetus)의 다음과 같은 말을 기억할 필요가 있다.

당신은 연극 작가가 당신에게 주기로 한 배역을 맡은 배우라는 것을 기억하라. 그가 짧게 하고자 하면 배역이 짧아질 것이고, 길게 하고자 하면 배역이 길어질 것이다. 그가 당신이 거지 역할을 맡기를 원한다면, 능숙하게 역할을 수행하도록 하라. 불구자나 공무원이나 사적 시민의 역할이라도 똑같이 하라. 당신의 역할을 선택하는 일은 당신 소관이 아니다. 당신이 해야 할 일은 당신에게 할

죽음을 사색하는 시간

당된 페르소나(persona)를 능숙하게 연기하는 것이다.[66]

철인(哲人)에게 죽음은 생의 질병에서 해방되어 영원으로 들어가는 일이라고 할 수 있다. 그러므로 우리는 세네카가 다음과 같이 말하는 것을 쉽게 납득할 수 있다. "나는 죽음이나 희극을 똑같은 얼굴 표정으로 바라보겠다."[67] 세네카는 죽음의 공포를 극복함으로써 죽음과 희극을 동일시할 수 있는 자를 진정한 현자라고 부른다. 세네카의 다음 이야기를 잘 음미해 보자.

> 그리고 나는 늙은 패거리 중 한 명을 붙든 다음 이렇게 말하고 싶다. 나는 당신이 인간 일생의 가장 멀리 떨어진 한계에 도달했으며, 당신이 당신의 백 번째 해에 임박해 있거나, 또는 심지어 그 너머에 임박해 있다는 것을 안다. 자, 이제 당신 일생을 회상해 보라. … 기억 속을 되돌아보고 생각해 보라. … 당신이 잃고 있음을 깨닫지 못하는 사이에 얼마나 많은 사람들이 당신에게서 일생을 강탈해 갔는가. … 당신 자신에 대해 얼마나 적은 것만이 당신에게 남겨져 있는지를! 당신은 당신의 알맞은 때 이전에 당신이 죽어 가고 있음을 알게 될 것이다! … 당신은 마치 당신이 영원히 살도록 운명 지어진 것처럼 살아간다. 당신의 부서지기 쉬움에 대한 어떤 생각도 전혀 당신 머릿속에 들어오지 않는다. 당신이 주의하지 않은 얼마나 많은 시간이 이미 지나가 버렸는가. 당신은 마치

당신이 가득 찬 풍부한 공급처로부터 길어 왔다는 듯 시간을 마구 낭비한다. 그래서 그렇게 지내는 동안 당신이 특정 사람이나 사물에 시간을 쏟아붓는 그날이 아마 당신의 마지막 날일 것이다.[68]

이렇듯 죽음은 일생의 짧음을 각성시킨다. 인간은 죽음을 마주하며 과거를 회상하고 반성함으로써 시간의 속성을 이해하게 된다. 하지만 이러한 죽음 관념은 인간의 종적(種的) 죽음에 대한 자각에서 나온 것이 아니다. 세네카가 의미하는 바의 죽음은 개인의 죽음, 바로 자아의 죽음이다. 하지만 세네카는 에피쿠로스처럼 죽음을 개인의 소멸로 설명하지 않는다. 에피쿠로스가 물질성을 개별화의 근원으로 파악했다면, 세네카는 영혼성을 개별화의 근원으로 파악한다. 세네카가 볼 때, 인간은 자아의 죽음에 대한 각성과 죽음에 대한 공포의 극복을 통해서만 영혼의 영역으로 진입할 수 있다. 왜냐하면 몸의 퇴락과 죽음의 현실성으로 인해 인간은 윤리학에 의한 영혼의 점진적 상승 가능성을 깨닫게 되기 때문이다. 윤리학은 신의 지혜와 선함에 가까워지려는 인간의 지혜와 선함이다. 따라서 세네카는 몸의 관계망에 의해 형성되는 타인과의 관계를 경계한다. 그가 지향하는 것은 영혼의 관계망에 의한 타인과의 관계이다.

우리는 살아갈 짧은 시간을 소유하고 있는 것이 아니라 많은 시

　　　　　　　　　　　　　　죽음을 사색하는 시간

간을 낭비한다. 일생은 충분히 길며, 그 모두를 잘 투자한다면 최고의 업적을 성취할 만큼 충분히 넉넉한 양이 주어져 있다. 그러나 일생이 부주의한 사치에 의해 낭비되고 좋지 않은 일에 쓰일 때, 마침내 죽음의 최종적인 제약에 의해 우리는 일생이 지나가고 있다는 것을 알기도 전에 일생이 이미 지나가 버렸다는 것을 깨달을 수밖에 없다. 그렇다. 우리에게 짧은 일생이 주어진 것이 아니라, 우리가 일생을 짧게 만들며, 우리에게 일생이 불충분하게 제공된 것이 아니라, 우리가 일생을 낭비한다. 엄청나게 많은 풍부한 재산이라도 나쁜 소유자의 수중에 떨어지면 순식간에 사라지지만, 많지 않은 재산이라도 좋은 관리인에게 맡겨지면 사용과 함께 증가하는 것처럼, 적절히 관리할 경우 우리의 일생은 풍족하게 늘어난다.[69]

일생은 타인을 자신의 적군으로 상정한다. 왜냐하면 타인은 언제라도 나의 시간에 침입해 들어와 나의 시간을 약탈하기 때문이다. 타인은 나의 일생이라는 시간 영토에 불시에 뛰어들어 와서 나의 시간을 분산시키고 느슨하게 한다. 타인은 나만의 이야기 구성에 필요한 의미론적 응집력을 해체한다. 또한 타인은 자신의 시간을 위해 나의 시간을 소비하도록 강요한다. 그러므로 인간은 타인을 경계함으로써 자신의 시간을 허비하는 일이 없도록 조바심을 내기 마련이다. 타인은 죽음과 마찬가지로 인간이 경계하고 주시해야 할 적군이다. 하지만 죽음이 인간에게 영원성을 감지할 수 있는 발판을 제공했듯이, 인간은 타인과의 관계를 통해 자신을 '영원화'한다.

세네카에 의하면 일생은 크게 세 시기, 즉 존재했던 시간, 존재하는 시간, 존재할 시간으로 나누어진다. '존재'라는 척도에 의해 시간이 구분되는 것이다. 그런 점에서 세네카는 인간 주체가 시간적인 공간을 거니는 모습을 통해 시간 경험을 서술한다. 세네카의 시간이 공간화된 시간이라는 점은 의심의 여지가 없으나, 동시에 그의 시간은 현상학적 시간이기도 하다. 그의 시간은 '영토적인 시간'이다. '영토적인 시간'은 텅 빈 공간이 아니라 꽉 들어찬 공간이다. 그러므로 시간 영토는 시간의 공간화보다는 일생의 영토화를 지향한다. 인간의 일생은 그저 단순히 시간적인 공간이 아니라 이야기할 수 있고 소유할 수 있는 공간이다. 이렇듯 시간적인 공간은 붙잡아 둘 수 없는 부단한 통과의 대상이 아니라 인간 정신에 영토로서 각인되는 '살아 있는 공간'이다.

세네카가 주장하는 현상학적 시간 양태는 다음과 같이 서술할 수 있다. 세네카에 따르면, 현재는 짧고, 미래는 의심스러우며, 과거만이 확실하다. 세네카는 '회상의 성스러움'을 이야기한다. 회상된 과거는 성스러운 시간이다. 왜냐하면 과거는 운명이 자신의 지배력을 상실한 시간 영토이며, 따라서 운명의 변덕은 과거의 시간 영토를 다른 식으로 변형시킬 수 없기 때문이다. 하지만 번잡한 인간, 즉 자기 일생의 주체가 되지 못하는 인간은 '성스러운 과거'를 소유할 수 없다. 왜냐하면 그는 과거를 되돌아볼 시간이 없으며, 설령 있다손 치더라도 후회막급한 과거를

죽음을 사색하는 시간

회상한다는 것은 그리 유쾌한 일이 아니기 때문이다. 그는 과거를 망각하려 한다. 따라서 주체적인 인간, 또는 윤리적인 인간만이 '성스러운 과거'를 갖는다. 자신의 모든 행위가 엄격한 양심의 검열에 종속되어 있는 인간만이 과거를 반성할 수 있다. 과거는 반성을 통해 현재로 회상된다. 그러므로 반성을 통해 현재 속에 들여앉힐 수 있는 과거만이 성스러운 시간이 된다. 과거를 성스러운 시간으로 만들 수 없는 인간은 기억을 두려워한다.

과거는 신성한 시간이며, 다른 시간과는 구별되는 시간이다. 과거는 인간의 어떤 현재적 불행도 영향력을 행사할 수 없는 공간에 자리잡고 있고, 운명의 지배에서 벗어나 있으며, 어떤 결핍도 어떤 두려움도 어떤 질병의 공격도 과거를 불안정하게 할 수 없다.[70] 과거는 모든 현재적 고통에서 벗어난, 침탈 불가능한 '나의 시간'이다. 과거는 영원히 지속되는, 근심할 필요 없는 소유물이다. 과거는 우리가 명령하기만 하면 나타나는 시간이며, 우리가 그것을 바라보고 마음대로 처분할 수 있는 시간이다. 침착하고 고요한 정신은 자기 일생의 모든 부분을 산책할 수 있는 힘을 지닌다. 반면에 분주한 정신은 과거를 담아 둘 기억의 창고가 없기에 일생이 너무 짧다고 느낀다. 또한 분주한 사람은 현재의 시간에만 관계하는 고로, 짧은 현재만을 시간이라 생각한다.[71] 그러나 현명한 사람은 기억과 회상의 힘을 통해 자신의 일생을 성화(聖化)시킨다. 과거의 성화를 통해 전체 일생이 성화된다. 이렇듯 성화된 일생은 이미 유한한 시간 영토가 아니라 무한에 참여하는 시간 영토가 된다.

따라서 철인은 언제 죽음이 온다 하더라도 확고한 걸음걸이로 나아
가며 죽음을 만나는 데 주저함이 없다.[72] 그는 단지 자기 일생의 훌륭한
수호자인 것에 만족하지 않는다. 철인은 자기가 살지 않은 모든 시대를
자신의 시대에 덧붙인다. 철인의 일생 이전에 지나간 모든 세월이, 철인
이 지닌 기억의 저장소에 더해진다. 철인 덕분에 다른 인간은 모든 시대
로부터 소외되거나 배척되지 않은 채 다른 시대에 참여할 수 있다.[73] 시
간의 경과가 파괴하거나 제거하지 못하는 것은 아무것도 없다. 그러나
철인이 성별(聖別)한 시간들은 손상되지 않는다. 그러므로 철인의 일생
은 시간과 역사의 전 영역을 주파하며, 철인은 다른 사람들을 가두는
시간적인 경계선에 갇히지 않는다. 단지 철인만이 인간의 한계로부터
자유로울 수 있다.[74] 시간이 지나갔는가? 철인은 회상에 의해 과거를 현
재화한다. 시간이 현재인가? 철인은 현재를 경작한다. 아직 시간이 미래
에 있는가? 철인은 이것을 예기한다. 그는 과거, 현재, 미래의 모든 시간
을 하나로 결합함으로써 그의 일생을 영토화시킨다. 그러나 이 시간 영
토는 무한을 닮은 성스러운 영토이다. 세네카는 유한을 성화함으로써
유한을 무한에 참여시킨다. 이것이 바로 세네카의 구원론이다.

15. 폴 리쾨르와 가짜 죽음

폴 리쾨르는 사후에 출간된 『죽을 때까지 살아 있기』에서 죽음의 허

상, 또는 죽음이라는 말에 얽힌 허상을 제거하는 데 주력한다. 그는 특히 죽음이라는 말에 얽힌 세 가지 의미가 개념적 혼란을 일으키는 주범인 것 같다고 말한다.[75] 첫 번째 의미는 죽음과 죽은 사람을 혼동하면서 발생하는 것으로, 내가 다른 사람들에게 죽은 사람으로 존재하는 미래에 대한 상상, 즉 나의 시신에 대한 상상과 관련된다. 리쾨르는 이렇게 이야기를 시작한다.

> 먼저 사랑하는 타인의 죽음, 미지의 타인들의 죽음과 만난다. 누군가가 사라졌다. 한 가지 질문이 집요하게 반복적으로 떠오른다. 그는 아직 존재하는가? 어디에서? 다른 어딘가에서? 우리 눈에 보이지 않지만 다른 방식으로는 보이는 어떤 형태로? 이 질문이 죽음과 죽은 사람, 또는 죽은 자들을 연결시킨다. 이것은 살아 있는 자, 내가 나중에 이야기할 것처럼 아마도 건강이 좋은 사람들에게 생기는 질문이다. 죽은 자는 어떤 종류의 존재인가? 라는 질문은 꽤 집요한 것이어서, 세속화된 우리 사회에서도 우리는 죽은 자, 즉 시체를 어떻게 처리해야 할지 알지 못한다. 시체는 물질적으로 쓰레기일지 모르지만, 우리는 가정 쓰레기처럼 시체를 쓰레기장에 던지지 않는다. 거짓은 일반화에 의해 미끄러지듯 나아간다. 나의 죽음, 우리의 죽음, 죽은 자를 향해서 말이다. 차이를 없애면서 일반화가 진행된다. 사랑하는 사람→제삼자 … 그러나 나는 죽은 자의 운명에 대한 이런 종류의 질문을 없애 버리고 싶다.

이 질문으로 인해 내가 나 자신을 위한 애도를 하고자 하기 때문이다. 왜인가? 왜인가? 이미 죽은 죽은 자의 운명에 대한 질문의 선취(先取)와 내면화로 인해, 아직 일어나지 않은 죽음과 맺는 나 자신의 관계가 모호해지고, 제거되고, 변경되기 때문이다. 말하자면 내가 미래 완료 시제로 일어날 내일의 죽음을 상상하게 되는 것이다. 그리고 내가 다른 사람들에게 죽은 사람으로 존재하게 될 이런 이미지가, 죽은 자는 무엇이고, 어디에 있고, 어떻게 지내는가? 라는 질문으로 방 안을 가득 채운다. 생존자들에게 내가 이처럼 죽은 사람이 될 것이라는, 내일의 죽은 자라는 이런 이미지에 대항하여 내가 싸우고 있는 것이다. 어떻게든 죽음이 죽은 사람과 모든 죽은 자에 의해 흡수되는 그런 거짓에 대항하여 싸우고 있는 것이다.[76]

폴 리쾨르는 나의 죽음이 타인의 죽음에 흡수되면서, 내가 나의 죽음을 마치 타인의 죽음처럼 대하는 과정을 보여주고 있다. 우리는 죽은 자의 시신을 눈앞에 두고서도, 죽은 자의 영원한 소멸을 쉽사리 믿지 못한다. 그래서 죽은 자가 사후에 존재할 수 있는 가능성에 대해 질문을 한다. 그리고 이러한 질문이 그대로 나의 죽음에도 적용된다. 타인들이 나보다 오래 살 것이다. 지금 내 눈앞에 놓인 죽은 자처럼 나도 언젠가 타인들의 눈앞에 놓인 시신이 될 것이다. 나는 타인들에게 내가 어떤 시신이 될 것인지를 상상한다. 타인들이 나의 시신을 둘러싸고 어떤

죽음을 사색하는 시간

질문을 할 것인지를 상상한다. 나의 시신을 상상하면서 나는 마치 나의 죽음을 생각하고 있는 듯한 착각에 빠진다. 타인들은 나의 시신을 향해 죽은 자의 운명에 관한 똑같은 질문을 던질 것이다. 그리고 우리의 문화는 죽은 자의 운명에 대해 다른 상태로의 이행, 부활, 환생, 불멸의 영원성 같은 어휘를 구사하면서 답변한다.

리쾨르에 의하면 죽은 자의 운명에 대한 질문은 살아남은 자들이 던지는 질문이다. 그렇다면 내가 나의 죽음을 향해 이런 질문을 던진다는 것은 좀 이상하다. 내가 죽은 뒤에 어떻게 될 것인가에 대한 질문은, 내가 나의 시신을 타인의 시선으로 보면서 던지는 질문이다. 나의 시신을 타인의 시신처럼 대한다고 말할 수도 있고, 마치 내가 여전히 살아 있는 것처럼 나의 시신을 바라본다고 말할 수도 있다. 죽음 이후에 나는 계속 시신으로 존재할 것인가, 아니면 다른 곳에서 다른 모습으로 존재할 것인가? 이처럼 타인의 죽음을 접하면서 나는 나의 죽음에 대한 잘못된 물음을 내면화한다. 죽기 전에 내가 죽어 있는 것을 보고, 살아 있는 자들이 나의 시신을 향해 던질 질문을 내가 미리 던진다. 타인의 죽음에 던지는 질문을 나의 죽음에 던진다고 말할 수 있다.

죽음이라는 말에 들러붙는 두 번째 의미는 나의 임종에 대한 상상과 관련된다. 나의 임종에 참여하는 타인들에게 나는 고통 속에서 죽어 가는 사람이다. 그러므로 나를 죽어 가는 사람으로 상상하는 일은 타인의 시선으로 나를 바라보는 것이다. 내가 내일 죽어 간다는 것은 내가 내일 이미 죽어 있다는 것과 거의 비슷한 의미를 갖는다. 임종의 고통에 대한 예상은 우리가 갖는 죽음 공포의 핵심 내용을 구성한다.[77] 그런데 리쾨르는 에이즈(AIDS)나 말기 암 환자의 완화 치료에 종사하는 의사들의 증언을 토대로 이렇게 말한다. "의식이 또렷하기만 하다면, 병으로 죽어 가는 사람들은 자신이 죽어 가는 것이라고, 이제 곧 죽을 것이라고 생각하는 것이 아니라 여전히 살아 있다고 생각하며 … 임종 30분 전까지도 그럴 수 있다."[78] 이 말이 의미하는 바는 무엇인가? 리쾨르는 임종이 외부 구경꾼이 바라보는 것처럼 고통으로 점철된 그런 것만은 아니라고 말하고 싶은 것 같다. 그는 종교인이든 아니든 간에 죽어 가는 자에게 임종의 고통이 선물하는 '종교적인 것'이 있다고 말한다. 그에 의하면 죽음에 직면할 때 사람들은 종교 간의 장벽을 넘어선다. 그는 임종이 초문화적이고 초종교적이며, 임종의 상황에서만 우리가 종교적인 경험을 운위할 수 있다고 말한다.[79]

결국 리쾨르는 고통스럽게 죽어 가는 사람을 바라보는 구경꾼의 시선이 낳은 죽음의 의미가 나의 죽음의 의미가 되는 것을 비판한다. 더 정확히 말하자면, 죽어 가는 사람에 대한 외부자의 시각, 그리고 이 시각을 내면화하면서 생기는 나의 죽음에 대한 나의 예상을 비판하는 것이다. 죽음에 들러붙는 첫 번째 의미에서 그는 '죽음'과 '죽은 사람(dead person)'을 분리하고자 했고, 이제 두 번째 의미에서는 '죽음'과 '죽어 가는 사람(dying person)'을 분리하고자 한다. 리쾨르는 죽어 가는 자를 '이제 곧 죽을 사람'이 아니라 '죽을 때까지 삶을 위해 분투하는 자'로 보기를 원한다. 그러므로 죽을 때까지 여전히 살아 있는 죽어 가는 자를

죽음을 사색하는 시간

향한 상상력과 공감의 태도가 필요한 것이다.[80]

죽음이라는 말에 들러붙는 세 번째 의미는 앞의 두 가지 의미의 혼란 속에서 생겨난다. 리쾨르는 '이미 죽은 죽은 자'와 '이제 곧 죽어 있을 죽어 가는 사람'의 구별이 모호해지면서 능동적이고 파괴적인 인격화된 죽음이 발생한다고 말한다. 이러한 '죽음의 의인화'는 특히 전염병이나 대량 학살의 현장에서 언제 죽을지 모르는 사람이 죽은 사람과 죽어 가는 사람에게 에워싸일 때 발생한다. 집단적인 죽음이라는 이러한 한계 상황에서 인간은 자기를 죽은 자와 죽어 가는 자의 무차별적 집합체의 일부라고 느낀다. 이때 살아 있는 죽은 자, 죽어 가는 자, 이미 죽은 죽은 자가 한데 뒤섞인다. 리쾨르는 나치의 강제수용소에서 자행된 유대인 대학살을 언급하면서, 반복적으로 한 가지 물음을 던진다. 죽음이 삶보다 더 실제적일 수 있는가? 인간의 상상력은 집단 학살의 범인으로 절대 악, 악마, 신의 보복 같은 것을 등장시킨다. 이때 비로소 "큰 낫으로 무장한 죽음의 이미지"가 등장한다.[81] 따라서 사람들의 상상 속에서 전염병은 신이 구상한 인류 몰살 기획이나 죽음 프로그램처럼 그려진다. 이제 모든 인간이 죽음이라는 전염병의 습격을 받아 하나둘씩 쓰러질 것이다. 리쾨르는 이 지점에서 우리가 다른 맥락에서 말한 바 있는 매우 중요한 이야기를 한다.

그러나 이것으로 충분하지 않다. 질병으로 죽은 사람들, 노령으로 죽은 사람들, 따라서 생명이 소진되어 죽은 사람들을 포함하여,

모든 죽은 자는 폭력적인 죽음을 겪은 것으로 여겨져야 할 것이다. … 어떤 죽음도 더 이상 평범하지 않다. … 모든 죽음이 응집하여 저주받은 덩어리(massa perdita)를 형성한다. … 모든 가능한 죽음이 인간을 몰살한다.[82]

우리를 속이는 죽음의 세 번째 의미는 의인화된 죽음이 모든 인간을 죽이고 있는 상상적 그림으로 압축된다. 이러한 죽음 개념을 가질 때 모든 인간은 자진해서 자기가 만든 상상의 수용소에 갇힌다. 아니, 세상이 이미 죽음의 수용소가 된다. 내 주변에는 이미 죽은 시신이 가득 쌓여 있고, 죽어 가는 사람들이 쏟아 내는 고통의 신음이 매일 밤 귀청을 간지럽힌다. 인간들은 살아 있으면서도 이미 죽은 사람처럼 살아간다. 자기 자신을 살아 있지만 이미 죽은 시신인 듯 바라보며 산다. 그리고 자기 자신이 시시각각 죽음의 고통을 겪으면서 죽어 가고 있다고 생각한다. 죽음이 삶보다 더 실제적인 것이 된다. 사람들은 이미 죽은 유령처럼 살아간다. 그래서 리쾨르는 "어떤 조건에서 그 자체로 평범한 죽음이 한계점의 죽음, 즉 끔찍한 죽음에 의해 오염되는가? 그리고 이러한 가짜에 대항하여 어떻게 싸워야 하는가?"라는 질문을 던진다.[83] 그렇다면 도대체 우리는 이러한 가짜 죽음에서 벗어날 수 있는가?

폴 리쾨르는 "요컨대 나에게는 내 죽음이 아니라면 내 삶을 표현할 수 있는 게 하나도 없다. … 이 모든 삶은 단지 꿈이요 환상이었다."라고 말하는 세사르 바예호(César Vallejo)의 시구를 인용한다.[84] 우리는 살아가는 동안 계속해서 죽음이라는 '미래의 기억'과 싸워야 한다. 그러나 죽음은 결코 삶의 경험이 아니다. 그래서 나는 내 죽음을 경험할 수 없다. 그러나 내가 언젠가 죽은 자와 죽어 가는 자의 저주받은 덩어리 속에 삼켜질 것이라는 공포가 모든 죽음 개념을 오염시킨다. 마이스터 에크하르트(Meister Eckhart)의 말처럼, 우리가 자기에 대한 애착을 버리고, 자기의 죽음 너머로까지 자기의 이미지를 상상적으로 투영하는 일을 멈출 수 있을까? 죽음 이전에 내가 살던 시간 안에서, 내가 죽은 후에도 계속 생존할 사람들의 시간 안에서, 내가 어떤 식으로든 여전히 살 것이라고 상상하는 일을 그만둘 수 있을까? 그렇지만 죽음은 생명의 끝이면서 시간의 끝이다. 그리고 생존은 죽은 내가 아니라 타인들의 몫이 될 것이다.[85]

폴 리쾨르는 사후 세계로 자기를 투영하는 상상력을 포기하는 용기에 대해 이야기한다. 그런데 그는 그보다 더 중요한 것은 앞으로 살아갈 사람들에게 삶에 대한 사랑을 전달하는 일이라고 말한다. 이것은 나의 죽음 이후에도 생존할 타인을 사랑하는 일이다. 이처럼 리쾨르는 자신의 사후 생존에 대한 욕망을 포기하고, 계속 살아갈 타인의 생존을 배려하는 용기에 대해 이야기한다. 리쾨르는 내가 사후에도 여전히 타인들의 시간을 바라보며 생존할 수 있는 가능성을 포기해야 한다고 말한다. 그는 죽은 자에게 상상적으로 투영되는 "병렬적 시간성", "죽은 자의 또 한 번의 시간성", "영혼과 유령의 시간성"을 계속해서 비판한다. 인간은 자기 존재의 완전한 소멸을 두려워한다. 나아가 인간은 세상에서 자기 존재가 완전히 망각될 것을 두려워한다.

그래서 리쾨르는 내가 죽은 후에도 여전히 나를 기억하는 "신의 기억"에 대해 말한다. 영원한 현재 안에서 "신은 나를 기억한다." 또한 리쾨르는 은총에 대한 확신을 통해 더 이상 존재하지 않는다는 것을 받아들일 수 있는 용기에 대해 이야기한다. 이때 비로소 "계속해서 존재하려는 욕망과는 다른 희망이 솟아난다."[86] 리쾨르의 주장은 사뭇 신학적이다. 그러나 리쾨르는 죽음 이후의 심판이라는 신화에서 벗어나야 할 뿐만 아니라, 그러한 심판의 재료가 되는 '죄의 신화'에서도 벗어나야 한다고 주장한다. 나아가 그는 '죽음 이전'과 '죽음 이후'의 이분법을 탈피한 자리에 이르러야 한다고까지 말한다. 우리의 문화는 수많은 죽음의 이미지를 만들어 낸다. 그렇다면 이 모든 죽음의 이미지를 하나씩 해체하면서 당도하는 어떤 미지의 자리에 진짜 죽음이 있는 것인가? 리쾨르가 말하고 싶은 죽음은 결국 죽음이라는 관념 자체의 소멸이 아닌가?

누군가는 "신의 승인이 없다면 당신의 머리카락 한 올도 떨어지지 않는다. … 모든 것은 의미가 있고, 어떤 일도 헛되이 일어나지 않는다."라고 말한다.[87] 우리에게 산다는 것은 억울하고 원통한 일의 연속일 수 있다. 그래서 신이라면 이 모든 일을 알 것이라고 생각하고 싶어 한다. 신은 이러한 일의 원인을 알고 있으며, 내세에서라도 이러한 불의를 바로잡을 것이라고 상상하는 것이다. 인간이 현세의 불공평을 바로잡는 공평한 내세에 대한 그림을 포기하기는 쉽지 않다. 물론 우리는 현세의 불

죽음을 사색하는 시간

의를 현세에서 교정하고자 노력한다. 그러나 현세의 불공평을 치유할 가능성이 전혀 없이 아득한 절망의 나락으로 추락할 때, 인간은 내세를 떠올리고, 사후의 생존과 사후에 이루어질 보상과 처벌을 갈망한다. 그러나 리쾨르는 "신은 죽어 있는 자들이 아니라 살아 있는 자들의 신이다."라고 말한다.[88] 현세가 아니라 내세의 정의와 처벌을 위한 자리에 신을 배치할 때, 이 신은 죽음의 신이다. 어쩌면 리쾨르는 '죽음의 신'을 '삶의 신'의 자리로 복원해야 한다고 주장하는 것 같다. 그래서 그는 가짜 죽음이 만들어 내는 이러한 가짜 내세와 가짜 미래를 지속적으로 비판한다. 그러나 리쾨르는 여기에서 그치지 않는다. 그는 내 죽음의 의미를 나의 죽음 이후에도 살아 있을 타인들, 내 죽음의 생존자들의 미래에서 찾아야 한다고 역설한다. 그래서 리쾨르는 "내세 없는 죽음"을 이야기하고, 굳이 내세가 존재한다면 내 죽음의 생존자인 타인이 바로 나의 내세일 거라고 말한다.[89] 그렇다면 바로 내가 살고 있는 이곳이 나의 내세가 될 것이다. 그렇다면 내가 사라진 세상, 나의 내세는 얼마나 지옥인가, 아니 얼마나 천국인가?

16. 자살의 유혹

일반적으로 기독교에서 자살은 신성한 권위에 근거하여 치명적인 죄로 여겨진다. 그리고 신자들도 암묵적으로 여기에 동의한다. 그러나 이것은 일종의 믿음이다. 따라서 왜 이러한 믿음이 생겼는지에 대해 질문을 던질 필요가 있다. 「자살의 도덕적 문제」라는 글에서 파울 루트비히 란츠베르크는 우리가 자살을 문제 삼을 수밖에 없는 두 가지 이유를 든다.

첫째, 그는 "자살에 대한 성스러운 공포는 특히 오로지 기독교적 현상이다."라고 말한다. 즉 기독교는 철저히 자살을 금지하면서 어떤 예외도 허용하려 하지 않는다. 그러나 다른 종교에서는 일반적으로 자살을 금지하더라도, 자살이 정당화될 수 있는 예외적인 경우를 인정한다.[90] 둘째, 인간 본성에 자살의 유혹이 잠재해 있기 때문에, 자살에 대한 도덕적 금지가 존재하는 것 같다. 자살은 어느 시대에서나 어느 민족에게나 일어나는 현상이다. 기독교가 과도하게 자살을 금지하는 것도 그러한 유혹을 경계하기 위한 것일 수 있다. 우리는 인간의 마음이 죽음에 대한 생각을 환영할 수도 있는 상황이 얼마든지 생길 수 있다는 것을 안다. 란츠베르크는 두 번째 이유를 이렇게 정리한다.

> 인간의 고통은 너무 큰 것이어서, 조금이라도 발전된 심리적인 삶은 반드시 이러한 유혹을 받거나, 적어도 인간이 죽음을 바라는 순간들이 있다는 것을 알 것이다. 그리고 유혹이 생기자마자 우리는 우리 자신을 보호해야 하고, 이러한 자기 보호는 우리의 도덕성을 더 깊고 더 의식적인 것으로 만드는 데 기여할 수 있는 긍정적인 의미를 가질 것이다. 강렬한 유혹은 그럼에도 불구하고 완

전함을 추구하도록 운명 지어진 극히 불완전한 피조물의 도덕적 진화에 필요한, 즉 인간에게 필요한 능동적인 힘이다. 인간이 특정한, 말하자면 기본적인 유혹들 가운데 하나에 자극받을 때, 순수하고 단순하게 신의 명령을 가리키는 것으로는 충분하지 않다. 인간은 행동에서, 감정에서, 또한 지성에서, 자신의 전 존재로, 자기 존재의 꽉 찬 무게로 응답해야 한다. 모든 진지한 도덕철학은 인간 조건에 잠재하는 유혹들에 대항하는 그러한 투쟁의 결과를 이론적으로 표현한 것이다.[91]

자살에 반대하는 많은 상식적인 주장들이 있다. 그 가운데 자살자를 비겁하다고 비난하는 매우 흔한 주장이 있다. 그러나 란츠베르크는 카토(Cato), 한니발(Hannibal), 브루투스(Brutus), 미트리다테스(Mithridates), 세네카(Seneca), 나폴레옹(Napoleon)의 자살을 비겁하다고 비난할 수는 없다고 말한다. 게다가 비겁해서 자살하는 사람보다는 비겁해서 자살하지 못하는 사람이 훨씬 더 많기도 하다. 보통 사람의 경우 자살을 결심하는 사람은 비겁하다기보다 용기 있는 사람인 경우가 더 많다. 게다가 스파르타, 로마, 일본처럼 특정한 경우에 자살을 허용할 뿐만 아니라 심지어 자살을 의무라고 생각한 민족들은 비겁해서 그런 것이 아니었다. 그들은 패배의 불명예보다는 죽음을 선택했고, 삶에 집착하는 사람들을 비웃었다. 마찬가지로 자살자를 두고 '의지박약'이라고 비난하기도 한다. 그러나 죽으려는 의지가 살려는 의지보다 더 강한 것일 수

있다.[92]

이와 반대로 기독교의 주장을 반박하면서 자발적인 죽음 선택의 권리를 옹호하는 사람들도 있다. 예컨대 그들은 "자살이 신의 의지에 반하는 것이라면 신은 왜 인간에게 자살할 수 있는 능력을 주었는가?"라고 반문한다. 그러나 인간이 살인하고 약탈할 능력이 있다고 해서, 살인과 약탈이 도덕적으로 정당화되는 것은 아니다. 인간에게는 그런 식으로 행동하지 않을 다른 능력도 똑같이 존재하기 때문이다. 인간은 자살할 수 있는 존재이지만, 마찬가지로 자살하지 않을 수도 있는 존재이다. 그러므로 인간은 유혹의 힘과 도덕적 의무 사이에 서 있는 존재이다. 인간이 택할 수 있는 하나의 길만 존재하는 것은 아니다. 인간이라는 불완전하고 불안정한 지적인 존재에게 열려 있는 다양한 가능성들이 있으며, 바로 여기에서 자살과 관련한 도덕적인 문제들이 발생하는 것이다.[93]

인간에게 자살할 수 있는 능력과 자유가 있다는 것으로 자살을 정당화할 수는 없다. 그러나 바로 이 능력과 자유로 인해 인간은 자살의 유혹을 받을 수밖에 없다. 인간은 자살을 통해 자신의 존재를 완전히 지움으로써 자신이 얼마나 자유로운 존재인지를 확인하고자 할 수도 있다. 우리는 소설에서, 또는 현실에서 인간의 절대적인 자유를 입증하고 인간의 신성을 보여주기 위해 자살을 시도하는 인물을 종종 만나기도 한다. 그러므로 자살의 문제는 항상 자유의 문제와 연결되어 있다. 바로 이러한 맥락에서 란츠베르크는 '자유로운 죽음 선택'의 문제가 도

죽음을 사색하는 시간

덕철학의 근본 문제 가운데 하나라고 주장한다.[94]

자살과 관련하여 가장 많이 이야기되는 사람들이 바로 스토아주의 자들이다. 에피쿠로스학파나 최초의 그리스 스토아학파는 자살의 문제를 냉정하게 다루었다. 자살이란 인생이라는 극장이 따분하거나 '인생극장'에서 상연되는 연극을 좋아하지 않을 때 극장을 떠나는 것 정도의 의미를 지닌다고 주장되었다. 에피쿠로스나 스토아 철학사는 죽음의 문제가 우리의 관심사가 되어서는 안 된다고 강조한다. 왜냐하면 우리가 존재하는 한 죽음은 존재하지 않고, 죽음이 존재할 때 우리는 존재하지 않기 때문이다. 즉 그들은 우리의 의지와 선택 밖에 있는 죽음이라는 것에 휘둘릴 필요가 없다고 주장한다. 그러므로 우리의 의지와 상관없이 일어나는 일들, 특히 그 가운데서도 죽음을 경멸하는 힘이 필요하다. 그러나 이성의 지배하에 놓인 자살은 우리가 선택하고 의지하고 결단할 수 있는 문제이다. 그래서 스토아주의자는 이성이 명령할 경우 죽을 수 있는 사람이었다. 이처럼 스토아주의자는 자살할 수 있는 인간의 능력을 유혹의 문제에서 이성의 문제로 치환시킨다.[95] 이때 중요한 것은 자살이라는 외적 행위가 아니라 필요할 경우에 자살을 허용하고 주장할 수 있는 내적 자유이다. 세네카는 이렇게 말한다. "당신은 필연성 안에 갇혀 살아서는 안 된다. 왜냐하면 살아야 할 필연성은 없기 때문이다."[96] 이 말은 이성적으로 받아들일 수 없는 삶을 거부할 수 있는 자유를 이야기하고 있다. 스토아 철학은 인간이 자기 자신의 삶의 주인이 되어야 한다고 주장한다.

스토아 철학의 분위기 속에서 2세기 그리스 철학자인 켈소스(Celsus)는 기독교 순교자들을 비난한다. 그러나 그가 비난하는 것은 죽음 선택의 자유가 아니다. 그는 냉정한 이성적 판단이 아니라 신이라는 환상에 대한 광신 때문에 죽는다는 이유로 순교자들을 비난한다.[97] 스토아 철학은 감정이 아니라 이성에 따른 자살만을 용인한다. 왜냐하면 감정의 소용돌이에 휘말려 자살하는 것은 자기 삶에 대한 통제력을 상실한 행위이기 때문이다. 그러나 아우구스티누스 이전에 초기 기독교에서는 순교의 문제가 중요했을 뿐, 자살의 문제는 거의 논의되지 않았다.

1922년에 『자살과 도덕』이라는 책을 출간한 프랑스 사회학자 알베르 바예(Albert Bayet)는 자진해서 폭력적인 죽음으로 나아간 기독교 순교자를 자살자 범주에 넣고 생각을 전개했다. 그가 순교를 자살이라고 생각한 것은 "틀림없이 이러한 결과를 낳는다는 것을 알고 있던 희생자의 적극적이거나 소극적인 행위에서 직간접적으로 기인하는 모든 죽음 사례"라는 에밀 뒤르켐(Émile Durkheim)의 자살 정의를 수용했기 때문이었다.[98] 이러한 정의에 따르면, 순교의 경우에 기독교가 자살을 허용했다고 주장할 수 있는 것이다. 그러나 란츠베르크는 두 가지 이유에서 바예의 주장을 반박한다.

첫째, 이 정의는 성공하지 못한 자살 시도를 포함하지 못한다는 점에서 너무 협소하다. 란츠베르크는 자살이 죽음의 한 유형일 뿐만 아니라 '인간 행위'라는 점을 강조한다. 그는 "성공하지 못한 자살이 실제로 진지한 의도에 의해 야기된 것이라면, 그는 자살자이다."라고까지 말한다.

그러나 그는 히스테리에 의한 자살 시도는 우발적으로 죽음을 초래하더라도 진정한 의미에서 자살이 아니라고 말한다. 따라서 란츠베르크가 중요하게 생각하는 것은 자살의 확고한 의도와 결심이다. 그는 빈번히 자살을 시도하지만 순전히 기술적인 이유 때문에 자살에 실패하는 사람들에 대해 이야기하고 싶어 한다. 빈번한 자살 시도가 일어나더라도, 주변 사람들은 보통 그 사실을 은폐한다. 그러므로 자살에 성공한 사람들 가운데 대다수는 이전에 이루어진 수차례의 자살 시도의 역사를 갖고 있다. 이와 반대로 정신 이상이나 건강하지 못한 마음으로 인해 자살하는 사람들은 설령 자살에 성공하더라도 진정한 자살자로 보기 힘들다.[99] 그러므로 결과로서 초래되는 죽음이 아니라, 인간이 일정한 의도를 품고 하는 행위라는 관점에서 본다면, 우리가 자살을 바라보는 시선은 사뭇 달라진다.

둘째, 자살 행위와 죽음에서 도망치지 않는 행위 사이의 본질적인 차이를 간과하기 때문에, 뒤르켐의 자살 정의는 지나치게 포괄적이다. 사람들은 두렵거나 굴욕적인 특정한 죽음 형태를 피하기 위해 자살을 한다. 예컨대 마녀재판을 받던 사람들이 화형을 당하지 않기 위해 자살을 했고, 프랑스 대혁명 때는 단두대의 치욕을 겪지 않기 위해 지롱드 당원들이 자살을 했다. 이것은 명확히 다가올 자신의 죽음을 인지하고, 그에 앞서 자살을 함으로써 치욕스럽거나 공포스러운 죽음을 피하는 것이라고 할 수 있다. 반면에 기독교 순교자들은 미리 자살을 시도하지 않은 채 신앙의 힘에 의지하여 끔찍한 죽음 형태를 받아들였다. 그러나 뒤르켐의 자살 정의는 완전히 다른 이 두 가지 태도를 구별하지 않는다.[100] 따라서 알베르 바예가 기독교 순교자를 자살자라고 생각한 것은, 죽음에서 도망치지 않는 행위를 자살 행위와 구별하지 않아서 벌어진 일이다.

자살의 범주 안으로 떨어진 순교를 구하기 위해, 란츠베르크는 "자기 자신의 죽음의 효과적이고 적절한 원인이라고 생각하는 것을 신중하게 창조하는 인간 행위"라는 새로운 자살 정의를 주장한다. 기독교는 어떤 종교보다도 엄격하게 예외 없이 자살을 비난한다. 그러나 기독교 순교자들은 지상의 삶에 대한 완전한 경시에 의해 '타고난 자살자'라는 인상을 주기도 한다. 그러므로 기독교가 자살을 비난하는 것은 지상의 삶에 대한 애착이나 긍정적인 평가 때문은 아니다. 그리고 십자가에서 죽는 것을 피하기 위해 자살하는 것과 십자가에서 순교하는 것은 전혀 다른 것이다.[101] 따라서 우리는 삶에 대한 경시에도 불구하고 자살을 엄격히 금지하는 기독교의 역설에 대해 물을 필요가 있다. 란츠베르크는 초기 기독교인에 대해 이렇게 말한다.

> 초기 기독교인들 사이에서 지상의 삶에 대한 경시는 꽤 극단적인 것이어서, 근대인의 눈으로 볼 때 그것이 때때로 기괴하게 보일 수도 있다. 순교자 이그나티오스(Ignatius)가 로마인에게 보낸 편지의 한 단락을 예로 들어 보자. "나는 짐승들을 위한 사료가 될 것입니다. … 나는 신의 곡물입니다. 따라서 나는 짐승들의 턱 안에

서 빠져야 합니다. … 나는 적당한 성향의 야수들을 만나고 싶습니다. 그리고 필요하다면 즉시 나를 먹어 치울 수 있도록 야수들을 껴안아 줄 것입니다." 기독교를 점잖은 모든 사람들에게 알맞은 일종의 고결한 낙관주의로 변형시키는 사람들은 죽음을 향한 진정한 기독교인들의 태도를 절대 이해하지 못할 것이다. 또한 우리가 살펴볼 것처럼, 그들은 자살에 대한 기독교적 거부의 기저에 놓인 더 깊은 이유를 이해하지 못할 것이다. 순교자 디오니시오스(Dionysius)에게 "산다는 것은 좋은 일입니다."라고 말했던 행정관은 "우리가 추구하는 빛은 매우 다른 것입니다."라는 답변을 들었다.[102]

이처럼 초기 기독교인들은 예수가 죽음을 받아들였던 것처럼 죽음에서 도망치지 않는 것을 신앙의 핵심으로 삼았다. 그러나 우리가 앞서 살펴본 것처럼 순교와 자살은 다르다. 그리고 아우구스티누스 이후로 왜 자살에 대한 논의가 이루어지기 시작했는지를 살펴볼 필요가 있다. 아우구스티누스는 스토아학파와의 투쟁에서, 그리고 자살을 허용했던 전투적인 기독교 교파인 도나투스파와의 논쟁에서, 자살에 대한 자신의 생각을 정리한다. 특히 그는 『신국론(De Civitate Dei)』 제1권에서 자살에 관해 이야기한다. 800년 동안 함락당한 적 없던 영원한 도시 로마가 410년에 서고트족의 왕 알라리크 1세에 의해 약탈을 당한다. 아우구스티누스는 로마의 몰락이 콘스탄티누스 1세 이후로 로마의 종교였던 기독교의 몰락과 무관하며, 기독교가 로마 몰락의 원인이 아니라는 것을 밝히기 위해『신국론』을 집필했다고 한다. 여전히 로마 귀족의 철학으로 남아 있던 스토아 철학에서는 로마 쇠퇴의 원인으로 기독교의 노예적 도덕성을 지목했다. 그리고 야만인들에게 겁탈을 당해 순결을 잃은 기독교 여인들이 자살하지 않은 것을 비난했다. 이에 대해 아우구스티누스는 "순결의 본질은 신체적인 상태가 아니라 도덕적인 사실에 있다."라고 답변한다. 즉 신체적으로 순결을 잃지 않더라도 도덕적으로는 얼마든지 순결을 잃을 수 있다는 것이다. 로마가 약탈당할 때 겁탈당한 여인들은 의지에 반하여 순결을 상실한 것이기 때문에, 도덕적인 순결을 잃은 것이 아니다. 그러므로 이 여인들은 자살할 이유가 없다는 것이다. 이러한 논리에서 아우구스티누스는 기독교인의 정신적 도덕성을 강조하면서, 자살은 어디서든 항상 죄악이라는 주장을 통해 스토아 철학에 반대한다.[103]

란츠베르크에 의하면, 아우구스티누스의 주장이 현재까지 대부분의 기독교 문헌에서 반복되고 있다. 그 주장은 다음과 같이 요약된다. "자신을 살해하는 것은 인간을 살해하는 것이므로, 자살은 살인이다. 십계명에서 살인은 용서할 수 없는 것으로서 금지된다."[104] 아우구스티누스는 자살은 결국 살인이기 때문에 기독교인은 악을 피하려고 자살해서도 안 된다고 주장한다. 일반적으로 기독교는 전쟁과 사형에 의한 살해는 용인한다. 그래서 아우구스티누스도 법률이 허용하지 않는 살해에 대해서만 십계명을 적용한다. 그에 의하면, 인간은 죄인을 사적으로 살

죽음을 사색하는 시간

해할 권리를 갖고 있지 않기 때문에, 설령 죄를 지었더라도 자기 자신을 죽여서는 안 되며, 죄가 없는데도 자살하는 것은 더욱 금지된다. 또한 그는 고난이나 다른 사람의 악행을 견디지 못하고 자살하는 것도 올바르지 않다고 말한다. 그는 불행한 삶에서 도망치지 않고 그것을 견딜 수 있는 사람의 정신이 위대한 것이지, 불행을 견디지 못하고 자살하는 용기는 결코 위대할 수 없다고 주장한다.[105]

그러나 란츠베르크는 십계명에 근거한 이러한 주장만으로는 설득력이 약하다고 말한다. 게다가 자살과 살인은 분명히 다른 것이다. 먼저 우리가 우리 자신의 생명에 영향을 미치는 어떤 일을 결정하고 있는 경우에, 우리는 다른 사람의 생명에 영향을 미치는 어떤 일을 결정하는 것과는 완전히 다른 입장에 처하게 된다. 살인하는 사람은 상대방의 인격을 파괴하고 소멸시키려 한다. 그러나 자살자는 자신의 인격을 파괴하려는 의도를 갖고 있지 않으며, 오히려 자신의 인격을 구원하고 싶어한다. 자살자가 자신의 완전한 소멸을 의도하는 것은 극히 드물다. 이처럼 자살과 살인은 다르다. 그래서 란츠베르크는 십계명이 말하지 않은 것을 십계명에 덧붙여서는 안 된다고 말한다. 십계명이 무조건적으로 자살을 비난한다고 해석해서는 안 된다는 것이다. 게다가 성서에는 삼손이나 사울 같은 많은 자살자들이 등장하며, 자살로 인해 특별히 그들이 비난받지도 않고, 이러한 자살에 초자연적인 설명이 첨가되지도 않는다. 이러한 이유로 란츠베르크는 아우구스티누스의 주장에 허점이 있다고 주장한다.[106] 그렇다면 기독교에서 자살을 금지하거나 비판할 수 있는 논거는 다른 데서 찾아져야 한다. 아니, 자살에 대한 금지나 비난이 아니라, 우리에게는 아무리 삶이 고단하더라도 자살하지 않고 끝까지 살아야 할 이유가 필요한 것인지도 모른다.

17. 자살에 저항하는 힘

기독교 전통에서 아우구스티누스 이후로 자살에 대한 새로운 논의는 거의 없었다. 그러나 상당한 시간이 흐른 후에 토마스 아퀴나스는 자살에 관한 몇 가지 새로운 주장을 전개한다. 란츠베르크는 아퀴나스의 주장을 세 가지로 정리한다. 첫째, 아퀴나스에 따르면, 자살은 인간의 자연적인 성향에도 반대되고, 자연법에도 반대되고, 인간의 자기 사랑에도 반대된다. 그러나 란츠베르크는 이 주장을 정면으로 반박한다.

> 무엇보다도 먼저 자살이 모든 경우에 자연법에 반하는 것이라면, 자살은 발생하지 않거나, 단지 매우 드문 예외적인 경우나 병적인 경우에만 발생할 것이다. … 자살은 결코 인간 본성에 반하는 것이 아니다. 인간이라는 동물의 살고자 하는 의지는 무제약적이거나 무조건적인 것이 아니다. 모든 경우에 자살이 우리가 우리 자신에 대해 가져야 하는 사랑에 반대되는 것인지 살펴볼 필요가 있다. 의심할 여지 없이 자살은 우리에게서 삶이라고 하는 그러한

선(善)을 빼앗는다. 그러나 사실 기독교적인 관점에서 볼 때, 이 선은 매우 의심스러운 특성을 갖고 있다. 어쨌거나 그것은 지고선은 아니고, 자주 악처럼 보일 때가 많다. 명예나 자유의 상실 같은 더 클 것 같은 악을 피하기 위해 순전히 상대적인 선을 자기 자신에게서 빼앗는 것은, 자기 자신에 반하는 행위가 아니다. 그리고 자살하는 사람의 사정은 확실히 자주 이러하다. 지나치게 큰 자기애 때문에 그가 자살한다고 말하는 것이 훨씬 더 합당할 것이다. … 사실상 자살하는 사람의 대다수는 자신들의 구원을 박탈당하고 싶은 욕망이나 의도를 갖고 있지 않다. 이와 반대로… 그들은 "곧 우리는 신선한 빛을 향해 움직이고 있을 거야. 우리는 함께 날개를 펼치고서 더 나은 세상을 향해 박자를 맞추며 날아갈 거야."라고 말한다. 인간은 삶 속에서 꺾인 희망을 위한 상상의 고향을 무덤의 반대편에서 찾는다. … 대다수의 사례에서 자살하는 사람은 파멸이나 절멸을 추구하지 않는다. 그가 알고 있는 삶은 모호한 미지의 무언가, 하여튼 무언가보다 바람직하지 않은 것 같다.[107]

란츠베르크는 인간이 자살에 취약한 존재라고 말한다. 인간은 너무도 고통스러운 현재의 삶을 포기하고 죽음 이후에 있을지도 모를 다른 세상으로 가고 싶어 한다. 그만큼 현재의 세계는 우리가 살고 싶은 그런 세계가 아니다. 그래서 인간은 악과 고통으로 가득 찬 이 세계에서 자신을 구원하기 위해 자살을 택한다. 그러므로 인간은 세상에서 자신을 완전히 지워 버리기 위해 자살하는 것이 아니라, 다른 곳에서 다른 존재로 다시 태어나기 위해 자살을 한다. 인간은 자신을 사랑하지 않아서 자살하는 것이 아니라, 자신을 너무 사랑하기 때문에 현재의 초라한 자신을 받아들일 수가 없어서 자살을 한다. 아무도 자신을 구원해 주지 않기 때문에, 신조차도 자신을 구원할 가망이 없기 때문에, 인간은 스스로 자신의 구원자가 되기 위해 자살을 한다. 그러므로 자살에는 어떤 형태로든 종교적인 동기가 개입한다. 그러나 모든 종교적인 사유가 옳은 것도 아니고 바람직한 것도 아니다. 특히 자살이 마지막 희망이 될 때는 더욱 그러하다.

> 그러므로 신학적인 의미에서 모든 자살자는 희망 없는 사람이라고 주장하는 일은 잘못된 것이다. 개인적으로 나는 인간은 결코 완전히 절망하지 않는다고, 인간이 절망하는 것은 불가능하고 그의 본질적인 존재에 반하는 것이라고까지 믿고 있다. … 내 생각에 절망은 지상에 사는 인간의 특성이 아니라 아마도 단지 지옥과 악마의 특성이다. 우리는 절망이 무엇인지 알지도 못한다. 내가 볼 때, 자살이라는 행위는 절망이 아니라, 죽음의 반대편에 있을 광대한 미지의 왕국을 향한 엉뚱하고 무모한 희망을 표현한다. 나는 다음과 같은 역설을 주장하고 싶다. 인간들은 절망할 수 없기 때문에, 절망하지 않을 것이기 때문에 종종 자살을 한다. 이

죽음을 사색하는 시간

때문에 저 너머의 미지의 장소를 가득 채우는 지옥이라는 관념이 자살하려는 의지를 꺾는 강력한 방해물이 되는 것이다.[108]

흔히 우리는 사람들이 절망의 끝에서 자살한다고 생각한다. 하지만 란츠베르크는 자살자가 절망 때문에 자살한다는 주장을 비판한다. 어떤 경우에도 인간은 결코 완전한 절망에 빠질 수 없다. 즉 우리가 겪는 절망에는 바닥이 없다. 따라서 아무리 절망의 끝으로 내몰리더라도 사람들은 거기에서 희미한 희망을 쏘아 올린다. 현재의 여기를 포기하고 아예 다른 세계, 다른 장소, 다른 시간을 꿈꾸는 것이다. 그렇다면 자살은 절망이 아니라 오히려 끝내 포기하지 못한 희망의 산물일지도 모른다.

그런데 위의 인용문에서 마지막 문장은 다소 의미심장하다. 사후 심판이나 지옥 같은 사후 세계의 이미지가 실제로 자살 의지를 어느 정도 꺾을 수도 있을 것이다. 사실 이것은 자살 의지를 꺾고 자살 행위를 예방하려는 지극히 부정적인 방책일 것이다. 물론 사람들이 죽고 싶지만 죽음 이후에 대한 두려움 때문에 어쩔 수 없이 살아갈 수도 있다. 죽음은 끝이 아니라고 강조하면서 자살 예방을 도모하는 사람들은 대체로 이러한 해결책을 주장한다. 자살에 대한 지독한 혐오감을 조장하고 자살을 절대 악으로 묘사함으로써 자살을 예방하고자 한다면, 이것은 '아직 자살하지 않은 자'에게는 조금이나마 도움이 될지도 모른다. 그러나 앞으로 이야기할 것처럼, 이보다 더 좋은 해결책은 인간의 외부에서 힘을 가해 자살 충동을 억누르는 것이 아니라, 인간의 내부에서 자살에 저항하는 힘을 고양시키는 것이다. 끝까지 살아 내는 힘 같은 것, 아니면 여전히 나는 완전한 절망에 다다르지 않았다는 위안 같은 것 말이다.

또한 자살 예방을 부르짖으면서 위생학이나 보건학의 관점에서 마치 전염병을 다루듯 자살 문제를 병리학적으로 해결하려는 시도 역시 많은 한계에 봉착할 수밖에 없다. 우리 세계에는 '아직 자살하지 않은 자들'이 살고 있을 뿐만 아니라, '이미 자살한 자들'의 흔적이 각인되어 있다. 그러므로 자살에 대한 지나친 혐오감을 부추기거나 자살을 범죄나 질병처럼 취급함으로써, 이미 일어난 무수한 자살을 무의미와 침묵 속으로 가라앉힌다면, 그것은 자살자를 두 번 죽이는 행위일 것이다. 자살자라서 비밀리에 장례를 치르거나, 자살자라서 숨죽여 제사를 지낸다면, 그리고 가급적 자살자에 대한 기억을 서둘러 지우고자 한다면, 우리는 자살자에게서 기억이라는 또 다른 내세를 빼앗고 말 것이다. 그렇게 자살로 인해 침묵으로 내던져진 '이미 자살한 자들'을 어떻게 기억할 것인가? 우리는 이제 그렇게 물어야 한다.

다시 토마스 아퀴나스의 주장으로 되돌아가 보자. 둘째, 아퀴나스에 따르면, 인간은 사회와 국가에 속한 존재이기 때문에 자살에 의해 멋대로 공동체에서 자신의 존재와 활동을 제거할 권리가 없다. 결국 자살은 사회적 존재로서 인간이 자신의 격률을 저버리는 행위라는 것이다. 아퀴나스는 주로 플라톤과 아리스토텔레스에 근거하여 이러한 주장을 펼친다. 디오게네스 라에르티오스의 『유명한 철학자들의 삶』이라는 책을 보면, 많은 그리스 철학자들은 자살로 삶을 마감한다. 엠페도클레스(Empedocles)는 자신이 신이 되었다는 소문을 퍼트리려고 에트나 화산의 분화구로 뛰어들어 불에 타 죽는다.[109] 아낙사고라스(Anaxagoras)는 자기가 당한 모욕을 참지 못하고 자살한다.[110] 클레안테스(Cleanthes)는 잇몸이 부어올라 의사의 조언에 따라 이틀간 단식을 했고, 상태가 호전되어 의사가 음식 섭취를 권했지만, 이를 거부하고 계속 단식을 하다 죽었다.[111] 디오니시오스(Dionysius)는 80세에 단식을 하여 삶을 마감했다.[112] 스페우시포스(Speusippus)는 나이가 들고 나서 낙심하여 자살을 했다.[113] 그러나 플라톤은 철학자들에게 자살을 통해 폴리스를 버려서는 안 된다고 조언한다. 아리스토텔레스도 인간은 자살을 통해 사회를 버릴 권리가 없다고 주장한다.[114] 비슷한 맥락에서 현재 우리는 가족이나 사회를 쉽게 버리는 무책임함 때문에 자살자를 비난하곤 한다. 그러나 란츠베르크는 다음과 같은 이유로 아퀴나스의 주장을 반박한다.

> 토마스 아퀴나스는 아마도 이상 사회에서나 어떤 가치를 지닐 이러한 주장을 한다. 그러나 실제로 사람들은 자신들이 살아야 하는 바로 그 불완전한 사회가 어떤 형태의 창조적인 삶을 영위하는 것을 방해하기 때문에 종종 자살을 한다. 사회가 우리가 감내할 수 있는 것 이상으로 도덕적이고 물질적인 형태의 불행을 낳는 한, 죽음에 의해 사회의 권력에서 벗어나고자 하는 사람들을 비

난할 수 있는 권한을 사회에게 주는 것은 매우 무분별한 일이다. 인간은 사회에서 태어날 것을 요청하지 않았다. 따라서 만약 그러한 사회에서 사는 것이 그에게 어떤 의미도 주지 못한다면, 열려 있는 가장 좋은 문을 통해 사회를 떠나는 것이 왜 그에게 허용될 수 없는지 그는 이해하지 못한다. 누군가가 사실상 중요한 사회적 의무를 저버리고 있는 어떤 경우에 이 주장이 타당할 수도 있지만, 그것은 분명히 자살 그 자체에 대한 일반적인 주장으로는 부적절하다. 더구나 만약 개인이 더 이상 자신의 존재를 사회적으로 정당화할 수 없다면, 똑같은 집단주의적 전제가 정반대 결론에 이를 수도 있다. … 내가 자살할 권리를 갖는지 아닌지에 관한 매우 내밀한 개인적인 문제를 사회를 기준으로 하여 해결하고자 하는 것은 순전히 반개인주의적인 처사이다. 내가 약간 더 빨리, 또는 약간 더 늦게 죽는다고 해서, 그것이 어쨌든 내가 잠시 동안 속하는 사회와 무슨 관계가 있단 말인가?[15]

입버릇처럼 우리는 인간은 사회적 동물이라고 말한다. 그리고 자살은 사회와 가족에게 큰 상처를 남기는 일이기 때문에, 다른 사람들을 위해서라도 자살을 해서는 안 된다고 주장한다. 그러나 많은 경우에 인간은 사회적 억압이나 폭력이나 불행 때문에 자살을 한다. 그러므로 사회는 인간이 자살을 하지 않아야 할 이유가 아니라, 인간이 자살을 해야 할 이유가 되기도 한다. 또한 사회가 이제 나에게 무의미한 곳이라면, 역으로 내가 사회에서 무의미한 존재라면, 내가 자살하는 것이 도대체 무슨 문제란 말인가? 내가 없다고 해서 사회에 큰 문제가 생기는 것도 아니고, 내가 당장 사라진다 해도 다음날이면 모두가 아무 일 없었다는 듯 잘 살아갈 것이라면, 도대체 자살이 무슨 그리 큰 문제라는 것인가? 우리는 이런 식의 질문에 매우 익숙하다. 이러한 질문에는 내가 의미 있는 존재이기를 바라는 마음, 세상이 의미 있는 곳이어야 한다는 바람 같은 것이 내장되어 있다. 게다가 우리는 죽고 싶지만 가족 때문에 자살할 수 없다고 말하는 사람을 흔히 만날 수 있다. 그리고 가족을 생각해서라도 자살을 하면 안 된다는 주장 역시 자주 접한다. 이에 대해서도 란츠베르크는 비판의 시선을 던진다.

근대 기독교 도덕주의자들 사이에서, 자살은 자기 가족에 대한 범죄이기 때문에 인간은 자살할 권리가 없다는 형태로 이 주장이 다시 등장한다. 그러나 이것 역시 일반적인 주장으로는 설득력이 없다. 무엇보다도 먼저, 많은 사람들은 가족이 없거나 박살난 가족이나 가증스러운 가족이 있을 뿐이고, 둘째, 그 문제는 실제로 매우 개인적인 것이어서 그런 주장으로 결정 날 수 없다. 모든 사람은 머지않아 죽을 것이고, 사회와 가족은 이를 극복한다. 이상적인 사회에서 살게 된 사람들이 그럴 수 있는 것처럼, 정상적인 가족생활을 하는 사람들이 좀처럼 자살하지 않는다는 것은 사실이다. 하지만 그럼에도 불구하고 매우 많은 자살자가 있다는 사실은, 많은 사람들이 자기 가정에서 그들이 거기에서 찾아야만 하는 것을 찾지 못하고 있다는 것을 입증한다. 가장 흔한 자살 유형들 가운데 하나는 종종 자살 약속의 형태를 취하는 연애 사건의 결과물이다. 이 불행한 피조물들에게 가족에 대한 의무를 등한시하고 있기 때문에 그들이 치명적인 죄를 범하려 하고 있다고 말하고자 한다면, 이것은 우스운 일일 것이다. ⋯ 자살은 종종 퇴폐적이고 무정부주의적인 개인주의를 나타내는 행위라고 여겨진다. ⋯ 그러나 죽음은 특히 매우 개인적이고 개별적인 것이기 때문에, 죽음이 창조하는 문제는 이 행성의 사회생활을 넘어선다.[116]

실제로 많은 사람들은 가족을 생각해서 자살하지 않는 것이 아니라, 가족 때문에 자살을 한다. 그러므로 가족은 자살의 일차적인 원인이기도 하다. 마찬가지로 사랑하는 사람 때문에 자살하지 않을 수도 있지만, 많은 사람들은 사랑 때문에 자살을 한다. 그러므로 가족이라는 가치를 강조함으로써 자살을 막을 수는 없다. 많은 사람들은 사회나 가족에서 의미나 가치를 찾지 못하며, 이러한 의미 찾기의 실패가 자기 존재를 무의미로 가득 채운다. 그렇다면 결국 죽음뿐만 아니라 자살도 일차적으로 지극히 개인적인 극복의 문제일 수밖에 없다.

셋째, 아퀴나스에 따르면, 노예가 주인의 재산이듯 우리는 신의 재산이기 때문에, 인간의 삶과 죽음을 결정하는 것은 오로지 신만이 할 수 있는 일이다. 그러므로 자살자는 오만함으로 인해 자살을 한다. 신처럼

죽음을 사색하는 시간

삶과 죽음을 결정함으로써, 자살자는 자기가 마치 신처럼 존재할 수 있다는 것을 입증하려 한다는 것이다. 그러나 대부분의 자살자는 신이 되기 위해 자살하거나, 마치 신처럼 존재하거나 신을 넘어서기 위해 자살하지 않는다. 자살자는 삶이 죽음보다 더 나쁘다고 생각한다. 게다가 아퀴나스의 세 번째 주장은 오로지 기독교적인 맥락에서만 타당한 것이다.[117]

이상과 같이 아퀴나스는 자연법, 사회, 신이라는 세 가지 자살 예방책을 제시한다. 그러나 란츠베르크는 자살하고자 하는 사람은 아퀴나스의 어떤 말에도 설득당하지 않을 것 같다고 말한다. 그렇다면 우리는 '자살에 저항하는 힘'을 어디에서 찾아야 하는가? 바로 여기에서 란츠베르크는 자살하지 않고 끝까지 이 고통스러운 삶을 살아 내는 일의 위대함에 대해 이야기한다. 산다는 것은 어찌 보면 자살의 유혹을 물리치고 자살에 저항하는 힘을 기르는 것이기 때문이다.

18. 자살의 거부

자살의 문제를 올바르게 사유하려면, 먼저 자살자의 상황을 철저히 이해하고 자살하고자 하는 그 마음에 완전히 공감할 필요가 있다. 자살에 대한 공감이라는 위험한 다리를 건너지 않고서, 멀리서 자살을 비난하고 공격하는 것만으로는, 자살하고자 하는 사람을 반대쪽으로 설득할 수 없을 것이다. 우리는 이러한 방법을 '자살의 현상학'이라 부를 수 있다. 어쩌면 인간은 누구나 '잠재적인 자살자'라고 할 수 있다. 누구나 자살의 가능성을 겪으면서 살아가지만, 어떤 계기에서 자살의 유혹을 물리치고 자살에 저항하는 힘을 길러 낸다. 이것은 이 빌어먹을 세상에서 자살하지 않고 끝까지 살아가는 일의 위대함에 서서히 눈뜨는 것이기도 하다. 란츠베르크는 먼저 이렇게 물음을 시작한다.

엄청나게 자살의 유혹을 받고 있는 사람을 머릿속에 떠올려 보라. 아마도 그는 자기 가족을 잃었거나, 자기가 살아야 하는 사회에 절망하고 있을 것이고, 어쩌면 쓰라린 고통이 그에게서 희망의 모든 근거를 앗아가고 있다. 그에게 현재의 삶은 끔찍하고, 미래는 어둡고 위협적이다. 계명에 따르기 위해서, 자기에 대한 사랑을 어기는 죄를 짓지 않기 위해서, 사회와 가족에 대한 의무를 다하기 위해서, 마지막으로 오로지 신만이 결정할 자격이 있는 무언가를 스스로 결정하지 않기 위해서, 그가 살아야만 한다고 당신이 그에게 말하고 있다고 상상해 보라. 불행과 고통에 처한 이 사람을 당신이 설득할 수 있다고 생각하는가? 물론 당신은 그러지 못할 것이다. 그는 당신의 주장을 의심스럽거나 우스꽝스럽다고 생각할 것이다. 그는 기술적인 어려움 때문에, 겁이 나거나 의지가 약하기 때문에, 삶에 대한 어떤 본능 때문에, 또는 종종 있는 일이지만 신의 보호에 대한 암묵적인 신앙이나 지옥에 대한 공포 때문

에, 자살을 억누를지 모른다. 그러나 이러한 전통적인 주장은 아마 효과가 없을 것이다.[118]

우리는 여기에서 잠깐 종교라는 게 어떻게든 자살하지 않고 삶을 견딜 수 있게 해 주는 온갖 수단이 아닌가 하는 생각을 할 수 있다. 사후 세계에 대한 주장이든, 영혼의 존재에 대한 주장이든, 부활에 대한 주장이든, 대부분의 종교적인 주장은 어떻게든 삶을 살아야 한다고 강조한다. 누군가는 종교를 두고 현실의 문제를 회피하는 사유와 행동이라고 비판할지도 모른다. 그러나 종교가 '실존의 휴식'이라면, 이야기는 좀 달라질 것이다. 우리에게는 자살에 저항하는 휴식이 필요하기 때문이다.

란츠베르크는 전통적인 해법으로는 자살을 막을 수 없다고 말한다. 그렇지만 그가 제시하는 해결책은 매우 기독교적이다. 그는 왜 기독교가 자살에 반대하는지를 이해하려면, 예수 그리스도를 모방하고자 하는 기독교적인 삶의 근본 특성을 이해해야 한다고 말한다. 그러나 란츠베르크의 주장에는 기독교를 넘어서는 보편적인 고뇌가 스며들어 있다. 그는 고통을 바라보는 우리의 시각을 거꾸로 뒤집으려 한다.

이 노력은 특히 고통에 대한 자연스러운 인간적인 태도의 근본적인 전환을 의미한다. 인간은 본성상 고통에 대한 공포와 행복에 대한 욕망을 갖고 있다. 자살하는 사람은 거의 항상 이 삶의 고통에서 미지의 행복과 평온으로 탈출하기 위해 그렇게 한다. 어쨌든 그는 마음속으로 이렇게 말한다. "나는 다른 어딘가로 가고 싶다. 나는 내 힘으로 감당할 수 없는 의미 없는 이 고통을 견디고 싶지 않다." 바로 여기에서 기독교의 정신이 엄청난 역설과 함께 개입한다. 그렇다. 살면서 고통을 겪으라. … 어떤 상황에서 자살을 거부하는 것은 결코 자연스럽지 않다. 자살보다 순교를 선호하는 것은 기독교인 특유의 역설이다. 이교도 철학자에게 엄청나게 충격을 주었던 것도 바로 순교자의 태도가 지닌 이러한 요소였다. 순교자들이 자살을 거부했던 것은 삶에 대한 비겁한 애착 때문이 아니라, 그리스도의 모범을 따르고, 그를 위해 그와 함께 고통을 겪는 데서 이상한 행복을 느꼈기 때문이다. … 그들은 자신들의 모범에 의해 기독교적인 방식으로 살고 죽는 것이 가능하다는 것을 증명한다. 중요한 것은 그들의 죽음이 아니라 그들이 죽어 가는 방식이다. … 인류의 대다수는 스토아주의자보다 도덕적으로 열등하다. 기독교 순교자는 그보다 우월하다. … 성인(聖人)은 말하자면 독특한 기독교적 특성을 지닌 초영웅이다. … 그는 인간이 고통의 심연에서 초월적인 의미를 발견함으로써 자신의 고통을 살아 내는 것이 가능하다는 것을 보여준다.[119]

그러므로 중요한 것은 고통을 있는 그대로 견딜 수 있는 힘이다. 우리는 자살하는 것이 오히려 자연스러운 그런 상황이 있다는 것을 먼저

죽음을 사색하는 시간

인정할 필요가 있다. 그럴 때라야 그러한 상황을 극복하는 힘, 즉 자살에 저항하는 힘을 우리가 인지할 수 있기 때문이다. 그래서 란츠베르크는 자살을 거부하고 죽음을 향해 걸어가는 순교자의 자세를 강조한다. 설령 눈앞에 죽음의 고통이 기다리고 있더라도 삶을 포기하지 말고 나아가라는 것이다. 고통과 죽음에서 도망치지 않는 이러한 자세는 결코 자연스럽지 않다. 란츠베르크에 따르면, 우리는 고통이 무엇인지 잘 모른다. 우리는 고통의 의미나 본질에 대해 질문을 던지지 않는다. 그저 참을 수 없는 고통에 대한 감각만을 느낄 뿐이다. 자살의 문제도 어쩌면 여기에서 비롯한다.

신체적인 고통이 끔찍한 형태를 취할 수도 있다. 우리는 이 고통에 한계가 있을 것이며, 고통의 전제 조건인 의식이 고통의 어떤 수준에서 무너진다는 이야기를 듣는다. 아마도 그럴 것이다. 우리는 고통에 대해 잘 모른다. 자기가 인간 고통의 최종 한계에 이르렀다고 생각할 때, 인간은 항상 잘못된 판단을 하고 있는 것이다. 여전히 가장 최악의 도덕적인 고통들이 존재한다. 우리는 추락한다, 심연에서 심연으로 추락한다. 지금과 같은 시대에, 우리는 현재의 인간 고통의 거대함에 두려움을 느낄 것이다. 역사를 읽으면서 우리는 인간이 항상 모든 곳에서 견뎌야 했던 것에 압도당한다. 질병, 죽음, 불행, 온갖 방식의 위험이 인간을 에워싼다. … 우리는 인간이 자살할 수 있지만 그렇게 하지 않아야 하는 피조물이라고 말했다. 이제 이 주장의 의미가 더 분명해진다. 유혹이 존재하며, 이 유혹에 대한 거부가 있다.[120]

란츠베르크의 주장은 여기에서 이야기하는 것보다 훨씬 더 기독교적 맥락에 충실하다. 그러나 우리는 특정 종교를 떠나 그의 주장이 갖는 보편적인 가치에 대해 이야기하고자 한다. 자살하고자 하는 사람은 자신의 고통이 도저히 참을 수 없을 만큼 궁극적인 것이라고, 자기가 최악의 고통에 시달리고 있다고 생각할지도 모른다. 아니면 현재 느끼는 고통이 자기가 감당할 수 있는 한계선이라고 생각해서, 이제는 그 이상의 고통을 견딜 수 없을 거라고 두려워할지도 모른다. 그러나 인간의 삶은 고통의 연속이며, 어떤 고통도 최종적인 것이 아니다. 이 또한 지나갈 것이지만, 그다음 고통이 다가오고 있을 것이다. 그러므로 산다는 것은 고통과 마주하는 것이며, 나아가 끝까지 모든 고통을 겪어 보는 것일지도 모른다. 설령 이 고통이 나에게 최악의 지옥을 선물하더라도, 지옥에서 한철을 보낼 수 있는 힘, 바로 이 존재의 힘이 인간이 지닐 수 있는 유일한 삶의 의미일지도 모른다. 악으로 가득 찬 세계가 우리에게 자살을 강요하더라도, 여기에 굴복하지 않고 꿋꿋하게 살아 내는 것이 삶의 의미인 것이다. 삶이 유한한 것처럼 고통도 유한한 것이다. 스토아 철학은 우리에게 삶의 노예가 아니라 주인이 되라고 권유한다. 우리가 신처럼 우리의 삶과 죽음을 결정할 수 있어야 한다고 주장한다. 그러나 란츠베르크는 스토아 철학과 기독교를 비교하면서 이렇게 말한다.

스토아 철학의 진리는 인간의 자유와 죽음에 대한 경시의 밀접한 관계를 이해하는 데 있다. 죽음의 노예가 되는 누구든 사실상 또한 삶의 모든 사건의 노예가 된다. 이 치명적인 사건의 최고의 보편적인 필연성이 자유로운 행위로 변형되지 않는다면, 개인의 해방은 없다. 그러나 스토아 철학은 자살 가능성에 대한 앎을 통해 이 자유를 얻고자 하지만, 기독교인은 신의 의지에 대한 애정 어린 수용을 통해 그것을 얻어야 한다. 기독교인은 상황에 따라 죽음보다 삶을 좋아하거나, 삶보다 죽음을 좋아할 수 있지만, 완전한 진실성을 갖고 신의 의지를 자기 자신 앞에 두어야 한다.[121]

스토아 철학은 죽음의 필연성까지도 인간의 지배하에 둠으로써 죽음으로부터의 자유를 꾀한다. 그리고 죽음의 필연성을 정복할 수 있다면 당연히 삶의 모든 필연성을 정복할 수 있으며, 삶의 모든 사건에서 자유로워질 수 있다고 주장한다. 그런데 스토아 철학은 필연성에서 해방되어 자유를 누리는 것을 중요시하지만, 기독교는 삶의 필연성을 따르며 그 의미를 묻는 데서 시작된다. 란츠베르크처럼, 적어도 우리는 자살의 문제와 관련하여 자살자가 겪는 고통의 문제, 즉 고통에 대한 감수성에 계속해서 질문을 던져야 한다. 기독교와는 다른 이유지만, 불교에서도 자살은 카르마(karma)가 낳은 고통을 회피하는 행위이자, 또 다른 카르마를 쌓는 행위일 뿐이다. 자살로는 윤회의 사슬을 끊을 수 없다. 그러므로 인간은 고통을 겪으면서 자신의 카르마를, 자신의 과거를 묵묵히 불태워야 한다.

> 쇼펜하우어의 경우처럼, 진정한 불교의 경우에도, 자살은 죄과이
> 거나 일종의 곤경이다. 부처는 갈증이라고 부르고 쇼펜하우어는
> 살려는 의지라고 부르는 것은 자살에 의해 극복될 수 없다. 또한
> 우리는 그러한 폭력적인 수단으로는 존재에서 탈출할 수 없다. 자
> 살자는 자신의 카르마에 따라 모습을 바꾸지만, 열반에 이르지는
> 못한다. 사실상 우리는 자살자의 목적이 소멸의 관념이 아니라,
> 죽음에 의해 자기가 떠난 존재와는 근본적으로 다른 존재에 도달
> 한다는 관념에 있다는 것을 보았으며, 내가 개인적으로 알고 있는
> 많은 사례에서 나는 그것이 사실이라는 것을 알고 있다.[122]

일반적으로 자살자는 자신을 지우기 위해 자살하는 것이 아니라, 자신을 다른 세계로 옮기기 위해 자살한다. 설령 자신의 완전한 소멸을 의도한다고 이야기하더라도, 이 소멸은 이 세상에서의 사라짐을 의미할 뿐이다. 그렇다면 자살자는 또 다른 어떤 세상을 꿈꾸는 것인가? 자살자는 고통이 사라진 세상을 꿈꾸는 것인가? 자살자는 어디에서 어디로, 무엇에서 무엇으로 탈출하려 하는가? "이번 생은 틀렸어!"라는 말에서 알 수 있듯이, 많은 사람들은 망가진 인생을 지우고 백지 같은 새로운 인생을 시작하고 싶어 한다. 그러나 이를 위해서는 시간을 지우고

자기를 지우는 종교적 기술이 필요하다. 그리고 이러한 종교적 기술은 완전한 소멸이 아니라 새로운 재생과 부활을 지향한다. 많은 자살자는 인생을 되감고 싶어 한다. 풀려 헝클어진 인생의 실타래를 다시 감아 새로운 출발을 하고 싶어 한다. 이 고통스러운 세상에서 탈출하려는 것도 이러한 새로운 시작에 대한 꿈에서 비롯하는 것일지 모른다.

> 만약 고통이 성스러운 것이고 삶의 의미를 포함하고 있다면, 왜 우리에게 고통과 맞서 싸울 권리가 있는 것인가? 만약 우리에게 이러한 권리, 나아가 이러한 의무가 있다면, 다른 출구가 없을 경우, 왜 우리에게는 자살에 의해 고통에서 물러날 수 있는 권리가 없단 말인가? … 그러나 우리는 그 중요성에서든 그 성공 가능성에서든 투쟁을 과대평가하지 않아야 한다. 인간이 질병, 잔인함, 불행 등에 맞서 싸우는 것은 자연스럽고 칭찬할 만한 일이다. 그러나 사실 우리의 전 역사를 살펴볼 때 인간 행복의 진전은 없었고, 오히려 그 반대였다. 우리가 아는 모든 것에 비추어 볼 때, 소위 원시 민족이 우리보다 훨씬 행복하다고 생각할 수밖에 없다. 고통에 맞선 싸움이 아니라 우리가 고통을 파괴할 수 있다는 환상이 잘못된 것이다. 이러한 고통과 싸우는 수단은 무엇보다도 노동이다. 노동은 인간에게 처벌이자 치료로서 주어진 것이었다. 그러나 고통과 싸우는 이 노력을 자살 행위와 비교할 수는 없다.[123]

인간이 고통 없는 세상에서 산다는 것은 불가능한 일이다. 따라서 모든 고통을 제거하려는 인간의 노력은 항상 수포로 돌아갈 수밖에 없다. 삶은 항상 고통에 휩싸여 있고, 인간은 무언가를 끊임없이 함으로써 고통을 이겨내거나 감내한다. 문명이 아무리 발전하더라도 우리가 겪는 불행의 양은 줄지 않고 행복의 양도 늘지 않는다. 그렇다면 불행하다고 해서, 고통스럽다고 해서 자살할 필요는 없다. 우리는 삶의 아름다움을 강조하고, 삶이 얼마나 행복할 수 있는지를 이야기하는 사람들, 삶의 찬미에 매진하는 사람들을 경계할 필요가 있다. 자살자의 눈에 비친 세상은 자기를 제외한 다른 모든 사람이 행복한 것처럼 보이는 세상이었을지도 모른다. 투명한 유리벽을 사이에 두고 세상의 아름다움이나 행복에서 툭 떨어져 나왔다고 느꼈을 것이다.

내가 볼 때, 인간이 천국을 누릴 수 있는 존재가 되려고 애쓰는 것이 아니라, 잃어버린 낙원을 회복하기만을 바라는 도피 행위가 자살인 것 같다. 유혹이 우리를 지배하면서 풀려나는 죽음 욕망은, 심리학적으로 말하자면 출생 이전의 상태로 퇴행하고자 하는 욕망이다. 사라지는 것, 그 모든 것에서 도망치는 것이다. 빌헬름 슈테켈(Wilhelm Stekel) 등은 심연·어머니·회귀에 대한 갈망을 의미하는 자살에 관한 엄밀한 심리학적 분석을 우리에게 제공했다. 전체 과정이 프로이트의 관점에서 묘사될 수 있을 것이다. 신학적으로 말하자면, 사실상 낙원으로의 회귀라는 모호한 환상이 존

죽음을 사색하는 시간

재한다. … 그러나 그리스도는 우리를 투쟁과 고통을 통해 더 밝은 빛으로 인도한다. 자살의 신, 또는 자살의 여신은 우리를 다시 어머니의 가슴에 떠맡긴다. 이러한 의미에서 자살은 유치증이다. 이러한 퇴행의 속성 때문에 고통에 맞서는 인간의 정상적인 투쟁과 자살을 비교할 수 없는 것이다. 대다수 사례에서, 모든 다른 수단의 실패로 인해 자살에 이르게 된다. 그것은 전반적인 무력감의 경험이다. 연이은 재난들이 이런 식으로 수렴하면서 삶과 투쟁의 모든 가능성을 파괴하는 것이 모든 자살자의 전기에서 보이는 공통 요소이다.[124]

심리학적 관점에서 자살자는 일종의 유치증을 겪는다. 아무런 때도 묻지 않았던 순수의 시절로 되돌아가고자 하는 욕망이 삶 전체를 마비시킬지도 모른다. 세상의 더러움으로부터 탈출하고자 하는 욕망이 거세진다. 이 책의 3부에서 우리는 세상에 대한 이러한 절망적인 인식이 종교 안에서 어떻게 구조화되는지, 그리고 세상의 순수함을 회복하기 위해 종교에서 어떠한 해결책을 제시하는지를 살펴볼 것이다. 많은 종교는 자살하지 않고 이 악한 세상을 살아갈 수 있는 방법을 제시한다. 그래서 악과 고통의 의미에 대한 물음이 종교에서 중요한 것이다. 그러나 어떤 해법도 지니지 못한 자살자는, 고통의 무의미에 진저리치는 자살자는 세상의 고통에서 바로 지금 당장 탈출하고자 한다. 어머니의 품으로, 자궁의 아늑함으로, 탄생 이전의 낙원으로 회귀하고자 한다. 그러나 란츠베르크는 낙원이란 회귀의 장소가 아니라 획득의 장소라고 주장하고 싶어 한다. 자살을 통해 삶에서 빠져나가면 죽음 너머에 바로 낙원이 있는 것은 아니다. 낙원은 삶의 고통을 하나씩 해결하면서, 아무리 아픈 절망의 시간이라도 참고 통과하면서 서서히 우리에게 다가오는 무엇이다.

한 사람이 자살에 이를 때 수많은 요인이 결합하는 경우가 많다. 그 사람의 개인적인 성격과 삶의 사건이 맞물리면서 우연찮게 자살의 덫을 형성할 수도 있을 것이다. 란츠베르크는 자살의 문제를 논하면서 자주 스토아 철학과 기독교를 대비시킨다. 아마도 그는 우리 시대를 물들이고 있는 새로운 영웅주의의 출현이 자살의 문제와 밀접한 관계를 맺고 있다고 생각하는 것 같다. 신처럼 되고자 하는 인간, 신처럼 자신의 생명과 죽음에 대한 완전한 지배력을 행사하는 인간이 바로 현재 우리가 추구하는 바람직한 인간상이기 때문이다. 이러한 분위기에서 사람들은 고통과 실패에 취약한 인간이 될 수밖에 없다. 이제 인간은 더러워진 자신, 오염된 자신, 고통스러워하는 자신을 용납하기 힘들다. 가벼워진 존재감에 절망하고, 불구(不具)가 늘어 가는 자신의 신체에 모욕당한다. 그래서 어쩌면 인간의 자살 충동은 지극히 자연스러운 것일지도 모른다. 그러나 이 자연스러움을 거역하는 것이 종교다. 인간은 종교를 통해 부자연스러운 것을 추구한다. 종교는 자살하지 않고 끝까지 세상을 살아 낼 수 있는 힘과 기술을 제공한다.

죽음을 사색하는 시간

주

1 장 그르니에, 『불행한 존재』, 권은미 옮김, 청하, 1989, pp. 41-42.

2 아무런 단서도 없다면, 이 책에 등장하는 '시간'이라는 용어는 주로 '현상학적 시간'을 의미한다. 우리는 시간을 대략 우주론적 시간(cosmological time)과 현상학적 시간(phenomenological time)으로 구분할 수 있다. 우주론적 시간이 객관적인 시간 경험에 근거한다면, 현상학적 시간은 주관적인 의식의 시간 경험에 근거한다. 폴 리쾨르(Paul Ricoeur)에 따르면, 서구 철학 전통에서 시간에 대한 성찰은 크게 두 줄기의 맥을 형성한다. 하나는 아리스토텔레스의 『물리학』에서 연원하여 칸트와 현대의 과학 이론에 이르는 전통이고, 다른 하나는 아우구스티누스의 『고백록』에서 연원하여 후설의 『내적 시간 의식의 현상학』과 하이데거의 『존재와 시간』에 이르는 전통이다. 대립적인 시간 성찰의 전통이 낳은 주관적 시간과 객관적 시간이 '시간'이라는 동일 범주에 관여함으로써, 우리의 시간 개념은 필연적으로 주관성과 객관성 사이에서 분열을 일으킬 수밖에 없었다. 그러므로 시간의 아포리아(aporia)는 사실상 주객의 분열이 낳은 병증이라 할 수 있다. 이러한 분석을 토대로, 시간의 아포리아를 극복하기 위해 리쾨르는 인간의 '이야기 의식'에 의해 구성되는 '이야기 시간'을 변증법적 대안으로 제시한다. 이야기 서술에서 등장하는 '이야기 시간'은 역사적인 시간임과 동시에 허구적인 시간이라는 점에서, 객관과 주관, 또는 우주론적 시간과 현상학적 시간의 교직(交織)을 지향하는 시간 구성 양식이 된다. 이 문제와 관련하여 다음 책을 참고하라. Richard James Severson, *Time, Death, and Eternity: Reflecting on Augustine's* Confessions *in the Light of Heidegger's* Being and Time, London: The Scarecrow Press, 1995.

3 Roy W. Perrett, *Death and Immortality*, Dordrecht: Martinus Nijhoff Publishers, 1987, p. 15.

4 Martin Heidegger, *Being and Time*, trans. J. Macquarrie and E. Robinson, New York: Harper and Row, 1962, p. 284. 마르틴 하이데거는 인간에게 "죽는다는 것은 사건이 아니라 실존적으로 이해되어야 하는 현상"이라고 말한다. 다른 사람의 죽음은 나에게 사건으로 그칠지 모르지만, 나의 죽음은 내 존재의 완전한 소멸과 관련하여 내 존재의 의미를 되묻게 하기 때문이다. 나는 나의 죽음을 혼자 스스로 떠맡아야 한다. 그러므로 나의 죽음은 내가 그 의미를 이해해야 하는 실존적 현상이다. 이 책의 본문에서 굳이 '죽음 사건'이라는 표현을 사용한 것은 죽음을 '삶의 대립물'이 아니라 '삶의 종결점'으로 이해하고자 하는 목적 때문

이었다. 우리는 죽음을 역사적 임종(historical dying)에서 허구적 사후(fictional afterlife)로 넘어가는 경계선으로 이해하고자 한다. 여기에서 우리는 죽음을 삶의 마침표, 즉 '끝'으로 보는 시각과 죽음을 '죽은 상태'의 지속으로 보는 시각을 구별해야 한다.

5   Lucius Annaeus Seneca, "On the Shortness of Life (De Brevitate Vitae),"
    Moral Essays, Volume 2, trans. John W. Basore, Cambridge: Harvard University
    Press, 1932, p. 291.

6   *Ibid.*, p. 309.

7   Gerardus van der Leeuw, "Primordial Time and Final Time," in *Man and
    Time: Papers from the Eranos Yearbooks*, trans. Ralph Manheim & R. F. C.
    Hull, New York: Pantheon Books, 1957, p. 326.

8   *Ibid.*, p. 326.

9   *Ibid.*, p. 327.

10 *Ibid.*, p. 327.

11 *Ibid.*, p. 328.

12 *Ibid.*, pp. 349–350.

13 에드문트 후설, 『시간의식』, 이종훈 옮김, 한길사, 1996, p. 54.

14 정진홍, 「죽어 되사는 신비」, 『죽음의 사색』, 서당, 1989, pp. 195–196.

15 엠마누엘 레비나스, 『시간과 타자』, 강영안 옮김, 문예출판사, 1996, p. 23.

16 Gerardus van der Leeuw, "Immortality," *Man and Transformation: Papers from
    the Eranos Yearbooks*, trans. Ralph Manheim, London: Routledge & Kegan
    Paul, 1964, p. 353.

17 *Ibid.*, p. 354.

18 *Ibid.*, p. 354.

19 *Ibid.*, p. 355.

20 *Ibid.*, p. 355.

21 *Ibid.*, p. 356.

22 *Ibid.*, p. 357.

23 W. Brede Kristensen, *Life Out of Death: Studies in the Religions of Egypt and
    of Ancient Greece*, trans. H. J. Franken & G. R. H. Wright, Louvain: Peeters
    Press, 1992, p. 26.

24 *Ibid.*, p. 27.

25 *Ibid.*, pp. 27−28.

26 G. van der Leeuw, "Immortality," p. 357.

27 Victor W. Turner, "Betwixt and Between: The Liminal Period in *Rites de Passage*," *The Forest of Symbols: Aspects of Ndembu Ritual*, Ithaca and London: Cornell University Press, 1967, p. 93.

28 G. van der Leeuw, "Immortality," p. 358.

29 *Ibid.*, pp. 358−359.

30 *Ibid.*, p. 359.

31 *Ibid.*, p. 360.

32 *Ibid.*, pp. 360−361.

33 *Ibid.*, p. 361. 여기에서는 판 데르 레이우의 글에 실린 인용문에 준하여 로젠츠바이크의 글을 번역하였다. 로젠츠바이크에 대해 더 자세히 알고 싶은 독자는 다음 책을 참고하면 된다. Franz Rosenzweig, *The Star of Redemption*, trans. Barbara E. Galli, Madison: The University of Wisconsin Press, 2005, pp. 9−10.

34 G. van der Leeuw, "Immortality," p. 362.

35 *Ibid.*, pp. 362−363.

36 *Ibid.*, p. 363.

37 *Ibid.*, p. 364.

38 *Ibid.*, pp. 365−366.

39 *Ibid.*, p. 366.

40 Arthur Darby Nock, *Conversion: The Old and the New in Religion from Alexander the Great to Augustine of Hippo*, Lanham: University Press of America, 1988, p. 247.

41 *Ibid.*, pp. 248−249; G. van der Leeuw, "Immortality," p. 367.

42 G. van der Leeuw, "Immortality," p. 368.

43 *Ibid.*, p. 368.

44 Paul−Louis Landsberg, *The Experience of Death & The Moral Problem of Suicide*, trans. Cynthia Rowland, London: The Camelot Press Ltd., 1953, p. 1.

45 *Ibid.*, p. 3.

46 Paul Ricoeur, *Time and Narrative, Volume 1*, trans. Kathleen McLaughlin & David Pellauer, Chicago: The University of Chicago Press, 1984, p. 3.

47 Henri Hubert, *Essay on Time: A Brief Study of the Representation of Time in*

Religion and Magic, trans. Robert Parkin & Jacqueline Redding, Oxford: Durkheim Press, 1999, p. 60.

48 Paul Ricoeur, "The History of Religions and the Phenomenology of Time Consciousness," in Joseph M. Kitagawa, ed., *The History of Religions: Retrospect and Prospect*, New York: Macmillan Publishing Company, 1985, pp. 13–30.

49 J. M. E. McTaggart, "The Unreality of Time," *Mind*, New Series, vol. 17 no. 68, 1908, p. 457.

50 *Ibid.*, p. 458.

51 *Ibid.*, p. 460.

52 *Ibid.*, p. 461.

53 *Ibid.*, p. 462. 맥타가르트는 B계열에서 시간적인 함축이 제거된 상태, 즉 항(項) 들의 항구적인 관계를 따로 떼어 내어 C계열(C series)이라고 부른다. 그리고 그 는 C계열에 변화와 방향의 요소가 들어올 때 시간이라는 것이 만들어진다고 말 한다. 시간은 일정한 방향으로 변화하는 것이기 때문이다. 그러므로 비시간인 C 계열에 A계열이 더해지면 시간이 만들어진다. 그러나 여기에서는 C계열에 대한 맥타가르트의 다음과 같은 주장만을 상기하고자 한다. "A계열과 B계열은 똑같이 시간에 본질적인 것이다. 시간은 과거, 현재, 미래로 구별되어야 하고, 비슷하게 선 후로 구별되어야 한다. 그러나 두 계열이 똑같이 근본적인 것은 아니다. A계열이 근원적인 것이다. … 그러나 C계열도 A계열만큼 근원적인 것이다. 우리는 다른 어 디에서도 C계열을 제거할 수 없다. 시간 단위들이 계열을 형성하고 계열의 관계들 이 항구적이라는 사실은, 이 시간 단위들이 현재이거나 과거이거나 미래라는 사 실만큼이나 근원적인 것이다. … 단지 변화와 방향을 주는 A계열과 항구성을 주 는 C계열이 결합할 때만 B계열이 발생할 수 있다."(*Ibid.*, pp. 463–464.)

54 *Ibid.*, p. 465.

55 *Ibid.*, p. 468.

56 *Ibid.*, p. 473. A계열이 거부되면, 자동적으로 A계열에 의존하는 B계열도 거부된 다. 맥타가르트는 '항들의 항구적인 관계'인 C계열은 실재하는 것 같다고 말하면 서, 우리가 시간 계열 안의 사건들로 지각하는 실재들은, 사실은 비시간적인 계열 을 형성하는 것 같다고 말한다.

57 '상징적 교환(symbolic exchange)'이라는 표현은 장 보드리야르(Jean Baudril- lard)의 글에서 차용한 것이다. 죽음에 관한 보드리야르의 독창적인 생각이 궁금 하다면 다음 글을 참고하라. 장 보드리야르, 「정치경제학과 죽음」, 『섹스의 황도』,

정연복 옮김, 솔, 1993, pp. 82-202.

58 우리는 기본적으로 영생(eternal life)과 영원성(eternity)을 구별할 것이다. 영원성(永遠性)은 주로 시간성이 소거된 초시간적 상태를 의미하는 개념으로 사용할 것이다. 반면에 영생(永生), 즉 영원한 생명은 시간성이 소거되지 않은 일생의 무한 연장을 의미하는 개념으로 사용할 것이다.

59 Lucius Annaeus Seneca, "On the Shortness of Life," p. 355

60 Robert G. Olson, "Death," in Paul Edwards, ed., *Encyclopedia of Philosophy*, New York: Macmillan Publishing Co., Inc. & The Free Press, 1967, p. 308.

61 Lucius Annaeus Seneca, "On the Shortness of Life," p. 313.

62 에른스트 캇시러, 『인간이란 무엇인가: 문화철학서설』, 최명관 옮김, 서광사, 1988, p. 28.

63 James R. Wright, "Seneca, Lucius Annaeus," in Paul Edwards, ed., *Encyclopedia of Philosophy*, New York: Macmillan Publishing Co., Inc. & The Free Press, 1967, p. 406.

64 에른스트 캇시러, 『인간이란 무엇인가: 문화철학서설』, p. 24 ff.

65 Lucius Annaeus Seneca, "On the Shortness of Life," p. 327.

66 Giorgio Agamben, "Identity without the Person," *Nudities*, trans. David Kishik & Stefan Pedatella, Stanford: Stanford University Press, 2011, p. 47.

67 Lucius Annaeus Seneca, "On the Happy Life (De Vita Beata)," *Moral Essays, Volume 2*, trans. John W. Basore, Cambridge: Harvard University Press, 1932, p. 149.

68 Lucius Annaeus Seneca, "On the Shortness of Life," p. 295.

69 *Ibid.*, p. 289.

70 *Ibid.*, p. 317.

71 *Ibid.*, p. 319.

72 *Ibid.*, p. 321.

73 *Ibid.*, p. 333.

74 *Ibid.*, p. 339.

75 Paul Ricoeur, *Living up to Death*, trans. David Pellauer, Chicago: The University of Chicago Press, 2009, pp. 7-8. 폴 리쾨르(1913~2005)가 죽은 지 2년이 되던 해인 2007년에 이 책의 프랑스어판이 처음 출간되었다. 이 책에는 리쾨르의 사후에 발견된 원고와 그가 죽기 직전에 쓴 단편적인 글들이 실려 있다. 특히 이

책의 전반부를 구성하는 죽음에 대한 성찰은 그의 아내인 시몬 리쾨르(Simone Ricoeur)가 서서히 죽어 가고 있던 1996년부터 1997년 4월경까지 쓰인 것으로 보인다. 그의 아내는 1998년 1월 7일에 사망했다.

76 *Ibid.*, pp. 8–9.
77 *Ibid.*, pp. 12–13.
78 *Ibid.*, pp. 13–14.
79 *Ibid.*, pp. 15–16.
80 *Ibid.*, p. 18.
81 *Ibid.*, p. 26.
82 *Ibid.*, pp. 27–28.
83 *Ibid.*, pp. 29–30.
84 *Ibid.*, p. 33.
85 *Ibid.*, p. 41.
86 *Ibid.*, p. 44.
87 *Ibid.*, p. 44.
88 *Ibid.*, p. 48.
89 *Ibid.*, pp. 52, 54.
90 Paul–Louis Landsberg, *The Experience of Death & The Moral Problem of Suicide*, p. 66. 저자명을 폴 루이 란츠베르크(Paul–Louis Landsberg)로 표기할 수도 있지만, 이 책에서는 그가 독일인이라는 점을 감안하여 그의 독일 이름인 파울 루트비히 란츠베르크(Paul Ludwig Landsberg)를 사용했다.
91 *Ibid.*, p. 67.
92 *Ibid.*, p. 68.
93 *Ibid.*, p. 69.
94 *Ibid.*, p. 70.
95 *Ibid.*, p. 71.
96 *Ibid.*, p. 72.
97 *Ibid.*, p. 72.
98 *Ibid.*, p. 73.
99 *Ibid.*, p. 74.
100 *Ibid.*, pp. 74–75.
101 *Ibid.*, pp. 75–76.

102 *Ibid.*, p. 76.

103 *Ibid.*, pp. 77–78.

104 *Ibid.*, p. 78.

105 Augustine, *Concerning the City of God against the Pagans*, trans. Henry Bettenson, London: Penguin Books, 1984를 참고하라.

106 Paul–Louis Landsberg, *The Experience of Death & The Moral Problem of Suicide*, p. 79.

107 *Ibid.*, pp. 80–82.

108 *Ibid.*, pp. 82–83.

109 Diogenes Laertius, *Lives of the Eminent Philosophers*, trans. Pamela Mensch, New York: Oxford University Press, 2018, pp. 423–424.

110 *Ibid.*, p. 68.

111 *Ibid.*, p. 377.

112 *Ibid.*, p. 371.

113 *Ibid.*, p. 179.

114 Paul–Louis Landsberg, *The Experience of Death & The Moral Problem of Suicide*, p. 83.

115 *Ibid.*, pp. 83–84.

116 *Ibid.*, pp. 84–85.

117 *Ibid.*, pp. 85–86.

118 *Ibid.*, pp. 86–87.

119 *Ibid.*, pp. 87–89.

120 *Ibid.*, pp. 90–91.

121 *Ibid.*, p. 92.

122 *Ibid.*, p. 93.

123 *Ibid.*, pp. 94–95.

124 *Ibid.*, pp. 95–96.

3부 죽음 너머의 시간

1. 죽음과 역사

　일반적으로 시간론은 직선과 원이라는 이분법적 은유를 통해 서술된다. 그런데 시간 양태의 이분법은 그 본성상 자가 증식적이다. 왜냐하면 시간 양태의 이분법은 시간 경험의 차이뿐만 아니라, 그러한 시간 경험의 차이가 만드는 문화 자체의 차이까지도 포괄하기 때문이다. 시간 경험의 차이는 문화 내용의 차이를 유발하기 때문에, 시간 양태의 이분법은 문화 양태의 이분법을 낳는다고 말할 수도 있다. 시간 경험은 인간의 다양한 경험 층위들 가운데 단지 하나를 구성하는 단독적인 경험이 아니다. 오히려 시간 경험은 인간의 다양한 경험을 가능하게 하는 근원적인 경험이고, 그러한 경험의 다양성에 종합적 응집력을 부여하는 통일성의 경험이다.

시간 경험은 시간이라는 대상을 감각하는 경험이 아니다. 오히려 시간은 여타의 감각 대상을 경험하게 하는 하나의 지평이며, 우리는 감각 대상을 오직 시간 속에서 경험할 수 있을 뿐이다. 요컨대 시간을 어떻게 경험하느냐에 따라, 타인과 사물 또는 자연을 경험하는 양태가 달라진다. 결국 문화가 인간 경험의 구조화라는 것을 인정한다면, 의당 시간 경험의 양태가 문화 양태를 좌우한다고 말할 수 있다. 그러나 시간 경험이 직접적으로 문화 양태를 결정짓는 것은 아니다. 시간 경험은 죽음의 문제와 연계됨으로써 문화 양태를 결정짓는다. 시간 경험의 양태가 달라지면 죽음의 의미도 변화한다. 이 명제는 우리의 전제이자 부단한 출발점이기도 하다.

시간은 인간의 경험 내용을 분할할 뿐만 아니라, 분리된 경험 파편들을 질서 있게 배열하고 이어 주는 매듭의 역할을 한다. 그런데 시간을 경험 파편의 매듭으로 이해하자마자, 우리는 과거, 현재, 미래의 유기적 역학을 이해하게 된다. 과거와 현재의 매듭, 현재와 미래의 매듭, 과거와 미래의 매듭, 이러한 매듭의 작용으로 인해 인간은 현재라는 갑갑한 울타리를 넘어선다. 인간은 현재라는 발판을 딛고 기억과 예기를 통해 과거와 미래로 도약할 수 있다. 달리 말해, 인간적인 현재는 항상 현재를 넘어서는 '현재 초월의 현재'이며 감각적인 현재 내부에 비감각적인 과거와 미래를 이식하는 현재이다. 이러한 현재의 역학을 통해 인간은 현재라는 시간적 구심 내부에서 과거, 현재, 미래의 동시적 공존을 체험할 수 있다. 현재와 비현재의 만남, 존재와 비존재의 만남이 가능해지는 것

죽음을 사색하는 시간

이다. 인간적인 현재는 본성상 현재를 현재인 채로 내버려두지 않는 '현재 부정의 현재'이다. 그러므로 인간적인 현재는 현재이면서 동시에 현재가 아니다.

우리는 현재의 역학을 이해함으로써 시간의 자기 초월적 성격을 가늠할 수 있다. 인간은 과거, 현재, 미래라는 이질적인 시간 영역으로 시간을 분할할 뿐만 아니라, 현재 너머로 외출하거나, 또는 현재 속으로 과거와 미래를 끌어들인다. 인간은 현재 내부에 과거와 미래를 이식함으로써 현재 너머의 또 다른 현재를 빚어낸다. 이렇게 빚어진 또 다른 현재, 즉 '현재 너머의 현재'는 과거의 흔적과 미래의 징후가 묻어 있는 현재이다. 따라서 현재의 이중적 깊이야말로 인간적인 시간의 중핵이라 할 수 있다. '현재 너머의 현재'야말로 인간의 일생, 또는 개인사(個人史)를 구성하는 현재이며, 과거로의 회귀를 통해 시간의 비가역성을 초월하게 하는 현재이다. 인간은 항상 시간을 거스르고 시간을 앞당기며 살아야 한다. 이처럼 시간의 비가역성을 초월하게 한다는 점에서 인간적인 현재는 구원론적 현재이기도 하다. 따라서 '현재 너머의 현재'라는 개념을 통해 우리는 이중적인 시간 지평을 감지할 수 있다. 인간은 감각적인 현재들의 계열이 형성하는 시간 파편들을 통해 분산적인 시간 지평을 경험한다. 동시에 인간은 '현재 너머의 현재'가 초래하는 시간의 응축 작용을 통해 유기적인 시간 지평을 경험한다. 이것이 바로 시간의 역설이다. 그렇다면 인간의 삶은 본질적으로 자기 초월적이고 시간 초월적이다. 그래서 인간은 항상 시간 안에서 스스로를 구원하며 살아간다.

인간의 시간은 이미 그 자체로 신화적이고 종교적인 기능을 수행한다. 시간 안에서 산다는 것은 신화 안에서 산다는 것을 의미한다.

그러나 인간의 시간 경험은 시간의 유한성을 전제한다. 인간은 누구나 죽음이라는 시간의 끝을 겪게 된다. 죽음은 현재의 분출과 재생이 중단되는 시간 재생의 한계점이다. 바로 이 지점에서 우리는 역사(歷史)를 이야기해야 한다. 인간은, 특히 현대인은 역사를 살아간다. 역사는 우리가 위에서 서술한 시간, 구체적으로는 개인사의 시간을 모방함으로써 형성된다. 하지만 역사는 개인사가 지닌 출생과 죽음을 제거함으로써 형성되는 시간 구조를 갖는다. 개인사는 죽음을 통해 막을 내리지만, 역사는 개인의 죽음과는 관계없이 항진(航進)하는 시간이다. 그런데 역사와 역법은 다르다. 역법의 시간은 공간적으로 구획되고 정형화된 시간 틀이며, 그 자체로는 과거, 현재, 미래라는 개념이 성립할 수 없는 시간이다. 그러나 역사의 시간은 집합적 기억과 집합적 기대를 지닌 거대한 시간의 흐름으로서 자신의 과거, 현재, 미래를 갖는 시간이다. 개인사는 문자 그대로 한 명의 인간을 담아내는 시간 영역이며, 개인의 죽음을 통해 완결되는 시간 층위이다. 그러나 역사는 무수히 많은 인간들, 또는 무수히 많은 세대들의 계열을 담아낼 수 있는 시간 층위이다. 개인사의 종결이 죽음이라면, 역사의 종결은 전 인류의 멸망이다.

우리의 최초 문제는 죽음이었다. 그러나 우리가 서술하고자 하는 죽음은 일차적으로 현대 세계 안에서의 죽음이다. 굳이 우리가 '현대'라는 제한을 두는 것은 역사의 문제 때문이다. 왜냐하면 현대는 신화적

　　　　　　　　　　　　　　　　　죽음을 사색하는 시간

우주론이 영향력을 상실한 역사의 시대라는 것이 우리의 입장이기 때문이다. 물론 죽음의 문제는 시간의 문제, 특히 개인사의 문제를 통해서만 접근 가능하다. 그러나 현대에 있어서 죽음의 해부학은 개인사의 층위 너머에 있는 수술대를 필요로 한다. 그러한 개인사 너머의 수술대 가운데 하나가 바로 역사일 것이다. 우리는 개인사를 역사와 대비하여 서술할 필요가 있으며, 그때 비로소 현대적인 죽음의 의미가 조금 더 명료해질 것이다. 역사의 지속과 대비되는 개인사의 종료라는 구도 속에 죽음의 문제를 위치시킬 때, 우리는 개인의 죽음에 대한 역사의 폭력을 이해할 수 있다. 즉 개인적 시간의 종료와 집합적 시간의 지속을 상호 대립시켜 서술할 때, 우리는 역사 속에서 개인이 탈락하는 양상을 보다 명료히 인식할 수 있다. 항진하는 역사의 흐름 속에서 개인의 일생은 죽음으로 인해 역사로부터의 탈락과 박리(剝離)를 겪게 된다. 개인사의 종료와 역사의 지속이라는 도식은 개인사를 역사의 일정 기간을 점유했던 사건으로 표기한다. 역사의 새까만 흐름 속에서 무수히 많은 개인사들이 생멸을 반짝거린다.

역사라는 인공 우주 속에서 개인의 죽음은 개별성의 종말로 경험된다. 이 인공 우주는 더 이상 불멸하는 영혼의 존재 여부를 묻지 않는다. 역사는 개인의 일생을 순환시킬 수 있는 역학 체계를 갖고 있지 않다. 이제 개인의 일생은 재생을 통한 개별성의 회귀를 기약하지 못하며, 역사라는 인공 우주는 생명의 일회성만을 허용한다. 개별성은 순환 없는 일회성을 의미할 뿐이다. 역사는 영혼 불멸에 의한 개인사의 연장(延長)

을 수용할 만한 여백을 지니고 있지 않다. 죽음 이후에도 살아남아 지속적으로 역사에 개입하는 인간 영혼이란 역사의 모퉁이에서 종교라는 이름으로 염원될 수 있을 뿐이다. 인공 우주 속에서 종교는 역사를 포괄하는 전체가 아니라, 역사 속의 개인이 자발적으로 선택할 수 있는 작은 부분에 불과하다. 진정한 역사주의는 신화적 우주론의 박멸을 지향한다. 종교라는 이름이 불필요했던 시대는 사라지고, 이제 역사는 종교라는 이름 속에 존재론과 형이상학을 유폐시킨다. 종교라는 이름이 종교의 감옥이 된다고 말할 수 있다.

현대 세계에서 종교는 종교라는 이름 안에 갇힌 채, 단지 종교라는 범주 속에서만 유효한 것이 된다. 종교 안에서 발언되는 모든 말, 종교 안에서 인간이 하는 모든 행동에는 "이것은 종교다. 그러니까 봐줘라!"라는 보이지 않는 꼬리표가 붙어 있다. 이 꼬리표로 인해 종교라는 닫힌 극장 안에서는 사회적으로 유해하지 않으면 무엇이든 상영될 수 있다. 어차피 종교는 어두운 극장 안에서 스크린에 투영되었다가 관객의 눈과 귀로 흡수되어 사라지는 한 편의 영화일 뿐이다. 사람들이 종교를 관람하는 동안, 종교의 극장 문은 굳게 닫힌다. 이런 세계에서 종교는 더 이상 종교 외부의 범주에 영향력을 행사할 수 없다. 종교는 종교 안에서 영향력을 극대화하는 것으로 만족한다. 종교는 종교라는 비현실적인 가상 공간을 건축하는 언어의 유희, 행동의 예술일 뿐이다.

그러므로 역사는 무수히 다양한 종교 현상을 종교라는 하나의 이름 속에 유폐시킴으로써, 종교 현상의 상징적 힘이 낳는 의미의 무한 증식을 정지시킨다. 모든 것은 역사를 중심으로 회전하며, 역사 속에 들여 앉힐 수 없는 것은 가차 없이 추방된다. 역사와 역사 외부는 더 이상 서로 교환되지 않는 단절을 경험한다. 죽은 인간은 더 이상 역사의 시간에 참여할 수 없는 존재이며, 따라서 역사의 진행과는 하등의 상관성이 없는 의미 없는 존재이다. 죽은 자는 역사의 바깥이라는 익명의 공간으로 추방되며, 인공 우주는 쉴 새 없이 개인의 주검을 바깥으로 내뱉는다. 역사는 비역사를 제거함으로써 자기 정화를 수행하며, 역사와 비역사를 모두 포괄함으로써 역사와 비역사의 일정한 교환 관계를 성립시키는 신화적 우주론은 사라진다.

지금까지 우리는 개인사와 역사의 기본적인 성격을 이야기했다. 그런 가운데 우리는 역사주의가 갖는 전체주의적 속성까지도 예감할 수 있었다. 왜냐하면 역사주의는 비역사성이라는 부정적인 범주를 이용하여 역사의 정화를 추구하기 때문이다. 이때 실증주의가 역사와 비역사를 가르는 잣대 역할을 수행한다.[1] 역사주의는 역사 외부에서 역사 내부로 틈입하거나, 또는 역사 내부에서 자생하는 신화적이고 우주론적인 비역사성을 제거함으로써 역사를 만든다. 역사는 비역사를 부정하는 것들의 집합체가 된다. 역사라는 가상의 범주는 비역사라는 부정적인 범주를 배제함으로써 역사 세계의 아성을 구축한다. 그렇다면 비역사는 역사라는 인공 우주에 의해 망각의 수렁으로 내던져진 초역사적 상상력의 집합체라고 할 수 있다. 역사주의는 '역사의 바깥'을 배제함으로써 세계의 탈마법화를 추진했으며, 실증주의적 지식에 의해 신화를 해체하고 상상력을 붕괴시켰다.[2] 다소 역설적이지만, 역사주의는 역사 내부에 잠재해 있는 모든 초역사적인 것을 비역사성이라는 괄호로 포박했으며, 이로써 역사에 생명력을 불어넣는 '존재론적 우주'를 거세해 버렸다. 역사주의에 의한 '존재론적 우주'의 망각은 어찌 보면 역사주의의 필연적인 귀결이다. 역사가 자신의 존재론을 비역사로 범주화하는 순간, 역사는 이미 자신의 파멸을 향해 발걸음을 내딛게 된다.

역사주의는 역사 속으로 틈입하여 현현하는 초역사를 서술할 만한 술어를 지니고 있지 않다. 다시 말해서 역사주의는 역사의 '존재론적 우주'인 초역사를 서술할 만한 적합한 술어를 지니고 있지 않다. 그렇다면 역사는 이제껏 한 번도 초역사를 역사 내부에 들여앉혔던 적이 없었단 말인가? 물론 그렇지는 않다. 우리의 문화가 기억하는 종교사(宗敎史)는 역사 내부에서 이루어진 초역사의 현현이라는 역설을 여실히 드러내고 있다. 종교사는 역사 내부에 초역사를 들여앉힘으로써 역사를 초역사화시킨다. 초역사의 등장은 역사의 장에서 비역사적인 것이 출몰하는 상황, 또는 역사적인 문맥을 일탈하는 사건이 출현하는 상황을 가리킨다. 그런데 역사가 초역사를 담는 용기(容器)의 역할을 수행할 수 있다는 역설은 차치하더라도, 역사의 문맥을 일탈하는 초역사는 역사에 어떤 존재론적 힘을 준다. 역사는 역사 외적인 타자를 만남으로써 역사의 존재론적 근거를 확보하며, 이를 통해 역사의 존재론을 깨닫게 된다.

종교사는 단순한 역사가 아니라, '역사의 존재론'을 서술하는 '존재론의 역사'를 지향한다고 말할 수 있다. 이처럼 종교사는 '역사의 존재론'

죽음을 사색하는 시간

을 드러내어 밝히는 역사 서술을 의도한다. 종교사는 역사의 내적 생명이 언어화된 것이며, 역사 현상의 뿌리가 되는 '역사의 존재론'을 서술한다. 그렇다면 현대의 역사, 즉 지금 우리가 몸담고 있는 역사는 왜 초역사를 봉인하여 역사의 어두컴컴한 구석에 던져 버렸는가? '존재론적 우주'는 역사의 시작과 끝이 형성하는 역사의 전 과정을 포괄하여 설명하는 밑그림이 아닌가? 종교사는 '존재론적 우주' 속에 역사를 들여앉히는 역사 서술이 아닌가? 종교사는 세계사의 한 부분이 아니라 세계사의 설명 원리이자 세계사의 존재론이며, 그러기에 필연적으로 역사철학을 지향한다. 우리는 '존재론적 우주'와 세계 역사의 상호 교섭에 관한 이야기를 종교사라고 명명할 수 있을 것이다.

그러나 역사는 그 흐름의 어느 순간에 초역사를 자기 내부에 들여앉힐 수 있는 여백을 잃어버렸다. '역사의 존재론'은 역사적 현상들에 정당성을 부여하며, 이로써 역사를 존재론적 초역사의 장에 편입시킨다. 그러나 역사 흐름의 어느 순간에 역사가 지고한 절대 권력을 부여받았다. 역사는 '역사의 존재론'을 더 이상 필요로 하지 않게 되었으며, 역사 스스로가 모든 사물의 존재론이 되었다. 역사가 모든 것을 설명하고 모든 것의 근거가 되는 상황, 이때 역사는 스스로 자족적인 체계가 된다. 역사는 초역사라는 역사 외부로부터 역사를 추동하는 힘을 부여받는 것이 아니라, 역사 내부에서 역사를 추동하는 힘을 쥐어짠다. 역사 안에서 일어나는 모든 사건이 역사적으로 설명되고 해결될 수 있다는 믿음이 역사주의의 강령이 된다. 이제 인간은 역사 속에서 역사성을 통해서만 자신의 존재 양식을 정립한다. 역사가 인간 존재론의 한계 지평으로 자리잡은 것이다.

2. 아우구스티누스의 시간

우리는 흔히 환생이나 윤회에 관한 종교적인 주장이 매우 특이하고 드문 것이라고 생각한다. 그러나 그리스 철학과 힌두교뿐만 아니라 전 세계적으로 환생에 관한 종교적인 주장은 매우 일반적인 것이다. 시간 안에서 특정 사건이 영원히 반복된다고 주장하든, 인간의 영혼이 시간 안에서 몸의 생성과 소멸을 반복한다고 주장하든 간에, 시간의 반복은 매우 보편적으로 제기되는 종교적인 주장이다. 이때 영원은 시간 밖에 있는 것이 아니라 시간 안에 깃들어 있다. 인간의 탄생과 죽음이라는 관점에서 볼 때 시간은 유한한 것이다. 그러나 윤회 개념에서 죽음은 단지 새로운 반복을 위한 존재의 휴식일 뿐이다. 거대한 시간의 흐름은 이미 그 자체 안에 영원을 머금고 있다. 모든 인간 생명은 끝없는 윤회 속에서 무한히 되풀이된다. 윤회 개념에서 영원은 시간 밖에 있는 시간 정지의 상태, 또는 무시간의 상태가 아니라, 오히려 모든 것을 무한히 반복하는 시간의 힘을 가리킨다. 눈을 크게 뜨고 보면, 시간은 자기 안에 감추어진 영원을 드러낸다. 시간이 신처럼 기능한다고 말할 수도 있다.

그런데 아우구스티누스는 환생이나 윤회 같은 존재의 반복에 대한 주장을 공격하기 위해, 시간 안에 갇힌 영원을 해방시키기 위해, 아니 시간 안에 갇혀 시간의 법칙으로 전락한 신을 구제하기 위해, 시간의 원을 깨뜨리기 위해, 자신의 독특한 시간론을 전개한다. 힐레스 퀴스펠에 의하면, 아우구스티누스는 『문자 그대로의 창세기의 의미』에서는 우주 창조의 맥락에서 시간과 영원의 관계를 다루고, 『신국론』에서는 시간의 품에서 영원성을 해방시키기 위해 순환적인 역사관을 공격하고, 『고백록』에서는 시간이 영혼 안에 있으며, 시간은 우주의 운동을 전제한 것이기 때문에 창조 이전에는 시간이 없었다고 주장한다.[3] 아우구스티누스의 주장에 따르면, 인간은 시간의 원에서 벗어나 역사의 직선을 걸어야 한다. 그리고 역사의 직선은 처음부터 끝까지 신의 왕국과 악마의 왕국이라는 두 왕국의 혼합과 갈등에 의해 유지된다. 신의 왕국은 신에 대한 사랑에 근거하지만, 악마의 왕국은 자기에 대한 사랑에 근거한다. 신과 악마의 이러한 싸움은 결국 신의 승리로 끝나야 한다.

이런 식으로 아우구스티누스는 유대교와 기독교의 종말론을 부활시킨다. 그러나 그는 천년왕국설(chiliasm)을 거부한다. 왜냐하면 미래의 지상낙원을 묘사하는 천년왕국설은 여전히 시간 안에 영원을 두고 있으며, 시간과 영원을 혼동하고 있기 때문이다. 신의 나라인 신국에 도달하는 것이 역사적이고 개인적인 삶의 과정의 목표이지만, 신국은 시간의 끝이 아니라 시간 외부에 있다. 그러므로 아우구스티누스의 시간론은 우리가 어떻게 시간 안에 갇히게 되는가, 그리고 우리가 어떻게 영원으로 나아갈 수 있는가에 대한 논의라고 할 수 있다. 그는 천년왕국처럼 역사에 들러붙은 '시간의 신화'를 철저히 제거한다. 그래서 힐레스 퀴스펠은 아우구스티누스가 역사를 탈신화화했다고, 그의 신학은 "탈신화화된 종말론"이라고 주장한다.[4]

아우구스티누스는 시간 안에서 신을 꺼내기 위해 고대적인 시간 개념 전체와 투쟁을 벌인다. 그에 의하면, 시간은 비존재를 지향하기 때문에 존재한다는 역설 속에서 생겨난다. 시간은 없어지기 위해 있는 것이며, 없어지지 않는다면 그것은 시간이 아니라 영원이다. 그렇다면 시간과 인간은 무척 닮아 있다. 인간 역시 사라지기 위해 존재하며, 사라지지 않는다면 이미 인간은 신일 것이기 때문이다. 아우구스티누스가 『고백록』 11권에서 하는 이야기를 잠깐 들어 보자.

> 그렇다면 시간이란 무엇인가? 아무도 내게 묻지 않는다면, 나는 알고 있다. 내가 질문자에게 그것을 설명하려 한다면, 나는 알지 못한다. 그러나 어쨌든 나는 다음과 같은 사실 정도는 알고 있다고 감히 단언한다. 만약 아무것도 지나가지 않았다면, 과거 시간은 존재하지 않을 것이다. 만약 아무것도 접근하고 있지 않다면, 미래 시간은 존재하지 않을 것이다. 만약 아무것도 존재하지 않는다면, 현재 시간은 존재하지 않을 것이다. 그렇지만 과거는 더 이상 존재하지 않고 미래는 아직 존재하지 않는다는 것을 고려할 때, 과거와 미래라는 두 가지 시간이 어떻게 존재할 수 있단 말인가? 다른 한편, 현재가 항상 현존할 뿐 결코 과거로 흘러 들어가

지 않는다면, 현재는 도대체 시간이 아니라 영원일 것이다. 그러나
만약 현재가 과거로 흘러 들어가기 때문에 시간일 수 있다면, 어
떻게 우리는 현재가 존재한다고 말할 수 있는가? 왜냐하면 현재
는 단지 존재하기를 멈출 것이라는 점에서만 존재하기 때문이다.
그러므로 우리는 시간이란 단지 비존재를 지향한다는 점에서만
존재한다고 단언할 수 있다.[5]

아우구스티누스에 의하면 과거는 더 이상 존재하지 않고, 미래는 아
직 존재하지 않으며, 현재는 우리가 그것을 현재라고 인지하는 순간 바
로 비존재로 추락한다. 현재는 지속하지 않는다. 그렇다면 인간에게는
항상 어떤 시간도 존재하지 않을 것이다. 그러나 우리는 시간이 있다고
말한다. 그렇다면 시간은 도대체 어디에 어떤 식으로 존재하는가? 시간
은 본질상 자신의 소거를 지향한다. 현재라는 시간은 곧장 과거 속으
로 사라진다. 현재의 존재는 자신의 비존재를 지향하는 데 있기 때문이
다. 그렇다면 현재라는 시간은 자신의 비존재 상태, 즉 현재의 끝을 통
해서만 자신의 존재를 인정받는다. 이때 우리에게 한 가지 의문이 떠오
른다. 존재하지 않는 시간을 어떻게 측정할 수 있단 말인가? 아우구스
티누스에 따르면, 시간은 영혼 안에 있으며, 우리는 영혼 안에서 시간을
측정한다. 과거, 현재, 미래는 기억, 지각, 기대의 형태로 영혼 안에 있다.
시간을 측정할 때 우리는 영혼에 새겨진 시간 이미지를 측정한다. 아니,
시간을 측정한다는 것은 영혼을 분할하여 측정한다는 것을 의미한다.

힐레스 퀴스펠은 아우구스티누스의 이야기를 이렇게 설명한다.

> 내가 강의를 할 때 나의 기대는 내가 말하고자 하는 것을 향해 이
> 끌리고, 나의 주목은 내가 말하고 있는 것을 향해 이끌리고, 나
> 의 기억은 내가 말한 것을 향해 이끌린다. 시간은 바로 비교하
> 는 의식의 현재적 응시에 존재한다. 나의 주목은 넓어지고 확장되
> 어 디스텐티오(distentio, 팽창)가 된다. 시간은 디스텐티오 아니미
> (distentio animi), 즉 영혼의 팽창이다. 그리고 이러한 영혼의 팽창
> 은 동시에 영혼의 분할을 가리킨다. 왜냐하면 죽음이 와서 더 이
> 상 어떤 것도 기대할 수 없을 때까지, 영혼이 기억과 기대와 주목
> 사이에서 앞뒤로 내던져지기 때문이다. 나의 전 인생이 디스텐티
> 오인 것이다! 세상 모든 사람들의 시간은 끝에 이른다. 나는 시간
> 에 굴복했다. "시간의 질서를 알지 못한 채 내가 시간 속에서 쪼개
> 지고, 나의 생각은 온갖 종류의 소동 속에서 찢긴다."[6]

우리의 과거, 현재, 미래는 공허한 추상물이 아니라 구체적인 사물
이미지로 기억되고 감각되고 기대된다. 살아가면서 인간의 영혼은 계속
해서 다른 사물, 다른 인간에 의해 삼켜진다. 내가 만나는 사물들, 그리
고 나의 영혼을 흡수하는 사물들의 연쇄가 시간의 질서를 만들어 낸
다. 그러므로 시간이란 사물에 빼앗긴 인간 영혼의 기록 같은 것이다.
서로 다른 사물들이 인간의 영혼을 조금씩 베어 물면서 영혼이 파편화

죽음을 사색하는 시간

되는 것이다. 시간은 사물에 의해 탈취된 인간 영혼의 목록이다. 인간의 영혼이 사물에 흡수되어 외재화된다고 말할 수도 있다. 따라서 일반적으로 우리가 시간이라 부르는 것은, 인간 영혼이 세상의 사물들 속으로 흩뿌려지면서 만들어진다. 시간은 인간의 자기 상실의 기록이다.

이러한 맥락에서 아우구스티누스는 사물에 빼앗긴 인간의 영혼을 회수하는 작업을 시작한다. 그리고 이러한 영혼 회수는 결국 시간을 지우는 작업으로 귀결한다. 세상의 사물로부터 영혼을 거두어들인다는 것은 사물에 박힌 시간을 지운다는 것을 의미한다. 시간은 사물에 박힌 영혼의 파편이기 때문이다. 그래서 그는 시간이란 사실은 외부에 있는 것이 아니라 내부에 있는 것이라고 말한다. 즉 인간의 영혼이 잘게 쪼개지지 않는다면, 시간은 사라진다. 결국 시간으로부터 구원받는다는 것, 시간이 낳은 영혼의 분할과 삭제로부터 구원받는다는 것, 이것이 중요하다.

아우구스티누스에 의하면, 시간으로 인해 인간의 영혼은 부풀어 올라 과거, 현재, 미래로 갈가리 찢긴다. 시간은 인간의 영혼을 잘게 썰어 과거, 현재, 미래를 향해 이리저리 내던진다. 이처럼 죽을 때까지 인간은 시간의 파편이 되어 시간 속을 떠돈다. 아니, 시간이란 결국 잘게 썰린 인간 영혼의 사체 같은 것이다. 잘린 영혼, 나누어진 영혼, 파편화된 영혼이 간신히 서로를 기억하며 마치 하나인 듯 이어진 것이 시간이다. 이처럼 인간은 시간 속에서 자신을 상실한다. 시간 안에서 인간의 영혼이 녹아 버린다고 말할 수도 있다. 그러므로 아우구스티누스에게 영혼의 구원과 치유의 문제는, 어떻게 하면 시간 안에 흩뿌려진 영혼이 다시 통일성과 전체성을 회복할 수 있는가에 대한 물음으로 이어진다. 시간의 파편이 되어 시간에 용해되지 않고, 인간이 영원을 향해 도약할 수 있는가? 다시 힐레스 퀴스펠의 이야기를 들어 보자.

> 과거, 현재, 미래로의 디스텐티오(distentio, 팽창) 말고도, 우리는 영원을 향한 인텐티오(intentio, 집중)를 갖고 있다. 그리고 아우구스티누스가 신과 관계없는 외적 시간을 "상실된 시간"으로 여긴다는 것은 의심의 여지가 없다. 왜냐하면 바로 처음부터 그의 의도, 즉 사실상 시간에 대한 그의 모든 성찰의 목적은, 내적인 눈을 이러한 차원으로 해방시키는 것이었다. 그리고 자신의 적수들의 순환적인 시간 개념이 진정한 영원이 아니라 단지 순환적이고 정적인 유한성만을 포함한다는 것, 그리고 영원, 또는 모든 것을 포용하는 영원한 자가 시간을 구성하고 자신의 비견할 바 없는 타자성으로 시간을 에워싼다는 것, 그리고 외부 세계에서 물러나기만 한다면 인간이 어떤 식으로든 자신의 인텐티오를 통해 이러한 영원성, 즉 이처럼 본래적이고 진정한 신의 창조적인 시간과 접촉한다는 것을 보여주는 것이 그의 의도였다.[7]

아우구스티누스는 인텐티오를 통해 디스텐티오를 극복하는 것에 대해 이야기한다. 이것은 영혼의 집중을 통해 영혼의 분산을 막고, 이로

죽음을 사색하는 시간

써 시간을 지우는 일이라 할 수 있다. 그에게 인텐티오는 시간 지우기의 기술이자, 영원과 접촉하는 기술이다. 그런데 그는 영적 시각을 갖는 데서 인텐티오가 시작된다고 말한다. 인텐티오는 일단 감각 기관을 거부하고 일종의 엑스터시 상태에 들어가는 것이며, 설령 감각이 차단되지 않더라도, 아무런 사물도 보이지 않고 아무런 말도 들리지 않으며 오로지 영적 이미지로 충만한 상태를 지향한다. 그러나 아우구스티누스는 여기에서 한 걸음 더 나아가 영혼의 가장 깊은 곳에서 모든 이미지가 사라질 때 신과 영원을 경험하는 일이 가능하다고 말한다. 영원은 이미지 너머의 영역에서 시간이 사라질 때 서서히 모습을 드러낸다.[8]

이때 비로소 인간은 시간 안에 흩어진 영혼의 파편을 한데 끌어모은다. 그리고 인텐티오가 낳은 시간의 증발을 통해 시간의 가벼움, 그리고 존재의 가벼움을 알게 된다. 영원 안에서 신을 만난 인간은 자신이 창조되었다는 사실, 즉 마치 먼지처럼 가벼운 존재라는 사실을 깨닫게 되고, 이 가벼운 존재의 구원을 위해서는 오로지 신의 손길, 신의 계시만이 필요하다는 사실을 알게 된다.

3. 시작의 마법

여전히 우리는 미르챠 엘리아데만큼 매력적으로 신화를 정의하는 학자를 발견하기 힘들다. 여전히 종교학의 영역에서 엘리아데의 신화 정의는 강력한 힘을 발휘하고 있다. 엘리아데에 의하면, 신화는 무엇보다도 모든 사물의 시작에 관한 이야기라고 할 수 있다. 모든 것의 시작에는 항상 초자연적 존재의 손길이 닿아 있다. 지금 아무리 세속적인 때가 묻어 있더라도, 모든 사물은 원래 성스러움의 향기를 품고 있었다. 인간을 포함하여 모든 사물은 이곳이 아니라, 저 너머 다른 곳에서 왔다. 그러므로 이곳은 모든 사물의 일시적인 거처일 뿐이다. 인간이든 사물이든 모든 것은 이곳에 있으면서도 항상 다른 곳을 지향한다. 이것이 영원한 갈증, 해소되지 않는 향수를 낳는다. 엘리아데가 그리는 세계에서 모든 사물은 우울한 낭만에 젖어 있다.

신화는 성스러운 역사를 이야기한다. 그것은 최초의 시간에 일어난 사건, 전설적인 "시작들"의 시간을 이야기한다. 달리 말하자면, 신화는 초자연적 존재들의 행위를 통해 어떻게 실재가 존재하게 되었는지를 말한다. 이 실재는 실재 전체, 즉 우주일 수도 있고, 섬, 식물 종, 특수한 종류의 인간 행동, 제도처럼 단지 실재의 단편일 수도 있다. 그렇다면 신화는 항상 "창조"에 대한 설명이다. 그것은 무언가가 어떻게 생산되었는지, 어떻게 존재하게 되었는지를 이야기한다. 신화는 단지 실제로 일어난 것, 완전히 그 자신을 드러낸 것에 대해서만 말한다. 신화의 행위자는 초자연적 존재들이다. 그들은 주로 "시작들"의 초월적인 시기에 그들이 했던 일에 의해 알려진다. 그러므로 신화는 그들의 창조적인 활동을 드러내고,

죽음을 사색하는 시간

그들 작업의 성스러움(또는 단지 "초자연성")을 밝힌다. 요약건대 신화는 세계 속으로 들어오는 성스러움(또는 초자연적인 것)의 다양한, 때로는 극적인 돌입을 묘사한다. 실제로 세계를 확립하고, 세계를 오늘날의 세계처럼 만드는 것은, 바로 이처럼 갑작스럽게 일어나는 성스러움의 돌입이다. 더구나 인간 자신이 지금처럼 필멸적이고, 성별이 있는 문화적인 존재가 된 것도 초자연적 존재들의 개입 때문이다.[9]

엘리아데에 따르면, 근대인은 자신을 역사의 구성물이라고 생각하지만, 고대인은 자신을 신화적 사건들의 결과물이라고 생각한다.[10] 이런 식으로 엘리아데는 신화 안에서 사는 고대인과 역사 안에서 사는 근대인을 대비시킨다. 이러한 기초적인 개념에 입각하여, 여기에서 우리는 '신화와 시간'이라는 문제를 잠시 생각해 볼 것이다.

시간 개념이 없었던 시대가 있었을까? 또는 역사 개념이 없었던 시대가 있었을까? 적어도 지금 우리가 갖고 있는 시간 개념이나 역사 개념이 존재하지 않았던 시대나 문화가 있었을까? 역사주의는 모든 사건을 인과론적 사슬에 꿰어 넣음으로써 진정한 시작의 불가능성을 선포한다. 물론 진정한 시작이 없기에 진정한 끝도 없다. 모든 사건은 원인을 가지며, 모든 원인은 '원인의 원인'을 가짐으로써 결과가 된다. 마찬가지로 모든 사건은 자신의 결과를 가지며, 모든 결과는 '결과의 결과'를 가짐으로써 원인이 된다. 따라서 원인과 결과의 무한 사슬이 인간 실존을 포박한다. 판 데르 레이우는 「최초의 시간과 최후의 시간」이라는 글에서 토마스 만의 『마의 산』의 한 구절을 인용하면서 이렇게 이야기를 풀어 나간다.

"모든 시작에는 마법이 살고 있다. 이 마법이 우리를 보호하면서 우리에게 어떻게 살아야 할지를 말해 준다." 시간의 수수께끼는 시작의 수수께끼이다. 우리는 진짜 시작이 있을 수 없다는 걸 안다. 항상 무언가가 앞서 진행되었다. 시작 안에는 과거 전체가 놓여 있다. 시작은 과거이다. 그러나 우리는 무언가를 시작한다고, 새로운 시작을 한다고 말한다. 그리고 우리는 그러한 시작들의 긴 목록을 시간이라 부른다. 우리는 시간 안에서 산다. 아침에 일어날 때, 해의 시작에서, 우리가 착수하는 모든 일에서, 한 곳에서 다른 곳으로의 모든 움직임에서, 우리는 우리가 항상 새롭게 시작한다는 사실로 인해 산다. 그리고 우리는 새로운 시작이라는 이 마법, 과거에서 오늘로, 그리고 오늘에서 과거로의 이 영원한 이행을 이해하지 못한다. 우리가 존재하는 장소이자 통로인 만질 수 없는 지금, 즉 어제와 내일의 신비로운 분할선은 우리가 이해할 수 없는 것이다."

판 데르 레이우는 시간이란 "시작들의 긴 목록"이라고 말한다. 인간은 시간 안에서 시작을 무한 반복한다. 그리고 우리는 새로운 시작의

죽음을 사색하는 시간

가능성을 시간이라 부른다. 시간 안에서 반복되는 것은 사람도 영혼도 아니고 시작이다. 우리는 아무것도 없는 무(無)의 허허벌판에서 첫발을 떼며 시작하는 것이 아니라, 수북이 쌓인 과거의 잔해를 딛고 시작한다. 그러므로 시작은 차디찬 과거의 지표를 뚫고 나오는 봄의 새싹 같은 것이다. 무언가를 제대로 시작하려면, 우리는 과거의 힘에 기대어 시작을 해야 하고, 과거를 재구성하여 시작을 만들어야 하고, 과거를 살해하여 시작을 발아시켜야 한다. 우리는 밤으로 어제를 지우고 새로운 오늘을 시작한다. 그래서 시간은 시작인 것이다. 토마스 만이 말하는 시작의 마법은 다른 게 아니라 '시작의 힘' 같은 것이다.

사실 시간과 역사의 모든 문제는 어떻게 진짜 시작을 만들 것인가 하는 문제일지 모른다. 우리가 신화적인 시간과 역사적인 시간을 구분 지을 수 있는 근거는 어쩌면 진정한 시작의 가능성 여부에 있다. 신화의 시간은 시작의 시간만을 이야기한다. 설령 신화가 끝의 시간을 이야기하더라도, 그 끝은 이미 새로운 시작을 담고 있다. 그러기에 끝은 무화(無化)가 아니다. 신화적인 시간은 시작의 시간만을 서술함으로써 진정한 끝을 소거한다. 그러나 끝의 시간이 없기에, 그러한 시작의 시간은 사실 시작이라는 용어마저도 거부한다. 신화에서 시작의 시간이란 시작보다는 창조의 의미를 더 강하게 풍긴다. 신화의 시간은 끝을 모르는 시작, 즉 창조의 시간만을 소유한다. 모든 시작에는 신화가 있다. 아니 시작을 만드는 것은 신화의 힘으로 인해 가능하다. 이탈리아 종교학자인 라파엘레 페타초니(Raffaele Pettazzoni)의 이야기를 들어 보자.

신화는 우화가 아니라 역사, 즉 "진짜 역사"이며 "가짜 역사"가 아니다. 그것은 그 내용에 의해 진짜 역사이며, 그러한 웅장한 기원의 사건들에서 시작되는, 실제로 일어난 사건들에 관한 이야기이다. … 신화는 그 내용뿐만 아니라 그것이 가동시키는 구체적인 성스러운 힘으로 인해 성스러운 역사이기 때문에 진짜 역사이다. … 세계 창조를 이야기한다는 것은 인류의 생명을 유지하는 데 도움을 준다. … 따라서 신화는 진짜 역사이며 가짜일 수 없다. 신화의 진실은 논리적인 질서나 역사적인 질서를 갖지 않는다. 그것은 무엇보다도 종교적인 질서, 더 명확히 말하자면 주술적인 질서를 갖는다. 의례(cult)의 목적에 도움을 주고, 세계와 생명을 보존하는 신화의 효력은, 말의 주술, 즉 말, 미토스(mythos, 신화), 파불라(fabula, 이야기)의 환기하는 힘에서 기인한다. 파불라는 믿을 수 없는 담화가 아니며, 어원을 따르자면 운명(fatum)의 힘과 비슷한 불가사의하고 강력한 힘을 갖는다.[12]

페타초니는 신화가 지닌 말의 힘에 주목한다. 그런데 신화의 힘은 마치 운명처럼 결코 거부할 수 없는 힘이다. 우리는 운명의 시간이 지나가고 나서야 운명을 이해한다. 인간은 항상 운명에 한 걸음 뒤처져 걷는다. 말의 힘도 마치 운명처럼 우리가 지나친 시간 속에서 부지불식간에 힘을 발휘한다. 페타초니가 말하는 신화는 현재 우리가 서점에서 구입

죽음을 사색하는 시간

하여 읽는 '죽은 신화'가 아니라, 의례 현장에서 낭송되는 종교 언어로서의 신화, 즉 '살아 있는 신화'일 것이다. 판 데르 레이우는 페타초니의 이야기에 브로니스와프 말리노프스키(Bronisław Malinowski)의 다음과 같은 말을 덧붙인다.

> 신화는 말해진 이야기일 뿐만 아니라 체험되는 실재이고, 수수께끼에 대한 지적 반응이 아니라 명시적인 신앙 행위이다. 그것은 현재의 삶 속에도 여전히 살아 있는 원시적인 실재에 대한 진술이고, 선례에 의한 정당화 작업이다.[13]

말리노프스키에 따르면, 의식하든 그렇지 않든 간에 신화는 우리가 삶 속에서 여전히 체험하는 원시적인 실재이다. 우리는 과거에도 늘 그리했다는 이유로 현재의 우리의 행동을 정당화한다. 역으로 말하면, 우리가 현재의 삶을 정당화하기 위해 이용하는 과거의 모든 '시작 이야기'는 신화라고 할 수 있다. 그렇다면 신화의 힘은 새로운 시작을 가능하게 하는 과거의 힘이다. 우리는 아무렇게나 되는 대로 시작하는 것이 아니라, 바로 이 신화의 힘에 의지하여 시작한다. 그리고 영원히 이어지는 새로운 시작들의 사슬이 바로 우리가 말하는 시간이 된다. 그래서 판 데르 레이우는 이렇게 말한다.

소규모로 보든 대규모로 보든 간에, 세계의 존재는 항구적으로 확립되거나 주어지는 것이 아니다. 그것은 신화에 의지하여, 즉 기원 신화의 음송과 결과적으로 일어나는 최초 사건들의 부활을 통해, 항상 새로이 시작되어야 한다. 신화와 이에 연관된 성스러운 행동이 세계의 존속을 보증한다. … 여기에서 우리는 멀리 떨어진 과거의 시간이 아니라, 오늘 새로 시작되지 않고 단지 반복될 뿐인 모든 일이 이미 일어났던 원형적인 시간이라는 의미에서, 최초의 시간이라는 관념을 갖는다. 최초의 시간은 창조적이다. 그것은 오늘 일어나는 일을 창조한다. 그리고 이것은 신화의 반복을 통해 성취된다. … 새로운 신화 개념은 매우 넓은 함의를 갖는다. "그것은 통상적인 개념과는 완전히 다른 세계관을 낳는다. 아무것도 고정되어 있지 않고, 사실상 아무것도 존재하지 않는다. 영원히 새롭게 창조되는 것 말고는, 신화로서 활성화되는 것 말고는, 아무것도 출현할 수 없다." 그러나 이것은 모든 신화가 원인론적이라는 것을 의미한다. 신화가 사실을 "설명한다"는 낡은 의미에서 그런 것이 아니라, 신화가 이 사실을 보증한다는 의미에서 그렇다. … 이러한 일이 시작(origine)에, 즉 실재성을 갖는 모든 사건의 창조적인 원천에 적용된다.[14]

이제 신화에 대한 판 데르 레이우의 이러한 주장은 우리에게 낯설지 않다. 그러나 시간은 시작의 반복이자 연쇄이며, 우리는 시간 안에서 영원히 계속 시작할 뿐이라는 주장, 그리고 새로운 시작은 신화의 힘, 말

죽음을 사색하는 시간

의 힘에 의해 가능하다는 주장은 그리 친숙하지 않다. 이것이 앞서 그가 말한 "시작은 과거이다."라는 말의 의미일 것이다. 적어도 우리는 판 데르 레이우에 의해 시간이 시작의 반복이라는 것, 그리고 새로운 시작은 과거로의 회귀에 의해서만 가능하다는 것을 알 수 있다.

그렇다면 "시간에서 시작보다 끝이 강조되는 현상은 왜 일어나는가?"라는 질문을 자연스럽게 던져 볼 수 있다. 왜 우리는 모든 일의 끝에 짓눌리고, 끝에 상처받는가? 어쩌다가 우리는 시간 안에서 새롭게 시작하는 능력, 즉 시작의 힘을 잃어버린 것인가? 페타초니, 말리노프스키, 판 데르 레이우에 의하면 신화는 시작의 마법이다. 그렇다면 현대 세계에서 우리는 신화의 상실로 인해 시작의 힘을 잃어버린 것인가? 이제 우리에게 시간은 '끝의 반복'이 아닌가? 그리고 이제 우리는 시작이 아니라 끝의 힘에 압도된 채 살아가고 있지 않은가? 이러한 맥락에서 판 데르 레이우는 이렇게 말한다.

> 시간과 신화는 서로 함께한다. 신화가 시간을 창조하며, 시간에 "내용과 형식"을 준다. … 신화는 삶이고 삶은 신화이다.[15]

신화는 인간에게 새로 시작할 수 있는 힘을 준다. 그리고 시작의 힘이 시간을 만든다. 이런 의미에서 신화는 시간을 창조한다. 이 책에서 우리의 주요 주제가 죽음이라는 것을 잠깐 떠올려 보자. 우리에게 죽음은 시간의 끝이며, 그러한 맥락에서 문제가 된다. 그러나 삶의 모든 것이 새로운 시작이고, 죽음마저도 또 다른 시작일 뿐이라면, 우리에게 죽음은 지금과는 다른 의미로 존재할 것이다. 우리는 신화의 상실이 죽음의 의미 변화에 어떤 영향을 미쳤는지를 알고 싶은 것이다. 엘리아데는 신화의 힘, 즉 신화의 마법에 대해 이렇게 말한다.

> 신화를 안다는 것은 사물들의 기원의 비밀을 배우는 것이다. 달리 말하자면, 우리는 사물들이 어떻게 존재하게 되었는지, 나아가 사물들이 사라질 때 어디에서 그것들을 찾아야 하는지, 그리고 어떻게 하면 그것들을 다시 나타나게 할 수 있는지를 배운다. … 왜냐하면 물건, 동물, 식물 등의 기원을 안다는 것은, 마음대로 그것들을 통제하고 증식시키고 번식시킬 수 있는 주술적인 힘을 획득하는 것과 같기 때문이다.[16]

페타초니와 판 데르 레이우처럼, 엘리아데도 신화가 시작의 비밀을 간직하고 있다고 말한다. 심지어 그는 사물의 시작에 관한 비밀을 알면 우리가 그 사물을 지배하고 창조할 수 있는 주술적인 힘을 얻는다고 말한다. 그렇다면 인간은 신화로부터 시작을 만드는 법을 배운다. 신화에는 주술적인 힘이 살고 있다. 판 데르 레이우에 의하면, 인간은 신화에서 시작의 힘을 길어 올려 시간을 끝이 아니라 시작의 연속으로 만들어야 한다. 그는 신화가 시간을 창조한다고 말한다. 그러나 엘리아데는 신화가 시간을 지운다고 말한다. 물론 아무리 다른 언어를 구사하더라도

죽음을 사색하는 시간

두 사람이 지향하는 바는 비슷할지 모른다. 판 데르 레이우도 시작의 힘에 의해 끝이 지워진 시간을 이야기하고 있기 때문이다. 엘리아데의 이야기를 조금 더 들어 보자.

대체로 기원 신화를 아는 것으로는 충분하지 않고, 우리는 그것을 음송해야 한다. 어떤 의미에서 이것은 자기 지식의 선포이자, 그것을 드러내는 것이다. 그러나 이것이 전부는 아니다. 기원 신화를 음송하거나 연기(演技)하는 자는 이로써 이 기적적인 사건들이 일어난 성스러운 분위기에 젖어 든다. 기원들의 신화적인 시간은 초자연적 존재들의 능동적이고 창조적인 현존에 의해 변형되기 때문에 "강력한" 시간이 된다. 신화를 음송함으로써, 우리는 그러한 전설적인 시간을 재구성하고, 따라서 묘사되는 사건들과 얼마간 "동시대적"이 되며, 신들이나 영웅들과 함께 있게 된다. 요약하자면, 신화를 "체험함"으로써 우리는 세속적이고 연대기적인 시간을 빠져나와, 다른 속성의 시간, 즉 무한히 회복할 수 있는 최초의 "성스러운" 시간 속으로 들어간다.[7]

이처럼 엘리아데는 신화가 어떻게 시간을 지우는지를 이야기한다. 신화를 음송함으로써, '말의 힘'에 의해 인간은 세속적인 시간을 탈출하여 신화적인 시간 속으로 회귀한다. 반면에 판 데르 레이우가 묘사하는 신화는 계속해서 현재 속으로 분출하여 새로운 시작을 만든다. 엘리아데는 '시간을 떠나는 인간'을 이야기하지만, 판 데르 레이우는 '시간 속으로 들어오는 신'을 이야기한다. 판 데르 레이우가 '끝을 지우는 시간'을 이야기한다면, 엘리아데는 '시간을 지우는 시간'을 이야기한다.

4. 시간 밖의 시간

판 데르 레이우에 의하면, 원시 민족은 최후의 시간이라는 종말론적 관념을 갖고 있지 않다. 종말론은 역사라는 개념을 전제할 때만 가능하기 때문이다. 그런데 판 데르 레이우는 종말론(eschatology)을 우리가 알고 있는 것과는 조금 다르게 정의한다. "우리는 세계가 세계이기 전에, 그리고 세계가 세계이기를 멈춘 후에 세계의 가장자리에서 일어나는 사건들을 언급하는 인간의 언설을 종말론이라고 한다."[18] 그렇다면 종말론의 어원이 되는 종말, 즉 고대 그리스어 에스카톤(ἔσχατον, eschaton)은 시간 안에 있는 시간의 끝이 아니라, 시간 밖에 있는 시간 이전과 시간 이후를 가리키는 것처럼 보인다. 에스카톤은 시간의 가장자리, 또는 시간과 비시간의 경계선 정도의 의미를 갖는다.

앞서 살펴본 것처럼, 최초의 시간, 또는 신화의 시간은 계속해서 시간 안으로 들어와 새로운 시작을 만든다. 그러므로 종말론적 함축을 지니지 않을 때 최초의 시간은 '시간 안의 시간'이 된다. 그러나 종말론은 최초의 시간과 최후의 시간 모두를 시간 밖으로 밀어내면서 '시간 밖의 시간'을 만든다. 그래서 판 데르 레이우는 종말론적 관념이 생기기 전에 최초의 시간은 가장자리의 시간, 즉 '시간 밖의 시간'이 아니라 그저 시간일 뿐이었다고 말한다. 따라서 종말론으로 인해 신화적인 시간이 시간 외부로 밀려났다고 말할 수 있다. 시간 외부로 밀려난 '시간 밖의 시간'은 신화가 되고, 신화가 사라진 '시간 안의 시간'은 역사가 된다. 그래서 판 데르 레이우는 이렇게 말한다.

> 소위 원시적인 인간은 엄밀한 의미에서 종말론을 알지 못한다. 그는 최초의 시간을 알며, 최초의 시간은 그에게 있어서 삶 전체를 지배하고, 그의 삶을 보장하는 현재의 사건들을 통해 삶이 반복적으로 다시 만들어진다. 올바로 의례를 수행하기만 한다면, 그는 지속적인 창조(creatio continua)의 방식으로 매일 새롭게 자신의 세계를 창조한다. 신화의 창조적인 말이 그를 위해 세계를 다시 만든다.[19]

판 데르 레이우에 의하면, 원시적인 인간은 신화가 이야기하는 최초의 시간의 지배를 받는다. 그에게 삶이란 최초의 시간, 즉 시작의 부단한 반복이다. 그는 종말론의 그늘이 없는 시간을 산다. 여기에서 판 데르 레이우는 오직 시작으로만 이루어진 시간, 그래서 끝이라는 것이 힘을 잃은 시간을 상상한다. 매일, 매달, 매년은 새로운 시작일 뿐이다. 이러한 시간은 시작이 있고 끝이 있는 그런 시간이 아니다. 끝의 무게가 없는 시간은 오로지 새로운 시작들의 계열로만 구성된다. 그러나 우리가 이러한 시간의 세부적인 내용을 상상하기는 쉽지 않다. 판 데르 레이우의 이야기를 계속 들어 보자.

그러나 최초의 시간은 엄밀한 의미에서 시작이 아니다. 이 시간은 어제만큼 오늘도 생생히 살아 있다. 이 시간은 매일 새롭게 시작된다. 결과적으로 이에 상응하는 끝은 없다. 원시적인 신화는 오히려 최후의 시간에 대해 거의 아무것도 말하지 않는다. 신화는 결론을 알지 못한다. 신화에 따르면, 시간은 빙글빙글 돈다. "지금 일어나는 일은 오래전에 일어난 일이다." 원시적인 인간, 즉 쪼개지지 않은 세계에서 아직 자궁 가까이에서 사는 인간, 그리고 자기 자신의 생명도 세계의 생명도 객체화하지 않은 인간은, 원 안에서, 영원한 오늘 안에서 산다. … 진짜 과거는 단지 진짜 미래로서 존재할 뿐이다. … 말리노프스키와 레오 포춘(Reo Fortune)이 묘사한 원주민이 과거로 소급하여 4세대까지만 계산하고, 이 가운데 첫 번째 세대가 이미 창조의 시간, 즉 최초의 시대에 살고 있다는 것은 틀림없는 사실이다. … 훨씬 더 중요한 점은… 이 4세대 동안 새로운 어떤 일도 일어나지 않는다는 것, 잠자는 숲속의 미녀 이야기처럼 시간이 정지해 있다는 것이다. 이야기의 끝은 사라지고 없다.[20]

죽음을 사색하는 시간

판 데르 레이우는 시간의 원 안에서 영원한 현재를 살고 있는 원시적인 인간을 묘사하고 있다. 원시적인 인간에게 과거, 현재, 미래는 비슷한 시간 내용으로 채워진다. 오늘은 어제와 다르지 않고, 내일도 오늘과 다르지 않을 것이다. 이러한 세계에서는 과거에 대한 지식을 통해 쉽게 미래를 예측할 수 있다. 시간은 흐르지만, 사실은 정지해 있다. 모든 시간은 최초의 시간의 반복으로 이루어진다. 이처럼 시간의 원에서는 끝의 무게가 사라진다. 모든 끝은 새로운 시작에 가려진다. 신화는 모든 것이 사라지는 시간, 모든 것이 죽는 시간, 즉 최후의 시간을 이야기하지 않는다. 신화는 결론을 모른다. 그리고 진정한 시작은 끝을 의식하는 시작이기 때문에, 끝을 모르는 시작, 최후의 시간을 모르는 최초의 시간은 진정한 시작일 수 없다. 그렇다면 신화는 시작도 없고 끝도 없는 시간, 즉 영원한 오늘을 만들 뿐이다. 예컨대 동화에서는 왕자와 공주가 결혼하면 이야기가 끝난다. 동화가 말하는 결혼은 이상적인 결혼이기 때문에, 그 후에 어떤 일도 일어나지 않아야 한다. 그래서 동화는 끝에 대해 침묵한다. 동화에서 결혼 이후의 시간은 정지한다고 말할 수 있다.

그렇다면 끝이라는 관념은 어떤 맥락에서 등장하는가? 우리는 앞에서 모든 시작이 최초의 시작을 반복하고 모방하는 시간에 대해 이야기했다. 그렇다면 이제 모든 끝은 최후의 시간을 앞당겨 반복하고 모방한다고 말할 수 있을 것 같다. 그래서 판 데르 레이우는 "시작이 결국 최초의 시작을 전제하는 것처럼, 모든 끝, 모든 결론은 최후의 결론, 즉 '최후의 심판'을 전제한다."라고 말한다.[2] 이런 맥락에서, 이 최후의 시간에 대한 상상이 신화 속에 들어오면서 서서히 인류가 역사라는 무거운 관념의 지배하에 놓이기 시작했다고 말할 수 있다. 이제 인간은 최초의 시간을 반복하는 시간이 아니라, 최후의 시간을 반복하는 시간을 살게 된다. 모든 사물, 모든 인간 속으로 최후의 시간이 스며들고, 이로써 모든 것이 세계의 끝을 미리 앞당겨 반복한다. 모든 소멸이 종말의 징후로 읽힌다. 그렇다면 이제 시간은 '모든 끝의 기록', 새로이 끝나는 모든 것의 연쇄로 전락한다. 모든 사물이 기원과 시작이 아니라, 종말과 끝을 향해 질주한다. 이제는 최초의 시간이 모든 사물을 낳고 흡수하는 것이 아니라, 최후의 시간이 모든 것을 파괴하며 빨아들인다. 이제 시간은 창조가 아니라 파괴의 기호가 된다. 이제 시간은 시작이라는 제동기에 의해 부단히 정지하는 것이 아니라, 끝이라는 가속기에 의해 미래를 향해 미끄러지듯 나아간다.

시간의 끝이라는 깜짝 놀랄 만한 관념은 영원한 정지를 취소하려는 시도, 원을 깨뜨리려는 시도이다. 인간 조건의 고통과 희망을 알아차린 모든 민족이 그 관념에 도달했다. 신들이 세계와 인간들과 함께 죽는 고대 스칸디나비아의 라그나뢰크(Ragnarök)라는 웅장한 이미지가 아마도 그 관념의 가장 과격한 형태일 것이다. 그러나 스스로 하나의 세계를 창조한 다른 민족들(인도인, 페르시아인, 그리스인, 아라비아인, 유대인)도 각자의 방식으로 세계의 끝을 지정했다. 황금시대가 정점이었다는 듯, 때때로 이 끝은 느린

죽음을 사색하는 시간

쇠퇴의 결말이 된다. 그러나 갑자기 침입해서 모든 것을 끝장내고, 마치 검으로 베듯 시간의 피륙을 난도질하는 최후의 시간이라는 개념이 훨씬 전형적인 것이다. ⋯ 여기에서 우리는 인류의 자의식에 생긴 커다란 분열에 접근한다. 시간이 한쪽에서는 순환적인 흐름을 취하고, 다른 한쪽에서는 그 앞에 아무것도 없는 시작과 시간이 멈추는 끝을 갖는다. ⋯ 에토스(ethos)가 변한 것이다. 모든 것을 변화시키는 엄밀한 의미에서의 시간(tempus), 즉 틈이 만들어진 것이다. ⋯ 이 최후의 시간이 세계의 흐름을 혁신시켰다.[22]

최초의 시간의 지배를 받는 인간은 계속해서 신화적인 시간, 즉 창조의 시간을 살고 싶어 한다. 즉 시간을 누리고, 시간을 연장하고, 시간을 지속하고, 시간을 만들고 싶어 한다. 그래서 시간을 둥글게 원으로 만들어 시작도 끝도 없는 시간, 그저 영원한 시작만이 존재하는 시간, 시간 밖으로 탈출할 수 없는 시간, 절대로 끝나지 않는 끝이 없는 시간을 만든다. 그러나 시간의 원은 한 방울의 시간도 밖으로 새지 않는 시간의 감옥이기도 하다. 그래서 인간의 자의식이 인간 존재의 근원적인 고통에 좌절하면서 무너질 때, 인간은 시간의 원을 부수고 탈옥하려 한다. 종말의 꿈이 서서히 발아한다. 시간이 없는 세상, 시간이 사라진 세상, 시간의 원 밖에 있는 영원한 휴식의 세상을 갈망하는 것이다.

그러므로 최후의 시간의 지배를 받는 인간은 시간이 없는 시간, 시간 밖의 시간, 사실은 시간이 아닌 시간을 살고 싶어 한다. 그래서 인간은 시간의 원을 깨뜨려 시간을 곧게 펴기 시작한다. 어떤 민족은 시간의 원에 너무 작아서 아무나 탈출할 수 없는 아주 미세한 시간의 구멍을 뚫는다. 그리고 다른 민족은 시간의 원을 두들겨 펴서 아예 시간의 직선을 만들기도 한다. 그러므로 시간 밖의 세상에 대한 갈망은 최후의 시간이라는 관념의 작품이라 할 수 있다. 판 데르 레이우는 최후의 시간의 성격을 보여주기 위해 '시간의 불가능한 순간', '불가능한 일'을 가리키는 그리스어 아디나타(ἀδύνατα, adynata)를 언급한다. 최후의 시간에는 도저히 일어날 것 같지 않은 불가능한 일이 발생한다. 시간 안에서 일어나는 것이 도저히 불가능할 것 같은 일이 벌어지는 때가 바로 최후의 시간이다. 그렇게 '시간 밖의 사건', 아디나타를 통해 '시간 밖의 시간'이 묘사된다. 종말론이 구사하는 아디나타의 예를 들자면 다음과 같다.

> 송아지들이 얼음 위에서 춤을 추는 절대 없을 것 같은 짧은 날… 모기가 비처럼 내리고 다람쥐가 짖는 날… 청년과 숙녀가 진리를 사랑하고 산만한 말을 혐오하는 날… 돌들이 물 위를 곡식알만큼 가볍게 떠다닐 것이고, 땅이 가라앉을 것이고, 웅장한 거대한 절벽이 깊은 바닷속으로 가라앉을 것이다. … 밝은 태양이 검게 변할 것이다. 땅은 어두운 바닷속으로 가라앉을 것이다. 하늘의 무거운 짐이 폭발할 것이다. 바다 전체가 절벽 너머로 흘러넘칠 것이다.[23]

이처럼 종말론은 시간의 원 안에서는 일어날 수 없는 불가능한 사건의 침입을 묘사한다. 종말의 시간에는 "모든 가치의 재평가, 불가능한 일의 현실화"가 이루어지며, "인간에게는 가능하지 않은 일이 신에게는 가능하다"고 주장된다.[24] 그리고 이 모든 일은 세상 밖에서, 그리고 시간 밖에서 일어난다. 아니, 이것이 시간의 원을 벗어난 '원 밖'을 상상하는 거의 유일한 방법이다. 이처럼 종말론에서는 '시간 밖의 시간', 시간의 끝, 즉 시간이라 부를 수 없는 비시간이 강조된다. 우리는 '시간 밖의 시간'을 영원이라 부를 수도 있다. 그러므로 종말론의 등장으로 인해, 이제 영원은 시간 안이 아니라 오로지 시간 밖에서만 경험할 수 있는 것이 된다. 우리는 이것을 두고 '영원이 탈색된 시간'이라는 표현을 사용할 수 있다. 그런데 이처럼 영원이 증발한 시간을 통해 '역사'라는 것이 출현할 수 있는 발판이 만들어진다. 종말론을 통해, 시간의 끝에 대한 강조를 통해, 인간이 이제 시간의 시작이 아니라 시간의 끝을 모방하고 반복하기 시작하면서, 우리가 아는 역사 개념이 서서히 발아했다고 말할 수 있다.

최후의 시간이라는 관념이 등장하기 전에, 최초의 시간은 시간 안에서 계속해서 새로운 시작을 만드는 마법이었다. 모든 새로운 시작에서 인간은 신을 만난다. 신은 새로운 시작을 통해 세계 안으로 들어온다. 우리는 앞서 이러한 '시작들의 목록', 즉 '신의 출현 목록'을 시간이라 불렀다. 시간이 신으로 물들어 있었던 것이다. 시간이 마법의 힘으로 유지되었던 것이다. 그러나 최후의 시간이라는 관념이 등장하고 강조되면서, 서서히 인간의 삶은 시작의 시간이 아닌 끝의 시간을 모방하게 된다. 부단한 시작이 아니라 부단한 끝이 시간이 된다. 탄생보다는 죽음이 더 중요해진다. 그리고 이제 신은 시간 안이 아니라 시간 밖에 있다. 신을 만나려면 이제 인간은 시간 밖으로 탈출하거나, 죽음이라는 시간의 끝, 또는 종말이라는 세계의 끝에 도달해야 한다. 시간의 끝에 신이 외롭게 서 있다. 신은 세상 밖에, 시간 외부에, 시간의 원 외부에 홀로 있다. '시작의 신'이 아니라 '끝의 신'이 인간의 삶을 지배한다.

판 데르 레이우는 고대 신학의 표현을 빌려 이러한 현상을 신의 아세이타스(aseitas), 즉 신의 고독이라고 부른다. 이제 신은 홀로 시간 밖에서 고독하다. 판 데르 레이우는 에스카톤, 즉 종말에 대해 이렇게 말한다.

> 아무것도 없었을 때 신이 있었다. 아무것도 없을 때 여전히 신이 있을 것이다. 신은 처음이자 마지막, 알파와 오메가, 즉 에스카톤이다. … 인간은 결코 완전히 홀로 있을 수 없다. 왜냐하면 인간은 바로 자신의 세계인 이 세계 없이는 결코 존재하지 않기 때문이다. 그러나 신은 세계 없이도 존재한다.[25]

우리는 여기에서 매우 독특한 관념 하나와 만나게 된다. 일반적으로 종교의 신은 인간과 세계를 필요로 한다. 즉 신이 세계 안에 포함되어 있고, 신이 세계의 일부로 간주되며, 심지어 세계 창조의 순간에 신이 창조된다. 그러나 종말론의 신은 세계도 인간도 필요 없는 신, 홀로 존재할 수 있는 신이다. 그러므로 세계 창조가 신의 실수, 신의 놀이였다고 해도 하등 이상할 것이 없다. 바빌로니아의 유명한 창조 서사시인 에누마 엘리시(Enuma Elish)의 한 구절을 통해 신이 탄생하는 과정을 잠시 살펴보자.

> 높은 곳에 있는 하늘이 이름이 없었을 때,
>
> 그리고 아래에 있는 땅이 아직 이름을 갖지 않았을 때,
>
> 그리고 그것들을 낳은 원시의 압수와,
>
> 그것들 모두의 어머니인 혼돈의 티아마트,
>
> 그들의 물이 함께 뒤섞였을 때,
>
> 그리고 어떤 들판도 만들어지지 않았고, 어떤 습지도 볼 수 없었
> 을 때,
>
> 신들 가운데 아무도 태어나지 않았을 때,
>
> 그리고 누구도 이름을 갖지 않았고, 어떤 운명도 정해지지 않았
> 을 때,
>
> 라흐무와 라하무가 태어났다.[26]

우리는 '세계가 필요한 신'과 '세계가 불필요한 신'을 구별할 필요가 있다. 최후의 시간이 없는 문화, 또는 최초의 시간만을 강조하는 문화에서, 신은 계속해서 시작 속으로 호출된다. 그러나 종말론의 신은 세계를 필요로 하지 않는다. 이제 오히려 신이 시간 밖으로 세계를 호출한다.

지금까지 우리가 살펴본 것처럼, 종말론은 신을 시간의 가장자리, 즉 시간의 시작과 끝으로 밀어내는 현상을 가리킨다. 이제 비로소 시작, 중간, 끝이 갖추어진 이야기가 만들어진다. 그러나 시작도 끝도 이제는 시간 밖에 있다. 마치 우리의 삶이 그러하듯, 시간은 세상 밖에서 와서 세상 밖으로 사라진다. 끝을 생략한 이야기, 끝이 결여된 이야기는 신화이다. 그렇다면 역사는 무엇인가? 적어도 역사는 시작과 끝을 시간의 가장자리로 밀어내면서 확보되는 중간의 시간이다. 역사는 영원이 증발한 시간, 신의 흔적이 사라진 시간, 이제 모든 것에 인간의 흔적이 각인되는 시간이다. 모든 시간은 오로지 시간의 끝에 의해서만 그 의미를 부여받는다. 시간 안에는 무의미만이 넘실거린다. 시간 안에는 의미가 없다. 의미는 오직 밖에서 온다. 따라서 역사는 신이 없는 시간, 신이 시간 밖에 선 채 시간이 끝나기를 기다리는 시간이다.

5. 원의 죽음

종말론의 신은 시간의 원 밖에, 세계 재생의 순환 고리 너머에 고독하게 존재하는 자이다. 그리고 시간 밖에 있는 신이라는 이러한 개념으로 인해 우리가 알고 있는 역사 개념이 만들어진다. 시간의 외부에 서 있는 신이 시간의 모든 사건을 시간 밖으로 끌어당긴다. 아니 시간 안의 모든 사건이 시간의 끝을 향해 빨려 들어간다. 이러한 시간이 바로 기

　　　　　　　　　　　　죽음을 사색하는 시간

독교 신학에서 말하는 신이 행동하는 시간, 즉 카이로스(kairos)의 시간
이다. 카이로스는 일반적인 시간 너머에서 시간을 지배하는 '신의 시간',
즉 신의 구원 계획과 관련된 시간의 순간들이다. 다시 말해서, 카이로
스는 덧없이 흐르는 시간의 이면이자 시간의 의미 같은 것이다.[27] 판 데
르 레이우는 특히 이스라엘의 종말론에서 역사 개념이 어떻게 탄생하
는지를 다음과 같이 묘사한다.

> 그는… 고독한 자이며, 자연에서 녹지 않고, 출생과 죽음의 순환
> 에, 그리고 자연에 저항하는 자이다. 땅의 경작조차도 처벌이자
> 저주이다. 그리고 사실상 이스라엘의 전 역사는 단 하나의 주제를
> 갖는다. 그것은 고독한 사막의 신, 즉 마르틴 부버(Martin Buber)
> 가 번역하듯 어디에서도 집에 있지 않은 자와 바알림(baalim)이
> 라는 땅의 남신들과 여신들 사이에서 벌어지는 투쟁이다. 여기
> 에서 이스라엘과 기독교의 사유는 그리스인뿐만 아니라 다른 모
> 든 민족들의 사유에서 이탈한다. … 역사라는 범주가 크리시스
> (krisis, 결정적인 순간), 즉 역사적인 시간으로서 출현한다. 마르틴
> 부버가 말하듯, "여기에는 그리스나 중국이나 근대 서양의 의미에
> 서 볼 때 자연은 없다. 자연으로부터 우리가 보는 것에 역사의 낙
> 인이 찍힌다. 창조의 작업조차도 역사적인 색조를 띤다." 문화와
> 역사는 확실히 에덴이라는 사막의 오아시스에서 시작되는 것이
> 아니라, 땅의 경작과 함께 시작된다. 그리고 이때부터 계속해서 이

스라엘과 신의 "계약"이 모든 것을 지배한다. … 여기에는 원을 뚫고 나가는 새로운 무언가가 끊임없이 존재한다. 왜냐하면 인간이 노력해서 사막에서 떼어 낸 작은 장소이자 신이 혼돈에서 떼어 낸 우주, 즉 세계는 정태적이지 않고 항상 이제 막 파괴되던 참이기 때문이다.[28]

판 데르 레이우에 의하면, 시간 밖에 서 있는 신은 고독하다. 그리고 이 고독한 신은 모든 시간을 시간 밖으로 잡아당긴다. 세상은, 그리고 인간은 언제라도 땅에 떨어질 듯 나뭇잎 끝에 간신히 매달린 작은 물방울 같은 것이다. 이처럼 기독교 신학에서 카이로스의 시간은 에스카톤, 즉 시간의 끝에 이끌리는 시간이다. 기독교의 시간 감각에서 종말이라는 관념이 얼마나 중요한지에 대해 힐레스 퀴스펠은 이렇게 말한다.

어느 정도 이러한 시간 감각은 종말론에 의해 결정되었다. 주목할 만하게도, 요하네스 바이스(Johannes Weiss)와 알베르트 슈바이처(Albert Schweitzer)는 예수의 가르침에서 끝에 대한 기대가 갖는 의미를 발견했다. 왜냐하면 의심할 여지 없이 최초의 기독교인들은 신의 왕국이 이제 곧 땅 위에서 모습을 보일 거라고 기대하고 희망했기 때문이다. 신약성서에서 인간은 보이지 않는 끝에서 의미와 가치를 이끌어 내는 과정 안에 서 있다. 인류와 우주는 똑같이 에스카톤, 텔로스(telos, 끝), 즉 자석처럼 사건들을 자기에게

죽음을 사색하는 시간

끌어당기는 끝을 갖는다.[29]

기독교 이전에 그리스인은 과거의 반복에 매혹되었다. 그러나 기독교는 시간의 끝에 매혹된다. 직선적으로 흐르는 연대기적 시간, 즉 크로노스(chronos)는 이제 더 이상 중요하지 않다. 모든 시간이 끝을 갈망한다. 종말이 시간의 자석이 되어 모든 시간 파편을 먼 미래로 끌어당긴다.

그러나 기독교 신학에서 시간은 창조에서 종말을 향해 무작정 돌진하지 않는다. 이와 달리 기독교 신학은 예수의 삶과 죽음을 시간의 중심에 놓는다. 예수의 죽음은 절대 반복될 수 없는 유일하고 본질적인 사건이며, 바로 이것이 모든 시간을 끝으로 물들인다.[30] 기독교 신학에서는 예수의 죽음이 갖는 시간적 의미를 명확히 하기 위해 '최종적으로 단 한 번 일어나는 사건'을 의미하는 에파팍스(ephapax)라는 용어를 사용한다.[31] 에파팍스로 인해 시간이 방향을 잡고 끝을 향해 나아간다. 예수의 죽음이라는 사건, 즉 에파팍스에 의해 시간의 원에 돌이킬 수 없는 구멍이 뚫리고, 원이 서서히 직선으로 펼쳐진다. 예수의 죽음에 의해 창조에서 종말까지 모든 시간의 의미가 밝혀지는 시간, 이 시간을 에파팍스의 시간이라 부를 수 있을 것이다. 에파팍스는 시간 속으로 들어온 종말이자, 종말을 향해 튀어 나가는 시간이다.

더 중요한 것은 초기 기독교인의 시간 감각이 에파팍스의 시간으로 구성되면서, 어떻게 현대적인 역사 개념의 씨앗이 뿌려졌는가 하는 문제일 것이다. 이제 기독교에서 시간은 구원의 역사, 즉 구원사(救援史)로 서술된다. 그러나 역사 개념이 출현하려면 에스카톤, 카이로스, 에파팍스라는 개념 이외에 발전이라는 또 다른 개념이 필요하다. 시간이 되는 대로 흘러가다가 시간의 끝이 오는 것은 아니다. 에파팍스를 기점으로 이제 시간이 서서히 종말을 향해 무르익어 가면서 발효한다. 구원은 시간의 성숙을 전제한다. 바로 이러한 맥락에서 역사의 발전이라는 관념이 자연스럽게 등장한다. 초기 기독교의 시간 관념이 세속화되면서 서서히 모든 시간이 진보라는 관념에 젖어 든다.[32] 그리고 최종적이고 일회적인 사건이라는 의미를 갖는 에파팍스라는 관념이, 예수의 죽음뿐만 아니라 다른 모든 시간을 향해 차츰 퍼져 나간다. 에파팍스라는 관념의 확산으로 인해 이제 모든 사소하고 평범한 시간조차도 최종적이고 일회적인 순간이라는 의미를 취하게 된다. 물속에 떨어진 잉크 방울처럼 서서히 에파팍스의 색깔이 모든 시간을 물들인다.

또한 우리는 파루시아(parousia)의 지연이 갖는 기독교적 의미를 생각해 볼 필요가 있다. 파루시아는 그리스도의 재림을 의미한다. 예수는 종말의 시간이 가까이 다가왔다고 이야기했지만, 몇백 년이 지나도 학수고대하던 종말은 오지 않았다. 그렇다면 예수는 거짓말쟁이란 말인가? 그러나 기독교의 입장에서 볼 때 '절대 거짓을 말하지 않는 그리스도'에 대한 주장도 진실이고, '여전히 종말이 오지 않는 재림 지연'도 진실이다. 보통 두 가지 진실이 충돌할 때, 우리는 심리학에서 말하는 '인지 부조화(cognitive dissonance)' 상태에 빠지게 된다. 우리는 다른 하나의

죽음을 사색하는 시간

진실을 부정함으로써 하나의 진실만을 보존하고자 할 것이다. 그러나 두 가지 진실을 모두 보존할 수 있는 길이 있다면, 우리의 마음은 그 길을 택할 가능성이 높다. 그리스도의 재림 지연이라는 사건 앞에서 사람들은 두 가지 진실을 모두 보존할 수 있는 제3의 길을 발명한다. 그래서 "모든 민족에게 즐거운 소식이 선포되지 않는다면 신의 왕국은 오지 않을 수도 있다."라는 믿음이 생겨난다. 종말을 앞당기기 위해 복음을 전 세계에 퍼뜨리려는 선교의 열정이 발생한 것이다. 힐레스 퀴스펠은 기독교의 금욕주의와 신비주의도 역시 종말을 앞당기려는 시도였다고 주장한다.[33]

　판 데르 레이우는 기독교에서는 "신이 세계에 의존하는 것이 아니라, 세계만이 항상 신에게 의존한다."라고 말한다. 여타의 신화에서처럼 신이 세계를 낳은 것이 아니라, 또는 신의 몸통이 분할되어 세계가 된 것이 아니라, 기독교에서 신은 무에서 세계를 창조한다. 세계는 신의 속성을 조금도 공유하지 않는다. 창세기 1장에서 신은 모든 것을 말로 창조한다. 말이 우주가 되고 빛이 되고 사물이 되고 인간이 된다. 그러나 창세기 2장에서는 창조에 대한 설명이 조금 달라진다. 창세기 1장과 달리, 창세기 2장에서 신은 인간을 말로 창조하지 않고 흙먼지로 빚어 코에 숨을 불어넣는다. 그러므로 인간은 먼지라는 물질과 신성한 숨결의 결합체가 된다. 그리고 신의 숨이 인간 안에 들어왔다는 묘사는 두고두고 기독교의 인간론을 혼란스럽게 한다. 인간은 먼지인가, 아니면 신의 호흡인가? 이처럼 창세기는 하나의 창조가 아니라 두 개의 창조를 이야기하는 것처럼 보인다. 이집트의 창조신 아툼(Atum)이 손으로 자위를 해서 다른 신들을 낳는 것과는 무척 다르다.[34]

이스라엘의 신 관념에 따르면, 신과 세계, 또는 신과 인간이 본래 하나였다는 주장은 결코 용납될 수 없다. 신과 인간 사이에는 도저히 건널 수 없는 심연이 놓여 있다. 신과 인간 사이에 감히 넘을 수 없는 경계선을 두는 것이 가장 중요하다. 그러므로 인간은 신에 대해 "신은 선하지 않다. 신은 인간의 기준으로 헤아릴 수 없다."라는 주장만을 할 수 있을 뿐이다. 신은 모든 일을 하는 데 있어서 철저한 자유를 누리며, 인간은 그저 신의 은총을 갈구할 수밖에 없다. 이러한 신은 자연의 순환 법칙, 즉 시간의 원에 갇힐 수 없는 신이다. 따라서 전지전능한 자유로운 신을 수용하려면 자연 개념이 아니라 역사 개념이 필연적으로 요청된다. 판 데르 레이우는 이렇게 말한다.

> 그리하여 우리는 시작과 끝 사이에 있는 시간, 즉 만질 수는 없지만 여전히 "은총의 오늘"이고 인간 삶의 가능성인 오늘을 갖는다. 왜냐하면 신은 파괴하거나 구원하기 위해 오늘 위에 손을 올려 두고 있기 때문이다.[35]

기독교에서 현재는 항상 신의 손아귀 안에 있는 시간이다. 신이 손을 움켜쥐는 순간, 현재는 언제라도 바스러질 것이다. 그러므로 이제 시간의 원을 지배하는 모든 법칙은 파괴된다. 시간 안에는 어떤 법칙도 없다. 아니, 신이 이제 시간의 법칙이 된다. 모든 오늘이 신의 수중에 있다. 모든 오늘 안에서 신이 최초의 창조를 되풀이하고 있는 것이다. 판 데르 레이우는 기독교 전통이 최후의 시간에 압도되면서 최초의 시간을 망각했다고 비판하는 것 같다. 그래서 그는 시간의 끝을 지향하는 종말론적 시간에 다시 시작의 마법을 주입하려 한다. 신은 모든 오늘의 시간을 창조하고 파괴한다. 그리고 이렇게 창조되고 파괴되는 모든 오늘의 구슬을 꿰는 자는 신뿐이다. 우리가 2부에서 이야기한 것처럼 시간의 네 번째 차원인 신은 시간을 꿰는 자, 시간을 묶는 자이기 때문이다. 신은 언젠가 시간의 구슬을 모두 꿰어 새로운 시간을 만들 것이다. 그렇다면 최후의 시간도 결국 새로운 시작을 의미할 것이다. 그러나 판 데르 레이우의 이야기는 그리 단순하지 않다.

> 여기에서 이란과 유대교의 종말론적 관념들이 실현된다. 왕국이 "당신들 한가운데" 바로 가까이 있다. 어느 날 그것이 완성될 것이다. 그것은 신의 소관이다. 그러나 시작은 만들어졌다. 그리고 비밀, 즉 신비가 시작 안에 살고 있다. 그러나 오스카 쿨만(Oscar Cullmann)이 말하듯, 그때 이후로 계속해서 우리의 시간은 중심에서 시작되었으며, 우리는 앞뒤를 보면서 중심에 서 있다. 단지 18세기에 자리잡은 것으로 보이는 서력기원(Anno Domini, AD)은 기독교적 시간 경험의 최종 결과물이다.[36]

여기에서 판 데르 레이우는 '중심에서 시작되는 시간'이라는 독특한 시간 관념을 제시한다. 이 시간은 최초의 시간도 아니고 최후의 시간도 아니지만, 오히려 둘 다일 수 있는 시간이다. 이 시간에서는 모든 오늘이 종말의 시작, 즉 끝의 시작이다. 인간은 모든 오늘 안에서 '끝의 시작'을 경험한다. 끝이라는 또 다른 시작을 경험하는 것이다. 그러므로 "최후의 시간이 역사적인 시간의 한복판에서 시작된다."[37] 모든 시간에 끝의 낙인이 찍힌다. 모든 시작되는 것들이 끝의 도래를 알린다고 말할 수 있다. 시작의 마법이 끝의 마법이 된다. 결국 판 데르 레이우는 예수의 죽음에 의해 최후의 시간이 시작되었을 뿐만 아니라, '신의 왕국'으로 표현되는 새로운 창조 작업이 시작되었다고 말한다. 최후의 시간에 이루어질 신의 새로운 창조 작업이 창세기의 창조 작업을 대체하고 있다고 말할 수 있다. 아직 오지 않은 최후의 시간이 이미 왔던 최초의 시간을 대체한다. 최후의 시간이 최초의 시간이 된다.

6. 시간의 공포

신화와 시간이라는 주제를 가장 자주 언급했던 학자는 누구보다도 미르챠 엘리아데였다. 엘리아데에 따르면, 신화는 최초의 시간, 즉 성스러운 시간에 일어난 사건을 이야기한다. 그에게 신화적인 시간은 비시간적인 시간, 지속 없는 순간, 영원과 거의 등가적인 의미로 사용된다.

죽음을 사색하는 시간

그에게 신화는 시간이 없는 신과 인간에 대해 이야기함으로써 시간을 없앤다. 시간 없는 세상에 대한 이야기만으로도 시간을 지울 수 있다는 것이다. 판 데르 레이우에게 최초의 시간은 '시간을 만드는 시간'이었지만, 엘리아데에게 최초의 시간은 '시간을 지우는 시간'인 것처럼 보인다. 엘리아데의 저술에서 반복적으로 등장하는 다음 이야기를 먼저 살펴보자.

> … 신화가 시간의 구조에 비추는 빛 때문에 신화는 중요하다. 대다수 근대 사상가들이 동의하듯, 신화는 태초에, 시작들에서, 최초의 비시간적인 순간에, 즉 성스러운 시간에 일어난 사건을 이야기한다. 이러한 신화적이거나 성스러운 시간은 세속적인 시간, 즉 우리의 일상적인 탈성화(脫聖化)된 실존의 연속적이고 돌이킬 수 없는 시간과 질적으로 다르다. … 신화를 이야기하면서 우리는 말하자면 성스러운 시간을 다시 현실화시킨다. … 한마디로 신화는 비시간적인 시간에 … 지속 없는 순간에 일어난 일로 여겨진다. … 신화를 이야기한다는 것은 이야기를 하는 사람과 듣는 사람 모두에게 깊은 영향을 준다. 신화를 이야기한다는 단순한 사실로 인해, 적어도 상징적으로 세속적인 시간이 지워진다. 화자와 청중이 성스러운, 신화적인 시간 속으로 내던져진다. … 모범적인 모델의 모방과 신화적인 사건의 재현실화에 의한 세속적인 시간의 폐기는 모든 전통적인 사회의 고유한 특징이다.[38]

판 데르 레이우에 따르면, 최초의 시간에 의해 만들어지는 시간은 '성스러운 시간'이다. 엘리아데에 따르면, 최초의 시간에 의해 지워지는 시간은 '세속적인 시간'이다. 판 데르 레이우는 우리가 살고 있는 오늘이 사실은 얼마나 성스러운 시간일 수 있는지에 대해 이야기하는 것 같다. 반면에 엘리아데는 오늘이라는 세속적인 시간을 어떻게 지워 버릴 것인지에 대해 이야기한다. 물론 두 사람이 살고자 하는 시간은 똑같이 성스러운 시간일 것이다. 단지 판 데르 레이우는 시간의 심층에 자리 잡은 성스러운 시간의 구조를 인식해야 한다고 주장한다. 반면에 엘리아데는 낡은 시간을 지우고 다시 새로운 시간을 만들어야 한다고 주장한다. 판 데르 레이우는 '시간의 시작'을 강조하지만, 엘리아데는 '시간의 끝'을 강조하는 것처럼 보이기도 한다. 그런데 엘리아데는 시간을 지우는 데 있어서 인간이 하는 역할을 의도적으로 강조하고 있다. 판 데르 레이우는 신을 '시간을 묶는 자'라고 부르지만, 엘리아데는 인간을 '시간을 지우는 자'라고 부를 것이기 때문이다.

엘리아데는 어떻게 하면 세속적인 시간, 일상적인 시간, 성스럽지 않은 시간, 더러워진 시간을 버릴 수 있는지, 그리고 어떻게 하면 성스러운 시간, 신화적인 시간, 깨끗한 시간으로 탈출할 수 있는지에 대해 이야기한다. 엘리아데는 시간을 지우고, 과거를 지우고, 다시 새로운 시간을 재생시키는 방법이 있을 거라고 말한다. 그리고 전통 사회의 종교와 신화에서 이러한 방법을 찾을 수 있다고 주장한다. 그런데 우리는 '우리가 살아온 시간'이다. 나는 과거의 나를 둘러싸고 형성된 이미지, 즉 기

죽음을 사색하는 시간

억의 집합체로 존재한다. 그러므로 시간을 지운다는 것은 사실은 기억을 지운다는 것, 나아가 나를 지운다는 것을 의미한다. 왜 우리는 나를 지우고 싶어 하는가? 왜 우리는 기억을 지우고 싶어 하는가? 물론 엘리아데는 나를 지울 때 태어나는 새로운 나를 이야기한다. 그러므로 여기에는 죽음을 통해서만 재생이 가능하다는, 무언가가 죽지 않고서는 무언가가 태어나지 않는다는 생각이 담겨 있다.

그러나 살아 있는 동안 우리는 그저 상징적으로만 죽을 수 있고, 상징적으로만 다시 태어날 수 있다. 우리는 진짜 죽음, 즉 '큰 죽음' 이전에 삶 속에서 끊임없이 '작은 죽음'과 '작은 재생'을 경험하며, 이로써 '큰 죽음'을 점점 작게 만든다. 엘리아데는 죽음 너머에 존재하는 힘, 아니 삶과 죽음의 경계선이 없는 세계에 존재하는 힘을 우리가 현재의 시간 속으로 끌고 들어올 수 있다고 주장하는 것처럼 보인다.

신화는 인간을 그 자신의 시간으로부터, 즉 그의 개인적이고 연대기적인 역사적인 시간으로부터 떼어 낸다. 그리고 적어도 상징적으로 그를 대시간(Great Time) 속으로, 즉 지속이 없기 때문에 측정할 수 없는 역설적인 순간 속으로 내던진다. 다시 말해서, 신화는 주변 세계와 시간에 뚫린 구멍을 의미한다. 신화는 성스러운 대시간으로 가는 통로를 연다. … 여기에서 신화는 여전히 살아 있어서, 사람들은 자기 자신을 계속해서 완전히 비실재와 동일시하지 못한다. 신화의 주기적인 음송은 세속적인 실존의 환영이 세운 벽을 뚫는다. 신화는 계속해서 대시간을 다시 현실화시키고, 그렇게 함으로써 청중을 초인간적이고 초역사적인 차원으로 옮긴 다. 이로 인해 특히 개인적이고 세속적인 실존의 차원에서는 접근 할 수 없는 실재에 접근하는 것이 가능해진다.[39]

신화는 시간에 구멍을 내서 인간을 시간이 없는 세상으로 인도한다. 그런데 엘리아데는 대시간(大時間), 성스러운 시간, 비시간적인 시간이 라는 표현을 거의 동의어처럼 사용한다. 그에 의하면, 인간은 신화를 듣 는 것만으로도 세속적인 조건과 역사적인 상황을 망각한다. 인간은 신 화를 듣고 이야기함으로써 성스러운 실재와 만난다. 즉 말을 통해 성스 러움과 접촉하고 말을 통해 세속적인 시간을 초월한다. 신화는 '말의 마 법'이 된다.

우리는 특히 대시간에 관한 엘리아데의 언급에 주목할 필요가 있 다. 대시간은 너무 커서 측정이 불가능한 시간이며, 우리가 사는 작은 시간을 무의미하게 만들 정도로 큰 시간, 즉 무한히 펼쳐지는 순환적 인 시간이다. 예컨대 인도 사상에서는 길이가 다른 4개의 유가(yuga)로 구성되는 마하유가(mahāyuga)라는 시간 주기가 총 12,000년 동안 펼쳐 진다고 말한다. 각각의 유가를 거치면서 세상은 점점 쇠락한다. 첫 번 째 유가에서는 모든 것이 완벽했지만, 마지막 유가에서는 모든 것이 최 악의 상태에 놓인다. 한 유가가 저물고 다른 유가가 밝아 올 때마다 다 르마(Dharma, 法)는 점점 쇠퇴하고, 인간 수명은 줄어들고, 도덕은 타락

죽음을 사색하는 시간

하고, 인간 지능은 낮아진다. 그리고 마하유가가 끝날 때마다 프랄라야 (pralaya)라고 하는 우주의 파괴가 이루어진다. 나중에는 마하유가에서 각각의 해는 신의 해이며, 인간의 1년이 신의 1일이므로, 인간의 360년 이 신의 360일, 즉 신의 1년이라는 설이 나온다. 그렇다면 마하유가의 1년은 인간의 360년이기 때문에, 인간의 해로 계산할 때 마하유가는 총 4,320,000년이 된다.

그리고 1,000개의 마하유가가 모여 칼파(kalpa), 즉 겁(劫)의 시간을 이루며, 14개의 칼파가 모여 만반타라(manvantāra)라는 더 큰 시간 주기 를 구성한다. 또한 1,000개의 마하유가, 즉 칼파가 끝날 때마다 마하프 랄라야(mahāpralaya)라는 우주의 근본적인 대파괴가 이루어진다. 그런 데 브라흐마(Brahmā) 신의 입장에서는 하나의 칼파가 하나의 낮이고 또 다른 칼파가 하나의 밤이다. 즉 두 개의 칼파가 브라흐마 신의 하루를 구성한다. 이런 식으로 칼파로 구성되는 100년이 브라흐마 신의 수명이 다. 그런데 시간은 브라흐마 신의 수명을 뛰어넘어 영원히 창조와 파괴 와 재생을 되풀이한다. 영원히 펼쳐지는 거대한 순환적인 시간에서는 신조차도 가뭇없이 녹아 없어진다. 시간은 신의 탄생과 죽음까지도 포 함한 채 도도한 강물처럼 흘러간다. 시간이 형성하는 이러한 망망대해 에서 누가 공포를 느끼지 않을 수 있겠는가? 엘리아데는 이것을 '시간의 공포'라고 부른다.[40]

상상할 수도 없는 숫자로 표현되는 시간 앞에서 인간은 아마 세 가 지 정도의 태도를 취할 수 있을 것이다. 첫째, 인간은 신조차도 죽는다는 사실에서 엄청난 위안을 얻을지도 모른다. 인간의 죽음이란 그저 신의 죽음에 대한 모방과 반복이기 때문이다. 우주적인 시간의 차원에서 볼 때 인간은 얼마나 미미한 존재인가? 나의 죽음이란 얼마나 하찮은 사건인가? 종교는 이러한 우주론적 전략에 의해 많은 문제를 해결한다. 우주라는 가장 큰 척도를 들이댐으로써, 모든 문제의 크기를 무한히 축소하는 것이다. 인간의 아무리 큰 문제라도 우주론적 차원에서는 극미한 사건일 뿐이다. 인간의 시간, 또는 인간의 역사가 우주론적 시간의 무한한 규모에 의해 먼지처럼 보잘것없는 것으로 변모한다. 그러므로 이러한 시각에서는 절대적인 포기가 중요하다. 그저 시간의 물결에 몸을 맡기고 흘러가는 대로 놔두면 된다.

둘째, 마하유가의 관념처럼 태초의 완벽한 시대로 되돌아가고자 하는 열망이 표출되기도 한다. 태초의 낙원이 가장 이상적인 상태로 여겨지고, 태초를 복원하려는 온갖 노력을 기울일 수도 있다. 셋째, 시작도 끝도 없이 무한히 펼쳐지는 공포스러운 시간의 흐름에서 벗어나는 것만이 유일한 구원처럼 여겨지기도 한다. 예컨대 시간이란 인간 의식이 만들어 낸 우주적 환영이기 때문에, '정신적 자유'에 의해 이 환영에서 벗어나야 한다고 주장한다. 이런 맥락에서 엘리아데는 시간에 대한 사유 자체가 갖는 구원론적 기능이 있다고 주장한다. 그는 이것을 '시간의 공포'라는 말로 요약한다.

시간에서 벗어날 수 있는, 즉 존재의 단단한 원을 꿰뚫을 수 있는

죽음을 사색하는 시간

유일한 가능성은 인간 조건을 지우고 열반에 이르는 것뿐이다. 게다가 이 모든 "무량수(無量數)"와 이 모든 무수한 영겁은 또한 구원론적 기능을 갖는다. 단지 이러한 시간의 광경을 응시하는 것만으로도 인간은 공포에 떤다. 그리고 인간은 자기가 무한히 반복해서 똑같이 덧없는 존재를 시작하고, 똑같이 끝없는 고통을 견뎌야 한다는 사실을 깨닫지 않을 수 없다. 그리고 이로 인해 탈출하려는 그의 의지가 강렬해지고, "살아 있는 존재"라는 자신의 조건을 단박에 넘어서도록 압박당한다.[4]

무한한 시간 안에서 모든 사물은 생겨나고 사라지고 다시 돌아온다. 순환적인 시간관, 즉 영원회귀의 신화가 극단적인 형태를 취할 때, 즉 신조차도 시간의 고리를 벗어나지 못할 때, 인간은 철저히 '시간의 공포'에 압도당한다. 모든 것이 영원히 회귀하지만, 이 회귀가 위로를 주지 못하는 것이다. 특히 삶이 고통스러운 것으로 인식될 때, 존재의 영원회귀는 고통의 영원회귀, 또는 죽음의 영원회귀일 뿐이다. 여기에서는 낡은 시간을 지우고 새로운 시간을 만드는 것이 전혀 중요하지 않다. 인간의 구원은 오로지 시간 밖으로 탈출하는 것뿐이다. 그러나 시간 밖으로 탈출하기 위해서는 역시 어떻게든 시간을 지워야 한다. 중요한 것은 시간이 환영이라는 것을 깨닫는 것이다. 시간은 인간이 만든 환영이고, 이 환영에서 벗어나는 순간 시간은 사라진다.

엘리아데는 "무한한 시간에 대한 시각, 창조와 파괴의 끝없는 순환에 대한 시각, 즉 영원회귀의 신화"가 "지식의 도구이자 해방의 수단"으로 기능할 수 있다고 말한다.[42] 무한한 시간의 관점에서 보면 모든 존재는 위태롭고 덧없으며, 따라서 환영처럼 인식된다. 세계가 '존재의 극장'처럼 인식된다. 세상이 덧없고 무상하다고 생각하자마자, 나의 존재가 얼마나 흐려지는지, 사물이 얼마나 텅 빈 것처럼 느껴지는지, 사건이 얼마나 비현실적인 것으로 여겨지는지 우리는 잘 알고 있다. 지금 이 순간에는 눈앞에서 선명히 존재하더라도, 시간의 길이를 무한히 확장하는 순간 모든 존재는 먼지처럼 덧없이 사라진다. 시간이 지식의 도구가 된다. 우주적 시간의 차원으로 내던져지는 순간, 사물과 인간은 먼지가 된다.

> … 우주적인 순환의 무모한 증식을 통해 인도인은 구원론적 목표를 염두에 두었다. 카르마의 법칙이 지배하는 똑같은 수의 인간 탄생과 인간 재생을 수반하는, 우주의 끝없는 탄생과 재생에 겁을 집어먹고, 인도인은 말하자면 우주적인 바퀴로부터의 유출, 이 무한 윤회로부터의 유출을 추구할 수밖에 없었다. "삶·죽음·재생"의 지옥 같은 순환의 고통에서 인간을 구제할 것을 목표로 하는 신비적인 교리와 기술은, 우주적인 순환이라는 신화적인 이미지를 받아들여, 이것을 과장하고 개종을 위해 이용했다. 베다 이후의 시기에 속한 인도인, 즉 "존재의 고통"을 발견한 인도인에게, 영원회귀란 카르마가 지배하는 윤회의 무한 순환과 같은 것이다. 시

간 안에서 펼쳐지는 세계는 이처럼 덧없는 환영적인 세계, 윤회의 세계, 고통과 무지의 세계이다. 이 세계로부터의 구제와 구원의 획득이란 결국 우주적 시간으로부터의 구제를 의미한다.[43]

이제 시간에서 해방되는 것이 종교적인 최종 목적처럼 인식된다. 시간이 모든 악의 근원이다. 죽음도 인간이 시간 안에 있기 때문에 발생한다. 시간을 벗어나는 순간 죽음도 사라진다. 결국 죽음의 문제는 시간의 문제로 환원된다. 삶의 영원회귀가 아니라 죽음의 영원회귀가 강조되면서, 영원회귀의 신화는 '시간의 위안'이 아니라 '시간의 공포'를 준다. 그런데 모든 종교적인 것은 이처럼 이중적인 가치를 갖는다. 선과 악이 극명히 갈리지 않기 때문에, 모든 것이 선과 악 사이에서 부단히 흔들리기 때문에 종교가 존재한다. 마찬가지로 영원회귀도 긍정적 가치와 부정적 가치 사이에서 계속 흔들거린다.

한편으로 우리는 영원회귀의 긍정적 가치를 생각한다. 예컨대 우리는 환생을 죽음 너머의 삶에 대한 주장이라고 생각한다. "다시 태어날 수 있다면!" 환생 관념에 의하면 죽음은 삶과 삶의 경계선일 뿐이다. 따라서 환생 관념은 죽음이 갖는 끝으로서의 의미를 퇴색시킨다. 죽음은 영원한 끝이 아니라 생명의 휴식일 뿐이다. 죽음은 존재가 다른 존재로 거듭나기 위해 거치는 순간적인 어둠일 뿐이다. 그런데 환생 이론은 영원회귀의 신화 가운데 하나일 뿐이다. 영원회귀의 신화는 모든 죽은 것들이 다시 돌아온다고, 죽은 것처럼 보이지만 사실은 죽지 않았다고,

죽음이란 존재의 일시 중지일 뿐이라고, 결국 죽음이란 없다고 주장한다. 인간의 시간을 우주적인 시간으로 조금 확대하자마자, 모든 죽음이 사라지는 것이다.

그러나 다른 한편으로 영원회귀는 끔찍한 것이다. 존재의 영원회귀는 죽음의 영원회귀이기도 하기 때문이다. 영원회귀는 영원한 삶이면서 영원한 죽음이기도 하다. 인도 사상에서는 영원회귀, 즉 영원한 죽음을 일으키는 범인으로 카르마를 지목한다. 그래서 예컨대 요가 수행자는 시간을 거슬러 올라가 과거 행위의 결과, 즉 카르마를 불태우는 훈련을 한다. 요가 수행자는 과거의 시간, 즉 시간의 씨앗을 불태운다. 시간의 씨앗을 불태워 미래의 시간을 없애는 것이다. 그는 시간의 껍질을 깨고, 시간의 알을 깨고, 시간 밖으로 탈출한다. 그는 기억을 파괴하여 시간의 압력을 줄이고, 시간의 작품을 찢어 버린다. 그는 시간을 불태우고, 시간을 먹어 치운다.

엘리아데는 이렇게 말한다. "시간이 우리를 먹어 치우는 것은, 우리가 시간 안에 살고 있기 때문이 아니라, 시간의 실재성을 믿고, 이로 인해 영원을 망각하고 영원을 경멸하기 때문이다."[44] 시간은 인간이 만든 환영이다. 그렇다면 죽음도 환영일 수밖에 없다. 시간이 만드는 나라는 존재 자체가 나의 환영이라면, 애초에 나라는 것이 존재하지 않는다면, 나의 죽음이라는 것이 가능할 리 없기 때문이다.

　　　　　　　　　　　　　죽음을 사색하는 시간

7. 영원회귀의 시간

판 데르 레이우의 이야기를 통해, 우리는 시간의 끝이라는 관념에 의해 시간의 원이 어떻게 깨지기 시작하는지를 살펴보았다. 종말론에 의해 시간의 원을 맨 먼저 탈출한 것은 바로 신이었다. 판 데르 레이우는 이러한 신을 시간 밖에 존재하는 '고독한 신'이라고 불렀다. 또한 엘리아데의 이야기를 통해 우리는 대시간이 주는 '시간의 공포'로 인해 인간이 어떻게 시간의 원을 깨뜨리기 시작하는지를 살펴보았다. 엘리아데의 이야기에서 신은 여전히 시간 안에 갇혀 있지만, 인간은 열반이라는 개념을 통해 시간의 원을 탈출하기 시작한다. 이러한 논의를 기반으로, 이제 우리는 순환적인 시간이 직선적인 시간으로 변형되는 과정을 살펴볼 것이다. 시간관이 변하면 시간 안에서 죽음이 갖는 의미와 위상도 달라질 것이다. 그러므로 시간관의 변화는 필연적으로 죽음관의 변화를 초래한다.

엘리아데에 의하면, 신화적인 시간에서는 똑같은 현재가 영원히 반복된다. 모든 현재는 과거의 반복이고, 모든 미래는 다시 현재의 반복이다. 따라서 과거, 현재, 미래의 시간 구분이 어느 정도 무의미해진다. 과거, 현재, 미래가 똑같은 시간 내용으로 채워질 수 있기 때문이다. 시간이 움직이긴 하지만, 시간은 움직임을 극도로 최소화한다. 시간이 마치 멈춘 듯 느껴질 수 있도록, 고정된 수의 행위 유형이 주기적으로 반복된다. 신화를 사는 인간은 신화라는 대본에 따라 연기하는 배우가 된다.

이런 식으로 인간은 자기 자신으로부터 멀어지면서 신화의 등장인물에 근접해 간다. 배우는 더 이상 현실 공간에 살지 않고 대본의 세계로 내던져지기 때문이다. 신화를 사는 인간은 이렇게 자기를 지우고 시간을 떠난다. 시간 안에 있으면서도 시간 밖의 삶을 산다.

신화를 사는 인간은 대본에 묘사된 행위를 충실히 모방하고 반복한다. 정해진 행위에서 일탈하는 일은 최대한 억제된다. 행위를 하지 않는 것이 아니라, 고정된 행위를 반복함으로써 시간을 지운다고 할 수 있다. 미래의 모든 행위가 예측 가능하기 때문에 미래를 예측할 필요가 없다. 과거의 모든 행위가 이미 신화 안에 기입되어 있기 때문에, 어떤 행위도 따로 기억할 필요가 없다. 기억도 예측도 필요 없이 오로지 현재의 행위에만 집중하면 된다. 신화적인 시간을 산다는 것은, 시간의 운동을 없앰으로써 시간을 제거하는 것이 아니라, 시간 안에서 움직일 수 있는 것들의 범위를 한정함으로써 시간을 지워 버리는 것이다.

앙리 샤를 퓌에슈에 의하면, 이때 시간은 "원을 그리며 움직이면서, 움직이지 않는 영원성의 움직이는 이미지"가 된다. 신화적인 시간에서는 "존재의 똑같은 총량이 보존되며, 어떤 것도 창조되지 않고 어떤 것도 사라지지 않는다." 죽음이 만든 빈 공간은 새로 태어난 죽은 자에 의해 다시 채워진다. 또한 "어떤 사건도 유일하지 않으며, 어떤 것도 단 한 번만 일어나지 않는다. … 모든 사건이 일어난 적이 있고, 일어나고 있고, 영원히 일어날 것이다. 똑같은 개인이 나타난 적이 있고, 나타나고 있고, 순환의 모든 차례에서 나타날 것이다."[45] 퓌에슈는 영원회귀의 시간과 관련하여 이렇게 말한다.

> 원 안의 어떤 점도 절대적인 의미에서 시작이거나 중간이거나 끝이 아니다. … 달리 말하자면 모든 점은 치우침 없이 시작이자 중간이자 끝이다. 엄밀히 말해 세계의 시작과 끝은 있을 수 없다. 세계는 항상 원들의 무한 연속 안에서 영원히 움직인다. 우주의 창조나 종말은 상상할 수 없는 일이다. 시간의 흐름은 최초의 사건과 최후의 사건에 의해 시작과 끝이 제한되는 직선으로는 도저히 표현될 수 없다. 다음으로, 시간을 구성하는 연속적인 시간 주기들에 의해 시간이 운율을 갖더라도, 시간은 확실히 명시되는 방향을 갖지 않는다. 아리스토텔레스가 말하듯, 우리는 회전하는 원 위에 있는 현재의 지점에서 우리가 트로이 전쟁 "이후에" 있다고 말할 수 있다. 그러나 원은 계속 회전하고, 우리 "이후에" 원이 정확히 똑같은 사건을 다시 한 번 일으킬 것이다. 그렇다면 이러한 의미에서 우리가 그 사건에 앞서 있다고 말할 수도 있을 것이다. 연대기적인 "이전"과 "이후"는 절대적인 차원으로 존재하지 않는다. 마지막으로, 모든 것이 되풀이되고 똑같이 보존되기 때문에, 역사의 행로에서 근본적으로 새로운 어떤 일이 일어난다는 것은 불가능하다.[46]

영원회귀의 시간에서 새로운 것은 시간의 원 밖으로 내던져진다. 오로지 낡은 것, 오래된 것, 똑같은 것만이 사랑받는다. 아니, 모든 새로운 것은 낡은 것의 귀환으로 읽힌다. 죽음은 미래에 일어나지만, 과거에도 이미 일어났다. 내가 미래에 죽는 것이 아니라, 나는 이미 과거에 죽었다. 죽음의 시간은 뒤에도 있고 앞에도 있다. 어떤 사람은 퓌에슈가 묘사하는 영원회귀의 세계에서 질식할 것 같은 답답함을 느낄지도 모른다. 그러나 시간을 죽이지 않는 한, 인간은 죽음을 지우지 못한다. 죽음을 죽이기 위해서는 시간을 죽여야 한다. 인간은 죽음 이전에 있는 것이 아니라 죽음 이후에 있다. 이러한 세계에서 인간은 미래에 있을 미지의 죽음이 아니라 과거에 있었던 기지의 죽음에 대해 생각한다. 출생의 자리에 죽음이 기입되고, 죽음의 자리에 출생이 기입된다. 출생과 죽음의 위치가 뒤바뀌면서 시간이 거꾸로 흐를 수 있는 조건이 갖추어진다고 할 수 있다. 이제 죽음은 또 다른 출생일 뿐이다. 죽고 나서 재탄생한다기보다, 죽음이 곧 재탄생이라고 말할 수 있다.

물론 아리스토텔레스만 하더라도 개체가 아니라 종(species)과 유형(type)의 영원회귀만을 인정한다. 나라고 하는 존재의 육체가 영원회귀하는 것이 아니라, 나의 영혼, 나의 정신, 나의 형상만이 영원회귀 한다. 그러므로 누군가가 죽더라도 우리는 다른 어딘가에서 다른 시간에 그 사람의 영혼의 향기를 느낄 수 있다. 인간은 향기가 되어 시간을 순환한다. 퓌에슈에 따르면, 그리스인은 역사철학이나 역사신학을 발전시킬 수 없었다.[47] 기독교 종말론을 통해 살펴본 것처럼, 역사 개념이 탄생하려면 오직 단 한 번 일어나는, 결코 반복될 수 없는 '시간의 중심'이 생겨야 한다. 그리고 '시간의 중심'을 통해 시간의 원에 구멍을 내고, 원을 직선으로 펼칠 수 있어야 한다. 그러나 영원회귀의 시간에는 시작도 중간도 끝도 없으며, 모든 사건이 반복될 수 있다. 그러므로 역사적인 과거와 미래라는 개념을 형성할 수 있는 역사적인 현재에 대한 인식이 존재할 수 없다. '시간의 중심'이 없기 때문에, 시간에 일정한 방향을 부여할 수도 없다. 시간은 방향을 잃고 언제라도 역류할 수 있으며, 오히려 시간의 힘은 역류 가능성에 있다고 말할 수 있다.

역사는 반복될 수 없는 것에 관심을 갖는다. 다시는 태어날 수 없는 독특한 인물, 역사적 천재, 미래에 강한 영향을 미치는 중요한 역사적 사건 등이 그러한 것이다. 그러나 그리스인은 특이하고 우연적인 것이 아니라, 일반적이고 반복될 수 있는 것에 관심을 보였다. 설령 그들이 시간의 법칙을 이끌어 내더라도, 그것은 발전이 아니라 퇴행의 법칙일 뿐이었다. 예컨대 국가는 발전하는 것이 아니라, 항상 이상적인 신화적 상태에서 타락한다. 변화는 오직 퇴행만을 약속한다. 왜냐하면 변화는 이상적 상태에서 이탈하는 것, 신화적 과거에 대한 기억이 희미해지는 것을 의미할 뿐이기 때문이다. 시간 속에서 인간은 항상 퇴행을 겪으면서 타락한다. 과거를 정확히 반복할 수 있는 힘을 상실하면서 퇴행이 일어난다. 그리고 퇴행의 끝에서, 일정한 시간 주기의 끝에서, 인간은 더 이상 신화적인 과거를 기억하지 못하며, 모든 반복의 힘을 상실하고 나락의 상태로 추락한다. 더 이상 과거를 반복할 수 없을 때, 시간이 멈춘다. 시간의 연료는 반복의 힘이기 때문이다. 그리고 퇴행의 끝에서 마치 단단한 벽에 부딪힌 고무공처럼 시간이 반대쪽으로 되튀기 시작한다. 이제 다시 새로운 시간 주기가, 새로운 퇴행의 과정이 시작될 것이다.

퓌에슈는 그리스인의 시간 개념과 역사 개념이 기본적으로 우주론적이라고 말한다. 시간이 원을 그리며 움직이는 것은, 시간이 하늘에 있는 별들의 순환 운동을 모방하기 때문이다. 영원한 우주는 고정된 법칙의 지배를 받으면서 불변적인 완벽한 질서를 보여준다. 시간은 이러한 응결된 질서의 움직이는 이미지일 뿐이다.[48] 그러므로 시간은 영원의 그림자 같은 것이다. 시간과 영원은 전혀 다른 별개의 이질적인 것이 아니다. 왜냐하면 시간은 영원으로 가는 입구이기 때문이다. 현재 우리가 사용하는 달력과 시계는 하늘에 있는 천체의 운동에 근거하고 있다. 우리가 날마다 소비하는 시간은 그 뿌리를 영원의 샘물을 향해 뻗치고 있다. 우리는 시간이라는 나무에 열린 영원의 열매를 맛보고 싶어 한다.

우리는 영원회귀의 시간이 낳은 상반되는 두 가지 감정을 동시에 고려할 필요가 있다. 일반적으로 종교적인 것은 하나의 단일한 가치로 수렴하지 않는다. 모든 종교적인 것은 항상 양면 가치를 갖는다. 그리고 하나의 상징이 품고 있는 두 가지 가치 사이의 거리가 멀면 멀수록 상징의 힘은 더욱 커진다. 영원회귀의 시간도 마찬가지다. 영원회귀의 시간은 선으로도 악으로도 읽힐 수 있다. 먼저, 영원회귀의 시간은 우리에게 "합리적이고, 미학적이고, 종교적인 찬탄"을 불러일으킨다. 인간은 영원회귀의 불변하는 질서에서 신의 약속을 본다. 완벽한 질서가 낳은 성스러움을 경험하는 것이다. 지상의 모든 것은 변화의 바람에 덧없이 흘

죽음을 사색하는 시간

날리지만, 변화의 너머를 굳건히 지키는, 변화를 지긋이 바라보는 불변하는 시간 질서가 있다. 그리스어로 우주, 즉 코스모스(kosmos)는 '질서'와 '세계'라는 두 가지 의미를 갖고 있다. 코스모스는 질서 잡힌 세계이자, 세계 안의 질서이다. 그러므로 이 질서를 벗어나는 것은 악한 것이다. 코스모스는 그 자체로 신성한 것이거나, 신성의 그림자이다. 그래서 어떤 이는 코스모스를 "신의 아들" 또는 "제2의 신"으로 여긴다. 퓌에슈는 우주의 질서에서 신을 경험하는 이러한 종교를 "우주적 종교"라고 부른다.[49]

그러나 영원회귀의 시간을 대하는 전혀 다른 태도가 있다. 이 태도는 불변하는 질서에서 찬탄의 감정이 아니라, "우울과 권태", 그리고 "고통과 예속"의 감정을 느낀다. 퓌에슈의 이야기를 들어 보자.

> 시작이나 끝이나 목적도 없이 주기적으로 그 자체를 반복하는 이 시간, 변경할 수 없는 이 시간이 이제는 단조롭거나 억압적인 것으로 느껴진다. 사물들은 영원히 똑같은 것으로 존재한다. 역사는 자기 주변을 빙빙 돈다. 우리의 삶은 유일하지 않다. 즉 다른 동물로 태어나든, 다른 인간으로 태어나든, 영속적인 환생 주기의 흐름 속에서 끝없이 우리는 이미 여러 차례 태어났고 다시 돌아올 수 있다. 인간의 운명을 지배하고 규정하는 것은 무엇보다도 별들, 즉 별들의 위치와 운동이다. 수학자나 점성술사에 의해 더욱 엄밀해진 천문학적 질서가 엄격한 결정론, 예정설, 그리고 운명

의 여신인 헤이마르메네(Heimarmene)와 파툼(Fatum)이 된다. 그리스 로마 시대 말기에 우리는 숙명론에 대한 얼마간의 환멸과 절망을 만난다. 모든 사건을 담고 있는 전체 우주가 하나로 이어져 있기 때문에, 많은 사람들이 별들에 쓰이고 하늘에 "봉인된" 운명에 대한 이 예속 상태에서 벗어나고자 한다. 그러나 코스모스의 질서와 법칙은 불변하고 영원하기 때문에, 굴복하고 체념하는 것이 가장 좋다. 피할 수 없는 것이 있다는 것을 깨닫고서, 우리는 쓰디쓴 뒷맛을 남기는 소박하고 자족적인 지혜, 즉 모든 것에 대한 명쾌한 수용에 근거하고, 환상 없는 강력한 의지의 집요한 긴장 상태에 의해 유지되는 금욕적인 윤리를 확립할 수 있다. 우주의 흐름에 대한 반란, 우주 그 자체에 대한 반란, 눈에 보이는 하늘과 천체의 수위성(首位性)과 신성의 부정, 이런 것들은 불가능하다.[50]

영원회귀의 시간에 대한 이러한 태도에서 차츰 시간에 대한 반란을 꿈꾸는 의식이 싹튼다. 이제 영원회귀의 시간이 만들어 놓은 시간의 원을 탈출하려는 여러 가지 종교적 시도가 이루어지기 시작한다. 기독교에서는 종말 개념에 의해 시간의 원을 깨뜨리기 시작한다. 불교에서 말하는 열반도 시간으로부터의 탈출을 대표하는 종교적인 개념일 것이다. 이제 영원회귀의 시간 안에서 사람들은 질식할 것 같은 답답함을 느낀다. '나의 반복'에 대한 약속은 죽음 앞에서 더 이상 아무런 위안도 주지 못한다. 기독교는 '시간 밖에 있는 고독한 신'이라는 개념을 통해, 불교는 '시간 밖으로 탈출하는 인간'이라는 개념을 통해 시간의 원을 깨뜨린다. 이제 죽음에 대한 해석도 전혀 다른 시간 지평에 놓일 수밖에 없다.

8. 자기 지우기

지금까지 우리는 신화적인 시간 의식이 어떻게 균열을 일으키기 시작했는지를 살펴보았다. 간단히 말하자면, 시간의 끝이라는 개념이 등장하면서 시간의 원이 직선으로 변형되는 장면, 그리고 시간의 원에 구멍이 뚫리면서 시간 밖으로 탈출할 수 있는 출구가 열리는 장면을 묘사하고자 했다.

미르챠 엘리아데는 『영원회귀의 신화』의 마지막 단락에서 "기독교는 이론의 여지 없이 '타락한 인간'의 종교인 것으로 입증된다."라고 말한 바 있다. 이때의 타락은 도덕적 타락이 아니라, 신화적 세계에서 역사적 세계로 인간이 추락했다는 것을 의미한다. 시간의 원이 부서지면서 인간이 시간의 직선 위로 내던져졌다는 것이다. 이제 인간은 영원회귀의 시간이 만드는 "원형과 반복의 낙원"을 포기하고 "역사와 진보"라는 관념으로 물든 세계에서 살게 되었다.[5] 엘리아데는 이 책의 곳곳에서 신화와 역사를 바라보는 그의 기본적인 시각을 노출한다. 일단은 엘리아데가 사용하는 몇 가지 기본 개념의 맥락을 간단히 살펴보는 것으로부터 우리의 이야기를 풀어 나갈 필요가 있다. 엘리아데는 원시 존재론, 또는 고대 존재론의 첫 번째 특징을 다음과 같이 이야기한다.

> 대상이나 행위는 원형(archetype)을 모방하거나 반복하는 한에서만 실재적인 것이 된다. 그러므로 실재는 오로지 반복이나 참여를 통해서만 획득된다. 모범적인 모델이 없는 모든 것은 "무의미한 것"이다. 다시 말해서 그것은 실재성을 갖지 못한다. 따라서 인간은 원형적이고 모범적인 것이 되고자 하는 경향성을 갖게 된다. (근대의 관찰자가 보기에) 전통적인 문화의 인간은 자기 자신이기를 멈추는 한에서만 자기를 실재적이라고 생각하고, 다른 존재의 동작을 모방하고 반복하는 데 만족한다는 의미에서 볼 때, 이러한 경향성은 역설적인 것처럼 보일 수 있다. 달리 말하자면, 그는 정확히 자기 자신이기를 멈추는 한에서만, 자기를 실재적이라고, 즉 "참으로 자기 자신"이라고 생각한다. 그러므로 이러한 "원시적인" 존재론은 플라톤적 구조를 갖고 있다고 말할 수 있다.[52]

이처럼 엘리아데는 고대 존재론의 첫 번째 특징을 '원형의 반복을 통한 자기 삭제'에서 찾는다. 엘리아데에게 신화는 원형으로 가득 찬 세계를 묘사한다. 신화는 원형의 저장소 같은 것이다. 그렇다면 원형은 어떤 존재론적 기능을 수행하는가? 모든 인간은 "존재의 갈증"을 느낀다.[53]

죽음을 사색하는 시간

우리는 이것을 존재의 의미 찾기라고 부를 수도 있다. 그런데 아득한 옛날 인간은 원형을 모방하고 반복함으로써 존재의 불안을 해소하고, 존재의 갈증을 해갈했다. 그는 자기를 원형의 복제품으로 만들고자 했다. 그리고 가장 근사한 복제품이 되기를 원했다. 그는 원형으로 자기를 지우려 했고, 원형에서 일탈한 자기만의 삶을 전혀 남기지 않으려 했다. 원형과의 완벽한 일치, 즉 완벽한 자기 삭제를 꿈꾸었던 것이다. 삶은 자기를 구성하는 과정이 아니라 자기를 지우는 과정이었다. 그리고 완벽하게 자기를 지움으로써 마치 현실을 신화처럼 만들 수 있는 인간만이 참된 삶을 사는 것으로 평가되었다. 우리는 평생 동안 자기를 삭제했던 인간, 즉 자기에 대한 기억이 한 줌밖에 남지 않은 인간에게 도대체 죽음이란 무엇일까에 대해 생각해 볼 수 있다.

모든 죄와 고통은 원형에서 벗어난 삶을 꿈꿀 때 생겨난다. 모든 죽음은 신화적인 죽음의 반복일 뿐이다. 어떤 삶도 특별하지 않은 것처럼, 어떤 죽음도 특별하지 않다. 엘리아데는 원형의 세계를 반복하고 모방하고자 하는 인간의 의지를 특히 강조한다. 원형의 반복은 자동적으로 이루어지는 것이 아니라 인간의 의식적이고 의례적인 노력을 통해 이루어진다. 그러나 역사적인 세계에서 사는 일은 정반대의 충동으로 이루어진다. 새로운 것, 지울 수 없는 것, 고통스러운 것, 특별하고 특이한 것, 즉 끊임없이 원형에서 일탈하는 것이 역사적인 가치를 갖는다. 이때 모든 죽음은 독특하고 개별적이다. 역사는 '원형의 지우개'로는 도저히 지울 수 없는 말과 행동으로 이루어진다. 그러나 우리가 '절대 지울 수 없는 나'라고 생각하는 것은, 결국 원형의 망각에서 기인하는 착시 현상의 결과물이 아닐까? 이어서 엘리아데는 고대 존재론의 두 번째 특징, 즉 '원형의 반복을 통한 시간 삭제'에 대해 다음과 같이 이야기한다.

> 원형의 모방과 모범적인 동작의 반복을 통한 시간의 삭제 … 똑같은 것이 모든 반복, 즉 원형의 모든 모방에 적용된다. 그러한 모방을 통해, 원형이 처음 드러난 신화적인 시대 속으로 인간이 내던져진다. 이렇게 해서 우리는 원시 존재론의 두 번째 측면을 알아차린다. 하나의 행위(또는 대상)가 어떤 모범적인 동작의 반복을 통해 어떤 실재성을 획득하고, 오로지 그것을 통해서 실재성을 획득하는 한, 여기에서 세속적인 시간, 지속, "역사"의 삭제가 뒤따른다. 따라서 모범적인 동작을 모방하는 사람은 그러한 동작을 드러낸 신화적인 시대 속으로 옮겨지고 있는 자기 자신을 발견한다.[54]

엘리아데는 원형의 반복이 시간의 삭제뿐만 아니라 공간의 삭제까지도 가능하게 한다고 말한다. 중요한 것은 이러한 일이 자동적으로 일어나지 않는다는 점이다. 고대인은 어렵게 "역사"를 견뎠고, 주기적으로 역사를 삭제하고자 했다. 엘리아데는 반복을 통해 인간을 원형으로 변형시키는 메커니즘이 있다고 말한다.[55] 그렇다면 이러한 메커니즘을 습득할 경우, 근대 세계에서도 인간을 지우고, 시간을 지우고, 공간을 지우

죽음을 사색하는 시간

고, 나아가 죽음까지도 지우는 일이 가능할 것이다.

　엘리아데는 집단 기억이 개별 사건이나 실제 인물을 보존하는 데 얼마나 취약한지에 대해서도 이야기한다. 집단 기억은 사건이 아니라 범주를, 역사적인 인물이 아니라 원형을 이용한다. 집단 기억에서는 개별성의 살은 모두 부패하고, 원형적인 뼈만 보존된다. 집단 기억은 고대 존재론과 비슷한 구조를 갖고 있다. 따라서 집단 기억은 역사적인 사건의 개별성을 증발시킨 다음, 사건을 범주 또는 유형으로 변형시킨다. 마찬가지로 역사적인 인물도 개별성이 지워진 채 신화적인 인물, 또는 원형적인 인물로 변형된다. 엘리아데는 이러한 예를 통해 고대 정신이 얼마나 역사성과 개인성을 지우고자 했는지를 보여주고자 한다.[56] 그는 죽음 이후의 존재 방식에 대한 상상에도 원형과 반복의 법칙이 적용된다고 주장한다.

　　죽은 사람이 "조상"으로 변형되는 것은, 개인이 원형 범주로 융합되는 것과 일치한다. 많은 전통에서 (예컨대 그리스에서) 평범한 죽은 자의 영혼은 더 이상 "기억"을 소유하지 않는다. 다시 말해서 그는 역사적인 개별성이라 부를 수 있는 것을 잃는다. 죽은 자가 유령으로 변형되는 일 등은 어떤 의미에서는 조상이라고 하는 비개인적인 원형과 다시 일체화되었다는 것을 의미한다. 그리스 전통에서 단지 영웅만이 죽음 이후에 개인성(즉 기억)을 보존한다는 사실은 이해하기 쉽다. 지상에 살면서 모범적이지 않은 어떤 행동도 수행하지 않았기 때문에, 어떤 관점에서 볼 때 그의 행위들은 비개인적인 것이므로, 영웅은 행동에 대한 기억을 간직한다.[57]

죽음을 통해 개인은 기억을 잃고 서서히 원형으로 통합된다. 개인적 특성과 상관없이 모든 죽은 자는 '조상'이라는 집합적 범주로 용해된다. 예컨대 살아 있는 자가 죽은 자에 대한 직접적인 기억을 가지고 있는 한, 개인적인 기억을 통해 어느 정도는 죽은 자의 개별성이 보존될 수 있다. 그러나 죽은 자에 대한 간접적인 기억만 남게 될 때, 죽은 자의 개인성은 원형에 의해 쉽게 부식된다. '완전한 죽음'이란 개인성을 모두 제거함으로써 죽은 자를 원형으로 통합하는 것이라고 할 수 있다. 죽은 자에 대한 기억이 원형의 기억으로 변형된다. 이렇게 해서 모든 죽은 자가 원형이 된다. 원형의 반복을 통해 살아 있는 자가 자기를 지우고 시간을 지운 것처럼, 원형은 죽은 자의 개인성까지도 지워 버린다. 이러한 세계에서 인간은 죽음을 통해 조상이라는 범주에 통합될 뿐이다. 그러나 신화를 떠난 세계, 즉 역사적인 세계에서는 죽음의 의미가 사뭇 달라진다. 조상이라는 집합적 범주에 녹아 버리지 않는 것, 개인적인 기억을 보존하는 것, 원형의 연못에서 익사하지 않는 것, 이런 것들이 죽음에 대처하는 역사적인 인간의 목표가 된다. 원형이 된다는 것은 더 이상 아무런 위안도 주지 못한다. 원형으로 변하지 않는 것이 죽음의 목표가 되는 것이다.

죽음을 사색하는 시간

죽은 자가 "조상"으로 변형된다는 개념을 제쳐 둘 때, 그리고 죽음이라는 사실을 개인 "역사"의 종결로 여길 때, 그러한 역사에 대한 사후의 기억이 제약되어야 한다는 것, 또는 달리 말해서 열정, 사건, 즉 엄밀히 말해서 개인과 연관된 모든 것에 대한 기억이 사후 존재의 어떤 계기에서 사라진다는 것은 여전히 매우 자연스러운 것 같다. (지속과 역사에 연관되는 개인성과 기억만을 존속이라 부를 수 있기 때문에) 비개인적인 존속은 실제적인 죽음과 같은 것이라고 반대할 수도 있지만, 그것은 "역사의식"의 관점에서만, 달리 말하자면 근대인의 관점에서만 타당하다. 왜냐하면 고대적인 의식은 개인적인 기억을 전혀 중요하게 여기지 않기 때문이다. 어떤 영적 경험을 통해 얼핏 알 수 있더라도, 그러한 "비개인적인 의식의 존속"이 무엇을 의미하는지를 규정하기는 쉽지 않다. 바흐의 음악에 귀 기울일 때 우리가 느끼는 감정 안에, 수학 문제를 풀기 위해 필요한 주의력 안에, 어떤 철학적인 문제의 검토가 요구하는 집중력 있는 통찰 안에, 도대체 개인적이고 역사적인 것이 존재하는가? 자기 자신이 역사로부터 영향받도록 내버려두는 한, 근대인은 이러한 비개인적인 존속의 가능성에 의해 자기 자신이 손상된다고 생각한다. 그러나 역사 안에 있는 "비가역적인 것"과 "새로운 것"에 대한 흥미는 인류의 삶에서 최근의 발견물이다. 이와 반대로 우리가 곧 살펴볼 것처럼, 고대 인류는 역사가 낳

은 모든 새로움과 비가역성에 대항하여 전력을 다해 자신을 지켰
다.[58]

엘리아데에 따르면 역사 개념은 원형에 대한 반감을 불러일으킨다.
역사적인 인간은 자기를 지우는 것이 아니라 자기를 보존하는 데 관심
을 기울인다. 내가 죽더라도, 내가 여전히 살아 있는 것처럼 사람들이
나를 기억해 주기를 바란다. 죽음이 나를 지우지 못하기를, 내가 원형이
되지 않기를, 원형의 지우개가 나를 지우지 못하기를 열망한다. 원형의
기억이 더 이상 인간의 죽음을 구원하지 못하는 것이다.

9. 지울 수 없는 죽음

역사적인 의식과 신화적인 의식은 전혀 다른 별개의 의식일 뿐인가?
그렇지만은 않을 것이다. 우리는 영원회귀의 시간에 종말 개념이 들어
오면서, 어떻게 신화적인 원이 서서히 역사적인 직선으로 변형되는지를
짐작할 수 있었다. 헬무트 플레스너의 「시간과 죽음의 관계에 대하여」라
는 글을 살펴봄으로써, 우리는 시간 의식의 변화가 어떻게 죽음에 대한
의식을 변화시키는지를 가늠해 볼 수 있다.

순환적으로 질서 잡힌 세계는 죽음을 단지 유기체의 현상이라고

죽음을 사색하는 시간

생각한다. "사슬"이 끊어지지 않은 문화, 더 정확히 말하자면 덧없음이 회귀의 법칙에 종속된 문화에서는, 개별적인 죽음의 의미가 말하자면 제한되고 은폐되어 있다. 단지 신화적인 시간 의식이 순환적인 형태에서 종말론적인 형태로 변형되면서, "더 이상 존재하지 않는 것"에 대한 시각이 열리고, 과거, 현재, 미래의 분리가 생겨난다. 처음 생겨난 역사적인 시간 감각의 이러한 변형 작용은, 집단들뿐만 아니라 집단을 형성하는 개인들의 증가하는 개별화와 일치하는 것처럼 보인다. 이 지점에서 사람들이 역사 속으로 들어간다. 한편 여전히 모든 문제에 대해 논란의 여지가 없는 답변을 보유하는 신화와 의례의 영성화된 형태에서, 죽음이 하나의 문제로 출현하는 것이 식별되기 시작한다. 기독교와 함께, 다른 종교들에 의해 성취된 종말론을 넘어서고 시간 의식의 탈신화화에 이르는 새로운 발전이 시작된다. 이 발전이 우리의 현재 상황에서 정점에 이르기 때문에, 나는 이러한 신화의 쇠퇴, 즉 종국적으로는 기독교적 계시가 만든 세계를 박살내는 쇠퇴에 관해 간단한 그림을 제공하고자 할 것이다. 역사의 점진적인 속화 또는 세속화는 상응하는 시간 개념의 합리화를 수반한다. 자연적인 시간과 역사적인 시간이 분리되지만, 자연적인 시간의 합리적인 시간 측정법이 역사적인 시간의 토대를 형성한다. 그리하여 시간과 죽음의 합리적인 관계라는 문제가 발생하는 것이다.[59]

종말론적 시간 의식은 시간의 끝에 대한 각성을 통해 과거, 현재, 미래의 시간 분할을 초래한다. 종말론을 통해 역사적인 시간 의식이 성장하며 개인과 집단의 개별화가 진행된다. 종말론은 죽음에 대한 각성을 통해 개인을 개별화시킨다. 아무도 나를 대신해서 죽을 수 없으며, 죽음은 오로지 내가 홀로 겪어야 할 고독한 길이다. 따라서 죽음이라는 사실 앞에서 모든 인간관계는 산산이 부서진다. 죽음에서 구원받는다는 것도 오로지 개인의 차원에서만 가능하다. 죽음의 개별화는 구원의 개별화를 의미한다. 이제 인간에게 구원은 각자의 몫이 된다. 결국 신화적인 의식의 종말론적 전향을 통해 역사적인 의식이 생성된 것이라고 말할 수 있을 것이다.

헬무트 플레스너는 기독교에 의해 '시간 의식의 탈신화화'가 일어나고, 이로부터 서서히 역사적인 시간이 발아했다고 주장하는 것 같다. 이제 인간이 자연적인 시간으로부터 분리된 역사적인 시간, 인공적인 시간 안에서 살게 된 것이다. 신화적인 종말론은 여전히 그 안에 창조론을 머금고 있다. 그러나 역사적인 의식의 등장으로 인해 신화와 역사의 본격적인 분리가 이루어진다. 역사는 신화를 적으로 삼음으로써 성장한다. 그러나 역사는 신화를 살해함으로써 어찌 보면 역사의 존재론을 살해한다. 우리는 종말론이 여전히 '시간의 삭제'를 지향한다는 것을 염두에 둘 필요가 있다. 원형으로 시간을 녹이는 것이 아니라, 모든 시간을 통째로 날려 버리는 것이다. 시간의 원에서는 신이 시간 안에 들어와 시간과 함께 흐르다가 서서히 사라져 없어진다. 신은 부서지기 쉽

죽음을 사색하는 시간

고 약하고, 심지어는 잘 죽는다. 그러나 종말론의 신은 시간 밖에 있기 때문에 절대 죽지 않는 신이다. 종말론에서 어찌 보면 시간은 악마이다. 그래서 신은 시간과 싸우는 신, 시간의 꽃이 다시는 피지 못하도록 시간을 완전히 살해하는 신이다. 시간을 지우는 것이 아니라 시간을 죽이는 것이 구원의 길이다. 플레스너는 시간의 원에 종말이라는 구멍이 생기면서 만들어진 직선적인 시간에 대해 이렇게 말한다.

> 그러므로 한계들에 대한 통제된 의식을 가능하게 하고, 모든 것을 유일성과 반복 불가능성의 관점 속으로 내던지는 직선적인 시간의 발견은, 인간의 개념들을 새로운 차원으로 끌어올린다. 세계와 인간이 전통, 기념물, 문서의 형태로 기억할 만큼 가치 있는 것이 된다. 과거, 현재, 미래가 구별된다. 이러한 시간 의식이 살아 있는 공동체를 더 강하게 움켜쥘수록, 이 공동체는 구성원의 개별화 속으로 더 깊이 빨려 들어가고, 죽음을 하나의 위협으로 여길 것이다. 죽음이 주는 위협의 무게는, 세계를 배경으로 하여, 그리고 연속하는 세대를 배경으로 하여 개인의 경계선을 어떤 척도로 어떤 방식으로 측정하는가에 달려 있다. 그러므로 자아의식의 성장, 죽음이라는 문제의 발전, 과거·현재·미래로 펼쳐지는 직선적인 시간의 현실화가 묶음을 이룬다. 많은 고대 문화는 순환적인 시간 의식에 잠재적으로 포함된 종말론적 시간관을 현실화시키긴 했지만, 마지막 발걸음을 뗄 수 없었다. 이스라엘이 무로부터의 창조

(creatio ex nihilo)라는 관념으로 그것을 완성했다. 이것이 기독교적 세계관의 원천이 되었고, 그리스의 인과적 사유와 결합하여 마침내 역사의식을 개화(開花)시키는 원천이 되었다.[60]

플레스너는 기독교적 시간 의식이 점차 탈신화화되면서, 즉 기독교적 종말론이 탈신화화되면서, 완전히 의미가 제거된 시간이 발견되었다고 말한다. 시간에서 신화가 증발하고 신의 흔적이 제거되면서 시간의 의미가 사라졌다. 그리고 이 텅 빈 시간은 연대기적 시간, 즉 그 안에서 온갖 변화가 일어나는 텅 빈 공간이 되었다. 나아가 시간 개념이 다종다양한 시간으로 파편화되었다. 물리적인 시간, 생물학적 시간, 심리학적 시간, 역사적인 시간, 경험의 시간, 상상의 시간, 경제적인 시간, 종교적인 시간, 예술적인 시간, 정치적인 시간처럼, 모든 영역이 자기만의 시간을 갖게 되었던 것이다. 플레스너는 이것을 '시간 의식의 완전한 중화(中和)'라고 부른다. 특히 그는 오늘날 우리가 아는 역사의 탄생에서 '무로부터의 창조'라는 관념이 어떤 역할을 했는지에 주목한다.

> 그러나 세계가 무로부터 창조되었다는 교리가 절대적인 시작을 확립하고, 그리하여 우주적인 주기의 이미지를 파괴한다. 대년(大年, Great Year)이 직선적인 연대기에 자리를 물려주고, 이 직선적인 연대기는 신의 계획에서 유래하는 것으로 역사의 뼈대를 제공한다. … 메시아의 약속, 약속되는 왕국의 복귀 … 어린양의 탄생

죽음을 사색하는 시간

도 시기를 산정할 수 있는 역사적인 의미를 갖는다. … 구원자는 인간이다. 따라서 영원히 진행되는 순환적인 시간 계산과 역사적으로 진행되는 연대기적인 시간 계산의 이러한 융합이 우리에게 구원 이야기로 전해졌다. 여기에서는 창조의 시작에서 구약과 신약을 거쳐 시간의 끝에 이르기까지 신화와 역사가 구별할 수 없는 완전체를 형성한다. 이러한 구원의 질서는 부활이라고 하는 신학적 개념이 담고 있는 죽음에 대한 새로운 답변에서 정확한 대응물을 갖는다. … 부활 개념은 불멸 관념과 뚜렷하게 반대된다. 물리적이고 정신적인 개인성에 대한 흐릿한 시각을 가진 신화적인 사유에 있어서, 환생과 개인적인 삶의 연속성은 근본적으로 구별되지 않는다. 개인은 자기 자신을 모범적인 과거의 중요한 부분이라 생각하면서, "아브라함", "이삭", "야곱"으로서 과거를 먹으며 살았다.[61]

플레스너는 '무로부터의 창조'라는 관념에 의해 신화와 역사가 뒤섞이기 시작했고, 이로 인해 죽음의 문제에서도 불멸보다는 부활이 강조되기 시작했다고 말한다. 세계의 끝과 인간의 끝을 바라보는 시선이 일치하는 것이다. 특히 그는 신화적인 사유를 하는 인간이 환생으로부터 소외되지 않았다고, 과거를 먹으며 살았다고 말한다. 원형을 먹고 사는 인간의 모습을 그리기 위해 플레스너는 토마스 만의 『야곱 이야기』를 인용한다.

부분적으로는 그의 자아가 희미해지면서 원형으로 돌아갔기 때문에, 부분적으로는 과거에 존재했던 것이 이제 그의 살 속에서 현재가 되었기 때문에… 우리가 실제로는 두 귀로 듣고 두 눈으로 보지만, 들리는 것과 보이는 것을 하나로 파악하는 것처럼.[62]

신화적인 인간은 이처럼 자기를 지우면서 원형과 하나가 되어 살아간다. 이것은 하나의 삶이 아니라 여러 개의 삶을 동시에 산다는 것을 의미하기도 하고, 나의 삶이 다른 인간의 삶 속으로 얼마나 쉽게 전염되는지, 인간들의 삶이 얼마나 쉽게 뒤섞이는지를 가리키기도 한다. 그만큼 인간들 사이의 경계선이 무르고 약하고 희미했던 것이다. 이어서 플레스너는 기독교가 초래한 죽음 개념의 변화를 이렇게 서술한다.

그러나 기독교적인 계시와 구원의 영역에서, 죽음은 더 심각한 의미에서 파괴로 여겨지며, 동시에 부활의 신비 안에서 초극된다. 무로부터의 창조는 무로 해체될 가능성을 함축하며, 다시 이것은 사람의 개별성, 즉 더구나 자연적으로 주어질 뿐만 아니라 희망과 신앙의 행위에서 강화되는 개별성에 대응한다. 불교는 죽음의 실재성을 지지하면서 삶을 부정할 때, 출생과 죽음의 피할 수 없는 사슬, 즉 영원한 순환에 대한 브라만의 신앙을 전제한다. 그리스도는 지상적인 변화가 없는 영원한 생명으로의 재탄생, 즉 은총으

죽음을 사색하는 시간

로부터의 타락이라는 유일한 사건에서 비롯하는 죽음 사건이 지배력을 미칠 수 없는 생명으로의 재탄생을 약속한다. 비슷하게 유대교 신앙은 죄와 죽음을 극복할 수 있는 신의 은총을 기원한다. 파울 루트비히 란츠베르크는 이렇게 쓴다. "그리스도는 어떤 죽음도 뒤따르지 않을 탄생을 약속한다. 부처는 어떤 탄생도 뒤따르지 않을, 그러므로 더 이상 죽음이 뒤따르지 않을 죽음을 약속한다." 무로부터 창조하는, 초월적이고, 인격적이고, 모습이 없는 신을 통한 탄생이, 종말론적으로 한정되는 직선적인 시간의 발견을 초래한다. 이 시간이 그 안에 무시간성을 담고 있더라도, 완전한 타자성을 지닌 영원은 시간 너머에 놓여 있다. 무에서 비롯한 채, 시간은 약속으로부터 성취에 이르고 영원에서 끝난다.[63]

기독교에 의해 점차 역사가 신화를 압도한다. 그리고 지금 우리가 알고 있는 '역사'와 '개인'의 탄생이 점차 이루어진다. 죽음이 개인성의 파괴로 읽히면서 죽음의 문제가 첨예하게 부각된다. 사람들은 원형으로 자기를 지우기를 더 이상 희망하지 않는다. 원형은 개인과 개인 사이의 경계선을 제거함으로써, 나를 포기하고 나의 기억을 버리게 함으로써, 죽음의 문제를 수면 아래로 가라앉힌다. 그러나 이제 사람들은 원형으로 변화하는 것에서 아무런 위안도 발견하지 못한다. 이제 사람들은 원형에 녹아 버리지 않기를 바란다. 그러므로 개인성을 고스란히 보존하는 부활만이 죽음의 문제에 대한 해답으로 기능할 수 있는 것처럼 보인다. 나라는 개체가 시간을 탈출하여 고스란히 영원이라는 지평에서 재탄생하는 것, 이것이 바로 부활의 의미이다. 무에서 창조된 시간은 시작과 끝이 있는 직선이기 때문에, 언젠가는 다시 무로 돌아갈 것이다. 그러므로 최후의 시간에 무의 바다에서 용해되지 않는 것, 그리하여 더 이상 죽음이 없는 영원의 존재를 맛보는 것이 기독교적 구원론의 요체가 된다. 기독교는 죽음에서 자유로운 '완전한 탄생'을 갈망한다.

마찬가지로 불교에서도 죽음이라는 문제가 중요하게 부각된다. 그러나 불교는 시간의 원을 직선으로 만드는 것이 아니라, 시간의 원에 구멍을 뚫어 시간 밖으로 탈출하는 기술을 구사한다. 해탈이라는 이름으로 더 이상 삶도 죽음도 없는 '완전한 죽음'의 상태를 갈망하는 것이다. 플레스너가 인용하는 란츠베르크의 문장들 앞에는 다음 문장들이 놓여 있다.

> 인도에서는 부처의 도래 이전에, 죽음과 재탄생의 영원한 순환에 갇혀 있다는 느낌이 자의식이 강한 개인에게는 참을 수 없는 것으로 여겨진다. 부처가 약속한 해방은 탄생과 죽음으로부터의 해방이자, 동시에 죽음의 조건이 되는 탄생과 재탄생으로부터의 해방일 수 있다. 영원이라는 존재론적 범주와 관련하여 이해할 때, 사후 존속이라는 기독교적 개념은, 죽음을 함축하는 시간과 변화와 지상적인 생성으로부터의 최종적인 해방을 나타낸다. 말하자면 개인은 자기 자신이 세대의 흐름 위로 들어 올려질 거라고 생

각한다.[64]

　이제 기독교와 불교는 시간을 지운다기보다 아예 시간을 떠나고자 하는 종교인 것처럼 보인다. 시간을 버리고 시간 없는 영역으로 진입하는 것이 종교의 목표가 된다고 말할 수 있다. 그러나 기독교는 시간 자체의 파괴 가능성을 지향하지만, 불교는 시간을 탈출하는 수많은 부처의 가능성만을 이야기한다. 또한 기독교에서 시간은 무로부터 창조된 것이기 때문에 인간의 힘으로 시간을 탈출하는 것은 불가능하다. 오로지 시간 밖에 서 있는 '고독한 신'만이 시간을 파괴할 수 있다. 그러므로 모든 것은 무에서 창조되었기 때문에 언젠가 다시 무로 되돌아갈 것이며, 오로지 '고독한 신'만이 시간의 파괴가 언제 일어날지를 결정할 수 있다.

　이러한 허무주의(nihilism)를 고려하지 않는다면, 기독교의 구원사(救援史)와 부활이 갖는 의미를 정확히 이해하기 힘들다. 그러나 기독교의 직선적인 시간관이 신화적인 요소를 완전히 상실하고 세속화될 때, 그리고 시간의 끝에 위치한 '고독한 신'을 사람들이 더 이상 믿지 않을 때, 이제 언제 침몰해도 이상하지 않은 시간의 배가 무의 바다를 아슬아슬하게 표류하기 시작한다.

　　프리드리히 니체(Friedrich Nietzsche)는 이 문제를 인식하고 유럽
　　의 허무주의에서 기독교적 초월 관념의 유산을 인지했으며, 영원

회귀의 이론을 통해 과감히 자신의 통찰력이 낳은 결론을 끌어내고자 했다. 종말론적 시간 질서의 계시된 의미에 대한 신앙이 의심받고 무너진다면, 직선적인 세계 흐름의 초월적인 의미가 사라진다면, 시간은 시작도 끝도 없이 이어지는 척박하고 "저급한" 무한성이 된다. 시간이 측정과 연표의 단순한 차원으로 형식화된다. 시간의 본래적인 가치가 사라진다. 그리고 만약 항상 의미를 필요로 하는 인간이 잃어버린 신앙의 대체물을 얻고자 한다면, 새로운 신화, 즉 순수한 존재에 대한 새로운 신앙 고백이 요청된다.[65]

기독교의 직선적인 시간에서는 시간 밖에 있는 '고독한 신'이 시간의 시작과 끝을 표시한다. 그러므로 더 이상 사람들이 이 신을 믿지 않을 때, 최후의 시간이 더 이상 시간을 지배하지 못할 때, 시간에서 초월적인 의미가 사라질 때, 직선적인 시간은 이제 시작도 끝도 없이 펼쳐지는 무한한 직선으로 타락한다. 엘리아데의 표현을 따르자면, 이러한 현상은 인간의 새로운 타락, 즉 '제2의 타락'이다.[66] 낙원에서 시간으로 추방된 인간은 여전히 신을 기억했지만, 이제 시간의 무한 직선에서 인간은 더 이상 신을 기억하지 못한다. 신으로 가는 길이 모두 끊겨 버린 것이다.

죽음을 사색하는 시간

10. 무의미한 죽음

플레스너에 의하면, 역사 안에서 구원이 이루어질 거라는 믿음이 쇠퇴하면서, 시간의 마법이 사라지면서, 시간을 향한 무의 침입이 시작되었다. 헤겔과 마르크스는 여전히 역사에 구원사적 의미를 부여했다. 그러나 이제 역사를 구원하는 것은 더 이상 신이 아니었다. 인간 정신의 자기 화해, 자기의 본질에서 소외된 인간의 인간화 같은 종말론적 목표가 제시되지만, 이것은 이성의 차원에서 이루어지거나, 실천적인 결단에 의해 이루어지는 종말이었다. 또한 진화론을 통해 과학과 역사가 연결되면서, 모든 것의 무한 완성에 대한 신앙이 싹트기 시작했다. 플레스너는 이것을 "유사 종말론(quasi-eschatology)"이라 부른다.[67] 우리는 여전히 이러한 세속적인 신화의 지배를 받고 있다. 이러한 시각에서는 모든 것이 자신의 완성을 기다리며 미완성 상태에 놓여 있다고 인식된다. 미래의 완성이라는 환영이 모든 사물의 현존을 뒤덮는다.

그러나 신이 없는 세계를 견디기 위한 인간의 노력은 여기에서 그치지 않았다. 인간의 경험 자료에서 구원의 약속을 추출하려는 시도들, 즉 플레스너의 표현에 따르면 '대용 종교(ersatz religion)' 또는 '인공 종교'가 등장했다.[68] 무의미한 세계에서 어떻게든 의미를 추출하려는 집요한 노력이 이어졌다. 예컨대 국가사회주의에서 개인은 아무것도 아니고 국가가 가장 중요한 것이기 때문에, 개인은 국가 안에서 존속할 때만 그 의미를 보장받는다. 국가만이 개인의 무의미를 지울 수 있는 것이다. 그래서 현대 세계에서는 정치 신화가 죽음의 문제에 대한 하나의 답변을 제공해 주기도 했다. 정치적인 의미를 갖는 죽음, 국가의 기억 회로에 각인되는 죽음, 역사적인 죽음만이 죽음의 무의미를 견디게 해준다고 말할 수 있다.

플레스너에 따르면, 기꺼이 죽음을 수용하는 실존주의적 태도 역시 그러한 맥락에서 이해할 수 있다. 사람들은 죽음을 두려워하지 않으려면 항상 죽음을 기억해야 한다고 말한다. "어떻게 죽을 것인가?"에 대한 연구와 관심도 결국 삶의 무의미성에 대처하려는 노력의 일환일 것이다. 과거를 돌아보고 미래를 꿈꾸기보다는 지금 이 순간에 뿌리를 내리고 현재에 집중하며 살아야 한다는 주장도 마찬가지다. 죽음에 대한 어떤 공통된 해답도 없는 세계에서, 사람들은 무의미의 파도에 휩쓸린 채 이리저리 나부끼며 살아간다.[69]

신화적인 시간은 과거의 압력에 의해 유지된다. 모든 현재가 과거의 원형에 의해 해석되고 지워진다. 죽음조차도 과거의 압력을 견디지 못하고, 과거 안으로 빨려 들어간다. 그러나 저급한 무한성이 지배하는 현대 세계에서는 모든 것이 달라진다. 이제 방향도 목적도 없는 불명확한 미래가 시간을 지배한다. 그리고 현재의 바로 이 순간만이 여전히 의미를 낳을 수 있는 유일한 시간이 된다. 순간을 즐겨야 하고, 순간에 집중해야 하고, 순간만이 우리를 구원할 수 있다. 그러나 이것은 시간 안에서 사는 것이 아니라, 시간을 망각하는 것이다. 우리는 시간을 통해 과거의 죽은 자뿐만 아니라, 미래의 아직 태어나지 않은 자와도 관계하기

　　　　　　　　　　　　　　　죽음을 사색하는 시간

때문이다. 그러나 이제 인간은 모든 의미가 사라진 시간의 황무지에서 개별적으로 죽음의 위협을 견디면서 홀로 외롭게 죽음과 화해해야 한다. 마치 시간 밖에 있는 고독한 신처럼, 그렇게 시간 안에 있는 고독한 인간이 출생에서 죽음으로 이어지는 자신의 시간을 객체처럼 마주하는 것이다. 플레스너는 이렇게 말한다.

> 어떤 종류의 우주적 질서의 보호 덮개가 없다면, 분명히 계몽된 인간이라도 무한한 공허와 직면하는 것을 견딜 수 없다. "저급한" 무한성이 그를 살해한다. … 그가 종말론적 사유라는 유산을 내던질 수 있는가? 그가 의미, 목표, 목적을 추구하지 않으면서도, 무로서의 죽음에 직면하지 않을 수 있는가? 우리는 기독교적 초월성, 즉 시간에 대한 종말론적 그림을 재건하거나, 아니면 시간에서 도주하여 영원회귀의 신화적 관점으로 돌아간다는 대안만을 갖고 있는가? 언젠가 에리히 노이만(Erich Neumann)은 "문화의 불안감은 사실상 신화가 사라진 세계에서 산다는 것의 불안감이다."라고 말했다. 그러나 계몽주의 전통에서 비롯한 세계에 대한 최종 해석들이 한때 구속력을 발휘한 종교들의 대용적인 형태라는 사실이 폭로되고, 이 해석들이 그 권위를 잃었을 때야말로, 신화의 이러한 근본적인 상실이 발생했다. 우주의 파괴, 즉 의미있게 질서 잡힌 존재 구조의 파괴… 이 의미 있는 질서의 파괴는 합리적인 과학과 그 결과로 나타난 기술 혁명의 작품이다. … 유

토피아가 실재가 되었지만, 인간에게 적합한 장소는 사라져 버렸다.[70]

플레스너가 말하는 저급한 무한성은 시작도 끝도 없이 펼쳐지는 무의미한 시간의 허허벌판을 가리킨다. 신화가 사라진 '시간의 황무지'에는 더 이상 시작의 마법도 끝의 마법도 존재하지 않는다. 누구도 새로운 시작을 할 수 없고, 누구도 끝이라는 자기 상실을 원하지 않는다. 그리고 그동안 세계를 지배했던 수많은 계몽주의 신화는 결국 '유사 종교'인 것으로, 종교의 대용품인 것으로 판명되었다. 과학 기술은 자연 세계 속에 인간만이 살 수 있는 인공 자연을 구축했다. 이 인공 세계는 오로지 인간만을 위한 유토피아였다. 동물도 식물도, 심지어는 신도 이 세계에 들어오기 위해서는 철저히 인공 세계의 규칙에 맞추어 자기를 개조해야 했다. 시간의 원은 그저 인공 세계를 장식하는 '자연의 추억'일 뿐이었고, 이 원은 인간 존재에 아무런 영향도 미치지 못했다. 이러한 세계에서 인간의 죽음은 무엇인가? 인간의 존재 의미는 무엇인가? 우리는 인간의 죽음이 결국 의미에 대한 질문으로 귀결하리라는 것을 짐작할 수 있다. 플레스너는 인간에게 죽음이 무엇인지에 대해 다음과 같이 말한다.

시간을 덧없는 장소라고 생각하는 관점에서 볼 때, 죽음은 모든 살아 있는 것들이 겪는 끝의 양태이다. 생명이 없는 것은 사라지

죽음을 사색하는 시간

고, 닳아 없어지고, 소멸한다. 그것은 분해되고 파괴될 수는 있지만, 끝장내지 않는다면 저절로 끝나지 않는다. 단지 저절로 움직이는 것, 자라고 발달하는 것, 즉 생명만이 죽을 수 있다. (그리고 일정한 분화 단계에 도달했을 때 죽어야 한다.) 분명히 살아 있는 물질에 고유한 어떤 약점으로 인해, 자연적인 죽음이든 폭력적인 죽음이든, 오로지 생명만이 그 자체로부터 끝에 이를 수 있다. 이 사실을 알고 있다는 것은 인간의 특권이자 숙명이다. 식물은 시들고, 동물은 숨을 거두지만, 단지 인간만이 자신의 유한한 본성을 알기 때문에 죽는 것이다. 그가 죽어야 한다는 것은 그에게 자명한 것이어서, 그의 삶은 그것의 대립물이자 운명인 죽음에 의해 빚어진다. 왜냐하면 삶이 죽음의 항구적인 위협 아래 이루어지는 것처럼, 그의 삶이 죽음과 관계를 맺고 있기 때문이다. 삶을 이끌어 가야 한다는 특권을 지닌 인간은 자신의 유한성과 직면한다. 그는 죽음으로부터 죽음을 향해 살아간다. 다시 말해서, 그는 사물의 질서 안에 있는 어떤 자리를 죽음에게 내준다.[7]

플레스너는 죽음이 인간만이 겪는 인간 고유의 현상이라고 말하고 있다. 왜냐하면 죽음은 인간이 죽기 전부터 이미 겪는 삶의 현상이기 때문이다. 인간은 삶뿐만 아니라 동시에 죽음을 살아간다. 인간은 항상 죽음과 연결된 채 죽음의 한계 안에서 산다. 따라서 인간의 삶은 죽음에서 나온다고 말할 수 있다. 그러나 플레스너의 이야기는 인간의 죽음이 갖는 더 깊은 의미를 건드린다.

죽음은 피할 수 없으며 예외가 없다는 이중적으로 확실한 의미에서, 살아 있는 생명체 가운데 오직 인간만이 자신의 죽음을 필수품이라 생각한다. 죽음이 항상 존재하더라도, 죽음이 존재하지 않을 수 없는 이유는 없다. 이러한 상황을 가장 예리하게 표현한다면, 죽음은 단지 조건으로서, 그리고 사실로서 인간의 본질에 속한다고 말할 수 있다. 죽음의 예외 없는 "필수성"은 어떤 내적 필연성도 나타내지 않는다. 그렇지 않을 경우, 인간 존재의 단순한 유한성에 대한 주장의 시각에서, 우리는 죽음에 대한 반항의 현상이나, 수용과 종교적인 체념의 현상을 부적절하고 무의미한 것으로 여겨야 할 것이다. 죽음이 내적 필연성을 갖는다면, 죽음은 인간에게 자연스럽고 심지어 자명할 것이며, 사실의 진리가 아니라 영원한 진리일 것이고, 야만적인 사실이나 끔찍한 것이 아니라 진정한 본질적인 필연성을 가진 선험적인 자료일 것이다. 단지 경험에 의한 것일지라도 우리 인간들이 알고 있는, 모든 살아 있는 생명체가 죽어야 한다는 사실은, 인간 존재가 본질적으로 유한하다는 주장과 양립할 수 없다. 이러한 사실을 하나의 사실로 아는 인간의 지식이 그를 단순한 유한성 너머로 끌어올린다. 그리하여 자연스럽고 당연한 것임에도 불구하고 이 유한성이 하나의 재난으로, 자신의 본질에 반하는 어떤 것으로, 하나의 우발 사건

죽음을 사색하는 시간

으로 의식되는 것이다. 폭력적인 죽음과 노령으로 인한 정상적이고 자연적인 죽음을 구별하는 것은 이 문제에 영향을 미치지 못하며, 비슷하게 질병과 건강의 차이도 죽음의 관점에서는 부적절한 것이다.[72]

우리가 늘 말하는 것처럼, 인간은 자신이 죽는다는 사실을 아는 유일한 동물이다. 그러나 인간은 결코 이 죽음을 자연스러운 것으로 받아들이지 못한다. 모든 죽음은 그 안에 부자연스러움을 담고 있다. 죽음이라는 자연스러운 현상을 부자연스러운 것으로 인식하는 일, 이것이 인간의 죽음이 갖는 가장 큰 문제인 것이다. 모든 죽음은 사건이자 사고이고, 인간이 감내해야 하는 재난이고, 언제 찾아올지 모르는 우발 사건이다. 설령 노령으로 죽더라도, 이 노인에게 죽음은 여전히 부자연스러운 재난이다. 설령 질병으로 죽더라도 환자는 자신의 죽음이 갖는 자연스러움을 결코 이해하지 못한다. 그러므로 '좋은 죽음' 같은 것은 애당초 불가능하다. 플레스너는 고트프리트 벤(Gottfried Benn)의 「레스토랑」이라는 시를 인용한다.

> 정상적인 삶, 정상적인 죽음,
> 이런 것은 전혀 중요하지 않다. 정상적인 삶도
> 또한 병든 죽음에 이른다. 전적으로 죽음은
> 건강이나 질병과 아무런 상관이 없다,

죽음은 자신의 목적을 위해 그것들을 이용한다.

"죽음이 질병과 아무런 상관이 없다"는 것은 무슨 뜻인가?

나는 이렇게 생각한다. 많은 사람이 병들지만 죽지는 않는다,

그러므로 그 이상의 무언가가 포함되어야 한다,

한 조각의 의심스러움,

불확실성이라는 한 가지 요소.

죽음의 윤곽은 그리 분명히 잡히지 않는다,

그리고 죽음은 큰 낫을 들고 있지 않다,

죽음은 관찰하고, 가까운 곳에서 지켜보고, 망설이기도 한다,

그리고 죽음은 또 다른 선율을 가진 음악적인 것이다.[73]

이 시인은 죽음이 삶과는 다른 선율을 지닌 음악이라고 말한다. 그는 죽음이 논리적으로 설명되지 않는다는 것을 이런 식으로 표현하고 싶었던 건지도 모른다. 죽음은 음악이다. 동식물에게 죽음은 내재적인 것이다. 즉 죽음의 선율과 생명의 선율이 다르지 않으며, 생명과 죽음이 변증법적 통일성을 이룬다. 그러나 인간에게 죽음은 이런 것이 아니다. 죽음과 유한성에 대한 지식이 인간에게 어떤 결과를 초래하는가? 다시 플레스너의 설명을 들어 보자.

… 죽어야만 한다는 사실에 대한 지식이 인간을 자기 자신의 유한성에서 갈라놓고 떼어 낸다. 확실히 이 분리는 유한성을 환상

으로 만들지도 못하고, 죽음의 독침을 제거하지도 못한다. 사실은, 이 분리가 죽음에 독침을 제공하고, 인간 자신의 유한성을 불완전하게 한다. 다시 말해서 인간의 유한성은 그대로 남아 있지만, 그것은 유기체의 관점에서만 정당화될 수 있는 사실이자, 유한성을 아는 인간에게 재난으로 다가오는 사실이 된다. 동물이나 식물의 경우와 달리, 죽음은 인간에 내재하는 요소가 아니라, 인간 안에 있는 외부적인 요소이다. 즉 죽음은 살아 있음의 고유한 특징이고 그 본질에 속해 있음에도 불구하고, 살아 있음에 역행하는 어떤 것일 뿐만 아니라, 외부에서 인간성을 향해 다가오는 어떤 것이다.[74]

지식은 결코 사실의 제거나 문제의 해소를 뜻하지 않는다. 죽음에 관한 지식으로 우리가 죽음의 고통을 제거할 수 있는 것도 아니고, 죽음을 더 이상 죽음이 아닌 것으로 사라지게 할 수도 없다. 이러한 지식은 그저 삶 속에 감추어진 죽음의 흔적을 더 또렷이 드러나게 할 뿐이다. 인간은 유한성에 대한 지식을 통해 죽음을 몸 밖으로 꺼내 객체화시켰다. 그러므로 인간에게 죽음은 몸 안뿐만 아니라 몸 밖에도 있는 이중적인 존재가 된다. 죽음은 인간 안에서 자라기도 하고 인간 밖에서 찾아오기도 한다. 그런데 인간이 자각하는 유한성은 시간적 유한성이므로, 죽음은 시간 안에서 자랄 뿐만 아니라 시간 밖에서 찾아온다. 인간은 시간을 통해 가장 강력하게 죽음을 객체화시킨다. 특히 동식물과 달리 인간만이 미래와 관계를 맺으면서, 시간 안에서 늙어 가고 죽음을 향해 움직인다. 인간은 죽음을 향한 노화의 과정을 거스를 수 없다.

플레스너가 말하듯 "개인은 또 다른 개인 안에서 회춘할" 수 있을 뿐이다. 개인은 죽음을 향해 나아가지만, 인간은 "개인의 사슬"을 통해 생명을 이어간다.[75] 예컨대 생식을 통해 인간은 생명의 유한한 불씨를 계속 살린다. 생식은 생명의 전달 과정이다. 그리고 부모와 자식 사이에는 늘 죽음의 그림자가 드리워져 있다. 생물학적으로 인간은 생식을 통해서만 죽음의 다리를 건널 수 있다. 그리고 부모와 자식의 공존을 통해 인간은 죽음을 지연시키고 죽음의 충격을 최소화한다. 그러나 사회적인 차원에서 보더라도 모든 인간의 틈에는 죽음이 놓여 있다. 내 곁에 있는 모든 인간은 언제든지 죽음을 통해 소멸할 가능성을 품고 있다. 그러므로 모든 인간관계는 죽음 지연의 산물이다. 둘 중 하나가 사라지면 관계도 사라진다. 사회적인 약속도 죽음 지연의 가능성에 입각하여 맺어진다. 우리는 인간의 문화 자체를 죽음 지연의 결과물이라고 말할 수 있다.

인간은 생식을 통한 재생 가능성에 만족하지 못한다. 인간에게 죽음의 문제는 결코 생물학적으로 해결되지 않는다. 생물학적으로는 죽음의 문제를 도저히 해결할 수 없게 하는 자아나 영혼 같은 개념을 처리하기 위해서라도, 인간은 종교를 필요로 하는 것 같다. 그런데 인간의 유한성을 가장 잘 시각화하는 것은 바로 '모든 것을 포괄하는 시간'이라는 개념이다. 이 시간은 과거에 존재했던 모든 것뿐만 아니라 미래에 존재할 모든 것까지도 감싸 안는 상상의 시간이다. 이 시간은 인간, 동물, 식물, 무생물뿐만 아니라 인공물까지도 포괄하는 허구의 시간이다. 이제 이 허구의 시간 안에서 모든 인간이 꽃처럼 피고 지는 슬프고 덧없는, 어찌 보면 지루한 그림이 그려진다. 인간의 과거, 현재, 미래가 모두 이 시간 안에 갇혀 있으며, 출생과 죽음이 인간 존재의 짧은 선분을 도드라지게 한다.

생식의 질서 안에서 이루어지는 개인의 교체는 위태한 생명의 보존을 지상 과제로 여긴다. 인간 개체는 생명의 그릇이고, 인간의 몸은 생명의 불씨를 살리는 일시적인 불쏘시개일 뿐이다. 마치 인간이 생명이라는 악마의 먹이인 것처럼 느껴진다. 그래서 생명이라는 악마와 싸우는 종교, 생명의 질서를 교란시키고 생식을 거부하는 종교가 탄생하는 것이다. 이처럼 종교는 자주 생명의 질서를 역행한다. 적어도 인간의 생명은 지금까지 태어나고 죽은 모든 인간의 총합을 통해 유지되었다. 이렇게 엄청나게 많은 인간을 집어삼키며 존속해 온 생명이라는 추상적인 실체가 종국에 무엇이 될 것인지 우리는 알 수 없다. 그래서 때로 생명은 악마가 아니라 신으로 떠받들어지기도 한다. 생명을 신으로 여기는 종교가 탄생하는 것이다. 모든 인간이 생명의 끈으로 연결되어 있고, 언젠가는 지금까지 존재한 모든 인간이 하나의 생명으로 합쳐져서, 완전한 생명, 절대적인 생명이 탄생할 것이라는 기대가 있는 것이다. 이러한 종교에서는 이 완전한 생명을 신이라는 이름으로 부를 것이다.

인간은 생물학적 구원에 만족하지 못한다. 사실 우리가 태어나기 전에 존재한 모든 시간, 즉 모든 과거는 신비에 싸여 있다. 우리는 역사의 이름으로 과거라는 이 신비의 시간을 시각화하려 한다. 그리고 어떻게든 우리의 출생을 우리보다 앞서 태어난 다른 존재들의 시간과 연결하려 한다. 인간이 출생을 통해 시간의 텅 빈 화폭에 내던져지는 것은 아니라고 말하고 싶은 것이다. 역사는 마치 나의 출생을 준비하기 위해 그려진 밑그림인 듯 여겨진다. 이것이 바로 역사가 만드는 시간의 환영이다. 역사는 '모든 것을 포괄하는 시간'으로부터 인간을 제외한 다른 모든 존재들을 추방함으로써, 아니 인간을 주인공으로 내세움으로써, 철저히 인간만을 위한 시간, 즉 인간의 질서를 만들어 낸다. 인간만이 살 수 있는 인공 세계의 건축을 위해서라도 역사라는 인공 시간이 필요한 것이다. 이러한 인공 세계에서는 인간만이 인간을 구원할 수 있고, 인간만이 다른 인간의 무의미를 지울 수 있다. 이처럼 인간은 역사에 의해 모든 것이 인공적인 의미를 부여받는 인공 세계를 건축함으로써, 인간 존재의 무의미를 근원적으로 차단하려 한다.

11. 모르스 케르타, 호라 인케르타

인간은 시간 안에서 자신의 삶과 죽음을 본다. 그러나 동식물은 과거, 현재, 미래가 없기 때문에 자신의 삶과 죽음을 볼 수 없다. 자신의 죽음을 밖으로 꺼낼 수 있는지의 여부가 인간과 다른 생물의 구분선일 수 있다. 이처럼 죽음을 외재적인 것으로 보는가, 아니면 내재적인 것으로 보는가에 따라, 죽음을 바라보는 두 가지 상이한 관점이 있을 수 있다. 그러나 다음 내용을 고려하면 문제는 좀 더 복잡해진다.

먼저, 우리는 노화와 죽음이 생명과는 다른 이질적이고 외부적인 것이라고 생각할 수 있다. 가장 순수한 상태에서 생명은 원래 죽음을 품고 있지 않다고 생각하는 것이다. 본질적으로 생명은 끝없이 이어질 수 있지만, 외적 요인으로 인해 생명이 쇠퇴하거나 멈춘다고 생각하는 것이다. 이때 인간은 불완전하고 단편적인 모든 생명을 넘어서는 영원한 생명, 완전한 생명을 상상한다.[76] 이처럼 영원한 생명이라는 표현에서 생명과 시간의 접합이 일어난다. '모든 것을 포괄하는 시간'이 바로 영원한 생명인 것처럼 여겨진다. 그리고 죽음은 '모든 것을 포괄하는 시간', 즉 영원한 생명의 질서로부터의 탈락인 것처럼 상상된다. 생명과 죽음의 분리 현상이 이런 식으로 시간을 통한 죽음의 시각화와 연결된다. 죽음, 즉 생명으로부터의 탈락은 다름 아닌 시간으로부터의 탈락을 가리킨다.

다음으로, 노화와 죽음이 생명에 필수적이며 내재적인 것이라고 보는 시각이 있다. 생명은 시작되는 순간부터 죽음을 내포하고 있으며, 결국 삶이란 생명과 죽음의 투쟁과 균형 속에서 이루어지는 것이라고 보는 것이다. 한편으로 삶은 생명의 자기실현이지만, 다른 한편으로 삶은 생명에 심긴 죽음의 씨앗이 서서히 자라나는 과정, 즉 죽음의 자기실현이기도 하다는 것이다. 그러므로 삶 속에서 인간은 매일 죽고 매일 다시 태어난다. 죽음이 생명을 압도하지 못하는 한, 인간은 여전히 살아 있을 것이다. 그러나 생명과 죽음의 순환 과정 속에서 마침내 생명이 더 이상 죽음을 넘어설 수 없을 때, 인간의 시간에 죽음의 꽃이 핀다.[77] 그러나 플레스너는 죽음을 바라보는 이러한 두 가지 태도 가운데 어느 하나를 선택하지 않는다.

> 왜냐하면 이 유한성은 직선적인 진행과 순환적인 자족성 모두를 지향하는 경향성을 포함하기 때문이다. 그러므로 자기를 실현하는 능력을 지닌 인간의 경우, 두 가지 경향성이 비가역적 연속과 순환이라는 시간의 이중적 의미를 구성한다. 두 가지의 종합은 발육기, 성숙기, 노화기의 곡선으로 표현되는, 즉 상승하는 호(弧), 정점, 하강하는 호를 가진 포물선 모양의 곡선으로 표현되는 나선(螺線)을 이룬다. 발달이 노화와 죽음의 토대를 제공하지만, 생명이 저절로 죽음의 경계선을 가로지를 수는 없다. 단지 인간만이 그렇게 할 수 있다. 왜냐하면 인간은 살아 있음으로부터 스스로를 분리시킬 수 있기 때문이다. 식물, 동물, 인간의 경우, 생명은 죽음을 향해 늙어 가지만, 생명이 죽음을 자신의 끝으로 만들 수는 없으며, 심지어 자살을 통해서도 그럴 수 없다. 생명이 죽음을 향해 기울어져 있더라도, 생명은 죽음에 의해 제압되어야 한다. 식물의 경우에도 폭력적인 끝은 가능하지만, 식물은 갑작스러운 전환 없이 시들어 간다. 더 높은 분화의 정도를 지닌 동물의

　　　　　　　　　　　　　　　　　죽음을 사색하는 시간

경우에는, 단절이 더 날카롭다. 동물은 숨을 거둔다. 마침내 인간
은 죽고, 죽음을 겪는다.[78]

생명이 포물선을 그린다는 것은, 일정 기간 동안 생명이 스스로를 실
현한 후에 서서히 쇠퇴기에 접어든다는 것을 의미한다. 특히 인간의 문
명은 생명이 정점을 찍고 나서 쇠퇴하는 기간, 즉 노화에 빠져들어 죽
음에 이르는 기간을 서서히 늘려 왔다. 하강하는 호의 길이가 점점 길
어진 것이다. 현대 의학의 도움으로 죽음 지연의 기간은 점점 늘어나고
있다. 물론 모든 생명체 안에는 죽음의 씨앗이 뿌려져 있으며, 생명이
충분한 성숙을 이루고 나면 서서히 죽음이 발아를 시작한다. 그러나 식
물이든, 동물이든, 인간이든 어떤 생명도 죽음을 자신의 끝으로 받아
들이지 못한다. 항상 죽음은 부자연스럽다. 죽음은 안에서 자라지만 밖
에서 찾아온다. 식물의 죽음조차도 생명의 자연스러운 결과물로 여겨
지지 않으며, 동물도 마치 외부에서 찾아온 죽음의 습격을 받은 것처럼
죽어 간다. 인간은 자살을 통해 삶을 떠날 수 있다. 마치 죽음이 내 안
에서 자라지 못하게 하려는 듯, 또는 죽음이 밖에서 찾아오지 못하게
하려는 듯, 인간은 스스로 목숨을 끊을 수 있다. 그러나 자살에서 우리
는 인간 스스로가 죽음이 되어 자기를 살해하는 기묘한 장면을 만난
다. 이때 죽음은 안에서 자라 밖에서 찾아오지 않는다. 오히려 죽음은
밖에서 자라 안에서 찾아온다. 자살자는 스스로 죽음이 된다. 그는 죽
음과 하나가 된다. 자살자는 죽음이 된 인간이다.

그런데 인간은 시간 개념을 통해 인간만의 죽음을 발견한다. 죽음과 시간의 복잡한 내적 관계는 인간에게만 드러나는 현상이며, 인간은 시간을 통해 죽음을 넘어선 시간의 차원, 즉 우주적 차원으로까지 도약할 수 있다.[79] 인간은 시간을 통해 시간 너머를 꿈꾼다. 인간은 시간 너머의 존재, 또는 죽음 너머의 존재를 꿈꿈으로써 죽음을 넘어서려 하고, 자신의 존재를 이미 죽은 자뿐만 아니라 아직 존재하지 않는 자와 연결시킨다. 그런데 인간은 언젠가 죽는다는 사실은 알고 있지만, 자기가 언제 죽을 것인지는 알 수 없다.

> 질병이나 건강과는 별도로, 삶의 한가운데에서 우리가 죽음에 둘러싸여 있다는 느낌, 즉 죽음의 인접성은 죽음의 도래 순간에 대한 우리의 불확실성을 두드러지게 한다. 우리는 우리가 죽을 것이라는 사실만을 알고 있다. 그러나 언제 죽을 것인지 알지 못하고, 우리의 죽음이 무엇일지도 알지 못한다. 그리고 중요한 점은 어떤 순간이라도 이러한 "언제"가 될 수 있다는 것, 우리의 지식으로는 근본적으로 이러한 "무엇"을 알 수 없다는 것이다. 인간의 죽음은 지식과 비지식 사이의 어스름에 자리잡고 있다. 그러므로 우리가 인간에게 있어서 죽음의 확실성이 갖는 성격을 파악하고자 한다면, 죽음 자료의 양태와 인간과 죽음의 만남의 양태가 우리가 기댈 수 있는 유일한 근거가 된다. 죽음에 대한 확실한 기대, 즉 기대하는 미래의 현존으로 인해 죽음이 우리에게 실제적인 것이 된

죽음을 사색하는 시간

다.[80]

우리는 자주 "모르스 케르타, 호라 인케르타(Mors certa, hora incerta)", 즉 "죽음은 확실하지만, 죽음의 시간은 불확실하다."라는 라틴어 경구를 이야기한다. 삶의 모든 순간은 언제라도 죽음의 침입을 받을 수 있다. 죽음은 그만큼 쉽게 삶 속으로 빨려 들어온다. 파울 루트비히 란츠베르크에 의하면, 막스 셸러는 「죽음과 사후 존속」이라는 글에서 노화의 경험을 통해 죽음의 경험을 묘사한다. 란츠베르크는 이렇게 말한다.

> 그(셸러)에 따르면, 죽음이라는 관념은 단지 한계점으로 나타나며, 우리는 노화 과정의 발전을 관찰함으로써 이 한계점을 예상할 수 있다. 우리의 삶의 구조는 매 순간 눈에 띄게 변화한다. 과거의 압력은 점점 더 커지고, 미래의 가능성은 점점 더 줄어든다. 인간은 자기 자신이 점점 더 자유롭지 않다고 느끼며, 갈수록 자신의 미래를 빚어냄으로써 삶의 의미를 변형시킬 수 없다고 느낀다. 인간은 나이 들어감에 따라, 자유의 감각뿐만 아니라 일정 정도는 자유 그 자체를 잃는다. 의심할 여지 없이 여기에 끔찍한 진실이 놓여 있다.[81]

우리는 기억에 의해 더 이상 존재하지 않는 과거를 구제하고, 기대에 의해 아직 존재하지 않는 미래를 구제한다. 그러나 살아가면서 기억과 기대의 내용은 계속해서 변화하며, 이에 따라 자연히 우리는 매 순간 다른 과거와 다른 미래를 경험한다. 매 순간 우리의 시간 전체가 기우뚱거리다가 다시 곧추선다. 그리고 매 순간 시간의 지도 전체가 변화한다. 따라서 우리는 결코 같은 과거, 같은 미래를 만나지 못한다. 그저 똑같은 내가 똑같은 시간 안에 놓여 있다는 환상이 있을 뿐이다. 시간은 과거를 구하고 미래를 구하는 의식의 노동 속에서 만들어진다. 시간에 녹아 사라지는 소리와 이미지 가운데 몇 개가 복원되어 과거가 만들어진다. 우리의 삶이 지닌 무수한 가능성 가운데 몇 개가 선택되어 미래가 만들어진다. 그러나 과거는 항상 실제 사건과는 다른 해석된 과거일 것이다. 미래는 아직 오지 않은, 어쩌면 결코 오지 않을 시간의 현존이며, 우리의 희망과 불안이 만들어 낸 시간 이미지일 것이다.

나이가 들수록 과거는 무거워지고 미래는 가벼워진다. 나이가 들수록 선택의 폭은 점점 좁아지고, 이로 인해 우리의 미래도 점점 수척해진다. 즉 죽음에 이르기까지의 시간 과정에서 인간은 점차적인 자유의 상실을 경험한다. 마치 과거의 압력으로 미래가 짓눌리는 것처럼, 과거는 점점 두꺼워지지만 미래는 점점 얇아진다. 그리고 죽음의 순간이 닥치면 이제 우리에게 남은 미래는 완전히 사라진다. 그렇다면 죽음은 과거의 무게만 존재할 뿐 더 이상 미래가 존재하지 않는 현재를 가리킨다. 죽은 자는 미래가 사라진 인간이다. 셸러에 따르면, 결국 죽음은 자유의 완전한 상실 상태라고 말할 수 있을 것이다. 어떤 의미에서 이것은 "자기의 상실"이기도 하다. 죽음의 순간에 인간은 과거의 시간에만 반응할 뿐, 미래의 시간에는 반응하지 못한다.[82] 이처럼 셸러는 인간이 나이 들면서 겪는 점진적인 자유 상실 과정에 의해 인간의 삶과 죽음을 묘사한다. 그래서 인간은 과거의 시간을 주기적으로 지움으로써 시간의 압력을 낮추어야 하는지도 모른다. 그렇지 않을 경우 인간은 시간의 무게에 압사당할 수밖에 없다. 그러나 란츠베르크는 노화에 의한 죽음이 죽음의 일반적인 모습은 아니라고 말한다.

그러나 인간 경험에 있어서 죽음은 인간 발전의 최종 한계라는 개념과는 다른 어떤 것이 아닌가? 여기에서 처음으로 우리는 이중적인 죽음 경험을 갖는 우리의 능력이 제기하는 문제들과 만나게 된다. 한편으로 우리는 죽음을 우리 자신의 삶의 임박한 미래라고 알고 있지만, 다른 한편으로 우리가 목격하거나 간접적으로만 알 수 있는 타자의 죽음이라고 알고 있기도 하다. 주로 이 두 번째 형태를 통해서, 우리는 죽음이 결코 노화의 과정과 연결되지 않는다는 것을 안다. 생물학적으로 말하자면, 대부분의 경우에 죽음은 꽤 일찍 개입하며, 사실상 죽음이 노령의 정점으로 나타나는 매우 드문 사례에서만 죽음은 "자연스러운 것"으로 여겨질 수 있다. 그러나 이 드문 사례에서도, 유기체가 더 이상 저항하지 못하는 감기, 염증, 설사 같은 예외적인 작은 사건이 여전히 발생할 것이다. 소위 자연적인 죽음의 독특한 성격은 저항의 힘과 해체의 힘 사이에서 벌어지는 분명한 투쟁이 없다는 사실에 의해 인지될

수 있다. 생명의 저항력이 단지 지나치게 약해진 것이다. 다른 한
편으로, 폭력적인 죽음은 단지 유기체의 저항력을 가리키는 투쟁
이 있다는 것을 의미한다.[83]

란츠베르크는 두 가지 측면에서 셸러의 주장을 반박하고 있다. 먼저,
우리에게 죽음은 '나의 죽음'일 뿐만 아니라 '타인의 죽음'이기도 하다.
즉 우리는 나의 죽음에 대한 불안과 타인의 죽음이 초래하는 충격이라
는 서로 다른 맥락에서 죽음을 경험한다. 란츠베르크는 이것을 '이중적
인 죽음'이라고 명명하고 있다. 다음으로, 타인의 죽음에 대한 관찰을
통해 우리는 죽음이 노화와 무관하게 일어난다는 것을 알고 있다. 대부
분의 사람은 미래가 완전히 사라지기 전에, 여전히 미래의 가능성을 남
겨 둔 채 죽는다.

따라서 셸러가 말하는 자연적인 죽음, 즉 자연사는 거의 일어나지
않는 매우 드문 현상이다. 자연사는 인간이 아무런 저항 없이 죽음을
받아들일 때, 즉 인간의 몸이 서서히 죽음으로 가득 차서 생명이 차지
할 공간이 더 이상 몸에 남아 있지 않을 때 일어나기 때문이다. 따라서
죽음에 대한 최소한의 저항이라도 감지할 수 있다면, 이 죽음은 폭력
적인 죽음일 수밖에 없다. 아니, 모든 죽음은 폭력적이며 부자연스럽다.
자연사는 상상의 실체일 뿐이다. 자연사는 없다. 사람들은 노화의 최종
점에서 죽음을 맞는 것이 아니라, 불시에 언제라도 죽을 수 있다. 그러
므로 죽음의 시간이 불확실하다는 사실이야말로 죽음의 진정한 실체이

기도 하다.

그러나 자기 자신의 죽음의 필연성에 대한 인간의 경험은 유기체
의 자연적인 죽음이라는 가설과 전혀 공통점이 없다. 내가 언젠
가, 즉 자연적인 죽음의 한계점에 도달했을 때 죽어야 한다는 사
실뿐만 아니라, 내가 삶의 모든 순간에, 즉 지금 그리고 항상 죽음
의 직접적인 가능성과 마주하고 있다는 사실은 나에게 자명하다.
죽음은 나에게 매우 가까이 있다. 죽음에 대한 인간의 불확실성
은 생물학적 공백의 결과일 뿐만 아니라 나의 운명에 대한 무지의
결과이다. 그리고 이러한 "무지"는 죽음의 부재뿐만 아니라 죽음
의 현존을 담고 있다. 죽음은 확실하지만, 죽음의 시간은 불확실
하다(모르스 케르타, 호라 인케르타). 죽음의 변증법은 비밀스럽다.
그것은 부재하는 현존이다. 그러므로 죽음의 필연성에 대한 인간
경험의 문제는, 노화의 감정이 제공하는 자료를 넘어서는 것처럼
생물학을 넘어선다.[84]

이처럼 인간은 삶의 매 순간 죽음의 무게를 견뎌야 한다. 우리는 노
화의 정점에서 지극히 자연스러운 죽음을 맞이할 수도 있다. 그러나 이
것은 상상의 죽음이다. 인간은 그저 최악의 죽음을 피할 수 있을 뿐, '좋
은 죽음'을 맞이할 수는 없다. 우리는 그저 폭력의 징후가 전혀 드러나
지 않는 죽음을 원할 뿐이다. 인간은 생물학적 한계로 인해 질병에 걸

려 죽을 수도 있다. 그러나 오히려 질병은 죽음의 시간을 점점 투명하게 만들기도 한다. 이보다 더 근원적인 차원에서 죽음은 시간의 모든 순간에 스며들어 있다. 인간은 삶을 사는 것이 아니라 죽음을 산다고 말할 수 있을 만큼, 우리의 삶의 모든 이면에 죽음이 감추어져 있다. 부재하는 현존으로서 죽음은 그렇게 시간 밖에 있으면서도 시간 안에 존재한다.

12. 죽음의 탄생

죽음의 확실성을 의식하지 않는 인간, 죽음의 시간이 불확실하다는 사실에도 불구하고 불안에 떨지 않는 인간이 존재하는가? 파울 루트비히 란츠베르크는 어린아이와 원시 민족이 그러한 사례일 수 있다고 말한다. 죽음이 '죽음의 힘'을 잃어버린 사회, 죽음이 사회에 어떤 영향도 주지 못한 채 사회 바깥으로 미끄러지는 사회가 존재하는가? 우리는 삶의 공간과 죽음의 공간이 거의 일치하는 사회, 죽은 자가 항상 산 자의 세계로 돌아오는 사회, 모든 살아 있는 사람이 사실은 죽은 사람인 사회에 대한 상상적인 그림을 아래의 인용문에서 발견할 수 있다.

뤼시앵 레비브륄(Lucien Lévy-Bruhl)의 연구에서 우리는 원시 민족의 심성을 지배하는 죽음 개념의 성격을 배웠다. 그들에게 죽음은 항상 외부 원인에 의한 우발적인 것이다. 원시 사회에서 개인

죽음을 사색하는 시간

은 씨족 안에서의 그의 지위와 사회 유기체 안에서의 그의 기능에 의한 것 말고는, 다른 방식으로 자기 자신을 개별화시킬 수 있을 만큼 씨족으로부터 충분히 분화되어 있지 않다. 그가 죽었을 때, 다른 개인이 이 지위를 계승할 경우, 이 사람이 또한 죽은 사람의 이름과 영혼까지도 획득한다. 씨족이 잃어버린 구성원을 재생시킨 것이다. 그리고 마치 아무 일도 일어난 적 없다는 듯 일이 진행된다. 동물 종의 경우처럼, 재생의 법칙이 개인의 죽음이 미치는 영향을 감춘다. 고전적인 비유에 따르면, 인간은 나무에 매달린 이파리 같은 것이다. 죽음은 새로운 개인 속으로 영혼이 이동하는 것, 즉 출생의 이면(裏面)일 뿐이다.[85]

여기에서 우리는 극단적으로 죽음이 지워진 사회를 만나게 된다. 인간은 나뭇잎처럼, 식물처럼 존재한다. 하나의 나뭇잎이 떨어지더라도, 바로 그 자리에서 아무 일 없었다는 듯 새로운 잎이 돋아날 것이다. 죽은 인간은 내세나 저승 같은 다른 세계에 존재하는 것이 아니라, 바로 여기에 다른 사람이 되어 존재한다. 이러한 상상의 세계에서는 현세와 내세가 완전히 겹치기 때문에, 현세와 내세의 구별이 있을 수 없다. 인간은 현세를 살면서도 항상 내세를 산다. 인간은 현재를 살면서도 항상 과거를 산다. 따라서 미래의 생성은 최대한 억제된다. 사실 이러한 사회는 시간이 없는 사회, 미래가 없고 과거만으로 이루어진 사회, 언제나 최초 상태를 복구하려고 하는 사회, 즉 클로드 레비스트로스(Claude

Lévi-Strauss)가 말한 '차가운 사회'라고 할 수 있다. 그렇다면 어떻게 해서 이러한 사회가 붕괴되었는가? 란츠베르크는 인격(person)의 탄생을 그 원인으로 지목한다.

> 그러므로 우리는 하나의 법칙으로 제시할 수 있을 만큼 일반적인 역사적인 현상을 관찰할 수 있다. 죽음의 자각은 인간의 개별화, 즉 인격의 구성과 밀접한 관계가 있다. 이러한 개별화는 일단 인격적인 특이성에 대해 더 분명하고 더 명확한 자각을 획득한다는 것을 가리키지 않는다. 이것은 무엇보다도 인간이 실제로 특이성을 증가시킨다는 사실을 가리킨다. 자각의 변화는 존재의 변화를 전제한다. 그러므로 더 강렬해지는 것은 일단 개별적인 죽음에 대한 자각이 아니라, 그러한 죽음의 위협에 대한 감각이다. 개인이 자기에게 오로지 자기에게만 고유한 내용을 부여한다. 따라서 이 내용은 씨족의 한계, 즉 씨족에 의한 재생과 씨족 안에서의 재탄생을 넘어설 것이다. 바로 이 순간부터 그는 실제적인 소멸에 의해 威脅받을 수 있는 하나의 요소를 상상한다. 다시 말해서 개별적인 죽음의 가능성을 상상한다.[86]

란츠베르크에 의하면, 인간이 자신의 특이성을 증가시키면서 우리가 아는 개인이 탄생하기 시작한다. 즉 인간이 다른 누구도 대체할 수 없는 자기만의 독특성, 즉 자기와 타인의 차이에 대한 감각을 발전시키는

죽음을 사색하는 시간

것이다. 그리고 죽음은 모든 인간이 공유하는 무엇을 없애는 것이 아니라, 오로지 나만 가지고 있는 나의 인격, 즉 나라는 독특한 존재를 없애는 것이라는 인식이 싹트기 시작한다. 이로 인해 사회는 죽어 사라진 개인을 더 이상 재생시킬 수 없게 된다. 죽음은 반복 가능하고 재생 가능한 '나의 과거'가 아니라 아직 존재하지 않는 '나의 미래'를 제거하는 사건으로 인식된다. 이로부터 더 이상 사회 안에서는 재생되지 않는 죽은 자의 인격을 보존할 수 있는 사후 세계에 대한 기대가 생겨나기 시작한다. 내세 관념이 싹트기 시작하는 것이다. 그러므로 우리가 알고 있는 죽음 경험은 개인의 유일성에 대한 자각과 밀접한 관계를 갖는다. 개별화의 과정이 진행되면서 인간이 점점 더 죽음을 의식하는 존재가 된 것이다.

그런데 죽음의 의미를 파악하려면 먼저 죽음과 가짜 죽음을 구별할 필요가 있다. 2부에서 살펴본 폴 리쾨르와 마찬가지로 란츠베르크도 죽음과 임종을 구별해야 한다고 주장한다.

> 또한 전쟁이나 심각한 질병이나 사고처럼, 죽음의 위험을 겪는 데서 생기는 죽음의 경험이 있다. 우리 자신의 죽음을 예상하고 상상하는 수천 가지 방식이 있다. … 그러나 이러한 각각의 경험들에서는, 임종과 죽음의 본질적인 차이, 즉 행위로서의 겪음과 우리가 겪는 것의 본질적인 차이가 필연적으로 감추어진다. 이러한 경험들을 추적하는 것으로는, 죽음의 형이상학 자체를 구성하는

데 있어서 우리가 임종의 생리학을 넘어설 수 없다.[87]

임사체험을 통해 죽음을 설명하고자 하는 많은 사람들이 있다. 그러나 란츠베르크는 죽을 뻔했던 경험이나 죽음과 비슷한 상태에 놓였던 경험으로부터 우리는 단지 '임종의 생리학'만을 알 수 있을 뿐이라고 주장한다. '임종의 생리학'으로는 인간에게 죽음이 어떤 모습으로 경험되는지, 인간에게 죽음이 어떤 의미를 갖는지를 알 수 없다. 즉 임사체험으로는 죽음의 존재론이나 죽음의 형이상학을 구축할 수 없다는 것이다. 그래서 란츠베르크는 오히려 타자의 죽음에 대한 우리의 경험을 죽음 연구의 출발점으로 삼아야 한다고 말한다. 바로 여기에서 란츠베르크는 '나의 죽음'을 일차적인 분석 대상으로 삼았던 하이데거의 죽음 연구와는 다른 길을 걷는다. 란츠베르크는 하이데거의 철학이 사랑, 신앙, 희망을 포함하지 않고 있다고 비판한다.[88] 인간은 자기의 죽음을 경험할 수는 없지만, 타자의 죽음은 경험할 수 있다. 란츠베르크는 타자의 죽음에 대한 나의 경험을 묘사하는 데서 논의를 시작한다.

무엇보다도 먼저 우리는 타자의 유기체 안에서 하나의 과정이 완결되고 있다는 것을 지각한다. 여기에서 그는 우리에게 본질적으로 살아 있는 신체로서 제시된다. 아마도 질병의 위기 단계에서 죽음이 개입할 것이다. 우리는 우리가 사랑하는 사람이 여전히 그러한 대상으로 존재하며, 그가 이 과정 뒤편에 감추어져 있다

죽음을 사색하는 시간

는 것을 안다. 예컨대 몇 마디 짧은 마지막 말을 통해 아마도 그가 이따금 다시 나타날 수도 있을 것이다. 그러나 살아 있는 신체가 고통을 겪고 있다는 것, 이것이 중요한 사실이다. 우리 자신의 신체가 고통받는 동료의 신체와 함께 생생한 고통을 겪는다. 그러고 나서 모든 것이 고요해지는 순간, 모든 것이 끝난 것처럼 보이고 너무나 사랑하는 얼굴의 일그러진 표정이 풀리는 순간이 온다. 살아 있는 존재가 우리를 버리고 떠나는 바로 이 순간, 우리는 그 인격의 신비로운 부재를 영혼으로 경험할 것이다. 한동안 우리는 안도감을 느낀다. 우리의 신체적 공감이 낳은 고통은 끝나지만, 즉시 우리는 완료된 죽음이라는 차갑고 낯선 세계로 옮겨진다. 그리하여 우리가 느끼던 활기찬 연민은 공허 속에 멈추고, 갑자기 그의 인격의 모든 특이성과 함께 이 존재가 더 이상 그곳에 없으며, 다시는 이 신체 속으로 돌아올 수 없다는 깊은 자각이 뒤따른다. 그는 절대 다시는 우리에게 말을 건네지 못할 것이다. 그는 과거에 그랬던 것처럼 우리와 함께 공동체에서 다시 살지는 못할 것이다. 다시는 결코 그런 일이 없을 것이다.[89]

란츠베르크는 사랑하는 사람의 죽음을 겪는 나의 입장을 이처럼 매우 섬세하게 묘사하고 있다. 특히 나의 입장에서 볼 때, 이제 막 죽은 사랑하는 사람이 어떻게 영혼으로 변화하는지를 잘 보여주고 있다. 영혼은 어떻게 존재하는가? 영혼은 죽은 자를 바라보는 타인의 시선 속에,

사랑하는 사람을 잃은 나의 시선 속에 존재한다. 그래서 우리는 "영혼이 누구를 위해 존재하는가?"라는 질문을 던지지 않을 수 없다. 사람들은 죽은 자가 소멸한 것이 아니라 사라졌다고, 즉 부재 안에서 존재하고 있다고 생각한다. 그래서 란츠베르크는 "만약 죽음이 부재하는 현존이라고 한다면, 죽은 사람은 이제 현존하는 부재이다."라고 말한다.[90]

프랑수아 모리아크(François Mauriac)의 말처럼, 죽음의 광경에서 우리는 "우리가 사랑하는 사람이 거기 있으면서도 더 이상 거기 없다."는 이중적인 경험을 한다.[91] 타인의 죽음에 대한 우리의 경험은 죽은 자의 부재, 더 정확히 말해서 그의 인격의 부재를 이야기할 뿐이며, 죽은 자가 완전히 소멸한 것인지, 아니면 우리에게서 사라졌을 뿐인지에 대해 아무것도 말해 주지 않는다. 또한 우리는 사후 존속에 대한 믿음을 통해, "우리 자신의 죽음이 사라진 자와 우리를 재결합시킬 것"이며, "우리가 이전의 신체로부터 해방된 채 미지의 상황에서 한 번 더 그의 목소리를 들을 것"이라고 생각한다. 그러나 사랑하는 사람의 죽음에 대한 나의 경험은 여기에서 끝나지 않는다.

친구의 죽음에 대한 경험은 그 일이 일어날 때마다 독특한 것이 된다. 여기에서 우리는 그 자체로 인격적 독특성을 지닌 죽음을 만난다. 각각의 죽음은 각각의 사람이 현존하는 방식만큼이나 독특하다. 그러나 죽음의 필연성에 대한 직관이 그때 발생할 수 있다. 영혼의 눈으로 매우 중대한 사건과 인격의 소멸 사이의 긴밀한 연결 관계를 파악할 수 있었던 것이다. 주어진 유기체의 생명 과정이 끝에 도달하는 바로 그 순간에, 인격이 이런 이상한 방식으로 부재하게 된다. … 살아 있는 신체가 시체가 된다. 그러나 시체는 더 이상 인격이 거주할 수 있는 장소가 아니다. 심지어 시체의 외관은 우리에게, 인간 존재의 고유한 생명 과정이 여기서 끝난다는 것뿐만 아니라, 우리가 인격이라는 범주를 도입하는 순간, 인격적인 영혼이 더 이상 이 신체 안에 거주할 수 없다는 것을 알려준다. 시체의 열린 눈에서 우리는 생명의 끝뿐만 아니라 영혼으로서 존재하는 인격의 소멸을 지각한다. 우리는 생명이 더 이상 거기에 없기 때문에 인격이 더 이상 현존할 수 없다는 것을 안다. 생물학적인 의미에서 생명은 그 끝에 의해서, 생명이 현존의 토대라는 것, 즉 생명이 인간 안에 있는 영적 인격의 실현을 위한 필수적인 토대라는 것을 보여준다.[92]

다시 프랑수아 모리아크의 말처럼 "시체는 본질적으로 부재, 뒤에 남겨지고 거부되는 어떤 것, 사실상 유물" 같은 것이다.[93] 죽음은 세상에 하나밖에 없는 독특한 인격의 소멸이기 때문에, 어떤 죽음도 절대 서로 같지 않다. 모든 죽음은 그 자체로 독특한 사건이다. 죽음의 모습, 죽음의 원인, 죽음의 상황, 죽음의 시간 등 모든 것이 다르다. 그러나 이 모든 독특성을 뚫고 하나의 직관이 솟아난다. 모든 죽음에서는 생명이 끝나면서 영혼 또는 인격이라 부를 수 있는 것도 같이 소멸한다. 모든 인간이 맞을 생명의 소멸이 자기만의 독특한 영혼의 소멸을 초래하는 것이다. 그렇다면 타자의 죽음이 어떻게 나의 죽음의 필연성에 대한 감각으로 이어지는가? 어떤 방식으로 나는 그의 죽음을 공유하는가? 란츠베르크는 우리가 타자의 죽음을 통해 죽음의 필연성을 경험하려면 다른 차원의 경험이 필요하다고 주장한다.

> 죽음의 필연성에 대한 자각은 단지 참여에 의해서만, 즉 전체 경험을 물들이는 인격적인 사랑에 의해서만 유발된다. 우리는 죽어가는 사람과 함께 "우리"를 구성했다. 이러한 "우리"를 통해서, 말하자면 사람들의 새로운 질서를 구성하는 이 공동체의 진정한 힘을 통해서, 우리는 우리 자신의 필멸성에 대한 경험적인 지식에 이르게 된다. 한동안 우리는 죽은 자의 땅에 발을 들여놓는다. 얼마 후에 우리는 다시 한 번 망령의 왕국 밖에 놓인다. 그러나 그동안 우리는 이 왕국의 혹독한 추위를 경험했다. 그리고 이 추위를 맛본 후에는 누구도 이전과 똑같은 존재일 수 없다.[94]

나와 타자가 사랑에 의해 '우리'가 될 때, 나는 이 '우리'의 틀 안에서 그와 함께 그의 죽음을 겪는다. 즉 내가 타자의 죽음에 참여하여 그 죽음을 공유하는 것이다. 내가 그와 함께 '죽음의 추위'를 맛본다. 그러나 이러한 죽음의 공유로 인해 나는 그와 함께 죽었다가 나 홀로 다시 부활한다. 이렇게 부활한 나는 더 이상 이전의 내가 아니다. 우리는 매번

사랑하는 사람의 죽음에서 '죽음과 부활'을 경험한다. 그러나 이 부활
은 혼자만의 부활이다. 이런 식으로 나는 타자의 죽음에서 '나의 죽음'
의 필연성, 나아가 '우리의 죽음'의 필연성을 경험한다. 그렇다면 이 필연
성이 어떻게 해서 '모든 인간의 죽음'의 필연성으로 일반화되는가? 란츠
베르크는 이렇게 말한다.

> 여기에서 일반적인 필연성은 논리적인 성격이 아니라 상징적인 성
> 격을 띤다. 타자는 실제로는 모든 타자를 대표한다. 그는 모든 사
> 람이며, 자기 자신의 죽음을 죽는, 우리가 아는 그 사람의 죽음
> 에서 이 모든 사람이 매번 죽는다. … 어쨌든 우리가 매우 잘 알
> 던 그의 목소리를 통해서는 우리와 죽은 사람 사이에 더 이상 외
> 면적인 소통의 가능성이 없다는 고통스러운 지식으로 인해 분명
> 해지는 실존적인 문제가 있다. 그 입술은 더 이상 나에게 말을 걸
> 지 않을 것이다. 그 흐릿한 눈은 더 이상 나를 보지 못할 것이다.
> 이 사람과 함께한 나의 공동체가 산산이 부서진 것처럼 보이지만,
> 그 공동체는 어느 정도 나 자신이었고, 그만큼 내 존재의 바로 그
> 중심부에서 나는 죽음을 경험한다. 그것은 상실을 뒤따르는 고독
> 안에서의 죽음 경험이다. 친구의 죽음에 대한 이 결정적인 경험
> 안에는 그의 사망이 낳은 비극적인 배신감 같은 어떤 것이 있다.
> 그것은 마치 배신에 대한 우리의 반응 안에 죽음의 경험이 있는
> 것과 비슷하다. "나는 그에게 죽은 사람이다, 그는 나에게 죽은

사람이다."라는 말은 비유적인 표현이 아니다. 그것은 심연을 가리킨다. 신학자와 신비주의자는 오직 신만이 죽지 않기 때문에 오로지 신만을 신뢰할 수 있다고 말하며, 필멸성이라는 이 존재론적 배신 속으로 전체 세계를 밀어 넣은 고의적인 배신의 결과물이 바로 죽음이라고 우리에게 말한다.[95]

란츠베르크는 타자의 죽음에서 내가 모든 사람의 죽음을 경험한다고 말한다. 사랑하는 사람의 죽음에서 나는 마치 모든 사람이 죽은 것 같은 경험을 한다. 그리고 한 사람을 제외하고 이 모든 사람이 다시 그 죽음을 딛고 부활할 것이다. 그리고 그렇게 부활한 모든 사람은 더 이상 이전의 그 사람이 아닐 것이다. 나는 실제로 한 사람의 죽음에서 세계 전체의 죽음과 부활의 과정을 경험한다. 한 사람이 죽을 때 나를 포함하여 모두가 죽는다. 그리고 나의 부활을 통해 그 한 사람을 제외한 모두가 다시 부활한다. 따라서 사랑하는 한 사람의 죽음을 통해, 나는 모든 사람이 언젠가 죽을 거라는 죽음의 필연성에 노출된다.

그러니 내가 죽은 사람에게 느끼는 배신감은 훨씬 미묘한 문제일 수밖에 없다. 타자의 죽음으로 인해 그와 내가 만든 '우리'라는 공동체가 산산이 부서질 때, 우리는 죽은 자의 죽음에 배신감을 느낀다. 그는 왜 나를 버리고 혼자 죽어 버린 것일까? 그의 죽음은 얼마나 무책임한가? 죽음으로 인해 그는 나와의 관계에 충실하지 못한 사람이 된다. 그의 죽음은 '우리'의 세계를 파괴하고, 그래서 나의 세계를 파괴하고, 심지어는 그에 이어 나를 죽인다. 나는 겨우겨우 다시 부활하지만 이제 더 이상 '우리'는 없다. '우리' 없이 나 홀로 세상에 던져진다. 유족이라고 불리는 사람도 결국 '우리'를 잃은 자일 것이다. 어떤 형태로든 '또 다른 우리'를 찾지 못할 때, 인간의 존재는 쉽게 허물어진다. 그래서 심지어 스스로 죽음이 되어 자기를 살해하기 위해 아직 살아 있는 자기를 찾아가기도 한다. 죽음이 인간을 살해하는 것이 아니라 내가 죽음이 되어 나를 살해한다. 그렇게 '우리'가 깨져 버린 많은 사람들은 배신감을 느끼며 스스로 죽음이 되어 자살하기도 한다.

아우구스티누스도 사랑하는 친구의 죽음을 통해 자신의 죽음을 경험하고, 나아가 모든 사람의 죽음을 경험한다. 사랑하는 친구가 죽는다. 마음은 고통에 휩싸이고, 내가 딛고 있는 이 공간이 나에게 불행의 장소로 전락한다. 아우구스티누스는 이렇게 말한다. "나의 눈이 모든 곳에서 그를 찾지만, 내 눈은 그를 볼 수 없다. 그리고 나는 그를 포함하고 있지 않다는 이유로 모든 장소를 혐오한다. … 내가 나 자신에게 커다란 수수께끼가 된 것이다."[96] 두 사람이 서로의 존재에 참여하면서 실존적인 공동체를 형성하고 '우리'가 된다. 상대방을 "내 영혼의 반쪽"이라 생각하고, "그의 영혼과 나의 영혼이 두 개의 몸을 지닌 하나의 영혼"이라 느낄 때, 나의 영혼은 그의 죽음으로 인해 반토막이 난다.[97] 나는 이렇게 반으로 잘린 영혼을 가지고는 계속 살아갈 수 없을 거라고 생각한다. 이런 식으로 나는 사랑하는 타자의 죽음에서 나의 죽음을 만나고, 나의 죽음 안에 갇힌다.

그리고 사랑하는 친구의 죽음으로 인해 전체 세계가 죽음의 공간으로 탈바꿈한다. 그가 없는 나의 삶을 상상해 본 적도 없는, 결코 그의 죽음을 떠올릴 수조차 없는 사랑하는 친구가 죽을 때, 나는 다른 모든 사람들이 정말 지금 살아 있는 것인지를 의심하기 시작한다. 모든 살아 있는 존재가 투명해지고 희미해지면서 활기를 잃기 시작하고, 갑자기 세계의 비현실성이 엄청난 무게로 나를 질식시키기 시작한다. 그리고 그의 '제2의 자기'였던 내가 그의 죽음 이후에도 계속 살 수 있을지를 의심하기 시작한다. 그의 죽음이 모든 존재를 무의 깊은 곳으로 추락시키고, 모든 세상이 죽음으로 뒤덮인다. 그러나 이때 인간은 자신의 존재가 죽음 너머로 뿌리를 뻗치기 시작하는 것을 감지한다. 우리는 바로 이 지점에서 종교가 태어난다고 말할 수 있다.

란츠베르크의 이야기에서 가장 인상적인 대목은 '죽지 않는 신'에 대한 언급이다. 인간과 달리 신은 죽지 않기 때문에 절대로 인간을 배신하지 않는다. 최초의 인간은 신을 배신했기 때문에 죽음의 형벌을 받았고, 이제 인간은 모든 죽음에서 서로에게 배신감을 안겨 준다. 신이 인간에게 느낀 배신감을 인간이 몸소 체험하는 것이 바로 인간의 죽음이다. 그러나 절대 죽지 않는 신은 평생토록 나를 배신하지 않을 것이다. 오로지 인간은 죽음 밖으로 존재의 뿌리를 뻗칠 수 있을 때만, 죽음 너머의 존재가 자기 안에 들어와 있다는 것을 깨달을 때만 자기 존재를 지속할 수 있다.

13. 죽은 자의 존재 방식

죽은 자는 시체가 되어 내 눈앞에 있지만 사실은 더 이상 없는 존재라는 점에서 신비롭다. 나는 사랑하는 사람의 죽음 앞에서 있음과 없음의 공존을 경험한다. 유(有)와 무(無)는 논리적으로는 공존할 수 없지만, 우리는 죽음에서 유와 무의 공존이 낳은 기묘한 경험을 하게 된다. 란츠베르크는 이것을 '현존하는 부재'라고 표현한다. 죽은 자는 더 이상 서로 이야기할 수도, 눈빛을 교환할 수도 없는 존재이다. 죽음 앞에서 나는 한없는 무력감에 휩싸인다. 죽은 자의 파괴, 관계의 파괴, 세계의 파괴를 겪으면서, 나는 나의 파괴에 직면한다. 어쩌면 바로 이러한 계기를 거치면서 서서히 죽음이 '부재하는 현존'으로 변모하는 것 같기도 하다. 죽은 자를 현존하게 하려는 여러 가지 시도가 이루어진다.

> 죽음의 벌거벗은 신비와 직면할 때, 인간은 자기에게 필요한 생생한 연민을 느끼기 위해 더 따스한 임종의 분위기를 되찾으려 한다. 왜냐하면 아직은 희미하게 그 사람을 포함하고 있는 죽어 가는 사람의 이미지를 대신 사용함으로써, 이 연민은 우리에게 죽은 자와 더 가까이 있다는 느낌을 줄 수 있기 때문이다. 그 고통이 아무리 심하더라도 생생한 고통을 상상하는 일은 심지어 그 안에 비교적 위안을 주는 무언가를 포함하고 있다. 한 인간 전체가 응축되어 있을 임종 행위는 본질적으로 우리의 이해가 접근할

수 있는 행위이다. 고통과 연민에 젖어 있더라도 삶은 우리의 땅이다. 우리의 슬픔 안에서 우리는 그의 마지막 행위의 형태로 죽은 사람의 인격을 되찾는다. 그러나 실제 죽음과 직면할 때, 우리는 우리 자신의 세계에서 추방되는 것 같다. 이 생생한 공감의 불가능성, 눈앞에 있는 사람을 이해하는 일의 불가능성이, 우리 고통의 영적 핵심, 또는 우리의 삶 전체가 겪는 이러한 격변의 영적 핵심이다. 종교적인 신앙만이 이것을 견딜 수 있게 해 주는 것 같다. 살아 있는 사람은 결코 우리의 공감과 이해의 범위 밖에 있지 않다. 만약 상상력의 힘으로 다시 살아나기만 한다면, 이것은 아마도 지구 반대편에서 몇 년 전에 죽은 누군가에게도 적용될 수 있다. 단지 다른 사람의 죽음을 경험함으로써, 우리는 부재와 분리의 질적 성격을 배운다. 그것이 우리의 영혼을 미지의 세계로, 새로운 차원으로 휩쓸어 간다. 우리의 삶이 두 세계 사이의 다리라는 것을 발견한다.[98]

죽음은 미지의 세계이기 때문에, 나는 그 미지에 빠져 있는 이미 죽은 자와 관계를 맺을 수 없다. 죽은 자는 더 이상 내가 관계할 수 있는 대상이 아니다. 그래서 나는 죽은 자가 되기 전의 타자, 즉 죽어 가는 자로 존재하던 타자를 떠올린다. 상상할 수 없는 죽은 자를 상상할 수 있는 죽어 가는 자로 치환하는 것이다. 미지의 죽음이 주는 공허에 비하면 임종의 고통조차도 달게 느껴지는 경험을 하는 것이다. 죽은 자의 임

죽음을 사색하는 시간

종 장면을 상상하면서 최소한 나는 그에게 공감할 수 있고, 그와 관계를 맺을 수 있다. 그래서 죽음의 상상력은 곧잘 임종의 상상력으로 미끄러진다. 여전히 생명이 꿈틀거리는, 그래서 인격이 존재하는 사람이 아니라면, 상상력조차도 관계의 좌절을 겪기 때문이다. 어떤 인간이라도 상상력 안에서 인격을 갖고 움직인다면, 나는 그와 관계를 맺을 수 있다. 내가 죽은 자의 인격을 단 한 조각이라도 상상할 수 있다면, 아무리 미미하더라도 나는 그와 함께 소소한 공동체를 꾸릴 수 있다. 적어도 내가 죽은 자에게 조금이나마 인격적인 사랑을 느끼고 있다면, 상상력을 통해 유지되는, 삶과 죽음의 경계선을 가로지르는, 사랑의 공동체가 꾸려질 수 있다.

우리는 삶이 마치 거대한 심연 위에 가냘프게 떠 있는 작은 구름다리 같은 것이라는 느낌을 받는다. 미지의 저편에서 출생을 거쳐 다리 위에 올라선 것처럼, 이제 우리는 다리를 다 건너고 나면 죽음을 거쳐 반대편에 도착할 것이다. 내세에 대한 상상력을 통해 우리가 죽은 자에게 인격을 부여하기는 쉽지 않다. 종교에서도 인격과 개별성을 지닌 채 내세에서 살아가는 영혼을 이야기하는 경우는 거의 없다. 설령 그러한 상상력을 발휘하더라도, 우리는 곧장 수많은 논리적 모순에 빠질 것이다. 그럼에도 불구하고 죽은 자에 대한 상상은 멈추지 않고 계속된다. 란츠베르크의 이야기에서 우리는 "왜 살아 있는 자가 자꾸 죽은 자를 상상하고자 하는가?"라는 질문을 만난다. 우리는 왜 죽은 자를 상상하는 일에 힘을 낭비하는가? 우리는 왜 죽은 자를 위해 집을 짓고, 죽은 자를 기념하고, 죽은 자에게 공간을 주고, 죽은 자에게 경제력을 낭비하는가? 우리는 왜 계속해서 죽은 자와 관계를 맺으려 하는가? 란츠베르크는 이 문제에 대해서도 철저히 살아 있는 자의 시선 안에서 해답을 찾는다.

우리가 죽은 자와 함께 형성하는 공동체를 유지하는 일은 결국 나 자신의 존재를 파괴로부터 보호하는 일이다. 이 공동체는 내 존재의 필수적인 부분이었다. 그러므로 이전의 공동체를 재구성할 수 있는 가능성을 허용하기 위해서, 마음이 그 문제에 대한 해결책, 즉 항상 우리를 비껴가는 해결책을 찾아야만 하는 것이다. 정신적인 고통은 이 끔찍한 불확실성, 이토록 철저한 관계의 결핍, 버림받은 느낌과 무기력감을 견뎌야 하는 고통이다. 연민은 타자를 향해 다리를 놓을 수 있고, 이로 인해 위안이 될 수도 있다. 사후 존속의 교리는 죽은 자에 대한 구체적인 이미지를 제공하고, 그리하여 상상력으로나마 우리가 죽은 자를 따라가 그와 공감할 수 있게 하기 때문에 신사에게 위안을 준다. 나앙한 내장 의례는 우리가 여전히 죽은 자를 위해 무언가를 할 수 있을 뿐만 아니라, 죽은 자의 존재에 접근할 수 있는 방법을 수중에 두고 있다는 헤아릴 수 없는 위안의 느낌을 준다.[99]

사랑하는 죽은 자는 나의 일부분이었기 때문에, 그의 죽음을 통해

죽음을 사색하는 시간

나의 세계는 상당 부분 파손된다. 그와 내가 같이 만든 "영혼의 공동체"가 찢기는 경험을 하는 것이다.[100] 그래서 파괴된 나의 세계를 수리하기 위해, 나의 마음은 죽은 자에 이를 수 있는 허구적인 다리를 건설하는 온갖 방법을 모색한다. 종교적 상상력을 통해서든, 장례식을 통해서든, 우리는 죽은 자와 접촉할 수 있는 길을 만든다. 죽은 자는 무덤으로 존재할 수도 있고, 사후 세계에 거주할 수도 있다. 종교 전문가의 도움으로 사후 세계에 있는 죽은 자를 만나거나 불러올 수도 있고, 일정 기간 동안 죽은 자가 스스로 삶과 죽음의 경계선을 건너 살아 있는 사람을 찾아온다고 생각하기도 한다. 또는 일정 기간 동안 죽은 자는 사후 세계로 가지 않고 인간 세계 주변을 떠돌기 때문에, 죽은 자가 '완전한 죽음'에 이를 수 있도록 도와주는 의례적 장치가 필요하다고 생각하기도 한다. 죽음과 관련한 모든 문화적 노력은 여전히 우리가 죽은 자를 위해 무언가를 할 수 있다는 크나큰 위안을 준다. 이러한 노력들 덕분에 우리는 죽음이 야기하는 그 완전하고도 절대적인 무력감에서 서서히 벗어난다.

죽음과 관련한 모든 문화적 장치는 결국 죽은 자의 부재를 상상적 현존으로 변형시키는 방법에 대한 모색이다. 그런데 우리는 여러 가지 가능한 방식들 가운데 단 하나만을 선택해서 죽은 자와 접촉하지 않는다. 문화적으로 허용되는 온갖 접촉 방식이 체계적으로 또는 단편적으로 시도되면서, 죽은 자의 현존을 가시화하려는 노력이 종합된다. 그러나 죽은 자를 문화적으로는 현존하게 할지라도, 사실 우리는 죽은 자의 죽음, 그의 부재를 열심히 지우고 있는 것이라고 할 수 있다. 우리에게는 죽음이 초래하는 이미지의 부재와 직접 대면할 힘이 없다. 우리는 이 부재를 어떻게든 지워야 한다. 우리는 죽음이 만든 지움을 다시 애써 지운다.

그러므로 죽음을 지울 수 없는 문화, 죽은 자의 부재를 문화적 현존으로 변경시킬 수 없는 문화, 모든 사람이 죽음 앞에서 절대적인 무력감에 빠져드는 문화는, 결국 죽은 자가 아니라 살아남은 자의 세계를 파괴한다. 어떤 사람은 죽은 자는 빨리 삭제하고 잊어버려야 한다고 생각한다. 그러나 죽음에 대한 망각은 살아남은 자의 세계를 깊은 어둠 속으로 추락시킨다. 나는 나의 죽음을 경험할 수 없다. 나는 그저 내 죽음의 가능성만을 경험할 수 있을 뿐이다. 현재 우리 사회에서 이루어지는 대부분의 죽음 논의는 내 죽음의 가능성에만 집중한다. 그러나 나의 죽음은 나의 몫이 아니라 타자의 몫이다. 나의 죽음은 나의 죽음을 경험할 타자의 몫이다. 나는 오로지 타자의 죽음만을 경험할 수 있을 뿐이다. 인간은 서로의 죽음을 경험할 뿐이다. 그러므로 죽음은 철저히 상호적인 관계 속에서 형성되는 개념이다. 그렇다면 우리는 나의 죽음이 아니라 타자의 죽음에 대해 더 많은 이야기를 해야 한다. 죽은 자의 현존에 대해, 아니 죽은 자를 어떻게 구원할 것인지에 대해 이야기해야 한다. 죽은 자를 구원하는 일은 바로 살아남은 자의 몫이기 때문이다.

14. 두 개의 미래

괴테는 죽음에 대해 이렇게 말한다. "사실상 죽음은 너무도 낯선 것이어서, 온갖 경험에도 불구하고 우리는 사랑하는 누군가의 죽음이 불가능하다고 생각한다. 죽음은 항상 믿을 수 없고 예기치 못한 어떤 것처럼 발생한다."[101] 우리는 도저히 죽음에 익숙해질 수 없다. 인간이 자기 자신을 모두 완성하고 나서 죽음이 찾아온다면, 죽음은 나의 내부에서 온다고 말할 수 있을 것이다. 그러나 모든 인간은 자기의 완성 이전에, 항상 때 이르게 죽는다. 노소를 떠나 모든 인간은 요절한다. 죽음은 내가 원숙하게 무르익어 나라는 존재를 완결했을 때 나의 생명이 도달한 필연적 귀결로서 찾아오지 않는다. 죽음이 나의 생명이 도달하는 자연스러운 종착점이라면, 죽음의 원인은 항상 바로 나 자신, 즉 나의 생명일 것이다. 그러나 죽음은 항상 나의 완성, 즉 나의 실현 이전에 나를 방문한다. 그래서 인간은 자연스럽게 죽음이 외부에서 자신을 찾아온다고 생각한다. 란츠베르크는 이렇게 말한다.

> 인격적인 존재의 완성은 단지 드물게 죽음과 함께 이루어진다. 단지 신화와 꿈에서만, 영웅은 죽음을 자기완성의 정점이라 생각한다. 이 사실로부터 이미 우리는 죽음이 그 시원적인 의미에서 인격적인 존재, 즉 현존재(現存在, Dasein) 자체의 내재적 가능성은 아니라고 결론지을 수 있다. 죽음은 외부 영역에서 오며, 말하자

면 외부에서 우리의 존재 속으로 유입된다. 죽음의 영적 전용은 인간 인격 각각의 최고 과제이다. … 인격적인 존재는 숙명이 아니다. 이 존재의 과제는 죽음의 숙명을 자유로 변형시키는 것이다.[102]

하이데거는 인간을 가리켜 "죽음을 향한 존재"라고 말한다. 즉 그는 죽음이라는 끝이 인간의 삶에 주는 의미를 강조한다. 그러나 인간이 예상하고 기대하는 미래의 죽음과 실제로 겪는 현실적인 죽음은 항상 다르다. 그리고 죽음 관념과 실제 죽음의 차이, 이것이 항상 문제가 된다. 모든 인간의 죽음은 미성숙과 미완성을 드러내기 때문이다. 그래서 란츠베르크는 인간을 가리켜 '죽음 너머를 지향하는 존재'라고 말한다.

죽음의 수용이 죽음을 변형시키지만, 이 수용은 저항을 전제한다. 인간 인격은 그 진정한 본질에서 죽음을 향한 존재가 아니다. 모든 다른 존재처럼, 자기 자신의 방식대로 인간 인격은 자기실현을 향해, 영원을 향해 움직인다. 그것은 자기 자신의 완성을 지향한다. 설령 이 완성이 죽음이라는 좁디좁은 문을 통과하는 것을 의미하더라도 마찬가지다. 오로지 인간 인격은 죽음을 자기 자신의 완성을 위한 수단으로 변형시킴으로써, 자기의 외적인 존재론적 모습을 변화시킬 수 있다. … 그러므로 인격의 존재론적 성격은 그 인격이 단지 수용할 수 있을 뿐인 부정적인 것으로부터 유래하지 않는다. 죽음의 이러한 근본적인 외재성에서 시작하여, 특별한 결단을 통해 실제로 인격이 죽음을 향한 존재가 될 수 있는 중간 상태를 거친 후에, 죽음 자체를 초월하는 영(spirit)에 대한 기대에 이르는 것이다. 사후 존속과 영원을 지향했을 행위가 절망에 삼켜졌을 때, 죽음의 종국성은 단지 고통으로 느껴진다. 우리 존재의 근본 구조가 저 너머의 무언가에 대한 실존적 가정을 포함하지 않는다면, 죽어 감의 고통뿐만 아니라 죽음의 비통함은 이해될 수 없을 것이다. 이러한 가정이 없다면, 죽음은 그저 의심할 바 없이 충분히 고통스러운 미래 사실일 테지만, 어떤 각별한 무게를 지니지도 못하고, 형이상학적 성격의 어떤 위험도 내포하지 못할 것이다. 바로 이 비통함으로 인해 죽음과 무(無)가 우리 존재의 가장 뿌리 깊은 경향성과 대립한다는 것이 드러난다.[103]

인간은 외부에서 때 이르게 찾아오는 낯선 죽음을 의식하고, 모든 인간이 결국 죽을 수밖에 없다는 것을 깨닫지만, 그럼에도 불구하고 죽음 너머의 어떤 차원을 통해 자기 존재를 완성할 수 있을 거라는 기대를 갖는다. 인간의 죽음은 항상 '못다 핀 꽃 한 송이' 같은 것이다. 그래서 인간은 죽음 너머에서 꽃을 피우는 자기 존재를 상상한다. 죽음에 대한 인간의 저항을 고려하지 않고는, 죽음 너머에 대한 상상 없이는, 인간의 존재론이 완성되지 않는다고 할 수 있다. 인간의 실존은 필연적으로 '죽음 너머'를 상정한다. 그래서 란츠베르크는 "자기를 실현하고 영속시키려는 인간 인격의 본능"을 이야기하고, 모든 존재의 뿌리에 "자기에 대한 긍정"이 놓여 있다고 말하며, 자기를 실현하기 위해 인간이 "시간의 한계를 넘어서려는 경향성"을 갖는다고 주장한다.[104] 그렇다면 영혼의 사후 존속을 상상하는 것은 인간의 존재 구조에 속하는 내용이다. 인간은 사후 세계까지도 포함하는 존재 지평에서 살 수밖에 없다. 그러므로 인간을 이해하려면 반드시 사후 세계로 뻗어 나간 그의 상상적 삶에 대해서도 고려해야 한다. 인간은 죽음 이전의 세계와 죽음 이후의 세계를, 삶과 죽음을 아울러 사는 존재이기 때문이다. 이제 란츠베르크는 미겔 데 우나무노(Miguel de Unamuno)의 말을 인용하면서 희망이 갖는 존재론적 의미에 대해 이야기하기 시작한다.

> 인격적인 사후 존속에 대한 신앙은 그저 위안을 주는 생각이 아니라, 무엇보다도 이러한 존재론적 요소에 주어진 실제적인 형태이자 표현이다. … 만약 인간 본성이 사후 존속에 대한 믿음을 필요로 한다면… 바로 그러한 필요성 자체가 근본적인 존재 상태에 대한 증언이다. 의식은 존재의 심층을 모방한다. 만약 이러한 경향성과 부합하는 실제적인 기능성이 없다면, 인간 존재 전체가 심연에서 소멸할 것이다. … 우나무노는 희망 안에서 인간 감정을 끝없이 넘어서는 것을 재발견한다. 희망은 삶의 의미를 구성하고, 가장 깊숙한 존재의 핵심에 포함된 긍정을 확장한다. "왜냐하면 희망은 미래가 되기 위해 과거가 쏟은 노력의 가장 고귀한 결실이며, 바로 이러한 노력이 그 말의 진정한 의미에서 존재를 낳고, 존

재에 실재성을 주기 때문이다."[105]

란츠베르크는 인간 존재가 갖는 희망의 시간 안에 사후 존속에 대한
믿음이 놓이는 것 같다고 말한다. 나아가 그는 희망을 통해 인간의 존
재가 태어나고 자란다고 말한다. 그는 희망을 인간의 존재론적 구조 속
에 배치한다. 그래서 그가 말하는 희망은 존재를 성숙시키는 존재론적
희망이다. 그는 희망과 기대를 구분한다. 인간은 희망과 기대라는 두 종
류의 시간을 통해 서로 다른 두 개의 미래를 형성한다. 기대의 미래는
욕망의 성취와 관련되고, 희망의 미래는 인격의 완성과 관련된다. 희망
은 진리를 지향하지만, 기대는 환상을 지향한다. 희망의 반대말은 절망
이지만, 기대의 반대말은 실망이다. 그는 이렇게 말한다.

> 희망은 존재를 지향하고, 인간 인격의 실제적이고, 항구적이고, 지
> 속적인 형성을 지향한다. 기대는 상상력을 통해 예상하고, 희망은
> 존재에 구조를 제공함으로써 창조한다. 기대는 의심하고, 희망은
> 긍정하지만, 희망은 우리의 전 존재의 창조적인 운동에 의해 긍정
> 한다. 똑같은 방식으로 절망은 무를 지향하지만, 실망은 단지 상
> 상적인 예상의 고통스러운 파괴일 뿐이다. … 우리는 영적 인격으
> 로서 인간이 희망 없이는 단 한순간도 존재할 수 없다는 것을 안
> 다.[106]

인간은 시간 안에 욕망의 미래를 새겨 넣은 채, 초조하게 자신의 상상력이 만든 미래가 실현되기를 기다리면서 시간의 무게를 견딘다. 대체로 우리는 실현되지 못한 미래에 좌절하고, 이로 인해 세상에 대한 환멸감에 휩싸인다. 그러나 인간은 두 개의 시간을 산다. 첫 번째 시간은 출생과 죽음이라는 한계점 안에서 과거, 현재, 미래로 이어지는 기대와 환멸의 시간이다. 두 번째 시간은 출생과 죽음의 한계점 너머로 뻗어 나가는 시간이다. 란츠베르크에 의하면, 우리의 존재는 과거, 현재, 미래라는 개념으로는 도저히 포섭할 수 없는 '시간 너머의 시간'을 향해 뿌리를 뻗친다. 이 두 번째 시간 구조 속에서 희망이 태어난다. 인격의 사후 존속에 대한 희망은 첫 번째 시간이 아니라, 바로 이 두 번째 시간의 산물이다. 그렇다면 인간의 존재는 두 겹으로 되어 있다고 말할 수 있다. 첫 번째 시간이 형성하는 인간의 존재론이 있고, 두 번째 시간이 형성하는 또 다른 존재론이 있다. 인간은 이중적인 존재론을 지니고 있다. 그리고 이 두 가지 존재론적 차원의 혼동이 바로 죽음의 문제를 혼란스럽게 하는 주범이다.

15. 투우장의 신비

'신 없는 인간'의 삶은 어떠한 모습일까? 란츠베르크는 이러한 우울한 삶의 구조를 묘사하기 위해 투우장으로 간다. 투우는 고대적인 신비

의식의 유물이라고 일컬어진다. 투우장에 간 인간은 황소의 죽음에서 자신의 죽음을 본다. 다시 말해서 인간은 황소와 자기 자신을 동일시한다. 그러나 이때 역설적으로 인간은 자신의 죽음을 구경하는 자, 즉 죽음 밖에 서 있는 자가 되기도 한다. 투우는 죽음에서 인간을 잠시 떼어놓은 후에, 마치 하나의 사물처럼 죽음을 관찰하고 지배하게 한다. 그리고 인간은 스스로 죽음이 되어 죽음 밖에 서기도 하고, 마침내 자기가 사실은 황소라는 것을 깨닫기도 한다. 란츠베르크는 삶의 단계를 투우의 장면에 비유하면서 이야기를 풀어 나가기 시작한다.

> 경기장에 들어간 황소는 무엇이 그를 기다리고 있는지 전혀 알지 못한다. 그는 기뻐하며 어두운 감옥을 빠져나와 힘차게 달리면서 혈기 넘치는 힘의 생명력을 만끽한다. 갑작스러운 빛에 눈부심을 느끼면서, 그는 자기 자신을 닫힌 무대의 주인이라고 생각한다. 이 무대는 여전히 그에게 드넓은 평원처럼 느껴지고, 이제 그의 세계가 된다. 그는 경기장의 모래를 위로 흩뿌리면서 이리저리 돌진하고, 자신의 힘에서 생기는 기쁨 말고는 다른 감각을 갖고 있지 않다.[107]

황소가 어두운 곳에 갇혀 있다가 탁 트인 밝은 투우장으로 풀려나온다. 마치 자기가 세상의 주인이라도 된 듯 원형 경기장을 내달리면서 황소는 생명의 충만함을 느낀다. 투우의 첫 번째 단계는 어머니의 몸을 떠나 이제 막 세상에 태어난 아이의 모습을 보여준다. 아이는 아직 세상을 잘 모른다. 아이는 밝은 세상 속을 이리저리 뛰어다니면서 몸에 축적된 자신의 힘을 과시한다. 아이는 세상의 빛에 도취된 채 삶의 기쁨을 만끽한다. 아이는 아직은 자신을 기다리고 있는 운명이나 인생의 곳곳에 숨어 있는 위험을 전혀 감지하지 못한다. 그러나 서서히 아이에게 세상의 정체가 드러나기 시작한다.

> 첫 번째 적수들이 투우장으로 들어온다. 여전히 경기가 진행 중이다. 황소에게 싸움은 자연스러운 일이다. 투쟁이 생명과 자기 자신의 힘에 대한 그의 자각을 강화시킨다. 시작부에서 일어나는 짜증나게 하는 이 작은 일들은 단지 그의 화를 돋울 뿐이다. 이러한 도발을 통해 강자의 분노가 극에 달한다. 투쟁은 그의 일상적인 존재 아래 감추어져 있던 공격하는 동물을 불러낸다. 경기의 한계선을 넘어서는 불쾌한 일은 없다. 그러나 천천히 고통스러운 요소가 유입된다. 경기가 조작된다. 적수는 너무 교활해서 성나게 한 뒤에 달아난다. 둘 가운데 약자임에도 불구하고 적수는 나쁜 놈이기 때문에 강자가 된다. 천의 붉은색이 분노를 자극한다. 그러나 그것은 더 이상 싸움을 위한 행복한 핑곗거리가 되지 못한다.[108]

투우의 두 번째 단계에서는 적수들이 투우장으로 들어와 붉은 망토를 흔들며 황소를 자극하기 시작한다. 황소는 적수들의 도발에 반응하지만, 적수들은 이리저리 황소를 피하면서 약을 올린다. 적수들은 교활한 술책으로 황소의 강한 힘을 비웃는다. 이 단계는 학교에 다니는 청소년의 모습을 보여준다. 그는 이제 교활한 세상과 대면하기 시작한다. 이 세상은 정직과 성실을 무용지물로 만드는 곳이다. 그는 악(惡)의 존재를 깨닫게 되지만 여전히 투지를 불태운다. 청춘은 아직은 피로감에 좌절하지 않는다. 그러나 이제 본격적으로 진짜 싸움이 시작된다.

> 말을 탄 적들이 들어오면서 싸움은 황소에게 진지한 일이 된다. 황소보다 높은 쪽에서 기마 투우사인 삐까도르(picador)들이 창으로 그를 찌르고 멀리서 그에게 상처를 입힌다. 황소는 공격을 한다. 그는 격노하여 최고의 힘을 보여준다. 그의 분노는 이제 숭고하고 맹목적이고 고통스럽다. 이 광란은 삶의 절망에 의해 은밀히 자극되지만, 이 절망에 대한 부단한 승리에 의해 끊임없이 강화된다. 황소의 집요한 공격에서 최악의 고통을 겪는 것은 무고한 늙은 말이다. 교활한 삐까도르는 피로 물든 과업을 마치고 나서 사라진다.[109]

투우의 세 번째 단계에서는 말을 탄 삐까도르가 창으로 황소의 목 주변 근육을 찌르고, 황소는 피를 흘리기 시작한다. 목의 상처로 인해 황소의 공격 자세가 조금 낮아진다. 점점 지쳐 가는 성난 황소는 주변에서 움직이는 다른 것들을 보지 못한 채 오직 하나의 대상만을 공격하기 시작한다. 그러나 황소는 말에게 상처를 입힐 뿐이고, 삐까도르는 전혀 상처를 입지 않는다. 이 단계는 이제 삶 속에서 고통을 겪기 시작하는 인간의 모습을 보여준다. 이렇게 인간도 삶의 실제적인 투쟁 속으로 들어가지만, 결코 악을 물리치지 못한다. 적수들 가운데 하나를 무찌르지만, 결국 그 자는 죄가 없는 것으로 밝혀진다. 항상 공격은 진짜 과녁을 놓친다. 내가 공격한 적들은 알고 보면 모두 무고한 자들이다. 우리의 적수는 "악의 가면"일 뿐이고, 우리는 결코 악 자체를 파괴하지 못한다. 그러나 아직은 싸울 힘이 남아 있다.

> 이 순간 황소는 여전히 강하다. 그러나 이제부터 계속해서 그의 자제력은 약해진다. 그는 실제보다 강해 보인다. 생에 대한 지배력이 흔들린다. 창을 맞은 상처는 깊고, 피가 계속 흐르고 있다. 그리고 이제 막간극에 의해 교전이 지연된다. 황소는 장식되어야 하고, 또한 다시 상처를 입어야 한다. 날카로운 미늘이 달린 장식된 작살인 반데리아(banderilla)로 이 용맹스러운 투사를 장식하는 일은 존경이자 조롱이다. 반데리예로(banderillero)는 이 치명적인 작살로 황소를 장식하는 사람이며, 궁지에 몰린 황소의 바로 이러한 위엄과 느림 때문에, 자신의 공포에도 불구하고 무기를 꽂는 데 성공하는 사람이다. 그리고 거의 희극적인 장면을 연출하는 이 영웅적인 짐승으로 인해 반데리예로가 우아한 춤을 춘다.[110]

죽음을 사색하는 시간

투우의 네 번째 단계에서 황소는 상처와 영광, 조롱과 존경을 동시에 얻는다. 심지어 반데리예로가 황소의 어깨에 꽂은 작살인 반데리야가 마치 아름다운 장식품처럼 황소의 몸을 감싼다. 그리고 황소의 용맹을 기리는 이 장신구는 피로 물들어 있다. 이 단계는 성숙한 인간이 겪는 역설적인 삶을 잘 보여준다. 삶의 상처로 쇠약해진 바로 그 순간에 인간은 영광과 성공을 얻는다. 세속적인 명예는 그저 비밀스러운 또 다른 상처일 뿐이고, 상처받은 영혼에게 주는 조롱 섞인 전통적인 장식품일 뿐이다. 명예는 조작된 가짜 성공이다. 명예 안에 감추어진 상처에서 피가 흐른다. 그러므로 인간은 아무것도 정복하지 못했다. 누구도 이 세상에서는 승자가 될 수 없다. 마치 영광이 그의 수중에 놓인 것처럼, 우리는 그의 승리를 꾸며 낸다. 세상은 인간에게 가짜 성공, 가짜 명예를 주면서 승리의 환상을 심어 준다. 그러나 이것은 인간에 대한 모독이다. 란츠베르크에 의하면, 적어도 황소는 이러한 가짜 영광을 믿지 않으며, 세상이 자신을 제물로 바치기 전에 찬미하고 있을 뿐이라는 예감을 느낀다. 세상은 인간의 삶을 제물로 삼아 그 에너지로 돌아간다. 인간이 얻은 승리는 그가 세상의 제물이었다는 것을 증명할 뿐이다.

그다음에 신비 의식의 최고 사제인 마따도르(matador)와 함께 경기장 안으로 죽음이 들어온다. 보라! 저것은 천의 무시무시한 붉은색 아래 감추어진 아름답고 탄력 있는 피할 수 없는 칼이지만, 이 칼은 칼을 맞을 운명을 지닌 자에게만 감추어져 있다. 다른 사람들이 이 죽음을 주시하고, 약해진 황소는 고통을 겪기 시작하며, 막간극의 희비극 후에 이 고통을 넘어서면서, 아직은 최종적인 것이 아니더라도 더 깊은 위엄에 도달한다. 비극이 시작된다. 또는 오히려 전체 장면의 비극적인 의미가 마침내 폭로된다. 선한 황소는 끝까지 투사로서 고귀한 존재로 남는다. 나는 그가 여전히 승리를 믿는다고 생각하지 않는다. 그러나 거의 지성은 없을지라도, 황소에게는 다가오는 순간에 대한 모호한 자각이 없지 않다. 일생을 구성하는 지난 20분의 모험에 의해 이 자각이 거칠지만 선명해졌다. 양쪽에서 분투와 공격, 철수와 복귀가 있었다. 성공과 패배가 있었다. 싸움은 순전히 육체적인 차원에 머물러 있지 않았다. 의지를 굳히면서 마따도르가 황소를 농락하며 지배하려 하고, 치명적인 타격을 입힐 수 있는 유일한 자세를 취하도록 황소를 조종한다. 마따도르가 죽음의 붉은 깃발을 흔들고, 이 깃발이 황소를 지배하며, 마치 여왕의 마법에 걸려 죽어 가는 연인처럼, 황소는 깃발을 뒤쫓을 수밖에 없다. 그리고 갑자기 황소가 살해된다. 그의 육중한 놈이 절망의 낭랑한 마시막 외침처럼 갈을 맞는다. 몇 초 동안 그는 저항하는 것처럼 보인다. 그러나 칼과 동일시되고, 칼의 출처, 즉 칼을 휘두르는 마따도르와 동일시되면서, 매우 오랫동안 현존하고 있던 죽음, 바로 그 죽음이 온다. 죽은 동물은 마치 물건처럼 치워진다.[111]

죽음을 사색하는 시간

투우의 마지막 단계에서 등장하는 마따도르는 원래 '살해자'를 뜻한다. 이제 황소의 마지막 싸움이 시작된다. 그러나 황소는 칼을 감추고 있는 붉은 천을 향해 질주하면서 서서히 지쳐 간다. 결국 황소는 죽음과 싸움을 벌이면서도, 죽음의 마법에 홀려 죽음을 쫓아다닌다. 결정적인 순간이 되면 이 죽음의 칼이 황소의 심장을 관통한다. 이 단계는 모든 인간이 맞을 수밖에 없는 죽음의 장면을 보여준다. 죽음과 벌이는 모든 전투는 시작 전부터 패배의 운명에 처해 있다. 인간과 죽음의 싸움은 그 자체로는 고귀하지만, 그 결과는 참담하다. 투우는 인간이 겪는 비극적인 삶의 전 과정을 압축적으로 보여준다. 그리고 인간은 황소 안에서 자신의 운명을 본다.

> 투우장에서 황소는 인간을 대신하고, 인간은 대천사나 악마의 역할을 맡는다. 다른 존재를 향한 운명의 역할을 떠맡음으로써, 인간은 운명의 손아귀에 잡혀 있는 자기 자신의 복수를 한다. 이번만은 다름 아닌 인간이 자기가 무엇을 수행할 것인지를 알고 예상한다. 따라서 두 시간 동안 그는 대리자의 죽음의 지배자가 됨으로써 자기 자신의 피할 수 없는 죽음을 잊을 수 있다. … 이번만은 정복할 수 없는 적과 동맹을 맺음으로써 인간이 자기가 승자라고 느낄 수 있다. 그러나 영혼의 심층에서 그는 자기가 황소라는 것을 안다. 그는 마따도르의 초인간적인 냉정함이 허구적이라는 것, 매우 비극적인 운명의 결과를 지닌 이 투쟁이 자기 자신의 투

쟁이라는 것을 안다. 그러나 그래도 인간은 진실을 마주한 채 절망하지 않는다. 그러나 결국 죽음에 대한 승리의 가능성이 없다면, 인간의 희망은 결코 완전할 수 없을 것이다.[112]

투우는 인간이 소를 제물로 바치던 고대적인 희생제의의 변형물로 보인다. 투우장에 들어선 인간은 소의 죽음을 통해 '죽음 너머'와 접촉하게 된다. 란츠베르크가 설명하듯, 투우장에서 인간은 황소의 죽음을 통해 자신의 삶과 죽음에 대해 성찰할 수 있다. 인간은 마치 황소처럼 살다 죽는다. 그러나 여기서는 인간이 죽음의 역할을 맡는다. 황소의 생명을 손아귀에 쥔 채, 인간은 마치 위에서 아래를 내려다보는 신처럼 황소의 삶과 죽음을 관리하고 조정하고 결정한다. 그래서 투우장의 인간은 죽음을 결정하는 신의 위치에 선다고 말할 수 있다. 인간은 마치 자기가 죽음을 결정하는 자가 된 것 같은 착각에 빠진다. 투우가 진행되는 두 시간 동안 인간은 자신의 죽음을 잊고 죽음 밖에서 죽음을 관람한다. 다른 존재의 생명을 지배하면서 인간은 죽음을 망각한다. 우리에게 힘이라는 것은 그런 역할을 한다. 우리는 힘을 통해 다른 생명을 지배하고 살해함으로써 자신의 죽음을 잠시 잊는다.

그러나 투우장을 나서는 순간, 인간은 마따도르가 아니라 황소가 된다. 인간은 사실은 자기가 황소라는 것을 절실히 깨닫는다. 투우장에서 인간은 잠시 죽음의 역할을 떠맡는다. 그러나 투우장에서조차 인간은 자기가 황소일 것 같다는 불안감에 휩싸인다. 인간은 기운 넘치는 황소가 되어 세상에 나오지만, 온갖 세파에 시달리면서 서서히 모호하게 악의 존재를 감지한다. 세상은 정정당당한 경쟁이 아니라 기만과 술책에 의해 유지된다는 것을 깨닫는다. 그러나 여전히 선의 존재를 믿고 세상의 정의를 갈구하면서, 인간은 황소처럼 악과 불의를 향해 돌진한다. 악과 싸우면서 인간의 몸은 점점 피투성이가 된다. 삶의 모든 목적에는 칼날이 감추어져 있다. 그리고 세상은 황소처럼 질주하는 인간의 노동과 희생을 찬미하면서, 그에게 부와 명예를 안겨 준다. 인간은 부와 명예라는 장식품으로 상처뿐인 자신의 육신을 간신히 가릴 뿐이다. 세상자체가 투우장과 비슷하다. 세상은 모든 인간을 황소로 만든다. 인간은 자신의 운명을 전혀 감지하지 못한 채 붉은 깃발을 향해 돌진한다. 힘으로 가득 차 있던 황소의 몸에 구멍이 뚫리면서 마치 풍선에서 공기가 빠지듯 몸 안의 힘이 새어 나간다. 모든 힘이 고갈된 황소를 향해 마따도르가 다가온다. 그리고 황소의 사체는 마치 쓸모가 다한 물건처럼 투우장 밖으로 내던져진다. '신 없는 인간'은 이렇게 투우장의 황소로 전락한다.

16. 철학적인 죽음

어떤 사람들은 인간의 영혼이란 신체가 뿜어내는 정신적인 거품이라고 주장한다. 그들은 인간의 개성이나 인격은 신체에 기생하여 성장하는 허상이며, 인간의 자아도 결국 육신이라는 환등의 그림자라고 주장한다. 이 논리를 좀 더 따라가 보자. 우리가 아무리 죽음에 대해 무지하더라도, 죽음이 신체의 소멸을 초래한다는 것은 엄연한 사실이다. 그렇다면 당연히 죽음은 신체에 기생하는 영혼의 소멸을 가져올 것이다. 신체 없는 영혼은 가능하지 않기 때문이다. 이때 죽음은 인간의 전 존재를 무화시키는 폭력적인 경험이 된다. 특히 죽음은 세상에서 오직 한 사람만 지니고 있는 독특한 인격, 유일한 개성을 파괴하는 것으로 경험된다. 그리고 죽음의 역사는 주범을 찾을 수 없는 완전한 폭력의 역사가 된다.

이때 타인의 육체의 끝자락에서 우리는 영혼의 끝을 본다. 그렇다면 오로지 몸의 보존만이 영혼을 구원할 수 있을 것이다. 몸은 영혼의 껍질이고, 영혼의 보관소이자 피난처가 된다. 오로지 몸만이 자아를 지속시킬 수 있다. 이러한 입장을 지닐 때, 인간은 단단한 몸, 병들어 쓰러지지 않는 몸을 만들어 조금이라도 더 영혼의 수명을 연장시키려 한다. 필요하다면 인공적인 사물을 통해서라도 영혼의 파편을 보존하려 한다. 그러나 영혼을 육체의 기생물로 보더라도 사후 존속에 대한 희미한 기대감이 표출된다. 하지만 죽음은 영혼으로부터 육체적인 모든 쾌락을 제거할 것이다. 죽음 이후의 세계는 신체 없는 세계이기 때문이다. 그리고 우리는 신체 없는 세계에서 살아가는 죽은 영혼의 활기 없는 지루한 삶에 대해 생각할 것이다.

그러나 죽음을 인간의 신체에서 영혼을 해방시키는 사건이라고 생각하는 정반대의 시각도 존재한다. 삶이란 단지 신체에 의탁된 영혼이 보내는 짧은 시간일 뿐이다. 란츠베르크는 철학이 신체로부터 독립적으로 존재할 수 있는 영혼의 가능성을 실험하는 현장이라고 말한다. 철학은 영혼의 독립적인 존재 양식에 대한 지속적인 증명이었다는 것이다. 철학은 신체 없이 오롯이 영혼으로만 존재하는 인간 의식의 상태에 대해 이야기하기 때문이다. 그렇다면 사유의 힘을 통해 잠시 신체의 존재를 망각할 때마다, 즉 잠시 몸을 잊고 생각에 잠길 때마다, 우리는 순간적인 '짧은 죽음'을 체험하게 된다. 그래서 란츠베르크는 이렇게 이야기한다.

> 철학적 환희 속에서 인간은 신체적인 죽음을 자기보다 낮은 곳에 있는 어떤 것, 고약하고 무력한 어떤 것이라고 생각할 수 있다. 철학 자체가 죽음의 예상, 인격적인 임종 행위, 그리고 죽음의 치명적인 개입 이전에 신체적인 죽음을 부분적으로 실현하는 일이 된다. … 철학한다는 것은 죽는다는 것이다. 그것은 이미지의 세계, 즉 그림자의 동굴을 떠나, 영원히 현존하기 때문에 참으로 존재하는 또 다른 세계를 향해 나아가는 것이다. 그것은 공간적인 의미에서가 아니라, 말 그대로 철학적인 행위에 고유한 존재 변형이라는 의미에서 세상을 떠나는 것이다.[113]

그렇다면 철학은 죽음 이후에 홀로 존재할 영혼의 고독과 깊이를 미리 체험하는 죽음의 연습일 수밖에 없다. 그래서 란츠베르크는 플라톤 철학이 일종의 신비 의식이라고 주장한다. 철학이라는 신비 의식을 통해 인간은 죽음 이전에 미리 죽음을 맛보고, 죽음 너머의 세계를 체험한다. 철학을 통해 인간은 육체의 옷이 제거된 순수 영혼의 상태를 경험할 수 있다. 그래서 철학은 육체를 살해하여 영혼으로 살게 하는 일이 된다.

플라톤은 몸을 영혼의 감옥이라고 부르면서, 철학적 행위를 통해 몸을 초월함으로써 삶과 죽음의 의미를 변형시킬 수 있다고 주장한다. 모든 인간이 죽음에 승리할 수 있는 것은 아니다. 오직 이데아의 세계와 접촉한 자만이 영원성에 물든 영혼을 지닐 수 있다. 이데아의 세계는 인간으로부터 독립적으로 존재할 뿐만 아니라, 죽음 너머에 존재하는 영원의 세계이기 때문이다. 따라서 이데아의 세계에 참여하는 정도만큼 인간은 삶과 죽음의 세계를 떠나 영혼의 자율성을 획득할 수 있다. 이것이 인식의 신비이다. 인간은 인식을 통해 사물에 참여하고 사물에 물들어 간다. 인간은 인식을 통해 사물을 먹고 마시며 성장한다. 마찬가지로 인간은 죽음 너머에 대한 인식을 통해 영원의 세계에 참여할 수 있는 것이다.

그런데 란츠베르크는 플라톤 철학의 한계에 대해서도 이야기한다. 그는 "죽은 사람이 이데아가 될 수 있는가?"라는 질문을 던진다. 즉 플라톤이 말하는 이데아의 세계가 죽은 영혼이 머무를 수 있는 또 다른 세계일 수 있는가 하는 질문을 던진다. 란츠베르크는 이데아의 세계가

죽음을 사색하는 시간

인격적인 사후 존속의 세계는 아닌 것 같다고 말한다. 플라톤의 세계는 사물들의 세계, 특히 보이는 사물들의 세계이며, 그의 세계에서는 인간도 사물처럼 존재한다. 초월적인 세계에 대한 상상은 경험적인 세계를 반영할 수밖에 없다. 따라서 플라톤 철학에서 이데아의 세계는 인간의 세계가 아니라 사물의 세계처럼 그려진다. 란츠베르크는 이데아의 세계란 결국 영혼이 보는 사물들의 세계 같은 것이라고 말한다. 그러므로 플라톤은 죽은 인간이 어떻게 존재하는가 하는 문제가 아니라, 죽은 인간이 무엇을 보는가 하는 문제에 답한 것이라고 말할 수 있다. 란츠베르크에 의하면, 죽은 사람의 인격과 개성이 사후에도 보존되는가 하는 문제는 오로지 기독교에 의해 본격적으로 제기된다. 그래서 그는 플라톤의 한계가 기독교 이전의 유럽 철학이 지닌 한계라고 말한다. 인간이 아직은 자기 자신을 인격과 개성을 지닌 존재로 인식하지 못했다는 것이다.[114]

우리가 이 책의 2부에서 살펴본 것처럼, 에피쿠로스는 "만약 우리가 존재한다면 죽음은 아직 존재하지 않을 것이고, 만약 죽음이 존재한다면 우리가 더 이상 존재하지 않을 것이다."라고 말하면서, 죽음은 우리와 공존할 수 없기 때문에 우리에게 아무런 영향도 미치지 못한다고 주장한다. 그러나 란츠베르크는 에피쿠로스의 주장이 죽음의 문제를 회피하는 한 형태일 뿐이라고 말한다. 실제로는 우리가 벗어날 수 없는 어떤 것을 언어적으로 논파할 뿐이라는 것이다. 루크레티우스도 "끝내 살아남아 당신의 시체 위에서 눈물을 흘릴 또 다른 자기를 죽음이 당신에게 남겨 주지 않을 것이라는 사실을 알지 못하는가?"라고 되묻는다.[115] 즉 죽음 이후에도 존재하는 인격이라는 허구적인 복제품 때문에 죽음의 고뇌가 생긴다는 것이다. 나는 나의 죽음을 보지 못할 것이다. 그러므로 나의 죽음은 나에게 어떤 의미도 주지 못한다. 물론 이러한 주장을 수용하더라도 타인의 죽음은 여전히 우리에게 문제로 남을 것이다. 마르쿠스 아우렐리우스도 비슷한 이야기를 한다.

> 죽음을 두려워하는 인간은 감각의 부재나 다른 질서의 감각들을 두려워한다. 그러나 더 이상 감각이 없다면, 그는 어떤 고통도 느끼지 않을 것이다. 그리고 그가 다른 질서의 감각들을 얻는다면, 그는 다른 질서의 살아 있는 존재일 것이며, 살아 있기를 멈추지도 않을 것이다.[116]

에피쿠로스에서 시작되는 이러한 주장들은 한결같이 죽음이 감각의 끝이라는 것을 이야기하고 있다. 우리에게 모든 것은 감각을 통해 실재가 된다. 사물은 감각을 타고 내 안으로 들어와야만 밖에서도 존재할 수 있다. 감각을 타고 들어오지 못하는 사물은 실재의 가장자리로 밀려나 사라진다. 내가 보고 듣고 어떤 식으로든 느끼지 못하는 것은 실재하지 않는다. 그렇다면 죽음은 감각의 부재이기 때문에, 죽음 이후에 나는 어떤 것도 느낄 수 없다. 죽음은 내가 감각할 수 없는 것이므로 나에게 실재가 될 수 없다. 따라서 죽음에 대해 걱정할 필요는 전혀 없다.

오히려 문제가 되는 것은 아프지 않게 편안히 죽는 것, 즉 편안한 임종의 기술이다. 현재 우리 시대에도 에피쿠로스의 말은 이전보다 더 강력한 영향을 미치고 있다. '좋은 죽음'이라는 기치 아래 모든 사람들이 임종의 기술에 관심을 갖고 있다. 그만큼 '좋지 않은 죽음'이 많아진 탓이라고 할 수 있다. 그러나 란츠베르크에 의하면, 인간은 죽음이 초래하는 감각이 아니라, 죽음으로 인한 존재의 소멸, 즉 감각의 소멸을 두려워한다. 죽음은 고통의 상태가 아니라 아무것도 느낄 수 없는 비존재의 상태에 빠지는 것이기 때문이다.

세네카에 의하면, 스토아학파에서 죽음은 탄생과 마찬가지로 우주 질서에 속하는 것이다. 죽음을 통해 인간은 단지 본래 속해 있던 근원으로 회귀할 뿐이다. 란츠베르크는 스토아학파가 생각하는 죽음에 대해 이렇게 말한다.

> 그러나 죽음은 절대적인 끝이 아니다. 왜냐하면 개인들의 죽음을 통해 단지 그 자체의 주요한 법칙을 실현할 수 있고, 존재의 충만함을 획득할 수 있는 우주에 인간이 속해 있기 때문이다. 세상의 어떤 것도 분실되지 않는다. "사물들은 존재하기를 멈추지만 소멸되지는 않는다." 그러나 그러한 사유의 진정한 의미를 이해하려면, 우리는 그것을 죽음에 대한 개인의 우위성을 확보하려는 부단한 노력의 결과라고 이해해야 한다. "결코 죽음을 두려워하지 않으려면 끊임없이 죽음에 대해 생각하라." 정열에 대한, 따라서 운

명에 대한 이성의 완전하고도 결정적인 승리를 의미하는 이러한 우위성이야말로 스토아적인 생활 방식의 완전한 목적이자 지혜이고 완전한 덕목이자 행복이다. 삶에 대한 본능적인 집착과 죽음에 대한 본능적인 공포는 제어해야 할 정열이다. "다른 것의 지배하에 있는 것을 지배하라." 죽음에서 우리를 자유롭게 하려면 우리는 죽음을 우리 자신의 것으로 만들어야 한다. 만약 죽음을 맞이할 합리적인 동기를 제공하는 상황이 발생할 경우, 인간은 자유롭게 죽음을 선택해서, 확고부동한 목적을 가지고 고요하고 냉정하게 자신의 생명을 끝낼 수 있는 심적 상태에 놓여 있어야 한다.[117]

먼저 스토아학파에서는 인간의 탄생과 죽음이 우주의 흐름 속에서 인간이 겪는 존재 변화에 불과한 것이라고 주장한다. 이 학파에서는 인간의 힘이 미치지 않는 곳에 있는 죽음을 인간의 생각과 행동의 통제 범위 안에 두고자 한다. 항상 죽음을 응시하고 생각함으로써, 죽음을 외부에서 불시에 찾아오는 적이 아니라 내가 지배하고 선택할 수 있는 소유물처럼 만들어야 한다는 것이다. 따라서 스토아학파에서는 죽음조차도 인간이 취하는 하나의 능동적 행위로 변화시키려 한다. 죽음을 수동적으로 맞이하는 것이 아니라, 내가 스스로 선택해서 죽음이라는 행위를 수행해야 한다고 주장하는 것이다. 스토아적 죽음을 정열로 인해 일어나는 자살과 혼동할 필요는 없다. 그러나 정말 스토아적 죽음이 자살과는 거리가 먼 행위인 것인가? 이에 대해 간단히 답변할 수는 없다. 이러한 물음을 제기하는 이유는 현재 우리가 겪는 죽음 안에서도 여전히 스토아적 죽음이 펼쳐지고 있다고 생각하기 때문이다. 란츠베르크가 이야기하는 스토아학파의 입장을 좀 더 들어 보자.

> 인간이 모든 예속 상태에서 탈출할 수 있는 문이 열려 있다. "악한 것은 필연성 안에서 사는 일이다. 그러나 필연성 안에서 살아야 할 필연성은 없다. 왜 그러한가? 왜냐하면 모든 측면에서 자유를 향한 길이 열려 있기 때문이다. 길은 무수히 많고 짧고 수월하다. 누구도 계속해서 살아 있도록 강제될 수 없다는 점에 대해 신에게 감사드리자."[118]

스토아학파의 이러한 주장이 자살을 정당화하는 논리로 사용될 수는 없다. 중요한 것은 수동적으로 죽음에 끌려다니는 것이 아니라 죽음을 지배하며 살 수 있는가 하는 문제이기 때문이다. 죽음을 인간이 선택할 수 있는 행위 목록 가운데 하나로 만듦으로써, 죽음조차도 인간의 자유로운 결단의 결과물로 만드는 것이 스토아학파의 목표인 것이다. 따라서 현명한 사람은 죽음을 맞이할 때도, 죽임을 당할 때도, 자살을 할 때도, 죽음의 공포나 고뇌 없이 죽는다. 이처럼 현명한 사람은 임종의 방식과 죽음을 맞이하는 방식을 통해 자신의 진정한 자유를 드러내는 것이다.[119] 스토아학파는 죽음과 관련하여 인간이 취할 수 있는 가장 고상한 형태의 태도를 이야기한다. 스토아학파는 세계에 대한 비극적인 시선 속에서 인간이 취할 수 있는 가장 고귀한 형태의 자유, 용기, 결단에 대해 이야기하고 있다. 죽음 앞에서 두려워 벌벌 떠는 것이 아니라, 최대한 냉정을 유지하면서 침착하고 고요하게 죽음을 만나야 한다고 주장하고 있는 것이다. 그러나 철학적인 죽음은 그 안에 비극적인 아름다움을 품고 있지만, 죽음 이후의 사태에 대해서는 가급적 침묵하고 있다.

17. 기독교적인 죽음

란츠베르크에 따르면, 기독교는 영원으로 가득 찬 죽음 너머의 삶을 이야기함으로써 인간이 필멸의 조건을 초극할 수 있는 종교적인 조건을 완성시켰다. 다른 종교와 달리 기독교는 죽은 자가 더 이상 이 세상으로 되돌아오지 않아도 되는 세계관을 확립했다. 윤회와 환생 같은 죽은 자의 회귀는 너 이상 일어나지 않는다. 심지이 이떠한 형태로든 죽음의 회귀는 부정적인 것으로 인식된다. 유령이든 귀신이든 조상이든, 죽음에서 돌아오는 모든 것은 악하다. 심지어는 신조차도 일단 죽으면 돌아오지 않는 것이 원칙이다. 그러므로 예수 재림의 경우처럼, 이 세상으로 다시 돌아오는 신이라는 관념은 매우 이례적인 중요성을 갖는다. 기독교에서 삶과 죽음의 경계선은 신조차도 마음대로 가로지르기 힘들 만큼

죽음을 사색하는 시간

견고하다. 그래서 살과 뼈를 지니고 부활한 예수조차도 계속해서 삶의 세계에서 살지 못한다. 예수는 죽지 않고 살아 있는 채로 타계로 이동한다.

그러므로 기독교에서 부활은 다른 종교에서 말하는 환생이나 윤회와는 전혀 다른 맥락에 놓인다. 부활은 이 세상에서 죽어 저세상으로 간 영혼이 다시 이 세상으로 돌아오는 것을 의미하지 않는다. 부활은 이 세상에서 죽어 저세상으로 간 영혼이 영원의 세계에 적합한 새로운 존재로 다시 태어나는 것을 의미한다. 그러므로 이 세상에서 한 번 죽은 자는 저세상으로 가서 영원으로 부활하거나, 아니면 저세상에서 다시 두 번째 죽음을 맞이한다. 첫 번째 죽음이 육체의 죽음이라면, 이 두 번째 죽음은 영혼의 죽음이며 완전한 죽음이다. 마치 고대 이집트 종교처럼 기독교도 '두 단계의 죽음'이라는 개념을 통해 죽음 자체를 둘로 나눈다. 일종의 '죽음의 분화'가 이루어지는 것이다. 첫 번째 죽음은 사실은 죽음이 아니다. 인간의 생 자체가 영혼의 시험대였기 때문에, 죽음은 단지 영혼이 본래의 상태로 회귀한 것일 뿐이다.

따라서 기독교는 기존의 세계관을 거꾸로 뒤집어 놓는다. 인간은 이 세상에서 저세상으로 간 후에 다시 이 세상으로 회귀하지 않는다. 이제 인간은 저세상에서 이 세상으로 잠시 내려왔다가 다시 저세상으로 돌아갈 뿐이다. 출발점이자 회귀점이 이 세상에서 저세상으로 뒤바뀐다. 기독교는 생의 외부에서 출발하여 생을 거쳐 다시 생의 외부로 빠져나가는 그림을 그린다. 그러므로 탄생이 그러한 것처럼 죽음도 견고한 경계선을 가로지르는 행위일 뿐이다. 기독교만큼 생과 사의 경계선이 강한 종교도 드물 것이다. 기독교에서 인간 개체의 완전한 소멸을 의미하는 죽음은 오로지 죽음 너머에서 일어난다. 그러므로 우리가 알고 있는 죽음은 가짜 죽음인 것이다. 란츠베르크는 기독교의 죽음과 관련하여 "인간이 신의 영원성을 공유할 만큼 신 가까이에 있을 수 있는, 신 옆에 있을 수 있는, 인간 인격을 위한 삶의 가능성이 존재한다."라고 말한다.[120] 그러나 기독교에서 죽음이 갖는 의미에 대해 우리는 조금 다른 이야기를 할 필요가 있다. 우리가 앞서 살펴본 바 있는 아우구스티누스의 시간론에 대해 란츠베르크는 이렇게 말한다.

> 지상의 삶은 필멸의 삶이다. 이 삶의 시간적인 성격으로 인해 그 안에서는 어떤 진정한 현존도 가능하지 않다. 매 순간 세계가 붕괴된다. 순간은 태어나면서 죽는다. 어떤 현재적인 존재가 지속 안에서 획득될 수 있기 전에, 과거가 미래를 집어삼킨다. 현존할 수 있는 유일한 장소이자 지상의 유일한 기회, 따라서 유일하게 가능한 존재 기회인 순간은 시간을 통과하며 시간 속으로 미끄러져 사라진다. "존재하지 않는 것으로부터, 어떤 차원도 없는 것을 통과하여, 더 이상 존재하지 않는 것 속으로." 시간은 없다. 단지 세 가지 시간들이 있으며, 분리할 수 없는 이 세 가지 측면들이… 영혼에 속해 있다. 그것들은 영혼의 세 가지 능력, 즉 기억, 직관, 기대에 대응한다. 불안한 영혼은 계속해서 미래를 향해 우리를 이

죽음을 사색하는 시간

끌어 가고, 그리하여 즉시 현재를 버림으로써 매 순간 과거를 창
조한다. 이러한 불안과 불안정이 우리의 시간 감각의 토대를 형성
할 뿐만 아니라, 세계로서의 세계의 구성을 바로 그 뿌리에서부
터 망가뜨리며, 그리하여 시간의 운동성을 창조한다. 과거에서 현
재를 거쳐 미래를 향해 움직이는 것처럼 보이는 시간, 우리가 영원
에 참여하지 못하는 한, 이 시간이 바로 우리 자신이다. 영원은 안
정성이자 순수한 현존이며 신과 똑같은 것이다.[12]

그렇다면 영혼의 불안한 흔들림으로 인해 우리는 시간이 된다. 그
리고 시간 안에서 살기 때문에 인간은 필멸의 세계 안에 갇힌다. 인간
이 시간 안에서, 죽음 안에서 사는 것은 다른 누구의 잘못이 아니다. 인
간의 영혼이 만든 시간 안에 인간 스스로 갇히면서 인간은 죽음의 세
계에서 살게 된다. 우리가 아우구스티누스의 시간론을 설명하면서 언
급한 디스텐티오 아니미(distentio animi), 즉 영혼의 팽창으로 인해 인간
은 영원의 세계에서 필멸의 시간 속으로 낙하한다. 인간의 불안한 영혼
은 현재에 뿌리를 내리지 못한 채, 과거의 기억에 사로잡히고 미래에 대
한 기대로 들뜨거나 낙심하면서 시간 속에서 부풀어 오른다. 불안이 영
혼을 잠식하면서 인간이 스스로 시간과 죽음을 창조하는 것이다. 그러
나 인간은 인텐티오 아니미(intentio animi), 즉 영혼의 집중에 의해 시간
안에서 계속해서 영원과의 접촉을 시도한다. 아우구스티누스에 의하면,
인간은 시간 속에서 죽음을 창조할 뿐만 아니라, 영원을 지향하면서 계

속해서 죽음과 투쟁을 벌인다. 기독교가 말하는 영원은 인간 개체를 녹여 없앤 후에 집합적 영혼으로 통합시키는 것이 아니라, 인간 개체를 완전한 존재로 만들어 보존할 것을 의도한다. 그렇다면 죽음은 불완전한 인간이 더 나은 존재로 다시 태어날 수 있는 마지막 기회일 수밖에 없다. 아우구스티누스의 말처럼 "나는 죽지 않기 위해 죽을 것이다."라고 말할 수 있는 것이다.

> 인간이 신의 영원에 참여하는 것만이 죽음을 넘어선 완전한 실현을 성취할 수 있으며, 이때 죽음 자체는 경험적인 탄생보다 우월한 형태의 탄생이 된다. 만약 실제로는 죽음인 생명이 있다면, 진정한 생명 안에 있는 죽음도 있다. 그렇다면 저주는 단 하나의 진정한 죽음, 단 하나의 영원한 죽음인 것처럼 보인다. 왜냐하면 그것은 생명의 원천으로부터의 최종적인 배제이자 그러한 참여 가능성의 결정적인 상실이기 때문이다. … 죽은 자의 영적인 인격은 절멸되는 것이 아니라, 죽음이나 생명에서, 지옥이나 천국에서 자신의 마지막 존재를 획득한다. 정의로운 자는 존재의 참여를 얻는다. 저주받은 자는 악마와 함께 죽음을 겪는다. 악마는 죽음이 그의 조건이기 때문에 단지 가짜 불멸성을 가지고 있을 뿐이다. 루시퍼(Lucifer)는 무한히 계속해서 죽는다.[122]

우리는 기독교가 어떻게 삶과 죽음에 대한 가치 평가를 역전시키고

죽음을 사색하는 시간

있는지를 알 수 있다. 기독교의 죽음관에는 삶은 죽음이고, 죽음만이 진짜 삶으로 이어질 수 있다고 하는 역설이 내재해 있다. 물론 많은 종교들이 그러한 인식을 내재하고 있지만, 기독교는 그러한 인식을 표면화하고 있다는 점에서 차이가 있다. 그러나 이러한 논리의 역전을 통해 어찌 보면 매우 기묘한 장면, 그러나 다른 종교들도 역시 일정 정도 공유하고 있는 장면이 만들어진다.

금욕을 통해, 즉 몸과 몸의 충동으로부터 부분적으로 영혼을 해방시키는 방법을 통해, 경험적인 죽음이 사실상 삶의 한가운데에서 시작될 수 있다. 그러나 동시에 신의 은총에 의해 진정한 삶, 즉 영원한 삶이 어느 정도 여기 아래에 현존할 수 있다. … 죽음을 향한 인간적인 태도와 인간적인 감정의 전환(conversion)을 초래하는 것처럼 보이는 최초의 변형이 있다. 죽음의 고뇌가 필멸적인 삶의 고뇌, 즉 신 없는 삶의 고뇌로 변형되는 것처럼 보이고, 초극될 수 있다 하더라도 지상의 삶에 대한 애착이 경험적인 죽음을 야기하는 것처럼 보인다. 인간은 죽음의 한 형태에서 달아나지만, 동시에 단지 다른 형태의 죽음을 추구하고 있을 뿐이다. 전환의 순간 이후로 중요한 모든 것은 "어떻게 죽을 것인가"를 아는 것이며, 죽음은 진정한 삶에 이르는 통로, 즉 시작의 완전성에 이르는 통로가 된다. 진심으로 기독교인이 되고자 노력하고 있는 모든 사람에게 다소간의 차이를 보이면서 이러한 전환이 일어나며,

이 전환은 물론 결코, 또는 아마도 좀처럼, 완전한 것일 수 없다.
그러나 이 전환의 시작은 보통은 단지 신앙에 의해 초래된다.[123]

죽음이 영원한 삶에 이르는 길이라면, 어떤 형태로든 죽어야만 영원을 맛볼 수 있을 것이다. 그래서 기독교인은 금욕이나 고행을 통해 살아 있으면서도 죽음에 접근하는 상태를 추구한다. 죽음을 넘어서기 위해 부단히 삶 속에 죽음을 끌어들이는 기묘한 장면이 펼쳐지는 것이다. 인간은 살면서 얼마나 죽었는지에 따라 죽음을 넘어선다. 마치 삶 밖에 있는 죽음을 삶 속에 끌어들여, 삶을 온통 죽음으로 채워야만, 인간이 죽음을 넘어설 수 있는 것처럼 보이기도 한다. 삶 속에 끌어들인 죽음의 양이 영생의 질을 결정하는 것처럼 보인다. 물론 죽기 전에 미리 죽음을 맛봄으로써 더 이상 죽음을 두려워하지 않는 상태에 접어든다는 사고방식은 종교사에서 보편적으로 등장하는 종교적 관념이다. 기독교인에게 삶 속에서 죽음을 연습하는 것은 사실은 영원을 연습하는 것이다. 그런데 기독교인 가운데서도 삶 속에서 죽음을 맛보는 종교적인 기술에 정통한 사람들이 있다.

신비주의자들에게 허락되는 신에 대한 경험은 그들만의 독특한 죽음 경험을 포함한다. … 기독교 신비주의는 무엇보다도 먼저 기독교적인 삶의 한 형태이지 "신비적인 인물"의 경험이 아니다. … 죽음 관념은 신비주의자들의 영혼 안에서 말하자면 더 생기 넘치는 색조를 띤다. 왜냐하면 그들에게 있어서 죽음에 대한 사랑은 죽음과 비슷한 상태에 대한 직접적인 경험에서 비롯하기 때문이다. 이 경험은 엑스터시 상태에서 갖는 죽음에 대한 기대이다. 아빌라의 성 테레사(St. Teresa of Ávila)에 관해서, 그녀는 "물속에 있는 물고기처럼 초자연성 안에서 헤엄쳤다."라고 전해진다. … 나는 특히 전형적인 것처럼 보이는 그녀의 자서전 『삶』의 제38장에서 한 단락을 인용한다. "나는 내가 항상 매우 강렬하게 느꼈던 그러한 죽음의 공포를 거의 느끼지 않았다. 이제 나에게 죽음은 신을 섬기는 영혼이 감당할 수 있는 가장 쉬운 일인 것 같았다. 왜냐하면 곧바로 영혼이 감옥에서 해방되어 휴식을 취할 것이기 때문이다. 내가 보기에, 이 황홀경 속에서 영혼에게 매우 탁월한 것을 보여주는 신을 향한 영혼의 이러한 상승은, 영혼이 완전히 몸을 떠나 즉시 이 선(善)의 충만함 속에서 자신을 발견하는 순간과 매우 비슷한 것 같았다."[124]

아빌라의 성 테레사가 보여주는 것처럼, 신비주의자들은 죽음과 비슷한 신비 체험을 한다. 그리고 이 경험이 낳은 황홀경으로 인해 죽음을 사랑하고 죽음을 즐기는 상태에까지 이른다. 죽음의 껍질은 끔찍하고 무서운 모습을 보여주지만, 죽음의 알맹이는 영원으로 가득 차 있는 것이다. 결국 신비주의자는 신비 체험을 통해 죽음 안에서, 영원 안에서 헤엄치는 경험을 한다. 신비 체험을 할 때 성 테레사는 처음에는 형언할 수 없는 고통을 느끼지만, 그다음에는 극단적인 달콤함이 뒤따른다. 죽음을 겪는 사람도 처음에는 영혼이 몸과 세계에서 찢겨 나가는 아픔을 느끼고, 그 후에 신의 영원성 안에서 지극한 행복을 느낀다고 말해진다. 죽음의 고통을 지나면 영원한 삶이 기다리고 있다는 것을 알고 난 후에, 신비주의자는 죽음을 사랑하게 된다. 죽음의 감각 자체가 변화하는 것이다. 신비 체험 후에 성 테레사는 자기가 눈으로 보는 모든 것을 꿈속의 사물이라 생각하면서 마치 꿈을 꾸는 듯한 기분으로 살아가게 된다. 그리고 천사가 불타는 지팡이로 자신의 심장을 찌르는 신비 체험을 하고 나서, 이따금 성 테레사는 축복 받은 죽은 자들을 보기 시작한다. 이러한 현상에 대해 란츠베르크는 영원한 삶이 시간적인 삶 속으로 침입한 것 같았을 거라고 말한다.[125] 죽음을 사랑하고 삶을 꿈이라 여겼지만, 성 테레사는 결코 우울증 환자는 아니었다.

> 우울증 환자는 삶이 자기에게 고통스럽기 때문에 죽음을 원할 수 있다. 이러저러한 삶의 방식이 아니라, 삶 자체에서 고통을 느끼는 "타고난 자살자들"이 있다. 그러나 신비주의자는 주로 죽음과 사랑에 빠져 있기 때문에, 또는 더 엄밀히 말해서 죽음 안에 포함된 무언가와 사랑에 빠져 있기 때문에 삶에서 고통을 겪는다. 그에게는 지상의 삶으로부터의 분리가 낳을 여전한 고통보다는, 새로운 삶으로의 탄생이 주는 달콤함이 한없이 더 강력한 것으로 느껴진다. … 성 테레사는 자신이 이처럼 더 높은 삶에 참여

죽음을 사색하는 시간

했다고… 최종적인 해방을 통해 자신이 얻으리라 기대하는 삶에 몇 번의 순간 동안 참여했다고 믿었다. 그러므로 죽음을 향한 그녀의 욕망에는 병적인 것이 전혀 없으며, 그것은 스토아적인 고요와 플라톤적인 상승을 한없이 능가한다. 사실, 인간이 죽음을 위한 죽음을 사랑할 수는 없다. 인간은 죽음이 더 이상 죽음이 아닌 상태로 변형되는 경우에만 죽음을 사랑할 수 있다. 죽음에 대한 진정한 사랑은 바로 신에 대한 사랑의 한 형태일 수 있다. 그러므로 죽음은 신과 영혼이 하는 신비적인 결혼의 최종 완성이다. … 죽음은 영혼에게 영원한 연인과 함께하는 공동체를 영구적인 상태로 제공한다. 죽음은 영혼에게 존재하는 절대자, 존재를 주는 절대자와 함께하는 공동체를 제공한다. … 한 명의 개인으로서 인간은 은총의 작용을 통해 자기가 신 안에서 현재의 자신이 된다는 것을 느낀다. 그는 마침내 존재에 대해 자각하고, 이전에는 자신이 무(無)였다는 것, 자신이 단지 실현되지 않은 희망이었다는 것을 이해한다.[126]

란츠베르크는 기독교에서 죽음이 어떤 의미를 갖는가에 대한 분석의 끝에서 마이스터 에크하르트의 말을 인용한다. "완전히 죽어 있지 않은 자는 신이 항상 자신의 소중한 친구들에게 드러냈던 성스러움에 대해 결코 아무것도 알지 못한다." 그렇다면 기독교는 죽음을 매우 잘 이용하는 종교라고 말할 수 있을 것 같다. 인간은 죽음 이전에 완전한 죽음을 체험해야 한다. 기독교는 삶 속에 죽음이 이미 들어와 있기 때문에 더 이상 죽음을 두려워하지 않아도 되는 상태를 추구한다. 삶에 유입된 죽음의 양만큼 삶을 적시는 영원의 양도 늘어날 것이다. 그러나 가장 중요한 것은 살면서 죽음을 사랑할 수 있어야 한다는 주장이다. 죽음만이 인간을 구원할 수 있고, 죽음만이 인간을 영원한 생명으로 인도할 것이기 때문이다. 사실 대부분의 종교는 죽음에 뿌리를 두고 있다. 그리고 종교는 '죽음을 사색하는 시간'을 제공하며, 죽음을 넘어설 수 있는 가능성의 지평을 보여주고자 한다. 또는 인간이 자신의 존재 지평을 죽음 너머로까지 확장하려 할 때, 비로소 우리 눈앞에 종교가 나타나는 것이라고 말할 수 있다.

18. 죽음의 역류

마르틴 루터(Martin Luther)는 "우리 모두는 죽을 것을 요구받으며, 누구도 다른 이를 위해 죽지 못할 것이다."라고 말한다. 죽음은 각자의 것이며 개별적인 것이다. 그래서 헬무트 플레스너는 죽음을 가리켜 인간이 태어나면서부터 지니는 "물질적 선험성"이라고 말한다.[107] 그런데 내가 경험하는 것은 항상 타인의 죽음뿐이다. 내가 다른 사람들과 함께 사는 이곳에서는 항상 누군가가 죽고 있다. 일반적으로 타인의 죽음은 동물의 죽음보다는 훨씬 무겁지만 나의 죽음보다는 가벼운 것으로 여

죽음을 사색하는 시간

겨진다.

나는 오로지 내가 사는 이 세계 속에서 누군가가 매일 죽는다는 사실을 통해서만 나의 죽음의 확실성을 알 수 있다. 그들처럼 나도 죽을 것이다! 그러나 나는 결코 나의 죽음을 경험하지 못한다. 나의 죽음을 경험하는 것은 타인들일 것이다. 그러므로 '나의 죽음'은 나는 절대 경험할 수 없는, 오로지 타인만 경험할 수 있는, 오직 나만의 개별적인 죽음이라는 역설적인 위상을 갖는다. 나의 죽음은 다른 사람의 죽음 경험의 재료가 된다. 마찬가지로 다른 사람의 죽음은 '나의 죽음'의 확실성을 강화하는 재료가 된다.

그러나 하이데거가 말하듯 우리는 '죽음을 향한 존재', 더 구체적으로 말하자면 "나 자신의 죽음을 향해 있는 존재", 즉 존재의 끝을 향해 있는 존재이다. 하이데거는 타인의 죽음에 대한 관찰을 통해서는 결코 죽음의 본질이 드러나지 않는다고 주장한다. 죽음의 본질은 오직 죽음을 나의 것으로 만들 수 있을 때만 드러난다는 것이다. 죽음은 공포스러운 것이지만, 인간에게 죽음은 단순히 존재의 끝이 아니다. 인간은 계속해서 죽음을 의식하고, 죽음과 관계를 맺고, 죽음을 극복하면서 살아간다. 그리고 죽음과의 관계 속에서 인간은 최종적으로 자기 존재의 의미를 긍정할 수 있다. 죽음을 무서워하며 도망치는 것이 아니라, 오히려 자유를 느끼면서 죽음을 향해 용기 있게 나아갈 수 있는 것이다.

하이데거의 철학에는 삶 속으로 끌어들인 죽음의 양과 질을 강조하는 기독교적 관점이 녹아들어 있는 것처럼 보인다. 다만 죽음 너머의 영생에 대한 강조만이 누락되어 있을 뿐이다. 그래서 헬무트 플레스너는 하이데거의 철학에서 세속화되고 형식화된 프로테스탄티즘의 특성을 읽어 낸다. 플레스너는 우리가 앞서 논의한 란츠베르크의 입장에 대해서는 가톨릭 신앙의 향기가 난다고 말한다.[128] 란츠베르크는 한 명의 타인은 모든 사람이고, 나는 타인의 죽음에서 나의 죽음을 경험할 수 있다고 말한 바 있다.

우리는 아직 다가오지 않은 죽음의 시간을 언제든 현재 안으로 끌어들일 수 있다. 인간에게 죽음은 언제나 현재로 존재할 수 있다. 그렇게 될 때 우리의 현재는 곧장 죽음으로 물들게 된다. 죽음이라는 무(無) 앞에서는 자아, 이성, 의지, 생명, 개별성 같은 우리 존재의 파괴할 수 없는 핵심이 허무하게 증발한다. 그럼에도 불구하고 죽음으로 물든 현재를 응시하고 껴안을 수 있어야만 우리는 죽음을 넘어설 수 있다. 죽음을 응시하는 순간, 인간은 시간이 된다. 그런데 우리는 인간이 과거, 현재, 미래로 이루어진 시간적인 존재라는 것을 자주 망각한다. 그래서 폭넓은 시간 지평을 누리기보다 작은 시간 마디에 갇혀 지내는 경우가 많다. 하이데거는 우리가 과거, 현재, 미래로 이루어진 시간 지평을 충분히 누릴 수 있을 때, 우리의 시간 경험이 무르익을 때, 우리가 비로소 자기 존재의 의미와 가능성을 이해할 수 있다고 말한다. 우리가 여전히 죽음을 두려워한다면, 그것은 우리의 시간이 충분히 성숙하지 않았기 때문일 것이다. 우리가 제대로 살고 있지 않기 때문일 것이다. 그렇다면 인간은 오로지 진정한 시간이 될 때만 죽음을 극복할 수 있다. 즉 시간 속에서

죽음을 사색하는 시간

존재를 활짝 펼칠 때만, 인간은 죽음을 마주하며 웃음 지을 수 있다.

헬무트 플레스너는 근대 세계에 들어서면서 "세계와 역사에 대한 기독교적 관점"이 상대화되고, 이로 인해 우리의 죽음관에 어떤 변화가 일어났는지를 이야기하고자 한다. 즉 거대한 기독교적 시간의 상대화, "단 하나뿐인 역사적인 시간 사슬의 완전한 상대화"가 죽음의 의미에 어떤 변화를 초래했는지를 살펴보고자 하는 것이다. 플레스너에 의하면, 이러한 상대화로 인해 세계와 인간에 대한 해석이 변화했고, 모든 것이 '기능'으로 환원되었다. 플레스너는 이렇게 말한다.

> 기독교의 쇠퇴와 함께 시간은 점점 더 그 의미를 상실했다. 시간 개념의 형식화로 인해 … 시간은 다양한 학문에 대응하는 다양한 개념으로, 예컨대 물리적인 시간, 생물학적인 시간, 심리적인 시간, 역사적인 시간으로 파편화되었다. 그러한 시간들은 서로를 포함하지 않고, 하나의 우주적인 시간으로 접합될 수도 없으며, 더 이상 해소할 수 없는 경쟁에 몰두한다. … 결국 마치 역사성을 제외하고 역사에서 어떤 것도 남아 있지 않은 것처럼, 시간성을 제외하고 "시간"에서 어떤 것도 남아 있지 않다.[129]

플레스너에 의하면, 이제 인간은 단 하나의 거대한 시간 안에서 함께 살지 않는다. 시간은 다양한 시간들로 파편화되었고, 모든 사물이 참여하는 '원의 시간'이나 '직선의 시간'은 붕괴되었다. 인간들뿐만 아니라 사물들도 단 하나의 같은 시간이 아니라, 각자에게 적합한 서로 다른 시간 안에 존재한다. 우리가 앞서 살펴본 것처럼 종교적인 구원은 인간들이 같은 시간 안에서 살 것을, 같은 시간을 공유할 것을 요청한다. 서로 다른 시간은 서로 다른 구원 전략을 요청한다. 그러므로 모든 인간에게 보편적으로 적용할 수 있는 단 하나의 종교적인 구원 전략도 더 이상 존재할 수 없다. 단 하나의 우주적인 시간뿐만 아니라 시간 자체가 사라져 버린 것이다. 우리에게 남은 것은 과거, 현재, 미래로 이루어지는 시간성뿐이다. 모든 인류를 포함하며 진행되는 역사는 더 이상 존재하지 않는다. 인간은 이제 역사 안에서 사는 것이 아니라, 회고적으로 역사를 쓸 뿐이다. 플레스너는 시간과 죽음의 관계에 대한 하이데거의 분석을 두고 다음과 같은 평가를 내린다.

> 왜냐하면 영원이 없다면 시간과 죽음은 아무것도 아니기 때문이다. … 칸트는 시간을 형식적이고 주관적인 것으로 만들었고, 이데아의 영원성을 시간과 대립시켰다. 사실, 그는 가능한 경험의 영역에서 시간을 빼내긴 했지만, 시간을 선험적인 요소로서 유지시켰다. 그러나 현존재의 내재성을 향한 근본적인 전환과 함께, 하이데거의 형식 파괴는 시간에서 지속을 제거하고, 죽음에서 위협을 제거한다. 죽음은 삶의 연속성이나 재탄생과 대조될 때만 실제적인 위협이 되며, 그렇지 않을 경우에는 주변적인 현상으로 축소된다. … 각각의 인간에게 삶을 위해 주어졌던 자질을 현실화하

죽음을 사색하는 시간

면서, 인간은 (현실화함으로써!) 시간에서 탈주한다. 그는 시간의 질서 안으로 들어가지만, 그렇게 하면서 시간을 뚫고 나왔다. 현실화한다는 것은 객관화한다는 것이고, 객관성은 시간으로부터의 제거, 시간으로부터의 분리를 의미한다.[130]

플레스너는 영원이 없는 세계 속에서 죽음은 아무것도 아니라고 말한다. 하이데거의 경우처럼 인간이 자신의 유한성을 긍정하고 영원을 완전히 포기할 때, 죽음의 의미는 사뭇 달라질 수밖에 없다. 영원 없는 인간은 시간 속에서 자신을 하나의 독특한 객관적인 사물처럼 현실화시킨다. 이런 식으로 인간이 개체가 될 때, 인간이 사물이 될 때, 인간은 시간을 벗어난 존재가 된다. 이제 인간은 영원으로까지 이어지는 시간의 흐름이 아니라, 자기만의 시간 안에 갇힌 사물이 된다. 인간은 시간을 넘어 지속할 수 있는 하나의 이야기가 됨으로써, 더 이상 시간에 녹지 않는 사물이 된다. 그러나 인간이 철저히 개체가 되어 자기만의 시간 안에 갇힐 때, 모든 사람이 자기만의 시간 안에 갇힐 때, 인간은 더 이상 모든 것을 포함하는 시간 안에서 살지 않는다. 이와 다르게 종교적인 구원론은 모든 것을 포함하는 시간을 상정한다. 그러므로 하이데거가 그리는 현대인은 자기만의 시간 안에서 살 뿐, 종교적인 시간 안에서는 살 수 없는 것이다.

… 죽음 의식의 심화와 자기의식의 심화를 연결시키는 것은 그럴

듯해 보인다. 개인적인 의식이 더 뚜렷해지고, 사회 구조가 더 분화되고 또한 더 부서지기 쉬울수록, 이 의식은 죽음과 시간에 대한 공포를 더 깊이 느끼게 된다. … 그러나 죽음은 결코 자신의 유한성을 수용하는 존재를 위협하지 못한다. 만약 그러한 공포에 이르고자 한다면, 존재는 자신의 무한성을 주장해야 한다. … 죽음이 개별적인 생명의 연속성을 문제로 만들어야 한다. 그렇지 않을 경우 죽음은 마침표일 뿐 그 이상의 어떤 것도 아니다. 바로 생의 지속을 확보하거나 회피하려는 이 투쟁 속에서, 종교적인 사유가 항상 그 형태와 깊이를 얻었던 것이다. 결과적으로 일단 의식이 존재의 한계이자 반대편인 무(無)에 익숙해지자마자 종교적인 사유는 공감을 얻지 못한다.[131]

자신의 개별성에 대한 의식이 강해질수록 죽음에 대한 인간의 공포는 심화될 것이다. 그러나 종교는 이러한 공포를 해소할 수 있다는 주장으로 가득 차 있다. 종교는 기본적으로 죽음 이후의 존재에 대한 가정을 통해 유지된다. 기독교처럼 영원한 삶으로 도약할 수 있는 길이 있다고 주장하기도 하고, 불교처럼 영원한 삶을 끝낼 수 있는 방법이 있다고 주장하기도 한다. 그러나 죽으면 모든 것이 끝나고 죽음 이후에는 무만이 존재한다는 주장이 득세할 때, 종교는 더 이상 설득력을 발휘하지 못한다. 어차피 모든 존재는 언젠가 끝에 이를 것이고, 죽음은 존재의 마침표일 뿐이기 때문이다. 죽음은 무라는 주장이 득세할 때, 더 이상 사

죽음을 사색하는 시간

후 세계는 사람들의 진지한 관심을 끌지 못한다. 어차피 언젠가 죽을 거라면, 사는 동안 행복하게 잘 사는 것, 아프지 않고 건강하게 살다가 죽는 것이 사람들의 관심사가 된다. 현재 우리 주변에는 죽음에 관한 이야기가 넘쳐 나고, 잘 죽는 법에 대한 지침도 쉴 새 없이 쏟아져 나온다. 죽음은 끝이 아니라는 종교적인 구호가 공허하게 되풀이되기도 한다. 또는 죽음은 모든 것의 무화(無化)이기 때문에 현재의 순간을 잘 즐기는 것이 가장 중요하다는 주장이 삶과 죽음의 의미에 대한 답변을 대신하기도 한다.

그러나 죽음 이후에 대한 상상을 삭제하는 순간, 죽음은 단지 무일 뿐이라고 주장하는 순간, 우리의 삶은 이전보다 더 많이 죽음으로 물들어 간다. 이것을 죽음의 역류 현상이라고 불러야 할지도 모르겠다. 지워진 죽음은 사라지지 않고 삶 속으로 역류한다. 사후 세계가 무의 세계로 변모하면서, 과거에 사후 세계를 채우고 있던 모든 이미지가 삶의 세계로 역류하는 것처럼 보인다. 이제 우리는 죽음으로 물든 채 마치 사후 세계에서 사는 것처럼, 영원한 삶을 사는 것처럼 현재의 삶을 살아가려 한다. 천국이든 지옥이든, 우리는 저승이 된 이승을 살고 있다. 그러므로 무로 죽음을 지우자마자, 우리는 삶이 죽음이 되는 경험을 하게 되고, 죽음처럼 사는 세상을 만나게 된다.

19. 영지주의와 죽음

그노시스주의(Gnosticism), 즉 영지주의(靈智主義)는 지식에 의한 인간 구원의 가능성을 주장한다. 그노시스(gnosis)는 '지식'을 의미하는 그리스어이며, 특히 구원하는 절대적인 지식을 가리킨다.[132] 앙리 샤를 퓌에슈는 기독교가 그리스 철학에 오염되어 영지주의가 등장했다는 입장이나, 기독교가 본래적인 동양적 기원으로 퇴행하면서 영지주의가 등장했다는 입장에 찬성하지 않는다. 오히려 그는 영지주의가 그리스 철학이나 기독교와는 다른 제3의 관점을 취하고 있다는 점을 보여주고 싶어한다.[133]

영지주의는 기본적으로 신과 세계의 대립을 강조한다. 감각적인 세계 전체는 악한 것이며, 신은 세계 안에 있는 악이나 세계 자체에 대해 책임이 없다고 주장된다. 신은 절대적으로 세계를 초월하여 존재하며, 더러운 세상과 조금이라도 관계를 맺는 순간, 신은 악으로 물들게 되어 더 이상 신이 아니게 된다. 그러므로 신은 이 더럽고 추하고 악한 세상을 창조하지도 않았고, 이런 세상을 통치하지도 않는다. 세상에서 일어나는 모든 일은 신과 무관하다. 그러므로 세계는 절대로 신을 보여주지 않는다. 세계는 신의 거울이 아니며, 인간은 세계 안에서 결코 신을 만날 수 없다. 오로지 신은 이 악한 세계에서 인간을 구제하기 위해서만, 세계를 벗어날 수 있는 탈출구를 만들기 위해서만 세계에 개입한다. 이 신은 더러운 세상에 더 이상 개입하지 않는 신, 원래 에피쿠로스가

죽음을 사색하는 시간

이야기한 것으로 알려진 활동하지 않는 신, 즉 데우스 오티오수스(deus otiosus)라고 할 수 있다. 이 신은 자연이 아니라 오직 계시를 통해서만 알 수 있는 형언할 수 없는 타자이자 진짜 신이다.[134]

그리고 이 진짜 신보다 낮은 곳에, 또는 이 신의 반대편에 본질적으로 악하고 열등한 또 다른 신이 자리잡고 있다. 이 두 번째 신, 또는 가짜 신은 세계를 창조하고 지배하는 데미우르고스(dēmiourgós), 즉 조물주의 모습으로 표현되기도 하고, 물질계와 육체적인 인간을 만든 악마의 형상으로 그려지기도 한다. 이 두 번째 신이 얼마나 악하고 불완전한지를 알려면, 그가 만든 피조물과 그 불쌍한 피조물에게 부여된 비참한 운명과 법칙을 보면 된다. 영지주의는 두 명의 신, 두 개의 세계를 가정한다. 한쪽에는 구원과 은총의 신이 있고, 다른 쪽에는 창조와 물질의 신이 있다. 한쪽에는 눈에 보이지 않는 영적인 세계가 있고, 다른 쪽에는 눈에 보이는 물질적인 세계가 있다. 그렇다면 인간이 겪는 죽음이라는 악도 결국 조물주의 작품일 것이다. 악한 신은 인간을 시간 안에 가두어 두려 하므로, 오직 선한 신의 도움을 통해서만 인간은 시간 밖으로 탈출할 수 있다.[135] 그러므로 여기에서 죽음의 문제는 '시간 탈출'의 문제로 수렴한다. 물질을 만들고 시간을 만든 악한 신의 품을 떠나야만 인간은 더 이상 죽지 않을 수 있다.

그리스인에게 질서는 성스러운 것이었지만, 영지주의에서 질서와 법칙은 인간을 질식시키는 멍에가 된다. 예컨대 규칙적으로 운동하는 하늘의 천체와 행성은 그 자체로 악한 것으로, 또는 악한 존재들의 거주지로 인식된다. 우주는, 그리고 물질은 인간을 억압하는 감옥이다. 그러므로 그리스인이 신과 세계를 연결시켰다면, 영지주의는 신과 세계를 분리시킨다. 진짜 신은 우주에 반대하는 자, 세계의 질서를 깨뜨리는 자일 것이다. 영지주의는 반우주적이고 비우주적이다. 물질계는 악과 거짓과 환영으로 물들어 있을 뿐이다.[136]

영지주의의 '두 명의 신'이라는 관념이 기독교에 이식될 때, 우리에게도 매우 익숙한 한 가지 해석이 등장한다. 예컨대 토라의 신, 즉 구약성서의 신은 창조신이기 때문에 악한 신이고, 신약성서의 신은 물질계에서 인간을 탈출시킬 구원의 신이라는 주장이 등장한다. 이러한 해석을 통해 기독교와 유대교의 완전한 분리가 이루어진다. 결국 구약성서의 역사는 저급한 조물주의 작품이기에 쓸모없는 것이라고 주장된다. 진짜 신이 나타나는 순간, 저급한 신이 만든 역사는 산산조각 날 것이기 때문이다. 물질 안에 신이 없는 것처럼, 역사 안에서 신의 뜻을 읽을 수도 없다. 심지어 기독교적 영지주의에서는 뱀, 카인, 코라, 다단, 아비람, 에서, 소돔인처럼 구약성서의 신에게 저주받은 자들이 찬양되기도 한다. 기본적으로 기독교의 신은 역사에 개입하고 역사에 영향을 미치는 신이지만, 영지주의는 역사적인 신을 철저히 부정한다. 영지주의는 그리스인의 사유와는 다르게 반우주적이고, 기독교와는 다르게 반역사적이다.[137]

뒤에슈는 "영지주의는 전형적으로 구원의 종교이다."라고 말한다. 영지주의자는 세상에 존재하는 온갖 악에 대한 극도로 민감한 감수성을

죽음을 사색하는 시간

보여준다. 그는 시간, 물질, 몸으로 인해 세계 안에서 인간이 겪는 '존재의 치욕'을 강조한다. 그는 자신이 세상이라는 감옥에 갇힌 이방인이라고 생각한다. 그는 세계뿐만 아니라 자신의 현재 상태를 결코 받아들이지 않는다. 그는 자기는 원래 다른 존재여야 했는데, 존재의 타락에 의해 지금 물질계에 갇혀 있다고 생각한다. 먼저 영지주의에서 시간과 죽음이 어떻게 인식되는지를 살펴보자.

> 시간은 이상한 것, 예속, 악으로 인지되고 이해된다. ⋯ 시간은 불행, 불안, 투쟁, 찢어지는 느낌, 장애물, 타락이다. 시간은 예속과 유배와 망각의 집이자 무지와 잠이다. 그리고 이 모든 것은 우리가 세계 너머에서, 또는 세계가 존재하기 전에, 우리의 이전 존재에서 향유했던 것과 대조적인 상태이다. 몸과의 결합을 거부함으로써, 단지 이 결합의 비정상적인 성격을 의식함으로써, 구원과 함께 이전 상태가 회복될 것이다. 그다음에 우리는 자유, 우리의 진짜 존재에 대한 완전한 소유, 최고의 지식, 냉정한 통찰력, 우리 자신에 대한 스스로의 각성을 지닐 것이다. 시간 또한 오점이다. 우리는 시간 속에 내던져져 있으며, 우리의 육체를 통해 시간에 참여한다. 모든 물질적인 사물처럼 육체는 저급한 조물주나 악의 원리가 만든 굴욕적인 작품이다. 시간 안에서, 시간에 의해서, 본질상 영적이고 빛나는 우리의 진정한 "자기"가 낯선 물질에, 육체와 그 열정에, 물질의 어둠에 속박된다. 결과적으로 우리의 시간적인

상태는 정신과 물질, 빛과 어둠, 신성한 것과 악마적인 것의 기괴한 혼합물이며, 우리의 영혼을 오염시키려 하고 고통과 죄로 영혼을 괴롭히는 혼합물이다. 우리의 출생이 몸과 시간에 얽매인 이 모욕적인 포로 상태로 우리를 인도하며, 우리의 지상적인 존재가 그것을 영속시킨다. 그러나 이것이 우리 고통의 끝은 아니다. 창조자나 물질에 의해 자극된 채, 생식의 본능이 육욕에 물든 인류를 증식하고 번식하도록 압박한다. 이 세상의 굴레 속으로 내던져진 후에, 이제 우리가 새로운 포로들을 낳고, 그들이 또 다른 포로들을 낳을 것이며, 이 일이 무한히 계속된다. 그리하여 마니교 교리에 따르면, 지옥의 심연으로 내던져진 신성한 실체 덩어리의 포로 상태가, 악의 원리의 설계에 따라, 몸에서 몸으로, 세대에서 세대로 연장된다. 더 일반적으로 영지주의자들은 우리가 다시 태어나도록, 즉 환생이나 영혼 주입의 긴 순환 과정 동안 감옥에서 감옥으로 건너가도록 운명 지어져 있다고 고백하는 데서 의견이 일치한다. 어떤 마니교 문서는 이것을 불교의 윤회에 비유한다. 이것은 존재를 더욱더 "죽음의 성장"처럼 여겨지게 하는 절망적인 진맹이다.[138]

영지주의에서는 삶과 죽음이 서로 자리를 바꾼다. 삶은 육체라는 무덤에 영혼을 가두는 진짜 죽음으로 이해된다. 그러므로 다시는 태어나지 않을 완전한 죽음, 즉 육체로부터의 해방만이 영혼을 구제할 수 있

죽음을 사색하는 시간

다. 환생을 통해 이 몸 저 몸으로 이동하면서 영혼은 점점 더 물질에 의해 오염되고 최초의 신성에서 멀어진다. 몸에서 몸으로 떠돌면서 영혼은 점점 죽어 간다. 영지주의에서 조물주는 원래는 신이었던, 또는 신의 일부였던 인간을 물질 안에 가두었다. 따라서 영지주의자는 시간, 물질, 육체라는 악을 증오한다. 시간은 그 안에 진짜 죽음을 감추고 있다. 한스 요나스(Hans Jonas)에 따르면, 시간을 생각하는 것만으로도 영지주의자는 광란의 공포에 휩싸인다.[139] 영지주의자에게 삶은 지옥이다. 탄생이 저주인 것처럼, 출산은 영혼을 육체에 가두는 행위, 즉 빛을 어둠에 가두는 행위일 뿐이다.

영지주의자에게 별이 뜨는 창공은 압제자가 거주하는 곳이다. 행성에 사는 악마 파수꾼들이 변화와 생성의 물질계를 탈출하려는 영혼을 막아선다. 영지주의자는 적대적인 세계에 내동댕이쳐진 채, 진절머리 나는 불행으로 추락한 채, 슬픔과 고통에 시달리며 시간을 견뎌야 한다. "혐오나 증오, 공포, 고뇌, 절망, 뼈에 사무치는 향수가 시간에 대한 예속 상태에서 그가 경험하는 감정이다." 예컨대 마르키온(Marcion)은 "음란한 행위를 통해 수태되고, 불결하고 고통스럽고 기괴한 산고의 경련 속에서 태어나, 죽음이 썩은 고기이자 이름 없는 시체로 변화시킬 때까지 몸이라는 똥 주머니에 갇혀 사는 인간이 겪는 존재의 치욕"에 대해 이야기한다.[140] 그래서 영지주의자에게 시간은 혐오와 반란의 감정을 불러일으킨다.

우리의 진정한 "자기"를 가두는, 그리고 탁월한 악의 형태로 간주되는 제약은 구원의 필요성, 또는 똑같은 말이지만 해방의 필요성을 낳으며, 완전한 자유를 향한 요구, 잃어버린 자유를 향한 향수를 일깨운다. 이 자유의 이름으로 영지주의자는 시간에 대한 반란을 일으킨다. 더 일반적으로 말하자면, 우주의 질서와 물리적이거나 도덕적이거나 사회적인 모든 법칙과 규칙에 대한 반란을 일으키면서, 허무주의, 무정부주의, 무도덕주의, 심지어는 음탕한 부도덕주의로 떨어질 위험을 무릅쓴다. 해방을 위한 투쟁을 통해, 자신의 초월적인 기원과 타고난 우월성을 확신한 채, "영적인" 또는 "완벽한" 인간은 시간을 박살 내고 세계를 파괴하려 한다. 마르키온파(Marcionite)는 "창조의 신"인 조물주에 반대한다. 그들은 창조자에 반대하는 신성모독적인 전투를 선포한다. 그들의 모든 행위는 창조자를 "괴롭히거나" "파괴하는" 데 기여하고, 이를 위해 그들은 창조자의 작품들을 파괴하거나 경멸하거나 증오한다. 발렌티누스(Valentinus)는 자신의 입문자들에게 다음과 같이 말한다. "당신들은 처음부터 불멸이었습니다. 당신들은 영원한 생명의 아들입니다. 그리고 죽음이 당신들 안에서, 당신들을 통해서 죽을 수 있게 하려고, 당신들은 죽음을 소모시키고 소진시키기 위해 죽음을 공유하고자 했습니다. 왜냐하면 당신들은 스스로 소멸하지 않으면서도 세계를 소멸시키기 때문입니다. 당신들은 창조와 모든 타락의 정복자입니다."[141]

이처럼 영지주의자는 시간에 대한 반란을 일으키고자 하며, 이로써 인간을 속박하는 세계를 파괴하려 한다. 따라서 영지주의자는 세상을 만든 창조신에게 전쟁을 선포하고, 이 신을 조롱하고 비난하는 과도한 행위를 서슴지 않음으로써 기독교 교회를 긴장시켰다. 인간은 본래부터 불멸적인 존재였다. 그러나 조물주가 창조 행위를 통해 물질 안에 인간 영혼을 가두었기 때문에, 인간이 필멸적인 존재가 된 것이다. 그러므로 영지주의자에게 탄생은 죽음일 뿐이다. 나아가 죽음은 물질이다. 그렇다면 어떻게 해야 이 죽음의 세계에서 빠져나갈 수 있단 말인가? 발렌티누스는 우리를 죽게 하는 이 죽음을 죽여야 한다고 말한다. 그는 '죽음의 죽음'을 위해 인간들이 '큰 죽음'을 잘게 분할하여 '작은 죽음들'을 나누어 가져야 한다고 말하는 것 같다. 각각의 인간이 자기가 맡은 '작은 죽음'을 소진시켜 없애야 한다. 그렇다면 영지주의자에게 삶은 죽음을 죽이기 위한 투쟁일 수밖에 없다. 『요한의 비밀스러운 책(Apokryphon)』은 소피아(Sophia)가 무지 상태에서 낳은 얄다바오트(Ialdabaoth)라는 조물주에 대해 다음과 같이 이야기한다.

… 첫 번째 아르콘(Archon)이자 아르콘들의 지도자인 얄다바오트가 소피아에 의해 "무지 상태에서 태어나고", 소피아가 그를 내던진다. 그는 자신을 능가하는 실재인 어머니의 "설계도를 소유하

고자" 했으며, 말하자면 최대한 그것을 모방하고자 했다. "무지했기 때문에 그는 소피아가 자기보다 현명하다는 것을 알지 못했다. 그는 자기 세력들과 상의했다. 그들은 운명(Destiny)을 낳았고, 하늘의 신들, 천사들, 악마들, 인간들을 척도, 지속, 시간, 순간으로 결박하여… 그들 모두를 모든 것을 지배하는 (운명의 사슬)에, 즉 사악하고 바르지 않은 생각에 종속시켰다." 따라서 예속의 도구인 시간은 무지의 산물이며, 한없이 우월하고 완전히 다른 어떤 것인 일종의 원형에 대한 사악한 (그 의도와 실행에서 사악한) 모방에서 유래한다.[142]

조물주인 알다바오트는 진정한 신이 잘못 낳은 무지의 신이다. 무지의 신이 지혜의 신을 모방하는 과정에서 시간과 운명이 만들어지고, 신과 인간, 천사와 악마뿐만 아니라 모든 물질계가 시간 안에 갇히게 된다. 흥미로운 것은 선의 실수로 악이 만들어졌다는 설명이다. 신의 실수로 악마가 탄생한다. 우리는 여기에 플라톤적 도식이 개입하고 있다는 느낌을 받을 수 있다. 그러나 영지주의의 입상은 플라톤 철학과는 다른 결을 지니고 있다. 초기 기독교 시대의 주교인 에이레나이오스(Irenaeus)의 이단 비판에 근거하여, 앙리 샤를 퓌에슈는 마르쿠스(Marcus)를 중심으로 하는 마르쿠스파(Marcosians)의 입장을 다음과 같이 요약한다.

알다시피 플라톤은 『티마이오스』에서 우주를 형성하는 데미우

　　　　　　　　　　　　　　　　죽음을 사색하는 시간

르고스(조물주)를 묘사한다. 데미우르고스는 초월적인 이데아의 세계에 눈을 고정한 채, 그것을 가능한 한 가장 완벽하게 모방하고자 한다. 마찬가지로 마르쿠스파 저자는 데미우르고스에게 자신의 방식으로 플레로마(pleroma, 충만)를 모방하고 무한하고 무시간적인 삶을 복제하고자 하는 의지를 부여한다. 양자의 경우에 작업은 우주적인 시간을 낳는다. 그러나 근본적인 차이가 있다. 플라톤의 경우에 데미우르고스는 이해할 수 있는 영원한 모델을 정확히 직접적으로 알고 있지만, 영지주의 신학자의 경우에 데미우르고스는 이 모델에 대한 원거리의 약화된 지식, 즉 자신의 어머니인 타락한 소피아에 의해 암시되는 모호한 관념만을 갖고 있다. 그 자신이 "타락의 결실", 즉 "실수"나 "부재"의 결실이기 때문에, 그는 깊은 중단, 즉 갈라진 틈에 의해 플레로마에서 분리되어 있다. 그러므로 그는 진리를 알지 못한다. 그리고 그가 감히 창조한 복제품에서는 우월한 오그도아드(Ogdoad, 플레로마에서 유출된 최초의 여덟 가지 아이온[Aeon])의 영원성, 안정성, 무한성이, 시간을 구성하고 분할하는 연속적인 순간들, 해들, 세기들로 이루어진, 움직이는 다양성이라는 타락한 형태를 취한다. 바꾸어 말하면, 플라톤의 경우와 달리, 무시간적인 것과 시간적인 것 사이에 더 이상 연속성이 아니라 갈라진 틈이 존재하며, 데미우르고스의 작업에서 유래하는 시간은 더 이상 가장 완벽한 이미지가 아니다. 시간은 더 이상 … 영원의 가장 충실한 모방이 아니라, 거짓이며 환영에 가까운 사기이자 희화화일 뿐이다. 시간은 거짓이다.
… 결과적으로 시간의 예속, 고통, 거짓으로부터 인간을 구제하는
것을 목적으로 하는 구원이, 여기에서는 본질적으로 무시간적 메
커니즘을 통해 성취된다는 것에 우리가 놀랄 필요는 없다.[143]

플라톤의 경우에, 조물주는 이데아의 세계를 모방하여 우리의 세계
를 만들기 때문에, 세계를 통해 간접적으로나마 이데아의 세계에 접근
하는 것이 가능하다. 마찬가지로 변함없이 흐르는 시간의 규칙적인 운
동을 통해 영원을 헤아리는 일도 가능하다. 따라서 플라톤에게 시간과
영원은 서로 연결되어 있다. 그러나 마르쿠스 같은 영지주의자에게 시
간과 영원은 서로 분리된 완전히 다른 것이다. 시간은 영원의 타락이며,
인간이 영원에 접근하는 것을 막는 속임수로 가득 차 있다. 따라서 인
간의 구원은 오직 시간의 파괴에 의해서만 가능하다. 시간을 떠나지 않
는 한 인간의 구원은 절대 불가능하다.

우리는 영지주의자의 감수성에 주목할 필요가 있다. 영지주의자는
자신의 현재 존재가 자신의 본질에 반하는 것이라고 생각한다. 인간은
원래 지금처럼 존재하면 안 되는 존재였다. 인간은 원래 현재의 모습과
는 전혀 다른 존재였다. 따라서 영지주의자에게 이 세계는 너무 낯선 곳
이다. 그는 세상에 적응하지 못한, 아니 절대로 세상에 적응할 수 없는
영원한 이방인이다. 그래서 그는 원래 자기가 머물러야 했던 잃어버린
낙원에 대한 향수병에 고통스러워하며 세상을 살아간다. 영지주의자는

자신의 본질을 이루는 신성이 이 세상과는 맞지 않으며, 물질, 육체, 시간 안에 갇힌 현재의 상태가 우발적이고 잠정적인 것이라고 생각한다. 세상은 소피아의 일시적인 무지로 인해 생겨났다. 따라서 무지의 반대인 지식, 즉 그노시스만이 현재의 상태를 해소할 수 있다. 그리고 이 지식은 자기에 대한 지식, 인간에 대한 지식, 신에 대한 지식을 가리킨다.[144]

영지주의는 지식이 인간을 구원한다고 주장한다. 일반적으로 우리는 종교가 지식으로만 구성되지는 않는다고 생각한다. 종교가 구성되려면 지식에 입각한 행동이 필요하고, 같은 지식과 같은 행동을 공유하는 집단이 요구된다. 그러나 영지주의자는 지식만으로도 구원이 가능하다고 주장한다. 그는 세상의 악에 엄청난 공포심을 느끼고, 이 악의 문제를 설명할 수 있는 절대적인 진리, 완전한 지식을 소유하고자 하는 열망에 휩싸인다. 여기에서 우리는 기독교 성서의 창세기에 등장하는 '지식의 나무'를 떠올릴 수 있다. 영지주의자라면 이렇게 말할 것이다. 사악한 조물주는 인간이 지식의 나무에 접근하여 이 세계를 탈출할 것을 두려워했다. 따라서 조물주는 지식의 나무에 매달린 선악과를 먹는 순간 인간이 죽을 거라고 위협했다. 그러나 이와 반대로 선악과를 먹는 것은 인간을 죽음의 세계에서 해방시킨다. 조물주는 인간이 선과 악에 대한 정확한 지식을 갖는 것을 두려워했을 것이다. 조물주는 자신이 악마라는 것을, 그리고 자신이 창조한 이 세상이 악으로 이루어져 있다는 것을 감추고 싶었을 것이다.

앙리 샤를 퓌에슈는 그노시스가 "나는 누구이고 나는 어디에 있는가? 나는 어디에서 왔고 나는 왜 여기로 왔는가? 나는 어디로 가고 있는가?"라는 세 가지 물음에 대한 해답을 제공한다고 말한다. 그러므로 영지주의의 해답은 자연스럽게 현 세계의 기원과 구원에 대한 설명으로 이어질 수밖에 없다. 영지주의에서 현 세계의 기원과 관련한 우주론적 신화는 보통 두 가지 형태를 취하며, 둘은 똑같이 신이 악을 의도하지 않았다고 설명한다. 그러나 악의 기원과 관련해서는 둘의 설명이 달라진다. 먼저, 이원론적 신화는 악이 신에 의해 창조된 것이 아니라 본래부터 선과 대립한 채 존재했다고 설명한다. 이와 다르게 유출설은 신성한 본질의 연쇄적인 타락이나 초월적인 존재의 추락으로부터 악이 태어났다고 설명한다. 유출설은 이러한 타락으로 인해 빛의 세계 바깥에 불완전한 세계, 즉 숙명과 죄로 물든 인류의 감옥이 만들어졌다고 주장한다.[145] 그렇다면 인간은 어떻게 이 세계를 탈출할 수 있는가? 퓌에슈는 영지주의의 구원론적 신화에 대해 다음과 같이 이야기한다.

> 그러한 신화의 주된 기능은 우리에게 다음과 같은 것을 보증하는 것이다. (1) 우리가 지금 타락한 상태에 처해 있을지라도, 우리는 초월적인 세계에서 우리의 기원과 진정한 존재를 이끌어 낸다. (2) 본질상 우리는 이 초월적인 세계와 동류(同類)이자 "동체(同體)"이다. … (3) 그 때문에 우리 자신의 신성한 실체는 여기 지상에서 우리 존재를 구성하는 우발적이고 일시적인 혼합에서 손상되지 않은 채 남아 있었다. 그러므로 우리의 주요 과제는 우리 자

신에 대한 자각을 회복하는 것, 우리 안에 현존하거나 "영(spirit)"
이나 프네우마(pneuma, 영)나 누스(nous, 지성)에 의해 형성되는
신성한 "조각"이나 "불꽃"을 우리 자신 안에서 다시 일깨우는 것,
우리와 동체인 본질이나 상위 세계와 우리 자신을 다시 통합하는
것이다. 요컨대 우리는 물질적인 코스모스에서 분리될 것이다. 우
리는 현재로서는 단지 망각되거나 흐릿해진 영원하고 항구적인
진리 안에서, 또는 우리의 완전한 초창기 진리 안에서 다시 한 번
우리 자신을 발견할 것이다.[146]

그러므로 그노시스는 자기 자신에 대한 지식이자, 보이는 우주와 보
이지 않는 우주를 포함한 전체 우주에 대한 지식이고, 물리적인 세계와
신성한 세계의 구조와 전개에 대한 지식이다. 그래서 어떤 영지주의자
는 그노시스를 "완전한 과학"이라고 말하고, 마니교에서는 "모든 사물
에 대한 완전히 합리적이고 남김 없는 설명"이라고 말한다. 이런 식으로
영지주의는 지식이 우리를 구원한다고 주장한다. 우주에 대한 지식은
세계에서 우리를 해방시키고 세계를 지배할 수 있는 수단이 되며, 우리
자신에 대한 지식은 우리를 우리 자신으로부터 구원한다는 것이다.[147]
그런데 불교에서 이야기하는 '돈오(頓悟)', 즉 갑작스러운 깨달음처럼, 영
지주의의 그노시스도 갑작스러운 계시의 산물이다. 그러므로 세상에서
일어나는 어떤 사건이나 행위도 그노시스의 획득에 도움을 주지 않는
다. 세상은 그저 악한 것일 뿐, 선한 어떤 것도 품고 있지 않기 때문이다.

그노시스는 다음과 같은 속성을 지닌다.

> 그노시스가 가져다주는 자기 지식은 자기에 대한 회상, 원시적이
> 고 항구적인 상태를 향한 회귀, 그리고 영원히 선택받은 상태에
> 있고 그 기원에 의해 구제받은 존재의 영원한 회복이다. "영적"이
> 고 "완전한" 인간은 파괴할 수 없는 획득물, 최종적으로 주어지는
> 존재론적 상태, 그리고 시간이 영향을 미치지 못했고, 시간 안의
> 실존이 손상시키거나 없애 버리지 못한 채 은폐했던 자신의 진정
> 한 존재를 회복할 뿐이다. … 발렌티누스는 "영적인" 인간들에게
> 이렇게 선언한다. "당신들은 불멸하며 영생의 아이들이다."[148]

 그러므로 인간은 원래 죽지 않는 존재였고, 무지에 의해 시간과 죽음
안에 갇힌 것이다. 따라서 구원적 지식, 즉 그노시스를 획득하는 순간
인간은 자신을 가두고 있는 무지의 환영을 깨뜨릴 수 있다. 죽음은 무
지의 산물이므로, 그노시스에 의해 죽음이라는 환영은 자연스럽게 사
라질 것이다. 인간은 원래 불멸적인 존재이기 때문에, 애초에 죽음은 존
재하지도 않았던 것이다. 그러므로 영지주의자는 자기가 신으로부터 유
래했다는 것, 자기가 다시 신처럼 된다는 것을 알고 있다. 신은 몸이 없
는 존재이다. 따라서 영지주의자는 결코 몸의 부활을 추구하지 않는다.

 더구나 여기에서 구원은 단지 우리 자신의 무시간적이고 영원한

부분에 관계한다. 물질적인 사물이기 때문에 악한 것인 살이나 피는 신의 왕국을 물려받을 수 없다. 육체의 부활이나 육체를 지닌 부활은 없다. 이와 반대로 영은 자기 각성을 통해 완전히 육체에서 분리된다. 또는 이 세상에 있는 우리의 영혼이라는 그림자가 우리의 초월적인 인격인 우리의 진정한 자기, 즉 우리의 "천사"와 결합하여 "영적인 결혼"을 함으로써, 영이 완전히 육체에서 분리된다. 단지 신이나 신성한 본질의 무시간적 실체 안에 있는 우리의 누스나 프네우마가 구제되는 것이다. 우리의 영이나 우리의 자기를 몸에서 분리함으로써, 이러한 구원은 우리를 시간 밖에 위치시킨다. … 구원은 시간 안에서 우리 자신을 완성시키는 데 있는 것이 아니라, 시간 너머에서, 그리고 시간 이전에서 우리 자신이 완성되어 있는 상태를 발견하는 데 있다. 구원은 우리의 최초의 무시간적 상태로 우리를 되돌리기 위해 시간에서 우리를 해방시킨다.[149]

기독교와 달리, 영지주의는 죽어야만 구원이 가능하다고, 즉 죽음 이후에 구원이 놓여 있다고 주장하지 않는다. 오히려 영지주의는 죽기 전에 죽음을 파괴하는 것, 즉 '죽음의 죽음'에 대해 이야기한다. 그리고 영지주의는 육체의 부활을 부정하고 영혼의 부활을 주장한다. 오로지 인간 안에 있는 선한 요소, 즉 영혼만이 부활할 수 있다. 환생은 죽은 영혼을 다시 육체 안으로 포획하는 지옥을 연출할 뿐이다. 따라서 세상 자체가 이미 부단한 '육체의 부활'을 실현하고 있다. 그러나 영지주의자에게 육체가 부활하는 세상은 지옥의 다른 이름일 뿐이다. 오로지 인간은 자신의 진짜 영혼 또는 영원한 원형을 찾을 때만, 즉 자신의 천사와 만나 천사와 하나가 될 때만 몸이라는 감옥에서 탈출할 수 있다. 그노시스에 의해 인간은 천사가 되어 날개를 달고 자신의 몸 밖으로 날아오를 것이다. 또한 영지주의에서 구원은 여기저기 흩뿌려진 신성한 본질을 끌어모아 응축하는 것으로 그려지기도 한다.

그러나 세상을 철저히 부정한다는 점에서, 영지주의는 세상의 도덕과 법칙을 무시하는 무도덕주의로 흐르기도 했다. 구원받은 영지주의자는 더 이상 세상의 악한 법칙을 따를 필요가 없기 때문이다. 그는 더 이상 이 세상에 속한 사람이 아니기 때문에, 세상을 향해 어떤 죄책감도 느끼지 않는다.

영지주의자는 모든 것에 자유롭고 모든 것을 심판한다. 그는 "자유의 심연"이다. 이 이미지가 니체에 의해 부활했다. 아무런 해도 입지 않은 채 천 개의 물줄기가 내넌시는 온갖 오물을 집어삼키는 바다처럼, 그는 전혀 더럽혀지지 않은 채 모든 것을 수용하고 흡수할 수 있으며, 온갖 종류의 행동에 관여할 수 있지만, 그럼에도 불구하고 그에게 어떤 죄도 물을 수 없을 것이다. 그는 행위가 아니라 본성에 의해 구원받으며, 그가 낯선 세계에서 무심히 수행할 수 있는 어떤 행위도 선택받고 구원받은 존재로서의 그의 지위

죽음을 사색하는 시간

를 변경하거나 파괴할 수 없다. 진창에 내던져지더라도 금덩이는 영원히 금으로 남는다. 여기에서 다시 시간은 그노시스를 통해 성취된 초월적이고 결정적인 상태에 영향을 미치지 않는다. 반면에 영지주의자는 시간을 무시할 수도 있고, 시간을 지배하여 자기 생각대로 이용할 수도 있다. 그리고 그는 육체와 물질에 대해서도 비슷한 관계에 놓인다. 그는 그것들로부터 자신을 분리시켜, 더러운 것을 경계하고, 매우 엄격한 고행을 통해 그것들과 떨어져 있을 수도 있고, 제멋대로의 방탕에 빠지거나 육욕과 성욕에 탐닉함으로써 그것들에 대한 경멸, 반감, 우월감을 보여줄 수도 있다.[150]

니체는 『차라투스트라는 이렇게 말했다』에서 "참으로 인간은 오염된 시냇물이다. 오염된 시냇물을 받아들이면서도 더러워지지 않기 위해서 우리는 바다가 되어야 한다."라고 말한다.[151] 마찬가지로 그노시스를 획득한 영지주의자는 세상을 향해 초월적인 시선을 던질 수 있다. 살아 있지만 이미 죽은 사람처럼, 인간이지만 신처럼, 시간 안에 있지만 영원을 사는 것처럼 행동할 수 있다. 그래서 그는 이미 구원받았기 때문에 어떤 행동을 해도 그것이 그에게 영향을 미치지 못한다고 주장할 수 있다. 사실 우리는 이러한 종교적인 주장에 어느 정도 익숙하다. 살아 있으면서도 이미 구원받았다고 주장하는 종교인은 이러한 종교적인 유혹에 빠져들기 쉽다. 세상 안에서 이미 세상 밖을 거닐 수 있는 것이다. 그래서 영지주의자는 마치 죽음 없는 세상을 거닐 듯 죽음으로 가득 찬

이 세상을 산책할 수 있다.

영지주의자는 죽기 전에 이미 죽어 부활한 자로서 행동한다. 그노시스를 획득한 영적인 인간은 이미 영원한 부활을 이룬 것으로 여겨진다. 퓌에슈는 구원받은 자를 곧장 죽음 너머로 이동시키는 결정적인 상태를 "즉각적인 부활"이라 부른다.[152] 그래서 어떤 기독교적 영지주의자는 육체의 부활은 없고, 그리스도를 믿고 세례를 받았다는 것 자체가 부활을 의미하므로, 더 이상 죽음이 영지주의자에게 영향을 주지 못한다고 주장하기도 했다. 세례를 받은 자는 부활하여 더 이상 죽지 않으며, 나아가 불멸의 젊음을 소유한다는 것이다. 우리는 현대 기독교 전통 안에서도 세례에 참여한 사람은 즉시 부활의 생명을 부여받아 불멸적인 존재가 된다는 주장이 여전히 존속하고 있음을 알고 있다. 이러한 주장을 하는 종파는 흔히 기독교 안에서 이단으로 낙인찍힌다. 그러나 인간이 아직 죽지 않은 상태에서 이미 초월적인 고향으로 돌아간 영혼처럼 살아가는 모습은 매우 일반적인 종교 현상이다.

영지주의자는 세계 종말이 오면 인간이 구원받을 거라고 주장한다. 그러나 그는 살아 있는 동안 미리 세계 종말을 내면화한다. 예컨대 세례를 통해 인간은 세계 종말을 미리 맛본다. 신화적인 세계 종말이라는 거대한 사건이 의례 안에서 압축적으로 구현되는 것이다. 이후 영지주의자는 역사가 아니라 신화 안에서 살아간다. 그는 역사를 신화화하여 역사 안에서 시간을 제거하고 증발시킨다.

영지주의적 사유는 근본적으로 신화적이다. 그것은 모든 실재를 장악하는 최초의 상황에 대한 향수에 의해, 즉 최초의 시간과 기원에 관한 신화에 의해 지배된다. 그것은 개념을 통해 합리적으로, 또는 이해에 의해 구체적으로 역사의 특정한 인물과 사건을 고찰할 수 없다. … 역사적인 개인과 사실은 실제적인 것과 상징적인 것 사이의 중간쯤에 놓인 어떤 것으로 승화된다. 시간의 행로도 신화적인 관점 안으로 옮겨진다. 예컨대 마니교 이론에 따르면, 현재는 세 가지 "시기"로 펼쳐지는 신화적인 과정의 두 번째 단계에 대응한다. 세 가지 시기란 빛과 어둠이 분리된 채 살던 이전 시기, 어둠이 빛을 공격하고 정복하여 창조되지 않은 두 가지 무시간적 실체가 혼합되는 중간 시기, 본래적인 분리가 다시 확립될 이후 시기를 가리킨다.[153]

영지주의자는 삶을 최대한 신화적으로 해석한다. 그는 구원적 지식에 의해 고통스러운 세상을 점점 희미하고 투명한 것으로 변화시키려 한다. 그노시스는 세상을 보는 다른 눈이다. 이 눈을 획득하면 모든 고통이 환영이라는 것을 깨닫게 된다. 그러므로 환영의 속임수에 놀아나지 않아야 한다. 또한 영지주의에서는 시간과 영원, 그리고 삶과 죽음의 경계선이 무너진다. 그래서 언제라도 시간은 영원이 되고, 삶은 죽음 너머의 부활이 된다. 반대로 영원은 타락하여 시간이 되고, 빛은 어둠에 갇히고, 신은 인간이 되어 지상으로 추락한다. 이처럼 영지주의자는 삶과 죽음의 경계선을 지움으로써 죽음을 아무것도 아닌 것으로 만든다. 삶과 죽음이 대립하는 것이 아니라, 삶이 곧 죽음이기 때문에 육체를 떠나야 하는 것이다. 인간은 육체라는 시체 안에 갇힌 영혼의 무덤일 뿐이다.

20. 조로아스터교와 죽음

조로아스터교, 즉 마즈다교(Mazdaism)는 "영원회귀의 시간"이 아니라 "영원한 기원으로의 회귀의 시간"에 대해 이야기한다. 즉 영원한 시간, 또는 절대적인 시작의 시간에 놓인 원형으로의 회귀를 강조한다. 마즈다교는 매우 독특한 세계관을 지니고 있다. 영지주의와 달리, 마즈다교는 인간의 실존을 '신의 타락'이라는 관점에서 설명하지 않는다. 앙리 코르뱅은 마즈다교의 메녹(mēnōk)과 게틱(gētīk)이라는 개념을 다음과 같이 설명한다. 일반적으로 메녹은 천상의 세계를, 게틱은 지상의 세계를 가리킨다.

> 우리가 방금 읽은 대답은 마즈다교의 존재론을 특징짓는, 그리고 메녹과 게틱이라는 두 용어에 의해 지칭되는 이중적인 차원, 또는 이중적인 존재 상태를 가리킨다. 우리는 그것들이 표현하는 대조를 순수하고 단순한 플라톤적 도식으로 환원하지 않도록 주의

해야 한다. 확실히 말하자면 우리는 관념과 물질, 또는 보편적인 것과 지각할 수 있는 것 사이의 대립을 다루고 있는 것이 아니다. 사실, 메녹은 천상적이고 비가시적이고 영적이지만, 완전히 구체적인 상태를 뜻하는 것으로 번역되어야 한다. 게틱은 지상적이고 가시적이고 물질적인 상태를 가리키지만, 이것은 본질적으로 완전히 빛나는 물질의 상태, 즉 우리가 실제로 아는 물질과 비교할 때 비물질적인 물질의 상태를 뜻한다. 왜냐하면 이것은 마즈다교의 독특한 개념인데, 게틱 상태로의 이행은 그 자체로 타락이 아니라 실현과 충만을 의미하기 때문이다. 물질계의 현 상태가 나타내는 질병, 줄어든 존재, 어둠의 사태는 물질적인 조건 자체가 아니라, 여기가 악마적인 반대 세력이 침입한 구역, 즉 투쟁과 포상의 경기장이라는 사실에서 기인한다. 여기에서 이러한 창조의 이방인은 빛의 신이 아니라 어둠의 원리이다. 구원은 "도래하는 몸", 즉 부활의 몸이 꽃을 피우는 개화기를 가져올 것이다. 구원은 게틱의 세계를 파괴하는 것이 아니라, 그것을 빛나는 상태, 즉 원형적인 차원으로 회복시키려 한다. 이러한 빛의 차원에 의해 지상 세계의 모든 존재, 즉 물리적이고 도덕적인 모든 실체는 그것과 쌍을 이루는 천상적인 실재의 대응물로서 구성된다. 이 메녹이 그것의 영적인 실체, 그것의 원형, 그것의 천사이다.[154]

영지주의에서 물질은 조물주가 만든 악한 것이었다. 물질 자체가 빛의 타락, 빛의 감옥이었다. 그러나 마즈다교에서 물질은 그 자체로는 악하지 않다. 어찌 보면 메녹은 보이지 않는 물질로 이루어져 있고, 게틱은 보이는 물질로 이루어져 있다. 게틱의 물질은 빛나는 물질로서 여전히 투명하게 메녹을 반영하는 물질이다. 그러므로 물질 자체가 아니라 어둠이라는 악에 의해 물질이 빛을 잃는 것, 즉 빛나는 물질이 어두운 물질로 변모하는 것이 문제가 된다. 물질과 영혼의 대립이 영지주의를 지배했다면, 마즈다교를 지배하는 것은 빛과 어둠의 대립이다. 그러므로 구원은 물질을 다시 빛나게 하는 것, 모든 물질이 다시 자기만의 '천사'를 찾는 것을 의미한다.

앙리 코르뱅은 자라투스트라의 마즈다교(Zoroastrian Mazdaism)와 순수한 마즈다교에서 파생된 사멸한 분파인 제르반교(Zervanism)를 다음과 같이 구별하여 설명한다. 제르반교는 주르반교(Zurvanism)라고도 불린다. 자라투스트라의 마즈다교에서는 빛의 신인 오르마즈드(Ôhrmazd)의 적대 세력이 침입하면서 우주적인 드라마가 펼쳐지기 시작한다. 악의 영이자 부정과 어둠의 영인 아리만(Ahriman)이 모든 원인에 앞서 존재하는, 밝혀지지 않은 기원의 끝없는 심연에서 솟아난다. 이와 다르게 제르반교에서는 영원한 시간이자 절대적인 시간인 제르반(Zervān)의 인격 안에서 드라마가 시작된다. 제르반은 빛의 원리와 그 적대자를 발생시키는 최고의 신성이다.[155]

자라투스트라(Zarathustra)의 순수한 마즈다교에서 우주적 시간은 12,000년 동안 펼쳐지며, 이 시간은 세 가지 중요한 행위에 의해 구분된

죽음을 사색하는 시간

다. 첫 번째 행위는 창조이다. 처음 3천 년 동안 천상적인 메녹의 상태에서 원초적인 창조 작업이 완료되고, 그다음 3천 년 동안 창조물이 지상적인 게틱의 상태로 옮겨진다. 그다음에 두 번째 행위인 재앙이 시작된다. 영적인 창조 작업이 시작될 때부터 심연에서 솟아나기 시작했던 '부정하는 자'가 물질적인 창조물에 들어가 약탈에 성공한다. 이로 인해 선과 악의 혼합이 일어나며, 이 상태가 현재 우리 시대에 이르기까지 지속된다. 이 모든 사태는 최종적인 분리 행위에 의해 해결된다. 마지막 3천 년 동안 자라투스트라의 혈통에서 태어난 구원자들인 사오시안트(Saoshyant)에 의해 선과 악이 분리되고 세계의 변형이 일어난다.[156]

마즈다교의 가장 두드러진 특징은 시간에 인격을 부여한다는 점이다. 아리만의 도전에 응해 오르마즈드는 '영원한 시간'을 본떠 빛나고 키가 크고 활력이 넘치고 맑은 눈을 한 15살 젊은이의 모습으로 '한정된 시간'을 창조한다. 결국 오르마즈드는 악과 싸우기 위해 시간을 창조하는 것으로 그려진다. 오르마즈드는 전지하지만 전능하지는 않기 때문에 악을 물리치기 위해서는 시간이 필요하다. 그러므로 시간은 적수와 싸워 승리하기 위한 신의 도구인 것이다. 메녹의 창조 작업이 끝나자 아리만은 악마를 만들어 창조물을 파괴하려 한다. 이에 오르마즈드는 9천 년의 시간 동안 대결할 것을 제안하고, 아리만이 이를 받아들인다. 오르마즈드가 아리만의 모든 악마가 파괴되고 미래의 몸이 부활하는 미래에 대한 환각을 아리만에게 보여주자, 아리만은 어둠의 바닥으로 떨어져 3천 년 동안 머무른다. 바로 이때 오르마즈드는 대천사의 도움을 받아 메녹의 상태에서 게틱의 상태로 창조물을 옮긴다. 마즈다교에서 시간은 악마와 싸우기 위한 성스러운 도구이다. 나아가 시간은 선이 악을 물리치고 구원을 성취하는 의례적 시간이 된다. 게틱은 메녹이라는 거울을 통해 자신의 진짜 모습을 인식할 수 있다. 인간도 메녹의 상태에 있는 자기 자신, 자신의 천상의 원형, 자신의 수호천사, 즉 프라바르티(Fravarti) 또는 프라바시(Fravashi)를 만나야 한다. 그리고 마침내 마지막 사오시안트가 부활을 성취할 것이다. 시간은 오르마즈드를 돕는 모든 빛나는 존재와 모든 프라바시의 협력에 의해 아리만을 격퇴하고 악마를 진압하는 전례적 시간이 된다.[57]

신은 악을 물리치기 위해 지상의 세계, 즉 게틱의 공간으로 마치 전투기처럼 인간의 영혼을 날려 보낸다. 그리고 물질화된 영혼, 즉 육화된 영혼이 지상의 세계에서 악마와 싸운다. 그러므로 인간과 악마의 싸움은 오르마즈드와 아리만의 싸움의 대리전이라는 성격을 띤다. 천상에서 파견된 인간이 프라바시의 도움을 받아 지상 세계에서 악과 싸워 모든 악마를 퇴치할 때, 모든 인간의 몸에서 악마를 제거할 때 전 세계의 구원이 이루어질 것이다. 그러므로 모든 인간은 악과 전투를 벌이기 위해 파견된 프라바시의 아바타(avatar)라고 할 수 있다. 그러므로 마즈다교의 이러한 세계관에서 인간의 삶은 그저 악과의 투쟁일 뿐이다. 마즈다교에서 시간의 모든 순간은 자기만의 인격을 지니고 있다. 왜냐하면 모든 순간은 천상의 원형, 즉 천사와 연결돼 있기 때문이다. 모든 천사는 개별화된 영원성일 뿐이다. 지상의 과업을 마치고 죽은 인간은 자기만의 천사를 만날 것이다. 아니 모든 죽은 자는 천사가 될 것이다.

자라투스트라의 마즈다교에서는 아리만에 대한 오르마즈드의 우월성과 이 둘의 이질성은 타협할 수 없는 것이다. 영원한 시간을 의미하는 제르반은 오르마즈드의 속성일 뿐이다. 그러나 제르반교에서는 제르반이 오르마즈드에서 분리되어 오르마즈드와 아리만을 넘어서는 영원한 실체로 정립된다. 그러므로 제르반교에서는 오르마즈드와 아리만이 제르반보다 열등한 차원에 자리잡는다. 그리고 제르반의 인격 안에 빛과 어둠이 모두 포함된 것으로 여겨진다. 제르반교에서는 오르마즈드와 아리만의 탄생을 이렇게 설명한다.

… 제르반이 자기에게 아들이 태어날 수 있도록 희생제의를 거행했다. 이 아들은 오르마즈드라고 불릴 것이고 하늘과 땅의 창조자가 될 것이다. 그러나 그때 제르반의 마음속에서 한 가지 의심이 일었다. 이 고독한 전례(典禮)가 헛된 것은 아닐까? 그것이 효과가 있을까? 자신의 생각과 욕망의 아들인 오르마즈드가 실제로 태어날까? 그리고 그때 이 생각과 이 의심으로부터 두 명의 존재가 잉태되었다. 한 명은 제르반의 전례 행위가 만든 아이인 오르마즈드였고, 다른 한 명은 그의 의심의 그림자와 어둠이 만든 아이인 아리만이었다. 그러나 처음에 제르반은 그들이 두 명이라는 것만 알고 있었고, 처음 나타나는 자에게 성스러운 왕국을 주겠다고 맹세했다. 이 맹세가 오르마즈드에게 알려졌다. 빛의 존재

의 충실함과 단순성 때문에 오르마즈드는 이 사실을 아리만에게 알려주었다. 아리만은 그의 "더딘 지식"으로 인해 혼자서는 아무 것도 알지 못했을 것이다. 그는 이 사실을 알자마자 말하자면 조산으로 태어날 수 있는 방법을 찾았고, 그리하여 그의 아버지(또는 그의 어머니) 앞에 나타났다. 제르반이 그에게 물었다. "그대는 누구인가?" "나는 당신의 아들입니다." 그러자 화가 난 제르반이 대답했다. "나의 아들은 향기로운 냄새가 나고 빛나지만, 그대는 어둡고 악취가 난다." 그리고 이제 예정된 시간에 태어난 오르마즈드가 제르반에게 빛나고 향기로운 자신을 드러냈다. 제르반은 즉시 그가 자신의 아들이라는 것을 알았고, 그를 위해 긴 전례를 거행했다. 제르반은 그에게 왕실 사제직을 주려 했고, 그에게 축복을 내렸다. 그러나 아리만이 끼어들면서 제르반에게 그의 맹세를 상기시켰다. 맹세를 깨지 않으려고 제르반은 타협안을 만들었다. "오, 그릇되고 해로운 자여! 그대에게는 9천 년의 통치권이 주어질 것이고, 오르마즈드는 그대의 주권자일 것이다. 9천 년이 지나면, 오르마즈드가 통치할 것이고, 그는 자신이 하고자 하는 모든 일을 할 것이다."[158]

이렇게 해서 아리만은 제르반의 장자가 되고 9천 년 동안 이 세상의 적법한 왕이 된다. 오르마즈드는 주권자이지만 통치하지는 못하며, 9천 년이 지나야만 이 세상을 다스릴 수 있다. 순수한 마즈다교와 달리, 제

죽음을 사색하는 시간

르반교에서 제르반은 자신의 의심이 낳은 그림자와 어둠을 제거하기 위해, 어쩔 수 없이 자신의 '영원한 시간'을 제약하여 '한정된 시간'을 만든다. 영원이 시간으로 타락한 것은 악을 제거하기 위한 고육지책인 것이다. 그러므로 지상의 시간은 자신의 의심에 대한 제르반의 참회의 시간을 의미한다. 이것은 영지주의에서 소피아의 일시적인 무지에 의해 시간과 물질이 태어나는 것과 비슷한 의미를 갖는다. 다만 제르반교에서는 시간이 신의 '무지'가 아니라 '의심'에서 비롯한다는 점이 다를 뿐이다. 의심으로 인해 악의 탄생을 초래한 제르반은 후대의 종교적 사변에서는 절대적인 신성의 자리에서 축출되어 가장 위대한 천사로 격하되기도 한다.[159] 종교적인 사유는 스스로의 약점과 틈을 메우면서 진화하여 자기완성을 추구하는 경향이 있기 때문이다.

마즈다교의 인간학에서 프라바시는 지상의 피조물의 수호천사이며, 빛의 피조물의 천상적인 원형이다. 오르마즈드는 전능한 신은 아니다. 그래서 오르마즈드가 아리만의 습격을 물리치려면 반드시 프라바시의 도움이 필요하다. 프라바시라는 천사의 타락은 악과 싸우기 위한 자발적인 선택으로 그려진다. 코르뱅은 마즈다교의 프라바시에 대해 이렇게 말한다.

> 혼합의 시기에 속하는 수천 년의 서막에서, 오르마즈드는 자유로운 선택권을 지닌 인간의 프라바시들과 대면한다. 이 선택권은 그들의 운명, 즉 그들의 시간, 그들의 아이온(Aeon)의 기원에 놓

여 있다. 그들은 아리만의 약탈로부터 안전하게 하늘에 거주할 수도 있고, 지상 세계에서 아리만과 싸우기 위해 하강하여 물질적인 몸으로 육화될 수도 있다. 프라바시들은 지상의 전투에 참여하는 것을 선택했다. 그리하여 이제 일종의 복제가 일어난다. 결국 육화된 프라바시는 영혼과 하나가 된다. 그러나 이 영혼은 원형적인 차원을 소유하기를 멈추지 않는다. 왜냐하면 자신의 천상적인 조건이 원형으로 존재하는 것이었기 때문이다. 이 영혼은 사실상 한 쌍, 즉 하나의 전체의 지상적인 부분이자 "인격"일 뿐이며, 자신의 운명이자 '천사 영혼'이자 천상적인 자기인 또 다른 "자기", 즉 천상적인 인격에 의해 완성된다. 천상적인 인격은 친바트 다리 (Činvat Bridge)로 가는 길 위에서 죽은 영혼을 만난다.[160]

조로아스터교에서 죽은 영혼은 친바트 다리를 건너야 한다. 이 다리는 악한 영혼에게는 건널 수 없을 만큼 좁은 모습으로 나타나고, 선한 영혼에게는 건너기 좋은 넓은 모습으로 나타난다. 그러므로 영혼 앞에 나타나는 다리의 형태가 곧 영혼에 대한 자동적인 심판이 된다. 다리를 건너지 못한 영혼은 지옥 같은 형벌과 고통의 장소로 끌려가고, 다리를 무사히 건넌 영혼은 오르마즈드와 하나가 된다. 인상적인 것은 인간이 죽음 후에 자신의 원형, 자신의 수호천사, 즉 프라바시와 만난다는 설정이다. 이제 지상의 전투를 끝낸 인간은 천상에서 본래의 모습으로 복귀하여 천사가 된다. 인간은 친바트 다리로 가는 도중에 자신의 천사와 결합해야만 존재의 완전성을 회복할 수 있다. 앙리 코르뱅은 마즈다교의 매우 독특한 특징 하나를 다음과 같이 지적한다.

> 천상적인 원형들에 대한 마즈다교의 존재론은 그것들 각각에도 하나의 프라바시를 부여한다. 대천사들(아메르타 스판타), 천사들(야자타, 이자드)도 각자 자기의 프라바시를 갖는다. 더욱 중요한 것으로, 오르마즈드 자신도 자기의 프라바시를 갖는다. … 그러므로 원형들도 결국 자기들의 천사를 가지며 … 오르마즈드 자신도 자기 자신의 원형적인 대천사를 갖는다. 그러나 원형들을 새로운 원형적인 차원으로 투영하는 이러한 놀라운 직관은, 이 차원이 영원성 자체 내부의 거리와 팽창을 드러낼 때만 이해할 수 있다. … 여전히 정형화할 수 없는 우주에 속하는 창조적인 사유 행위와 지평을 향하여, 오르마즈드와 천상 세계의 모든 존재들이 무한한 영원성들의 상승 운동 속으로 끌려 들어간다. 그러므로 여기에서 우리는 "고딕 양식"의 우주론에 대해 이야기할 수 있다.[161]

마즈다교에서 천사는 또 다른 천사에 의존하고, 이 천사는 다시 또 다른 천사에 의존한다. 인간에게는 수호천사가 있고, 이 수호천사는 또 자기만의 천사를 갖는다. 심지어는 신조차도 자기만의 천사, 즉 자기만의 원형을 갖는다. 그러므로 마즈다교에서는 천사의 증식이 일어난다. 지상의 모든 사물은 천상의 원형을 갖고 있으며, 천상의 원형은 또 다른 원형에 의지한다. 우리는 이것을 '원형의 원형'이라 부를 수 있다. 원형의 증식 현상은 마즈다교의 매우 독특한 관념이다. 이러한 원형의 증식은 영원성이 내부에서 팽창할 때, 즉 하나의 영원성이 여러 층위의 영원성들로 분해되어 이 영원성들 사이에 틈과 거리가 생길 때 발생한다. 이러한 '여러 겹의 영원성'에 의해 영원의 증식이 일어나는 것이다.

마즈다교에서 인간은 본래 천사였고, 다시 천사가 될 것이다. 그러므로 인간은 '지연된 천사'일 뿐이다. 마찬가지로 악과의 투쟁이 끝나면 지상의 시간은 언젠가 영원으로 복귀할 것이다. 그러므로 지상의 시간도 '지연된 영원성'일 뿐이다. 앞서 우리는 기독교가 죽은 인간의 사후 개별성을 보존하기 위해 어떻게 노력했는지를 살펴보았다. 마즈다교에서는 인간을 '천사의 육화'로 설명함으로써 이 문제를 해결한다. 인간은 악과 싸우기 위해 지상에 내려온 육화된 천사, 나아가 육화된 영원성이다. 영지주의와 달리 마즈다교는 물질을 타락한 실체로 보지 않는다. 물질에 아리만의 악마가 스며들 때만 물질은 악해진다. 그러므로 마즈다교는 영원성의 이완이나 팽창을 '타락'이라는 개념으로 설명하지 않는다. 영원성은 매우 다양한 형태로 쪼개질 수 있다. 심지어 '원형의 원형'을 가정함으로써, 더 영원하고 덜 영원한 것이 있다는 식으로 영원성이 층화된다. 그러므로 마즈다교에서 죽은 인간의 영혼은 신성 안에서 녹아 없어지지 않을 수 있다. 죽은 영혼은 천사가 되어 얼마든지 영원의 공간 안에 거주할 수 있기 때문이다. 마즈다교는 천사 개념을 통해 영혼의 개별성 보존이라는 문제를 독특한 방식으로 해결하고 있다. 결국

　　　　　　　　　　　　　죽음을 사색하는 시간

불멸성의 획득은 천상의 수호천사를 다시 만날 수 있느냐에 의해 결정된다.

마즈다교에서 제르반은 영광의 빛, 운명, 영원한 지혜, 영원한 시간 등을 의미한다. 그러므로 빛이 쪼개져서 천사나 영혼이 만들어진 것일 수도 있고, 영원한 시간이 잘게 나누어져 천사나 영혼이 된 것일 수도 있다. 그렇다면 마즈다교에서 천사나 영혼은 영원한 시간의 한 조각이라고 말할 수 있다. 즉 악과 싸우기 위해 영원한 시간이 천사 또는 영혼이라는 무수한 '시간 조각'으로 잘게 나누어지고, 이 천사가 지상계에서 물질화된 것이 인간이다. 이러한 그림에서 모든 시간은 '신의 조각'이며, 그 자체로 하나의 인격을 지닌다. 인간도 결국 한정된 시간 조각의 물질화일 뿐이다. 예컨대 헤르메스주의(Hermeticism)에서 누스(Nous)는 신을 의미하기도 하고, 인간의 직관적인 지적 능력을 의미하기도 하고, 인간의 수호천사를 의미하기도 한다. 그러므로 '누스가 없는 인간', 즉 '신 없는 인간'은 지적 능력이 없는 인간, 그리고 '천사 없는 인간'을 의미한다. 결국 지성이 없는 인간은 죽어서도 수호천사를 만나지 못할 것이기 때문에 불멸할 수 없다.[162]

21. 천사가 된 인간

시아파 이슬람교의 한 종파인 이스마일파(Ismailism)의 우주론에는 태초에 영원한 존재, 또는 원리(Principle)가 대천사의 모습으로 인격화되는 이야기가 나온다. 이 대천사로 인해 영원이 움직이기 시작하지만, 아직 영원은 시간으로 추락하지 않는다. 대천사는 자기 안에 모든 시간을 담고 있었으며, 영원한 과거이자 영원한 미래였다. 영원한 과거는 영원히 현실화되는 과거이자, 과거가 되지 않는 과거이며, 과거로 뻗어 가서 과거 속으로 침전하여 점점 더 과거가 되는 그런 과거는 아니다. 그러므로 영원한 과거는 사라지려는 찰나에 다시 현재로 회귀하는 과거라고 할 수 있다. 그런데 대천사는 잠시 자기가 독립적인 존재라는 환각에 빠지고 만다. 바로 이때 대천사는 영원한 존재로부터 분리되어 과거 속으로 추락한다. 그리고 우리가 알고 있는 바로 그 시간, 즉 더 이상 영원하지도 않고, 더 이상 존재하지도 않는 과거가 태어난다. 그러나 이스마일파는 '회개'를 통해 직선적인 시간이 다시 기원으로 회귀하는 원의 시간으로 변형될 수 있다고 말한다. 직선을 원으로 구부릴 때 인간이 과거의 늪에서 빠져나와, 더 이상 과거가 켜켜이 축적되지 않은 시간으로 진입할 수 있다는 것이다. 여기에서는 시간을 구부리는 것이 구원의 도구가 된다.[163] 이스마일파의 우주론에서 결국 시간은 '신의 타락'을 의미하는 근본적인 악이 된다. 시간의 탄생으로 인해 영원한 존재의 순수한 빛의 세계가 탁해지고 무거워진다. 그래서 이스마일파는 인간이 어둠으로부터 자신을 분리하여 다시 빛나기 위해서는 단 한 번의 부활이 아니라 연속적인 부활이 필요하다고 주장한다.[164]

이스마일파의 우주론적 드라마는 먼저 하늘에서, 즉 여전히 영원으

죽음을 사색하는 시간

로 충만한 플레로마에서 시작된다. 처음에는 영원한 존재, 즉 원리에서 첫 번째 대천사인 '지성(Intelligence)'이 유출되고, 그다음에 첫 번째 대천사에서 두 번째 대천사인 '세계영혼(Soul of the World)'이 유출된다. 그리고 이 두 명의 대천사로부터 세 번째 대천사인 '영적인 아담(spiritual Adam)'이 유출된다. 이 영적인 아담은 인류의 천사이자 세계의 조물주이며, 앞서 살펴본 제르반과 비슷한 위상을 갖는다. 우리는 마즈다교에서 영향을 받거나 파생된 종교들이 점점 더 기원을 멀리 끌고 가는 것을 볼 수 있다. 오르마즈드와 아리만 이전에 제르반이 있었다고 주장되고, 다시 제르반도 원리에서 유출된 하나의 천사로 이해된다. 처음에는 신이 있지만, 그다음에 '신의 신'이 가정되고, 다시 '신의 신'의 신이 가정되는 것이다.

마치 제르반의 의심이 아리만을 낳았던 것처럼, 이스마일파의 영지주의에서도 세 번째 대천사의 의심이 물리적인 세상을 만드는 원인이 된다. 세 번째 대천사는 원리와 자기 사이에 있는 두 명의 대천사가 자기보다 영원히 존재론적으로 우선한다는 사실을 의심한다. 즉 "나는 그들과 맞먹는 존재가 아닌가?", 또는 "내가 그들보다 앞선 존재가 아닌가?"라는 의심을 하면서, 자기가 스스로 존재하게 된 첫 번째이자 유일한 대천사라는 생각에 빠져든다. 우리는 여기에서 조물주가 자기보다 앞선 신들을 망각하고, 스스로 유일한 신이 되고자 했던 사건이 문제가 되고 있다는 것을 알 수 있다. 그렇다면 기독교 성서의 창세기에 등장하는 신은 자기가 세 번째 대천사라는 것을 의심하고 망각하면서, 스스로를 유일한 신이라고 생각하기 시작하고, 이로 인해 세계라는 악을 창조하고 만다. 이 의심과 망각으로 인해 세 번째 대천사는 잠시 마비 상태에 빠지고, 곧이어 영원한 세계에서 찢겨 나간다. 그리고 영원히 현재 안에서 영원한 과거를 현실화하는 영원한 미래의 상태가 파괴되고, 그 대신에 시간이 존재하게 된다.

이 마비 상태에서 풀려났을 때, 세 번째 대천사는 그 사이에 자기가 열 번째 대천사의 자리로 밀려났음을 알게 된다. 마비의 시간 동안 일곱 가지 다른 지성들, 즉 일곱 명의 대천사들, 또는 일곱 가지 신성한 말들이 유출되었던 것이다. 이로 인해 세 번째 대천사는 유출의 질서에서 '지연(retard)'을 겪게 된다. 바로 시간이 낳은 이 '지연' 현상이 순수한 빛의 차원에 불투명성을 끌어들인다. 그리고 마비 상태에서 세 번째 대천사의 상상력은 어둠과 아리만, 즉 사탄(Satan) 또는 이블리스(Iblis)를 낳는다. 그러나 마비에서 깨어나자마자 대천사는 자기에게서 이블리스를 떼어 내어 지상으로 내던진다. 그리고 이블리스는 악마적인 존재로 살아가게 된다. 이처럼 열 번째 대천사의 자리로 밀려난 세 번째 대천사는, 다시 원래의 자리로 복귀하기 위해 자기 내부에서 태어난 이블리스를 떼어 낸 다음, 이블리스와 전투를 시작한다. 이 전투가 끝나는 날 그는 다시 세 번째 대천사가 될 것이다.

그러므로 세 번째 대천사는 어둠을 태어나게 한 매개자일 뿐만 아니라, 어둠을 정복하게 하는 매개자이기도 하다. 그런데 세 번째 대천사는 자신의 이미지를 본떠 만든 천사들의 세계를 지배하는 군주이기도 하

　　　　　　　　　죽음을 사색하는 시간

다. 따라서 세 번째 대천사의 마비에 의해 이 천사 세계 전체가 '지연'을 겪게 된다. 그러므로 천사 세계 전체가 세 번째 대천사의 회개를 도와야 한다. 그러나 어떤 천사들은 명령에 따르지만, 다른 천사들은 회개를 부정한다. 회개하는 천사들은 '영적인 아담'의 후손이지만, 그렇지 않은 천사들은 이블리스의 후손으로 이블리스가 소멸할 때까지 계속해서 나타나는 악마이다.[165] 이스마일파의 우주론에서 이블리스·아리만은 정당한 주권이 부여되지 않은 순수한 적이자 악으로 그려진다.

그리고 세 번째 대천사의 과오로 인해 천사들은 물질계에 적합한 입체적인 존재를 갖게 된다. 그래서 대천사는 천사들이 살 수 있는 3차원의 우주 공간을 만든다. 이 공간은 천사들이 자신을 정화하기 위해 악과 싸울 수 있는 전투지이기도 하다. 대천사는 원래의 천국으로 돌아가기 위해 시간의 순환 속에서 천사들과 '부활시키는 존재'인 부활의 이맘(Imām, 이슬람교 지도자)을 낳는다. 대천사의 의심으로 인해 시간이 생겨나면서, 천국이 과거로 후퇴해 버렸다. 그러므로 과거로 후퇴해 버린 이 천국을 다시 미래에 위치시켜 천국으로 돌아가야 한다. 여기에 순환적인 시간의 마법이 있다. 직선적인 시간은 과거를 축적하면서 점점 우리를 과거에서 멀어지게 한다. 그러나 순환적인 시간은 과거를 폐기하고 과거를 다가오는 미래로 변형시킨다. 그러므로 순환적인 시간 안에서 인간은 끊임없이 과거라는 미래로 회귀할 수 있는 것이다.[166]

이스마일파의 우주론에서도 잠재적인 천사인 인간들은 최종적인 부활을 위해 이블리스·아리만의 후예인 악마들과 싸워야 한다. 부활은 일거에 이루어지지 않고 단계별로 실현된다. 그러므로 연속적인 부활에 의해 각각의 인간은 점차적으로 자신의 영원한 인격, 즉 천사성(天使性)을 완성할 수 있다. 결국 지상의 삶은 타락한 천사들이 천사의 지위를 회복하기 위해 벌이는 전투로서 이해된다. 존재 자체가 전투이다. 각각의 인간은 자기 자신의 이블리스를 떼어 내어 심연으로 내던져야 하고, 결국 이러한 싸움이 열 번째 자리로 밀려난 세 번째 대천사에게 원래의 지위를 회복시켜 줄 것이다. 이처럼 이스마일파의 인간학은 모든 인간이 잠재적인 천사에서 실제적인 천사로 이행해야 한다는 천사론에 입각한다. 인간의 모든 종교적인 목표도 '천사 되기(angelomorphosis)'로 수렴한다.[167]

마즈다교에서 보았던 것처럼, 이스마일파의 경우에도 시간의 길이로 표시되는 모든 것은 자기만의 '인격'을 갖는다. 모든 시간 조각은 신의 조각이며, 따라서 천사의 물질화이기 때문이다. 그러므로 모든 사물은 자체의 '인격'을 본질로 삼는다. 그래서 모든 생각, 모든 말, 모든 행동은 인격을 지니고 있다고 말할 수 있다. 나아가 모든 좋은 생각, 좋은 말, 좋은 행동은 천사를 갖고 있다고 말할 수 있다. 인간은 말로 존재하고, 행동으로 존재하고, 생각으로 존재한다. 그러므로 인격이 따로 있는 것이 아니라, 말, 행동, 생각이 바로 인간의 인격이라고 할 수 있다. 그래서 좋은 말, 좋은 행동, 좋은 생각은 인격이자 천사인 것이다.[168] 여기에서 우리는 천사 개념이 다른 종교의 영혼 개념과 대응한다는 것을 쉽게 알 수 있다. 그런데 천사 개념은 종교적인 사유를 훨씬 더 인간적인 것

죽음을 사색하는 시간

으로 변화시킨다는 장점을 지니고 있는 것처럼 보인다. 죽은 인간은 무색무취의 영혼이 되는 것이 아니라 천사가 되기 때문이다. 그래서 천사는 영혼이자 유령이자 신적 존재이기도 하다. 나아가 죽음은 인간이 천사로 돌아가는 과정으로 이해된다. 자살이 아니라 성장과 부활에 의해 실존의 세계에서 탈출하는 것이 삶의 목적이 된다.

이스마일파에서 인간은 천사론에 입각하여 '천사 되기'를 목표로 삼는다. 인간의 말, 행동, 생각은 천사 또는 악마에 의해 주어진다. 예컨대 인간은 좋은 말을 함으로써 그 순간 좋은 말로 존재한다. 그러므로 좋은 말을 함으로써 인간은 천사처럼 존재할 수 있다. 말, 행동, 생각에 의해 천사의 존재 양태에 접근하는 것이다. 즉 인간은 타락한 천사이지만, 인간과 천사를 다시 접속시키는 것은 바로 말, 행동, 생각이다. 좋은 말, 좋은 행동, 좋은 생각이 영혼 안에 잠재된 천사를 활성화시킨다고 할 수 있다. 좋은 말, 좋은 행동, 좋은 생각에 의해 인간의 영혼에서 천사의 형상이 점점 가시화되는 것이다. 반대로 나쁜 말, 나쁜 행동, 나쁜 생각은 악마를 활성화시킬 것이다. 그러므로 인간은 말, 행동, 생각에 의해 죽은 후에 천사가 될 수도 있고 악마가 될 수도 있다. 영혼 안에서 천사가 자라면 악마는 점점 위축되어 소멸할 것이다. 따라서 천사와 악마는 죽음 후에 존재하는 것이 아니라, 인간의 말, 행동, 생각을 통해 삶 안에서 서서히 성장한다. 인간은 죽은 후에 자신의 말, 행동, 생각에 의해 자기 안에서 싹트고 자란 천사를 만나서 승천하거나, 아니면 악마를 만나서 심연으로 추락할 것이다.[169]

인간들이 '천사 되기'에 성공하면서, 점차 지상의 이블리스는 제거된다. 그리고 이 싸움은 천상의 천사와 지상의 인간 사이의 협력 속에서 진행된다. 최종적으로 과거라는 악, 시간이라는 악이 폐기되고, 시간 없는 부활의 미래가 펼쳐질 것이다. 이스마일파의 학자가 이야기하는 다음과 같은 천국과 지옥의 이야기는 매우 흥미롭다.

감동적인 광경을 통해 나시르 투시(Nasir Tusi)는 모든 존재 계열의 접촉을 묘사하는데, 여기에서 각각의 계열은 자신의 가장 높은 단계에 의해 바로 위에 있는 계열의 가장 낮은 단계와 소통한다. 이런 식으로 광물의 세계, 식물의 세계, 동물의 세계, 인간의 세계, 천사의 세계가 나누어진다. 그리고 항상 더 높은 단계는 그 아래 단계를 위한 천국과 비슷하다. 똑같은 것이 단 하나의 존재의 국면들에도 적용된다. 유아가 햇빛에서 아직 눈을 뜰 수 없는 상태는 그가 빛과 마주할 수 있는 상태와 비교할 때 그의 지옥과 비슷하고, 이때 후자의 상태는 그의 천국과 비슷하다. 그러나 이것은 그가 걷고 말할 수 있는 상태와 비교할 때는 그의 지옥이다. 다시 지옥은 성인(成人)이 자기 자신의 영에 대한 지식을 통해 영적 세계에 대한 지식에 아직 도달할 수 없는 상태이자, "자신을 아는 자는 자신의 하느님을 안다."라는 격언의 의미를 그가 이해할 수 없는 상태이다. 그가 이 지식에 도달할 때, 이 상태는 그의 천국이 된다. 지옥들로부터의 끊임없는 상승에 대한 이 광경에서, 우리는 매 시간 주기에서 작동하는 부활의 연금술을 본다. 그것은 우리가 자기 자신 아래로, 뒤쪽으로 추락할 수도 있다는 것을 각오하고 응해야 하는 일련의 펼쳐짐, 즉 박탈과 회복의 펼쳐짐을 제공한다.[170]

그러므로 부활은 광물, 식물, 동물, 인간, 천사로 이어지는 존재론적 계열뿐만 아니라, 인간 삶의 각 단계에서도 지속적으로 펼쳐진다. 인간은 부활의 각 단계를 초극하면서 점차적으로 천사의 자리를 향해 자기 존재를 상승시켜야 한다. 나보다 위쪽의 존재 상태는 나의 천국이 되고, 아래쪽의 존재 상태는 나의 지옥이 된다. 천국은 현재의 물질성을 벗고 조금 더 존재의 비물질성에 접근한 상태를 가리키고, 지옥은 현재의 상태보다 더 물질성에 잠식당하는 상태를 가리킨다. 따라서 인간은 삶의 과정에서 여러 단계의 천국을 맛볼 수도 있고, 여러 단계의 지옥으로 추락할 수도 있다. 또한 인간은 스스로 더 높은 단계로 상승하면서, 지금까지 자기가 머물던 단계로 다른 인간을 끌어올려야 한다. 그러므로 한 인간은 다른 인간에게 천국을 선물하는 구원자일 수 있다. 하나의 신이 모든 존재를 일거에 구원하는 것이 아니라, 모든 존재가 합심하여 서로를 구원해야 하는 것이다. 그리고 인간은 삶 속에서 일곱 단계의 상승을 통해 비로소 천사의 상태에 접근할 수 있다고 말해진다. 천사가 될 때 인간은 비로소 시간을 제거하고 영원에 들어갈 수 있다. 그러나 이러한 구원은 전 우주적 차원에서, 모든 물질계에서 일어난다. 광물은 식물

로 부활하고, 식물은 동물로 부활하고, 동물은 인간으로 부활하고, 인간은 천사로 부활한다.[171]

따라서 마즈다교와 이스마일파에서 전 세계의 부활은 하루아침에 갑자기 일어나는 사건이 아니다. 부활은 각 개인의 시간이 다시 뒤로 감겨 사라지면서, 모든 물질성이 점차적으로 증발하면서, 모든 존재의 차원에서 서서히 일어나야 한다. 또는 지상 전체에서 물질화된 모든 천사들이 개별적으로 악과 싸워 승리해야만 전 세계의 부활이 찾아온다. 그러므로 모든 인간이 사후에 자신의 천사를 만나는 것이 중요하다. 앙리 코르뱅은 이것을 '개별적인 종말론'이라고 부른다. 그는 발자크의 소설 『루이 랑베르』의 한 구절을 인용한다. "부활은 세계를 휩쓰는 천국의 바람에 의해 이루어진다. 바람이 실어 나르는 천사는 '너희들 죽은 자들이여, 일어나라!'라고 말하지 않고, '살아 있는 자들이여, 일어나라!'라고 말한다."[172]

우리는 죽은 자들이 세상을 떠났다고 말한다. 그러나 마즈다교와 이스마일파는 달리 말할 것이다. 죽은 자는 결코 세상을 떠나지 않았고 세상을 떠날 수도 없다. 왜냐하면 죽은 것만으로는 세상을 떠날 수 없기 때문이다. 인간은 죽더라도 영원히 세상에 남아 있을 수 있다. 그러므로 세상을 떠나려면 계속해서 살아 있어야 한다.[173] 살아 있는 자만이 부활을 통해 세상을 떠날 자격을 얻게 된다. 천국도 부활도 저세상도 죽음 너머에 있지 않다. 삶 속에서 부활을 얻지 못한 자, 살아가면서 천국을 맛보지 못한 자는 영원히 물질계에 갇혀 순환할 수밖에 없다.

주

1   테오도어 아도르노·막스 호르크하이머, 『계몽의 변증법』, 김유동·주경식·이상 훈 옮김, 문예출판사, 1995, p. 15 ff.

2   *Ibid.*, p. 23.

3   Gilles Quispel, "Time and History in Patristic Christianity," in *Man and Time: Papers from the Eranos Yearbooks*, trans. Ralph Manheim & R. F. C. Hull, New York: Pantheon Books, 1957, p. 97.

4   *Ibid.*, p. 98.

5   Augustine, *Confessions,* 11:14, trans. Henry Chadwick, Oxford: Oxford University Press, 1991, pp. 230−231.

6   Gilles Quispel, "Time and History in Patristic Christianity," p. 100.

7   *Ibid.*, p. 101.

8   *Ibid.*, p. 102.

9   Mircea Eliade, *Myth and Reality*, trans. Willard R. Trask, New York: Harper & Row, Publishers, 1963, pp. 5−6.

10 *Ibid.*, p. 12.

11 Gerardus van der Leeuw, "Primordial Time and Final Time," in *Man and Time: Papers from the Eranos Yearbooks*, trans. Ralph Manheim & R. F. C. Hull, New York: Pantheon Books, 1957, p. 325.

12 *Ibid.*, pp. 330−331.

13 *Ibid.*, p. 331.

14 *Ibid.*, pp. 331−332.

15 *Ibid.*, p. 333.

16 Mircea Eliade, *Myth and Reality*, pp. 13−15.

17 *Ibid.*, pp. 17−18.

18 G. van der Leeuw, "Primordial Time and Final Time," p. 337.

19 *Ibid.*, p. 337.

20 *Ibid.*, pp. 337−338.

21 *Ibid.*, p. 338.

22 *Ibid.*, pp. 338−339.

23 *Ibid.*, pp. 339−340.

24 *Ibid.*, p. 340.

25 *Ibid.*, pp. 340, 343.

26 *Ibid.*, p. 341.

27 Gilles Quispel, "Time and History in Patristic Christianity," p. 86.

28 G. van der Leeuw, "Primordial Time and Final Time," p. 345.

29 Gilles Quispel, "Time and History in Patristic Christianity," p. 86.

30 *Ibid.*, p. 87.

31 Oscar Cullmann, *Christ and Time: The Primitive Christian Conception of Time and History*, rev. edition, trans. Floyd V. Filson, London: SCM Press Ltd., 1962, p. 121.

32 Gilles Quispel, "Time and History in Patristic Christianity," p. 88.

33 *Ibid.*, p. 93.

34 G. van der Leeuw, "Primordial Time and Final Time," p. 346.

35 *Ibid.*, p. 347.

36 *Ibid.*, p. 349.

37 *Ibid.*, p. 348.

38 Mircea Eliade, "Time and Eternity in Indian Thought," in *Man and Time: Papers from the Eranos Yearbooks*, trans. Ralph Manheim & R. F. C. Hull, New York: Pantheon Books, 1957, p. 173.

39 *Ibid.*, pp. 174–175.

40 Mircea Eliade, *The Myth of Eternal Return: Cosmos and History*, trans. Willard R. Trask, Princeton: Princeton University Press, 2005, pp. 113–114.

41 *Ibid.*, pp. 116–117.

42 Mircea Eliade, "Time and Eternity in Indian Thought," p. 181.

43 *Ibid.*, pp. 185–186.

44 *Ibid.*, p. 199.

45 Henri–Charles Puech, "Gnosis and Time," in *Man and Time: Papers from the Eranos Yearbooks*, trans. Ralph Manheim & R. F. C. Hull, New York: Pantheon Books, 1957, pp. 40–41.

46 *Ibid.*, pp. 41–42.

47 *Ibid.*, pp. 42–43.

48 *Ibid.*, pp. 43–44.

49 *Ibid.*, pp. 44−45.

50 *Ibid.*, pp. 45−46.

51 Mircea Eliade, *The Myth of Eternal Return: Cosmos and History*, p. 162.

52 *Ibid.*, p. 34.

53 *Ibid.*, p. 11.

54 *Ibid.*, p. 35.

55 *Ibid.*, p. 37.

56 *Ibid.*, pp. 43−46.

57 *Ibid.*, pp. 46−47.

58 *Ibid.*, pp. 47−48.

59 Helmuth Plessner, "On the Relation of Time to Death," in *Man and Time: Papers from the Eranos Yearbooks*, trans. Ralph Manheim & R. F. C. Hull, New York: Pantheon Books, 1957, p. 236.

60 *Ibid.*, p. 237.

61 *Ibid.*, pp. 240−241.

62 *Ibid.*, p. 241.

63 *Ibid.*, pp. 241−242.

64 Paul−Louis Landsberg, *The Experience of Death & The Moral Problem of Suicide*, trans. Cynthia Rowland, London: The Camelot Press Ltd., 1953, p. 9.

65 Helmuth Plessner, "On the Relation of Time to Death," p. 243.

66 Mircea Eliade, *The Sacred and the Profane: The Nature of Religion*, trans. Willard R. Trask, New York: Harcourt, Brace and Company, 1959, p. 213.

67 Helmuth Plessner, "On the Relation of Time to Death," p. 244.

68 *Ibid.*, p. 244.

69 *Ibid.*, p. 244.

70 *Ibid.*, pp. 245−246.

71 *Ibid.*, p. 248.

72 *Ibid.*, pp. 248−249.

73 *Ibid.*, p. 249.

74 *Ibid.*, p. 250.

75 *Ibid.*, p. 251.

76 *Ibid.*, p. 254.

77 *Ibid.*, pp. 254−255.

78 *Ibid.*, p. 255.

79 *Ibid.*, p. 252.

80 *Ibid.*, p. 255.

81 Paul−Louis Landsberg, *The Experience of Death & The Moral Problem of Suicide*, pp. 4−5.

82 Helmuth Plessner, "On the Relation of Time to Death," p. 256.

83 Paul−Louis Landsberg, *The Experience of Death & The Moral Problem of Suicide*, p. 5.

84 *Ibid.*, pp. 5−6.

85 *Ibid.*, pp. 6−7.

86 *Ibid.*, p. 7.

87 *Ibid.*, pp. 10−11.

88 *Ibid.*, p. 19, fn. 1.

89 *Ibid.*, pp. 11−12.

90 *Ibid.*, p. 12.

91 *Ibid.*, p. 12, fn. 1.

92 *Ibid.*, pp. 13−14.

93 *Ibid.*, p. 13, fn. 1.

94 *Ibid.*, p. 14.

95 *Ibid.*, pp. 15−16.

96 *Ibid.*, p. 29.

97 *Ibid.*, pp. 31−32.

98 *Ibid.*, pp. 17−18.

99 *Ibid.*, p. 20.

100 *Ibid.*, p. 60.

101 *Ibid.*, p. 32, fn. 1.

102 *Ibid.*, p. 22.

103 *Ibid.*, pp. 22−23.

104 *Ibid.*, p. 23.

105 *Ibid.*, p. 24.

106 *Ibid.*, pp. 26−27.

107 *Ibid.*, pp. 45–46.

108 *Ibid.*, p. 46.

109 *Ibid.*, pp. 46–47.

110 *Ibid.*, p. 47.

111 *Ibid.*, p. 48.

112 *Ibid.*, pp. 49–50.

113 *Ibid.*, pp. 35–36.

114 *Ibid.*, pp. 37–38.

115 *Ibid.*, p. 39.

116 *Ibid.*, p. 39, fn. 3.

117 *Ibid.*, pp. 41–42.

118 *Ibid.*, p. 43.

119 *Ibid.*, p. 43.

120 *Ibid.*, p. 51.

121 *Ibid.*, pp. 51–52.

122 *Ibid.*, p. 54.

123 *Ibid.*, p. 55.

124 *Ibid.*, pp. 55, 56, 61.

125 *Ibid.*, p. 62.

126 *Ibid.*, pp. 63–64.

127 Helmuth Plessner, "On the Relation of Time to Death," p. 257.

128 *Ibid.*, p. 258.

129 *Ibid.* p. 259.

130 *Ibid.*, pp. 259–260.

131 *Ibid.*, pp. 260–261.

132 Henri–Charles Puech, "Gnosis and Time," p. 55.

133 *Ibid.*, pp. 56–57.

134 *Ibid.*, pp. 57–58.

135 *Ibid.*, pp. 58–59.

136 *Ibid.*, pp. 60–61.

137 *Ibid.*, pp. 61–63.

138 *Ibid.*, pp. 64–65.

139 *Ibid.*, p. 67.

140 *Ibid.*, p. 68.

141 *Ibid.*, pp. 70-71.

142 *Ibid.*, pp. 71-72.

143 *Ibid.*, p. 72.

144 *Ibid.*, p. 73.

145 *Ibid.*, pp. 73-74.

146 *Ibid.*, p. 75.

147 *Ibid.*, p. 75.

148 *Ibid.*, p. 76.

149 *Ibid.*, pp. 76-77.

150 *Ibid.*, pp. 78-79.

151 *Ibid.*, p. 78, fn. 70.

152 *Ibid.*, pp. 81-82, fn. 77.

153 *Ibid.*, pp. 82-83.

154 Henry Corbin, "Cyclical Time in Mazdaism and Ismailism," in *Man and Time: Papers from the Eranos Yearbooks*, trans. Ralph Manheim & R. F. C. Hull, New York: Pantheon Books, 1957, p. 118.

155 *Ibid.*, p. 119.

156 *Ibid.*, pp. 120-121.

157 *Ibid.*, pp. 121-124.

158 *Ibid.*, pp. 129-130.

159 *Ibid.*, p. 135.

160 *Ibid.*, p. 132.

161 *Ibid.*, pp. 132-133.

162 *Ibid.*, p. 141.

163 *Ibid.*, pp. 149-150.

164 *Ibid.*, p. 152.

165 *Ibid.*, pp. 153-155.

166 *Ibid.*, pp. 155-156.

167 *Ibid.*, pp. 161-164.

168 *Ibid.*, pp. 165-166.

169 *Ibid.*, pp. 166–167.

170 *Ibid.*, p. 168.

171 *Ibid.*, pp. 168–169.

172 *Ibid.*, p. 172.

173 *Ibid.*, pp. 171–172.

4부 사라지는 죽음

1. 기억의 하데스

이 책의 주제는 죽음이지만, 나는 최대한 시간이라는 존재 지평에 입각하여 죽음의 다양한 모습을 그려 보려 했다. 그리고 나는 종교가 제시하는 삶의 힘, 즉 '삶을 끝까지 살아 내는 힘'에 대해 이야기하려 했다. 설령 종교적 사유가 환상에 불과하다 하더라도, 삶은 종교라는 환상 없이는 버티기 힘든 고단한 것이다. 우리는 입버릇처럼 환상과 미몽에서 깨어나야 한다고 말한다. 그러나 환상 없는 삶은 없다. 환상 없는 삶을 꿈꾸는 것 자체가 환상일 것이다. 우리는 종교적 구미에 맞는 환상과 그렇지 않은 환상 사이를 떠돌 뿐이다. 이 책에서 우리는 종교가 어떻게 삶에 의미를 부여하는지, 종교가 어떻게 삶을 끝까지 살아 낼 수 있는 가능성을 남김없이 탐색하려 하는지를 짐작할 수 있었다.

인간은 사물을 있는 그대로 경험하지 않는다. 사물은 항상 뒤틀리고 여과되어 최초의 사물과는 다른 것으로 인간의 내면에 수용된다. 인간과 사물 사이의 거리에는 수많은 환상과 기대와 기억이 개입하기 때문에, 우리는 항상 최초의 사물을 놓칠 수밖에 없다. 우리는 환상의 매개 없이, 사물의 그림자 없이 날것 그대로 총체적으로 사물을 경험하고 싶어 한다. 우리는 완전한 경험의 가능성을 꿈꾼다. 그러나 우리는 어떤 사물도 어떤 인간도 완벽하게 경험할 수 없다. 인간에게 완전한 경험이란 애당초 불가능한 것이다. 우리는 사랑이라는 관계를 통해 한 인간에 대한 완전한 경험의 가능성을 실험하기도 한다. 하지만 이것 역시 완전한 경험의 허구적 대리물일 뿐이다. 그리고 모든 대리물은 위험하다.

우리는 결코 한 사람의 전부를 기억할 수도 없고, 예상할 수도 없고, 이야기할 수도 없다. 한 사람은 그 자체로 거대한 신비일 수밖에 없다. 한 사람이 짧은 인생 동안 품고 살아가는 수많은 생각들, 그가 들었을 수많은 소리들, 그가 보았을 수많은 장면들, 그가 음미했을 수많은 사물들, 이제는 스스로도 망각한 그 사람의 수많은 행동들, 그 사람이 내뱉은 수많은 말들, 그 사람이 종이에 써 내려간 수많은 문자들, 우리는 금세 이 모든 것의 총체성에 압도당하고 만다. 인간에게 다른 한 인간은 결코 인식의 대상이 될 수 없다. 아니 학문이라는 범주 안에서 한 사람을 이야기한다는 것 자체가 어불성설일지도 모른다.

우리가 사람을 기억하는 방식에는 여러 가지가 있다. 그런데 그리스 신화를 보면 죽은 자들은 하데스에서 그림자가 된다. 그림자는 얼굴도

죽음을 사색하는 시간

없고 목소리도 없고 겨우 윤곽으로만 존재를 지탱하는 검은 사물이다. 따라서 하데스에서는 그림자만 보고 곧장 그가 누구인지 알아볼 수 없다. 그런데 하데스에 들어간 죽은 자는 자기 존재를 압축적으로 표현하는 똑같은 몸짓을 영원히 반복해야 한다. 마법에 걸린 듯 영원히 반복되는 그 몸짓을 대할 때, 비로소 사람들은 그가 누구인지 알아볼 수 있다. 익시온은 영원히 수레바퀴와 함께 돌아야 하고, 다나이데스는 헛되이 체로 물을 길어 나르는 일을 계속한다. 실제로 죽은 자는 살아 있는 자의 기억 속에서 이러한 "존재의 무한 재현"을 겪게 되는 것 같다.[1] 죽은 자는 나의 기억 속에서 일정한 몸짓을 반복하며 살아간다. 아니, 기억은 그러한 몸짓의 반복, 존재의 반복을 가리키는 말이다. 타인의 기억은 나를 어떤 존재로 반복할 것인가? 발터 벤야민은 정형화된 고정된 몸짓으로 존재한다는 것이 바로 지옥의 표지라고 말한 바 있다.[2] 우리의 영혼은 타인의 기억이 펼칠 그림자극의 지옥을 벗어날 수 있을까?

저승에 대한 이러한 묘사는 참으로 흥미로우면서도 끔찍하다. 나는 사람들에게 어떤 몸짓으로 어떤 그림자로 기억되고 있는가? 하데스에 대한 묘사가 마치 기억에 대한 묘사처럼 여겨졌던 것은 이 때문이다. 나의 기억은 내가 겪은 수많은 사람들의 그림자를 담고 있는 하데스 같은 것이다. 천국과 지옥이 있다면 그것은 바로 사람들의 기억일 것이다. 내 기억의 하데스에서 지옥을 경험하는 그림자도 있을 것이고, 천국을 경험하는 그림자도 있을 것이다. 정말 우리는 이런 방식으로 죽음을 경험하곤 한다. 내가 죽으면 너는 나를 어떻게 기억할까? 다른 사람들의 기억에서 내가 차지하는 부피나 넓이의 총합이야말로 최후의 심판이 아닐까 하는 생각을 해 볼 수도 있다. 실제로 죽음에 대한 공포의 상당 부분은 기억의 문제와 연관되어 있다. 이것을 '기억에의 의지'나 '기억 투쟁'이라 불러도 무방하다.

누구나 죽음의 기억은 있다. 그러나 편안한 마음으로 사석에서 죽음에 관한 자신의 기억을 넋두리처럼 풀어낼 수 있는 사람은 그나마 행복하다. 차마 이야기할 수 없는, 아니 도저히 이야기로는 드러낼 수 없는 죽음들이 있기 때문이다. 우리는 항상 살아 있는 자와 죽은 자가 더불어 형성하는 공동체 안에서 살고 있으며, 죽음의 간섭을 받지 않는 삶은 존재하지 않는다. 우리는 내 주변의 가까운 죽음에서 시작하여 나와 무관한 듯 보이는 먼 죽음에 이르기까지 차츰 인간의 죽음을 공유하면서 살아간다. 더 오래 살수록 내 기억의 하데스에서 더 많은 그림자들이 각자의 몸짓을 반복하며 살아가게 된다. 우리는 그것을 "죽음의 공유"라고 말할 수 있을 것이다.[3] 우리의 의식은 죽음을 먹으면서 성장해 간다. 아니 우리는 타인의 죽음을 먹기 때문에 죽어 간다.

죽음은 삶의 끝이면서도 또 다른 세계가 시작될 수 있는 기점으로 상상된다. 완전한 끝만이 완전한 시작을 가능하게 하기 때문이다. 모든 종교는 그 기저에 자기만의 '죽음의 신화'를 품고 있다. 이 책에서 우리는 그러한 신화의 일부를 볼 수 있었다. 우리는 대부분의 종교적인 세계가 사후 세계에 대한 상상력에 근거하고 있다는 사실에 주목해야 한다. 죽음은 '전혀 알 수 없는 무엇'이자 '절대 타자' 같은 것이다. 죽음의 공간에 거주하는 신은 죽지 않는 불멸의 존재이다. 성스러움은 죽음이 시작된 기점뿐만 아니라 죽음이 끝나는 종점을 가리키는 언어이다. 종교 안에서 인간이 내딛는 모든 걸음은 죽음을 부정하기 위한 움직임이고, 종교 안에서 인간이 내뱉는 모든 언어는 죽음을 제거하기 위해 발언된다.

2. 자연적인 죽음

쇼펜하우어는 「인생의 시기」라는 글의 한 주석에서 '자연적인 죽음'에 관한 흥미로운 이야기를 덧붙인다. 그는 『우파니샤드』에서 인간 수명의 자연적인 길이를 100년으로 설정하고 있으며 이에 동의한다고 말한다. 그가 관찰한 바에 따르면, 질병이나 뇌졸중이나 경풍 없이, 그리고 어떤 고통도 없이 자연적인 안락사에 도달하는 일은 오로지 90세를 넘긴 사람들에게만 가능하다. 그들은 창백한 혈색조차 내비치지 않은 채 앉은 자세로 숨을 거두거나 식사를 마치고 나서 조용히 세상을 떠난다. 그들에 대해서는 죽는다는 표현보다는 삶을 멈춘다는 표현이 더 적절하다. 따라서 90세 이전에 삶의 끝에 도달한다는 것은 질병으로 죽는다는 것, 또는 때 이르게 죽는다는 것을 의미할 뿐이다. 또한 쇼펜하우어는 구약성서나 헤로도토스가 인간 수명의 한계를 70~80세로 설정하고 있는 것은 잘못된 것이라고 말한다. 왜냐하면 그러한 추정이 옳다면

70~80세의 나이에 사람들이 그저 노령으로 죽어야 하는데 그렇지가 않기 때문이다. 70~80세의 사람들은 여전히 젊은이들처럼 질병으로 죽는다. 질병은 비정상적인 것이며, 따라서 그러한 나이에 죽는 사람은 자연적인 죽음의 모습을 보여주지 않는다. 노령으로 죽을 수 있는 사람은 오로지 90~100세 사이의 사람들뿐이다. 그들은 질병 없이, 임종 시의 가래 끓는 소리 없이, 경풍이나 창백함 없이 자연적인 안락사에 도달한다.[4] 충분히 오래 산 노인은 죽음 없이 죽는다. 아니, 그는 더 이상 죽음이라는 개념에 갇히지 않은 채 죽음을 맞이한다. 그는 더 이상 죽지 않는다.

쇼펜하우어의 이 글을 읽는 순간 우리는 자신이 갖고 있는 죽음 개념을 의심할 수밖에 없다. 내가 일정한 죽음 개념 안에, 일정한 죽음의 이미지 안에 갇혀 있었다는 생각을 할 수밖에 없는 것이다. 사실 죽음에 대한 우리의 공포는 일정 부분 개념에 대한 공포에서 기인한다. 현재 우리는 의료 기술과 기계적인 생명 유지 장치를 통해 죽음을 상당 부분 지연시킬 수 있는 능력을 확보하게 되었다. 그러나 죽음의 지연 현상이 가져온 가장 중요한 결과는 '자연적인 죽음'이라는 개념의 소거였을 것이다. 이제 대부분의 인간은 결코 자연스럽게 죽을 수 없다. 쇼펜하우어의 말처럼, 죽음의 공포를 치유할 수 있는 유일한 길은 어쩌면 충분히 오래 살다가 마치 기계가 멈추듯 죽는 것뿐이다. 90세를 넘긴 충분히 오래 산 자만이 더 이상 죽음을 두려워하지 않을 수 있는 것은 아닐까? 현재 한국 사회에서 70세를 넘긴 많은 노인들은 '비참하게 죽지 않

죽음을 사색하는 시간

는 것'에 대한 소망 같은 것을 품고 살아간다. 아픈 몸을 질질 끌며 비참하게 연명하느니 차라리 자살을 택하는 게 낫다는 생각이 확산되고 있는 것이다. 우리는 현재 우리가 살고 있는 세계 속에서 유통되고 있는 모든 죽음 개념에 대해 물어야 한다. 그리고 그 모든 죽음 개념이 형성하는 혼란스럽고도 복잡한 죽음의 이미지가 우리에게 어떤 영향을 미치고 있는지를 아울러 물어야 한다.

최근 한국 사회에서는 연명 치료와 관련하여 사전에 자기 의사를 표명하는 '사전 연명 의료 의향서'를 작성하는 운동이 일고 있다. '사전 연명 의료 의향서'는 뇌사 상태, 질병 말기 상태, 노화로 인한 죽음 임박 상태에서 심폐 소생술이나 생명 유지 장치의 사용을 거부하는 것을 결정하는 내용을 담고 있다. 또한 영양 공급, 혈액 투석, 계속적인 수혈이나 혈액 검사, 항암제 투여 등의 치료와 검사를 거부할 수 있는 내용도 담고 있다. 존엄사나 안락사의 문제뿐만 아니라 이러한 운동도 죽음의 자기 결정권 문제와 연관되어 있다.

그러나 우리는 '미끄러운 경사면(slippery slope)'에 관한 논쟁을 유념할 필요가 있다. '미끄러운 경사면'의 위험성을 주장하는 입장은 다음과 같이 요약될 수 있다. 예외적이고 특별한 경우로 제한하여 자발적인 의사 조력 자살(physician-assisted suicide) 같은 안락사를 인성할 경우, 이로 인해 예외성을 판단하기 어려운 경우에도 점차 안락사가 시행될 것이고, 결국에는 국가가 운영하는 일반적인 안락사 프로그램이 만들어질 것이다. 설령 위독한 말기 환자라 하더라도 안락사가 법제화되어 허용될 경우, 이것은 결국 엄청난 유혈 사태를 불러일으킬 수 있다. 하나의 안락사가 마침내 약자, 불구자, 빈민, 노인, 소수 집단 등에 대한 강제적인 안락사 프로그램으로 무한 확장될 수 있는 보이지 않는 '윤리적 경사면'이 존재하기 때문이다. 안락사와 관련하여 하나의 예외라도 허용하면, 어느 순간 미끄러운 경사면을 타고 윤리 의식이 활강하여 예외가 규칙이 되고 만다는 것이다. 물론 이러한 '상상의 경사면'에 대한 가정은 사람들의 공포심을 이용하여 사회의 현 상태를 유지하려는 보수적인 주장이라고 반박할 수도 있다.[5]

자연적인 죽음의 불가능성이 지배하는 세계 속에서 인간은 자살할 수밖에 없다. 의학적인 죽음 지연으로 인해 아마도 점점 더 많은 인간이 자살을 통해서만 죽을 수 있는 그런 시대가 도래할 것이다. 존엄사나 안락사의 문제는 개인의 죽음 선택권이라는 이름만으로는 정당화될 수 없다. 오히려 우리는 존엄사와 안락사가 '공인된 자살 프로그램'이라는 것을 인정할 필요가 있다. 오늘날 인간에게 남은 가능한 죽음의 선택지는 점점 줄어들고 있다. 살인과 자살의 공모 속에서 탄생한 새로운 죽음 형식이 이제 우리에게 남은 마지막 죽음 양식일지도 모른다. 죽어 가는 사람은 주변 사람에게 폐를 끼치게 되어 미안해하고, 이로 인한 죄책감에 시달릴 수밖에 없다. 아파 죽어 가기 때문에 미안해지는 이러한 사회적 분위기는 사람들에게 '아름다운 죽음'을 강요하게 된다. 하나의 죽음을 허용하는 순간 우리는 무수한 죽음을 동시에 허용하게 될 것이다. 죽음 개념은 그토록 쉽고 빠르게 하나의 불안이 되어 질병처럼

죽음을 사색하는 시간

모두의 영혼을 잠식할 것이다. 그러므로 어쩌면 지금 우리에게 필요한 것은 '죽음 표상의 역학(疫學)'이다. 우리는 안락사나 존엄사가 형성하는 죽음 표상이 어떻게 '좋은 죽음' 같은 다른 죽음 표상으로 변형되고 있는지를 비판적으로 성찰해야 한다. 처음에는 그저 '좋은 죽음'을 권유하는 사회적 분위기가 형성될 것이다. 그러나 얼마 지나지 않아 우리는 '좋은 죽음'이라는 도덕을 강요하고 '나쁜 죽음'을 비난하는 사회 안에서 살고 있을 것이다.

마르셀 모스는 「집합성이 암시하는 죽음 관념이 개인에게 미치는 신체적 영향」이라는 짧은 글에서, 개인적 요소의 개입 없이 순수하게 사회적 기원을 갖는 죽음의 강박증이 어떻게 개인의 의식과 신체를 파괴하여 개인을 죽음에 이르게 할 수 있는지에 대해 이야기한다.[6] 종교는 인간을 죽음에서 구원할 수 있는 유일한 방법처럼 생각된다. 그러나 인간은 종교 때문에, 또는 종교가 제시하는 죽음 관념 때문에 죽을 수도 있다. 종교가 말하는 천국과 지옥, 내세의 심판, 귀신의 존재, 환생 이야기 등은 우리의 죽음 관념을 일정한 방향으로 몰아간다. 문화적이고 사회적인 온갖 죽음 관념이 각 개인의 심리 상태를 경유하여 신경계에 작용하고, 이로 인해 인간이 죽음에 이를 수 있다. 인간의 마음은 사회와 신체가 만나는 접점에서 형성된다. 따라서 특징 관념이 마음에 각인되어 신체에 영향력을 행사함으로써 사람의 죽음을 야기할 수 있는 것이다. 자신이 저주를 받았다고 믿는 사람이나, 도저히 씻을 수 없는 죄를 저질렀다고 믿는 사람의 신체는 우리가 생각하는 것보다 쉽게 붕괴될 수 있다. 이것이 바로 '믿음의 생리학'이다. 로베르 에르츠가 말한 것처럼, 종교가 '죄의 파괴'와 '과거의 파괴'를 실행할 수 있는 속죄 의식을 상실할 때, 개인은 죄의 내면화를 통해 홀로 외로이 내면에서 자신의 죄와 마주하게 되고, 이것은 '죄의 파괴'가 아니라 '죄인의 파괴'를 초래한다.[7]

3. 죽음의 중지

일정 기간 동안 각각의 사회가, 또는 각각의 민족이 보여주는 자살률은 어느 정도 안정적으로 유지된다. 에밀 뒤르켐은 이러한 자살률의 안정성 속에서 묘한 신비로움을 감득했던 것 같다. 사회의 극소수를 형성하는 자살자들은 서로 흩어진 채 다른 자살자와는 아무런 교감도 없이 각자 자살을 결행한다. 그렇다면 어떻게 해서 해마다 비슷한 수의 자살이 발생할 수 있는가? 마치 자살자들이 어떤 하나의 법칙에 순응하고 있는 것처럼 모든 일이 벌어진다. 뒤르켐은 동일한 사회적 환경이, 그리고 동일한 집합적 힘이 비슷한 수의 자살자를 해마다 만들어 낸다고 주장한다. 이렇게 설명하지 않고서는 자살률의 안정성이 보여주는 신비로움을 설명할 길이 없다는 것이다.

뒤르켐에 의하면, 각각의 집단은 그 자체의 기질을 갖고 있고, 자살의 경향성은 집단의 도덕적 기질에 근거하기 때문에, 집단에 따라 자살률이 달라지고, 같은 집단은 동일한 자살률을 유지한다. 그리고 인간은 대체로 사회의 무게로 인해 자살하며, 사회마다 개인의 신체 기관이 느끼는 사회적 감각의 총량은 달라진다. 심지어 뒤르켐은 자살의 원인으로 지목되는 다양한 개인적 사건들이 사회 안에서 해마다 같은 비율로 발생하는 것 같다고 말한다. 해마다 같은 수의 불행한 결혼, 파산, 좌절된 야망, 절망적인 빈곤 등이 사회 안에서 발생하고, 이로 인해 이러한 상황이 암시하는 결단을 해마다 같은 수의 개인들이 내릴 수 있다는 것이다. 뒤르켐이 선호하는 이야기는 아니지만, 이러한 종류의 상상은 사회가 살아 움직이는 신비로운 실체라는 것을 드러낸다. 그에 따르면 집합적인 경향성은 우주적인 힘만큼이나 실제적인 것이다.[8]

그런데 현대 사회의 죽음 문제에서 중요한 것은 '자연적인 죽음'이 거의 사라지고 죽음의 영역이 온통 자살과 살인으로 뒤덮이고 있다는 점이다. 이제 자살은 극소수의 사람이 선택하는 자기 살해가 아니고, 살인도 극소수의 불운한 자가 당하는 비극적 운명이 아니다. 현대 사회를 살아가는 모든 사람의 모든 죽음에서 언제나 우리는 희미하게 자살과 살인의 징후를 해독할 수 있다. 설령 질병으로 죽더라도, 그는 자신의 건강을 제대로 돌보지 않은 자살자이다. 설령 사고로 죽더라도, 그는 자신의 안전을 제대로 살피지 않은 자살자이다. 동시에 모든 질병이나 사고에서 우리는 보이지 않는 의인화된 살인자를 가정한다. 마치 죽음의 저주를 내린 마법사의 존재를 믿는 원시 부족의 경우처럼, 이제 우리는 모든 죽음에 감추어진 원인이 있다고, 드러나지 않은 마법이 있다고 믿는다. 모든 죽음은 부자연스럽다. 오직 마법이라는 비자연적 원인만이 죽음을 유발할 수 있다. 이러한 상황은 정상적인 죽음과 비정상적인 죽음의 관계가 역전되었다는 것을 가리킨다. 정상적인 죽음은 사라지고, 모든 죽음이 비정상적인 것으로 분류된다. 이제 우리는 누구도 쇼펜하우어가 말한 '자연적인 죽음'을 맞이할 수 없는 상황에 처한 것이다.

　제프리 고러는 '죽음의 포르노그래피'에 대해 이야기하면서, 우리가 죽음을 감추려 하면 할수록 죽음은 '공포 영화'가 되어 회귀한다고 말한다.[9] 일상 문화에서 죽음이 배제되고 은폐될수록, 죽음은 영화와 대중적 판타지 속에서 점점 더 폭력적이고 선정적인 모습으로 자신을 드러낸다. 이때 우리는 '진짜 죽음'이 억압된 일상을 살아가지만, 매일같이 영화, 소설, 텔레비전, 게임을 통해 회귀하는 '가짜 죽음'을 경험한다. 현실의 지면(紙面)에서는 죽음이 공포의 대상이지만, 상상의 지면에서는 죽음이 오락과 쾌락의 대상이 되는 역설적인 정황에 처하는 것이다. 그러나 오늘날 우리는 제프리 고러가 말하는 '침묵하는 죽음'이 아니라 '소거된 죽음'의 시대를 살아가고 있는 것 같다. 죽음이 사라진 시대 속에서 인위적으로 죽음을 만들어 내고 있는 것이다. 그래서 우리는 더 이상 죽음다운 죽음, 있는 그대로의 죽음을 경험하지 못한다. 죽음이 아니라 죽음의 모조품만 존재한다고 말해야 할지도 모른다. 우리는 이미 눈앞에 놓인 죽음으로부터 죽음을 경험하지 못한다. 이것이 바로 우리가 부딪히고 있는 '죽음의 종언', 또는 '죽음의 중지'라는 문제이다. 그리고 이러한 현상은 생명과 죽음의 경계선이 인위적으로 재편되거나 아

　　　　　　　　　　　　죽음을 사색하는 시간

예 사라지고 있다는 사실과 무관하지 않다.

1959년에 프랑스의 신경 생리학자인 몰라레(P. Mollaret)와 굴롱(M. Goulon)은 인공적인 호흡, 아드레날린 정맥 주사에 의한 심장의 혈액 순환, 체온 조절 장치 등과 같은 생명 유지 기술의 등장이 낳은 새로운 코마 상태를 정의하기 위해 '비가역적 코마(coma dépassé)'라는 표현을 사용한다. 이처럼 돌이킬 수 없는 코마 상태에 빠진 환자는 기계의 도움으로 겨우 생명을 유지할 뿐이며 소생의 기미를 전혀 보여주지 않는다. 그리고 이때 생명과 죽음의 경계선을 결정하는 것은 자연이 아니라 인간이 만든 기계이다. 그런데 '비가역적 코마'를 발생시킨 생명 유지 장치의 발달과 거의 같은 시기에 등장한 것이 바로 장기 이식 수술이다. '비가역적 코마'에 빠진 사람은 장기 제거를 위한 이상적인 조건을 갖추고 있다. 하지만 장기 이식이 살인이 되지 않도록 하기 위해서는 죽음의 경계선을 엄밀히 재정의하는 작업이 필요했다.[10]

1967년에 남아프리카에서 세계 최초로 심장 이식 수술이 이루어진다. 그리고 1968년에 미국 하버드 의과대학 특별위원회에서 의사들은 회복 불가능한 코마 상태에 빠진 뇌사 판정 환자는 '죽은 사람'으로 간주될 수 있다고 주장한다. 하버드 의과대학의 보고서는 "회복 불가능한 코마를 새로운 죽음 기준으로 규정하는 것이 우리의 첫 번째 목적이다."라고 명시하고 있다.[11] 그 이전에는 심장 박동과 호흡의 정지가 죽음을 판정하는 기준이었다. 그러나 인공호흡기 같은 생명 유지 장치가 사용되면서 뇌 기능의 정지에도 불구하고 심장 박동은 멈추지 않는 혼란스러운 사태가 발생했다. 이와 관련하여 하버드 의과대학 특별위원회는 생명을 소생시키고 유지시키는 장치의 발달로 인해 환자와 환자 가족과 병원의 부담이 가중되고 있고, 죽음을 정의하는 낡은 기준으로 인해 이식할 수 있는 장기를 얻는 데 논란이 일 수 있다는 이유를 들어, 뇌사라는 새로운 죽음 정의를 도입해야 한다고 주장했다.[12]

그러므로 뇌사 개념은 장기 기증자와 의사의 법적 지위를 규정하고 보호하기 위한 의학적인 죽음 정의였다고 할 수 있다. 그래야만 장기 기증자는 자살하지 않게 되고, 의사는 살인하지 않게 되기 때문이다. 여기에서 우리가 목도하는 것은 자살과 살인이 죽음을 대체하는 현상이다. 생명 유지 장치 덕분일지라도 이제 '호흡하는 시체'라는 새로운 존재가 인간 삶의 영역으로 들어온 것이다. 의료 기술의 발달로 인해 모든 사람들은 이제 몸이 없는 유령이 아니라, 역으로 영혼이 없는 '신체 유령'으로 전락할 수도 있는 불안한 미래를 걱정해야 한다. 이러한 사태는 죽음의 현상학 자체가 불가능해지는 상황을 가리키고 있다. 또는 이것은 죽음의 현상학에 대한 근본적인 재수정 작업이 필요하다는 것을 가리킨다. 우리가 알고 있던 그런 죽음이 사라진 시대에 우리는 죽음에 대해 어떻게 이야기할 수 있을까? 이것은 그저 사라진 죽음을 복원하는 문제만은 아닐 것이다.

지그문트 바우만은 근대 세계와 근대 이후의 세계가 어떻게 죽음을 해체했는지에 대해 이야기한다. 죽음을 해체하는 근대적인 전략은, 특수한 질병이나 생명을 위협하는 여타의 문제와의 결코 끝나지 않을 전투를 통해, 죽음 자체와의 투쟁을 해체해 버리는 방식을 취한다. 삶의 지평 끝에 놓인 멀리 떨어진 죽음을 일상적인 삶의 자리로 이동시킨 다음, 건강의 위협처럼 상대적으로 해결 가능한 작은 문제들로 죽음을 치환하는 것이다. 이것은 죽음을 미시적으로 잘게 분해하여 죽음을 사라지게 하는 전략이라고 할 수 있다. 이때 삶의 끝에 놓인 '큰 죽음'은 사라지지만, 그 대신에 우리의 삶은 온통 '작은 죽음들'로 뒤덮인다.[13] 바우만은 다음과 같이 말한다.

> 우리는 죽지 않는다. 우리는 무언가에 의해 살해된다. … 필멸성은 더 이상 인류의 피할 수 없는 실존적 곤경이 아니며, 각각 그 자체의 피할 수 있는 원인을 지닌 사적인 죽음의 다양한 사건들로 해체되었다. … 필멸성의 근대적인 해체의 결과로서, 생명의 중지에 대해 죄가 있는 자가 없다는 것은, 범죄적인 '살인' 행위의 배후에 식별할 수 있고 명명할 수 있는 범인이 없다는 것은 거의 생각조차 할 수 없다. … 죽음이 도래할 때 그것은 사고로, 무력함이나 악행의 기호로 여겨진다. … 죽음은 그 자체로는 피할 수 없다. 그러나 구체적인 각각의 죽음 사례는 우발적이다. 죽음은 전능하며 정복할 수 없는 것이다. 그러나 특수한 죽음 사례는 어떤 것도 그렇지 않다. … 필멸성의 거대한 시체가 머리에서 꼬리까지 두렵지만 치료할 수 있는 (또는 잠재적으로 치료할 수 있는) 고통들의 얇게 저민 조각들로 잘려진다. 그리고 이 조각들은 이제 삶의 구

석구석과 딱 맞아떨어질 수 있다. 죽음은 이제 삶의 끝에서 오지 않는다. 끊임없는 감시를 요청하고, 철야의 일시적인 완화조차도 금지하면서, 죽음이 처음부터 여기에 있다. 우리가 일하고, 먹고, 사랑하고, 휴식을 취할 때, 죽음이 우리를 주시하고 있으며, 우리도 죽음을 주시해야 한다. 죽음과 싸우는 것은 무의미할 수 있지만, 죽음의 원인과 싸우는 것은 삶의 의미가 된다. … 만약 나의 죽음이 내가 했던 무언가에 의해, 또는 내가 발생을 막을 수 있었던 무언가에 의해 (그러므로 나의 나태나 부주의에 의해) 야기된다면, 생존은 나의 사적인 문제이자 사적인 책무라는 것이 재확인된다.[14]

바우만에 의하면 근대적인 세계는 필멸성을 해체하지만, 근대 이후의 세계는 불멸성을 해체한다. 근대적인 세계는 '큰 죽음'을 잘게 썰어 '작은 죽음들'로 분해하지만, 근대 이후의 세계는 '큰 영원성'을 잘게 썰어 '작은 영원성들'로 분해한다. 그리하여 삶 자체가 시간의 연속이 아니라 '작은 영원성들'의 연속체로 구성된다. 그러나 이 영원성은 매 순간 죽고 다시 재생되어야 하는 영원성이다. 즉 죽음과 부활에 갇힌 영원성이다. 근대 이후의 세계는 순간 속에 영원을 담고, 매 순간을 부풀려 영원으로 확장시키지만, 이 영원은 찰나의 영원, 피어나자마자 곧장 시들어 버리는 영원, 필멸의 영원, 즉 필멸하는 불멸이다.[15] 그리고 이러한 세계는 시간을 일시적이고 덧없는 삽화들의 연속으로 얇게 저미고 분할

죽음을 사색하는 시간

함으로써, 과거, 현재, 미래로 이어지는 시간성 자체를 제거한다. 따라서 더 이상 시간의 종국성이 사람들을 괴롭히지 않는다. 아니 시간은 없다. '작은 영원성들'의 흐름이 형성하는 가짜 시간만 존재할 뿐이다. 이처럼 근대 이후의 세계에서 인간은 매 순간 사후 세계의 영원을 경험한다.

근대적인 세계는 매 순간 죽음을 살해하면서 삶의 의미를 구축했다. 그러나 근대 이후의 세계는 매 순간 영원을 살해함으로써 죽음의 의미를 중화시킨다. 영원도 죽기 때문에, 신도 죽기 때문에, 이제 죽음은 무의미하다. 그리고 사람은 죽는 것이 아니라 소멸할 뿐이다. 죽음이 사라진다. 출생과 죽음은 로그인(login)과 로그아웃(logout)에 불과하다. 예컨대 삶의 공간이 컴퓨터나 스마트폰의 화면으로 존재하기 때문에, 중요한 것은 내가 보고 있는 화면에 접속한 사람들뿐이다. 접속만이 생존을 보증한다. 우리는 로그인과 로그아웃의 무한 반복을 통해 출생과 죽음을 영원히 되풀이한다. 그러므로 이러한 세계에서 죽음의 의미는 점점 퇴색한다. 우리가 죽더라도 이 세계를 탈출하는 것은 불가능하다. 삶과 죽음이 모두 이 세계 안에 갇혀 있기 때문이다.

이제는 불멸성 자체가 필멸적인 것이 된다. 그러나 죽음은 일회적인 행위, 돌이킬 수 없는 결과를 갖는 단 한 번의 독특한 사건이기를 멈춘다. 불멸성의 필멸성을 포함하여, 필멸성으로부터, 즉 모든 필멸성으로부터 종국성의 독침이 뽑혔다. 사물들은 단지 잠시 동안 시야에서 사라진다. 그 시간이 오래 지속될 수도 있지만, 아마

도 영원히 지속되지는 않을 것이다. 죽음은 단지 중지, 과도기적 상태일 뿐이다.[16]

　바우만이 그리는 근대 이후의 세계는 삶과 죽음의 구별, 시간과 영원의 구별이 더 이상 존재하지 않는 세계이다. 이제 불멸의 기호가 삶의 곳곳에 질펀하게 널려 있기 때문에, 불멸성은 더 이상 멀리 있는 매혹적인 욕망의 대상이 아니다.[17] 과거, 현재, 미래의 엄격한 구별에 의해 유지되는 시간성이 사라진 세계에서는, 시간에 의해 구성되는 주체도 사라진다. 따라서 근대 이후의 세계에서는 주체의 필멸성을 초월하려는 노력이 결국 주체의 파괴를 초래한다. '나'라는 존재의 의미가 모호해지는 것이다. 주체가 해체되면 불멸할 주체도 사라지기 때문에, 불멸성은 우리가 현재의 자리에서 관람하는 불꽃놀이로 전락한다. 그리고 주체의 해체는 삶 자체를 불멸의 연속으로 변형시킨다. 주체가 사라지면 시간이 사라지고, 시간의 빈자리에 영원이 남는다. 그러나 매 순간이 불멸성의 기호가 되지만, 어떤 불멸성도 불멸하지 않는다.[18] 내가 없으므로 나라는 개별적인 존재의 영원한 존속은 아무것도 아닌 것이 된다.

　현대인은 '거대한 죽음'과의 전쟁보다는 외관상 죽음처럼 보이지 않는 '무한히 작은 죽음들'과의 전투에 골몰한다. 아직은 죽음의 냄새가 나지 않지만, 혹여 죽음에 이를지도 모르는 온갖 미시적인 죽음의 가능성을 사전에 차단하고자 하는 것이다. 정신의학적 연구에 따르면, 내부와 외부의 어떤 근본적인 현실에 대한 지각을 지속적으로 회피하게 하

　　　　　　　　　　　　　　　　　　　　죽음을 사색하는 시간

는 방어기제를 구축하려면 값비싼 심리적 비용을 치러야 한다. 마찬가지로 죽음의 실재성을 회피하고 불멸과 영생에 대한 믿음을 만들어 내기 위해 우리는 엄청난 심리적 비용을 치러야 한다. 죽음의 공포를 은폐하고 치환하기 위해 우리는 자유로운 창조적인 일에 쓰일 수 있는 다른 에너지를 훔쳐 쓸 수밖에 없다.[19] 죽음이 당장 내 눈앞에서 사라지면 일시적으로는 행복할지 모른다. 그러나 그러한 죽음의 비가시성은 엄청난 심리적 희생을 통해서만 가능하다. 그래서 삶의 공간에서 죽음을 지우기 위해 결국 나까지 지우고 마는 일이 벌어지는 것이다.

4. 죽음의 부정

어떤 이는 죽음에 대한 이야기와 사색이 증가하면 죽음의 문제가 해결될 수 있다고 주장하기도 한다. 그러나 죽음에 대해 많이 이야기한다고 해서 죽음의 문제가 해결되는 것은 아니다. 쇼펜하우어는 죽음이 없었다면 철학도 가능하지 않았을 거라고 말한다. 그에 따르면, 철학과 종교, 나아가 모든 문화는 일차적으로 이성이 만들어 낸 죽음의 해독제 같은 것이다. 이처럼 이미 우리의 문화는 죽음으로 물들어 있다. 메를로 퐁티(M. Merleau-Ponty)에 따르면, 인간은 결코 자신의 탄생도 죽음도 경험할 수 없으며, 오로지 자신이 이미 태어났음과 여전히 살고 있음, 그리고 아직 죽지 않았음만을 파악할 수 있을 뿐이다. 탄생과 죽음은 항상 개인적인 지평 외부에 위치하는 것일 수밖에 없다. 그렇다면 '나의 탄생'과 '나의 죽음'은 결코 내가 소유할 수 없는 '나의 것'일 수밖에 없다. 에드가 모랭(Edgar Morin)은 죽음 관념은 내용 없는 관념이자 가장 공허한 관념이며, 생각할 수도 설명할 수도 형용할 수도 없는 관념이라고 말한다. 죽음에 대한 공포는 텅 빔에 대한 공포이자 궁극적인 부재에 대한 공포이고 비존재에 대한 공포이다. 따라서 죽음에 대한 생각은 인간에게 절대적인 무(無)가 주는 심리적인 외상을 남길 수밖에 없다. 죽음에 대해 생각하는 순간 언제나 이성은 자신의 절대적인 패배를 인정할 수밖에 없다. 죽음은 결코 알 수도 없고 생각할 수도 없는 것이기 때문이다.[20]

알베르 카뮈의 『행복한 죽음』에 등장하는 두 다리가 잘린 반쪽짜리 인간 롤랑 자그뢰스는 "돈이 없으면 행복해질 수 없어요. 그뿐입니다. … 다만 행복해지려면 시간이 있어야 되는 거예요. 그것도 많은 시간이. 행복 역시 길고 긴 인내에서 오는 겁니다. 그러나 대부분의 경우 사람들은 돈을 버느라고 삶을 허비해요. 돈으로 시간을 벌어야 하는데 말예요. … 부자이거나 부자가 된다는 것, 그건 바로 우리가 행복해질 자격이 있을 때 행복하기 위한 시간을 갖는다는 것을 의미해요."라고 말한다. 그가 이렇게 말하는 이유는 다른 것이 아니다. 그는 이렇게 덧붙인다. "20년 동안 나는 어떤 종류의 행복은 경험해 볼 수가 없었어요. 나를 쥐어뜯는 듯한 이 삶을 뻔히 보면서도 나는 그걸 샅샅이 다 맛보지 못하고 가게 된단 말입니다. 죽음을 생각할 때 끔찍한 것은, 나의 인생이 나와는 관계도 없이 막을 내린다는 확신을 죽음이 가져다준다는 점입니다. 나는 기껏해야 들러리다, 이겁니다. 알겠어요?"[21] 죽음을 응시하는 대부분의 인간은 죽음의 의미를 음미하기보다는 부자가 되어 행복하게 살다 죽는 것을 꿈꾸게 된다. 죽음과의 전투는 항상 인간의 패배로 끝날 뿐이다.

어니스트 베커는 종교가 죽음을 부정하고 마치 죽지 않을 것처럼 살아가기 위한 '영웅주의'의 산물이라고 말한다. 베커는 영웅주의라는 개념을 전면에 내세우면서, 사회는 죽음 부정을 위한 영웅주의 체계라고 주장한다. 나아가 그는 모든 사회는 그 자체로 하나의 종교일 수밖에 없다고 주장하면서, 영웅주의와 영웅론의 관점에서 모든 문화적 창조물의 종교적인 성격을 보여주고자 한다.[22] 비슷한 맥락에서 지그문트 프로이트는 "자신의 죽음을 상상하는 것은 불가능하다. 상상하려고 애쓸 때도 있지만, 그때마다 우리가 여전히 구경꾼으로 존재한다는 사실을 알 수 있다. 따라서 정신분석학파는, 마음속 깊은 곳에서는 아무도 자신의 죽음을 믿지 않는다고, 바꿔 말하면 무의식 속에서는 모든 사람이 자신의 불멸을 확신하고 있다고 주장할 수 있었다."라고 말한다.[23] 프로이트에 따르면 인간은 결코 자신의 죽음을 상상할 수 없다. 아무리 죽음을 상상하려 해도 인간은 그저 자신의 주검을 관찰하는 구경꾼으로 남을 뿐이다. 미래의 자기 주검을 상상 속에서 목격하는 이러한 구경꾼을 우리는 '영혼'이라 부른다.

임사체험을 했다고 주장하는 사람들의 증언에서도 비슷한 점을 발견할 수 있다. 어떻게 보면 임사체험은 자신의 죽음을 목격하는 또 다른 구경꾼에 대한 증언이다. 이처럼 죽음에 대한 우리의 상상력은 결코 우리를 완전히 살해할 수 없다. 익사할 뻔하거나 암벽에서 떨어지는 등의 사고를 당하면서 죽음의 문턱을 체험한 임사체험자들 가운데 어떤 이는 '생애 회고(life review)'라는 독특한 경험을 했다고 주장한다. 생애 회고는 자기 삶의 중요한 장면들이 마치 영화나 슬라이드 쇼처럼 눈앞에서 펼쳐지는 경험을 가리킨다. 그런데 근래에 임사체험자의 생애 회고에 관한 이야기들에서는 사법적이고 도덕적인 판단이나 처벌이 아니라, 자기 평가나 학습이나 성장의 의미가 강조된다. 생애 회고를 통해 자신의 삶을 되돌아봄으로써 한 단계 더 성숙한 인간으로 변모했다고 주장하는 것이다. 마치 영화처럼 자신의 삶을 회고한다는 점에서 이러한 체험은 최후의 심판의 최신 버전으로 해석될 수도 있다. 생애 회고를 통해 이미지로 된 '짧은 자서전'이 완성되고, 이로부터 자신의 삶에 대한 총체적 반성이 일어나는 것이다.[24] 물론 생애 회고에 대해 이와는 다른 주장을 할 수도 있다. 생명을 위협하는 극단적인 상황에 처할 때, 자동적으로 인간은 과거의 기억을 더듬어 위기를 탈출할 수 있는 해법을 모색하게 된다. 임박한 죽음의 상황에서 인간은 생명을 위협했던 과거의 유사한 상황들을 더듬어 기억 속에서 해법을 발견하기 위해, 자신의 뇌를 쥐어짜는 필사적인 노력을 기울이게 된다. 생애 회고는 이러한 기억 탐색의 소산이라고 주장할 수도 있을 것이다.[25] 어찌 됐든 인간은 자신의 죽음을 사실 그대로 받아들일 수 없으며, 어딘가에 죽음을 회피할 수

죽음을 사색하는 시간

있는 해법이 있을지도 모른다는 생각을 하게 되는 것 같다.

우리는 자살을 죽음을 긍정하는 가장 극단적인 방식이라고 생각하는 경우가 많다. 그러나 찰스 윌이 분석한 자살 동기에 따르면, 자살은 오히려 죽음 부정의 산물이기도 하다. 또한 자살은 합리적인 인과관계에 의존하지 않는 '주술적인 행위'일 수 있다. 자살자가 자살을 통해 자신의 행위와는 무관한 특정한 결과를 초래하고자 하는 것이다. 첫째, 자살자가 자신의 죽음에 대한 죄의식을 불러일으켜서 부모, 형제, 사회, 인류를 처벌하고자 하는 경우가 있다. 이때 자살자는 은연중에 죽음이 최종 행위라는 사실을 부정하게 된다. 왜냐하면 자신의 행위가 야기할 다른 사람들의 양심의 가책을 직접 보고 음미하기 위해서는 죽음 이후에도 자신이 어떤 식으로든 존속해야 하기 때문이다. 예컨대 트로브리안드 군도에서 절대 참을 수 없는 모욕을 당한 사람은, 높은 야자나무에 올라가 청중에게 모욕한 자의 악행에 대해 열변을 토한 후에, 머리가 먼저 땅에 닿도록 투신자살을 했다. 일본에서도 자기보다 높은 지위에 있는 사람에게 견딜 수 없는 모욕을 당한 사람은 상대방의 집 앞에서 자살함으로써 복수를 했다. 여전히 현대 사회에서도 많은 사람들은 자신의 억울한 사정과 감당하기 힘든 치욕에 짓눌린 채, 상대방의 죄를 알리고 사람들의 죄의식을 유발하기 위해 자살을 한다.[26]

둘째, 자살자가 자신의 개인적인 죄의식을 덜기 위해 자기 처벌의 방식으로 자살을 하는 경우가 있다. 인간의 무의식에서 생각과 행위는 동일한 것으로 취급된다. 즉 누군가가 죽었으면 좋겠다고 생각했는데 마침 그 사람이 죽게 될 때, 우리는 자신이 그 사람을 살해한 것 같은 엄청난 죄의식을 느낀다. 이때 자살자는 '눈에는 눈, 이에는 이'라는 탈리온(talion) 법칙에 의거하여 자신을 살해함으로써 공상 속의 살인 행위에 대해 속죄하고자 한다. 그래서 어떤 사람은 부모나 형제의 기일에 자살함으로써, 마치 그들의 죽음이 자신의 무의식적 소망의 결과이기라도 한 것처럼 속죄를 하고자 한다. 이처럼 인간은 사랑하는 사람의 죽음이 자신의 잘못된 말이나 무의식적 소망 때문에 발생했다는 생각에 빠져들기 쉽다. 생각의 힘으로, 또는 말의 힘으로 살인을 저질렀다고 자책하게 되는 것이다.[27]

셋째, 위압적인 죽음의 공포에 대처하기 위해 자살자가 역으로 자살을 이용하는 경우가 있다. 죽음으로부터 도망치는 것이 아니라 죽음을 껴안음으로써 죽음의 공포에 대응하는 것이다. 예컨대 죽음에 대한 강한 공포를 지속적으로 느낀 어떤 사람이 목을 매달아 자살을 시도한다. 그는 죽음이 정말 그렇게 무서운 것인지 직접 체험해 보려고 목을 매달았다고 말한다. 죽음을 통해 죽음을 제거하고자 한 것이다. 이때 자살자는 죽음을 돌이킬 수 없는 최종 상태가 아니라, 돌이킬 수 있는 일시적인 놀이라고 생각할 수 있다. 인간은 무의식적으로 죽음은 끝이 아니라고, 죽음은 다시는 돌아올 수 없는 최종 상태가 아니라고 믿는 것 같다. 무의식적 차원에서 인간은 자신의 죽음을 믿지 않고, 죽음을 두려워하지 않는다. 인간은 자신이 존재하기를 멈출 수 없다고, 죽음에 의해 한 가지 존재 상태에서 다른 존재 상태로 옮겨갈 뿐이라고 믿는다. 즉

죽음을 사색하는 시간

종교인은 의식적 차원에서 죽음을 부정하고 불멸성을 믿지만, 다른 사람들은 무의식적 차원에서 죽음을 부정한다. 이러한 죽음 부정 때문에 자살자는 삶을 가치 없는 것이라 여기고, 삶을 쉽게 버릴 수 있는 것인지도 모른다. 즉 자살자는 죽음을 일반 사람들과는 다른 방식으로 인식하거나, 무의식적 차원에서 죽음을 피해야 할 것으로 여기지 않기 때문에, 즉 죽음을 전혀 두려워하지 않기 때문에 쉽게 자신을 파괴할 수 있는 것이다. 또한 사람이 죽으면 이 세상의 고통에서 해방되어 더 행복한 세상으로 갈 수 있다고 믿거나, 사람이 죽으면 살아 있을 때는 소유하지 못한 힘, 속성, 이점을 누릴 수 있다고 믿는 경우가 있다. 예컨대 죽은 사람은 유령이나 귀신이 되어 전혀 다른 새로운 힘을 얻게 되고, 시공간을 초월하여 존재하며, 원수에게 복수할 수 있다고 생각하는 것이다. "내가 죽더라도, 반드시 다시 돌아와서 너를 괴롭히겠다."라는 흔한 말처럼, 무의식적으로 인간은 죽음이 끝이 아니라는 생각을 품게 되는 것 같다. 무의식적으로 수용된 이러한 생각으로 인해, 살아 있는 동안 자신을 괴롭힌 사람들에게 복수하기 위해, 또는 신에게 잘못된 일을 고하여 나쁜 사람들을 벌하기 위해 인간이 자살을 할 수도 있다.[28]

넷째, 감당할 수 없는 어려운 문제에 직면했을 때, 우리는 그러한 상황에 대처할 수 있었던 과거의 경험을 탐색하기 위해 기억을 더듬는다. 그러나 합리적으로 문제를 해결할 수 없을 때, 흔히 우리는 주술적인 방법에 의존한다. 특히 자살자는 유아적인 우주적 동일시의 시기, 즉 유아적 전능성의 시기로 퇴행함으로써 문제를 해결하고자 한다. 자아 발달의 초기 단계에서 아이는 다른 사람이나 사물로부터 자신을 구분하지 못하는 우주적 동일시의 상태에 빠진다. 그래서 아이는 자신의 생각과 몸이, 즉 자기가 우주의 전부라고 생각하며, 모든 사람과 모든 사물이 자기와 연결되어 있다고 생각한다. 그런데 세상을 견딜 수 있는 모든 자원을 전부 소진했을 때, 자살자는 우주적 동일시라는 유아기의 마법에 의존한다. 자살자는 자기 처벌을 통해 다른 사람들을 향한 복수를 실행한다. 이런 경우 자살자는 세계와 자기를 동일시함으로써 자기를 살해하는 것이 존재하는 모든 것을 살해하는 것이라고 믿는다. 적어도 자살자에게 자신의 죽음은 한 사람을 살해하는 행위가 아니라 다수를 살해하는 행위가 된다. 이때 자살은 부친 살해, 모친 살해, 형제 살해, 자매 살해, 집단 학살의 대체물이 된다. 자살자의 쓸쓸하고 텅 빈 마음은 그를 괴롭히고 비방한 모든 사람들이 거주할 수 있는 우주 같은 것이다. 그래서 그는 흐느껴 울면서 자기를 파괴함으로써 모두를 파괴한다.[29]

어찌 보면 죽음이 없는 듯한 이상적인 사회가 있다. 에스키모인에게서 관찰되는 독특한 '죽은 자의 연회'는 크게 두 부분으로 구성된다. 먼저 에스키모인에게는 가장 최근에 태어난 아이가 가장 마지막으로 죽은 자의 이름을 취하는 관습이 있다. 따라서 죽은 자의 영혼에게 자기와 같은 이름을 지닌 사람 안에서 잠시 동안 환생할 것을 요청하면서 연회가 시작된다. 그다음에는 죽은 자들과 같은 이름을 지닌 살아 있는 자들에게 선물이 건네지고, 함께 모인 살아 있는 자들끼리도 서로 선물을 주고받는다. 그러고 나서 영혼들을 몸에서 쫓아내고, 영혼들은 인간의 거처를 떠나 죽은 자의 땅으로 돌아간다. 이름과 환생의 이러한 상관성에서 우리는 "영속적인 환생의 시스템"을 만난다.[30] 에스키모인에게 새로운 이름이나 전혀 다른 이름은 출현할 수 없다. 이 환생 체계는 결국 한 사람이 자기와 같은 이름을 사용했던 모든 죽은 사람을 표상한다는 것을 가리킨다. 한 사람이 그러한 모든 사람이 되는 것이다. 한정된 수의 이름을 통해 한정된 사람들 안에서 모든 죽은 자들이 영속적으로 환생한다. 이처럼 인간은 다른 인간을 자신의 무덤으로 삼을 수 있다. 이때 모든 인간은 살아 있는 인간이면서도 죽은 인간이다. 이러한 현상을 빙의를 통한 간헐적인 환생이라 부를 수도 있을 것이다. 이러한 세계에서 죽음은 더 이상 우리가 알고 있는 그런 죽음이 아니다.

5. 좋은 죽음은 없다

언제부턴가 웰다잉이나 '좋은 죽음'이라는 말이 우리 사회에서 유행하기 시작했다. 살 만큼 살았으니 '잘 죽어야 한다'는 것이다. 이제는 죽더라도 누가 장례를 치러 줄지 염려해야 하고, 무덤을 위한 작은 땅뙈기라도 미리 마련해야 하고, 화장이나 수목장처럼 남은 자들에게 최대한 덜 미안한 방식으로 죽은 몸을 감추어야 한다는 말이 들려온다. 자신의 주검이 자연을 훼손할까, 살아 있는 자들의 공간에 누를 끼치지 않을까 염려해야 한다는 말도 들려온다. 제사를 제때 지내 달라고 하기도 왠지 미안하고, 무덤에 자주 찾아와 달라고 말하는 것은 더욱 면목 없는 부탁인 것만 같다. 내가 죽더라도 과연 누가 얼마나 나를 기억해 줄지 모르겠고, 아예 최대한 흔적을 지우고 죽어야 그나마 욕을 덜 먹는 것 아닌가 하는 생각마저 든다.

웰다잉은 자기가 살았던 자리를 깨끗하게 치우고, 남은 자들에게 최대한 작은 상처를 주고, 그동안 행복하게 잘 살았다고 고백하면서, 의연하게 죽음을 맞이하는 아름다운 장면을 연출하라는 말 같다. 이제 죽음을 앞둔 사람들은 표준화된 '엔딩 매뉴얼'에 따라 자신의 죽음을 준비하면서, 행복한 죽음을 맞이하기 위한 '죽음의 기술'을 습득해야 할 것 같다. 결국 웰빙이나 웰다잉은 자신의 삶과 죽음의 질에 대한 개인적 책무를 강조하는 말이다. 우리는 여기에서 삶과 죽음을 철저히 개인에게 돌려주어 '개별화'하는 과정을 엿볼 수 있다. 그런데 이러한 삶과 죽음은 매우 외로울 수밖에 없겠다는 생각도 든다.

20세기에 들어서면서 인류가 겪은 가장 큰 혁명은 비약적인 생명 연장의 실현이다. 선사 시대 이래로 현재까지 인류는 다양한 문명화 수단을 통해 조금씩 인간의 평균 수명을 늘려 왔다. 그러나 선사와 역사를 통해 인류가 각고의 노력 끝에 획득한 부가적인 '생명의 양'의 대부분은 20세기 이후의 산물이다. 20세기 이후의 노인은 자신의 부모보다 20년 이상을 더 살게 됐다. 과거에는 많은 사람들이 출생 시에 죽거나, 전염병, 사고, 전쟁 등으로 죽었지만, 20세기 이후에 인간은 유례없는 장수를 누리게 되었다. 이처럼 갑작스럽게 불어난 생명은 현대 사회가 비약적으로 성장할 수 있는 탁월한 동력이었다. 그러나 과도한 '생명의 양'을 잘 관리하여 효율적으로 사용하는 일은 현대 사회의 가장 큰 문젯거리였다.

무엇보다도 의학의 발달과 생활 환경의 개선 등으로 인해 인간이 65세 이전에 사망할 확률이 급격히 감소했다. 미국의 경우에 대체로 전체 죽음의 80% 이상은 65세 이상의 노인에게서 발생하는 것으로 추산된다.[31] 그러므로 현대 사회에서 죽음은 '노인의 전유물'처럼 여겨질 수밖에 없다. 노인은 "곧 죽을 사람"이자 "관리해야 하는 인구"로 인식된다.[32] 종교 역시 "종교는 노인을 위한 만병통치약"이라는 주장을 통해 "노인에게 종교적이기를 요청하는" 터무니없는 일을 자행하기도 한다.[33] 이제 종교를 통해 죽음을 준비하라는 것이다. '노인=죽음'의 등가 현상으로 인해 노인은 '이미 죽음을 겪고 있는 자'로 간주된다. 죽지 않으려면 노인이 되지 않으면 된다는 식의 인식이 팽배해진다. 이런 식으로 현대 사회에서는 '죽음과의 투쟁'이 교묘하게 '늙음과의 투쟁'으로 전환되고, 젊은이는 '노인과의 거리 두기' 속에서 자신의 죽음을 망각하려 한다. 성형수술을 하고 흰머리를 염색함으로써 사람들은 자신의 늙음을, 나아가 자신의 죽음을 은폐하려 한다.

과거에 사람들은 '너무 빨리 죽는 것'을 염려했지만, 이제는 '너무 늦게 죽는 것'이 문제가 된다. 과거에 사람들은 때 이른 죽음을 위로하기 위해 온갖 '죽음 지연의 사회적 장치'를 만들었다. 제사, 추도식, 무덤 같은 죽음 기억의 문화도 '죽음 지연'을 위한 것이다. 생물학적으로는 죽었을지라도 사회적 기억을 통해 오랫동안 불멸할 수 있도록 배려했던 것이다. 더 이상 제사를 지내지 않을 때, 그때 비로소 인간은 사회적 죽음을 맞이했다. 그러나 오늘날 사람들은 생물학적 죽음을 맞기도 전에 사회적 죽음을 겪는 경우가 많다. 늙어서 일자리를 잃거나 아파서 병원에 입원함으로써, 사람들은 몸이 죽기도 전에 사람들의 기억 속에서 미리 죽어 버리게 된다.

알츠하이머병에 걸린 자는 서서히 기억, 언어, 시간, 공간 등을 잃게 되며, 따라서 생물학적 죽음 이전에 사회적 죽음을 겪는다. 치명적인 질병으로 인해 병원에서 여생을 보내야 하는 많은 사람들도 사회적 죽음을 선고받는다. 마찬가지로 정년퇴직을 했거나 요양원에 수용된 노인들은 사람들로부터 망각되는 것을 무척 두려워한다. 살아 있지만 이미 죽은 사람처럼 취급되는 상태, 또는 살아 있는 것도 죽어 버린 것도 아닌 어정뜬 상태를 맞는 것처럼 겁나는 일도 없다. 따라서 '생명의 양'이 과도한 현대 사회는 죽음 촉진의 사회적 장치를 은밀히 가동시킨다. 생물학적으로 죽지 않기 때문에 사회적으로 미리 죽일 수밖에 없는 것이라고 말할 수 있다.

웰다잉은 이처럼 쉽게 잘 죽지 않는 사람들, 너무 늦게 죽는 사람들, 즉 사회적으로는 이미 죽어 버렸지만 의학적으로는 여전히 살아 있는 사람들의 존재가 문제시되는 상황 속에서 등장한 개념이다.[34] 우리는 뇌사, 안락사, 존엄사 등의 문제를 이러한 맥락에서 다시 살펴볼 필요가 있다. 인공호흡기 같은 생명 유지 장치는 뇌사라고 하는 새로운 형태의 죽음을 낳았다. 뇌사 판정이 내려져야 장기 이식을 할 수 있다는 점에서, 뇌사는 인위적인 살해의 범주에 놓일 수 있는 아슬아슬한 개념이다. 안락사는 육체는 살아 있지만 불치병 등의 이유로 삶이 너무 고통스러운 사람들이 요청하는 새로운 죽음 형태이다. 안락사는 어차피 죽을 테니 조금 더 빨리 죽어 고통스러운 상태에서 벗어날 수 있게 해 달라는 것이며, 미래의 죽음과 현재 사이의 짧은 시간적 거리만이 죽음을 정당화한다. 안락사 역시 의학적 자살이나 살인의 혐의를 받을 수밖에 없다. 무의미한 연명 치료의 중단 문제와 연결된 존엄사의 문제도 결국 의학적인 자살과 살인의 문제로 귀결한다.

뇌사, 안락사, 존엄사의 문제에서 알 수 있듯이, 사람을 살리기 위해 등장한 의학이 이제는 사람을 어디쯤에서 죽여야 좋은지를 고민하고 있다. 20세기 이후에 획득한 부가적인 '생명의 양'을 감당하지 못한 채, 인간은 이전과는 확연히 다른 '삶과 죽음의 경계선'에 직면하고 있다. 그러므로 웰다잉은 자연적인 죽음이 사라지고 인공적인 죽음이 넘쳐 나는 시대가 낳은 위기의식의 산물이라고 할 수 있다. 유언장이나 '사전 연명 의료 의향서'는 환자의 죽음의 시기를 결정해야 한다는 부담감으로부터 의사들을 해방시켜 준다. 이제 노인은 매장이 아니라 화장을 선택함으로써 자신의 주검이 행여 오염 물질이 되지 않도록 주의를 기울인다. 행복한 웃음을 띠며 임종하는 것은 남은 자를 위한 작은 선물이다. 사회적 비용을 줄여 주기 위해 자신의 연명 치료가 '무의미하다'는 선고마저 달게 받는다. 이쯤 되면 우리는 '좋은 죽음'이란 것이 도대체 누구를 위해 좋은 것인지 생각하지 않을 수 없다.

　파스칼(Blaise Pascal)은 삶을 위해 싸울 필요도 없고, 날마다 빵을 얻기 위해 땀을 흘릴 필요도 없고, 아이들을 키우기 위해 분투할 필요도 없는 사람들만이 죽음에 대해 성찰하는 경향이 있다고 말한 적이 있다. 마찬가지로 폴 발레리(Paul Valéry)는 영원성이란 잃어버릴 시간이 있는 사람들의 것이라고, 즉 영원성은 여유로움의 소산이라고 냉소를 날린다.[35] 우리는 현재 우리 사회의 무성한 죽음 이야기가 현대 문화의 여유로움을 반영하고 있는 것은 아닌지 되묻지 않을 수 없다. 그러나 이 책에서 계속 이야기한 것처럼, 우리의 문화는 죽음의 기호로 가득 차 있다. 그저 우리가 애써 그 의미를 해독하지 않으려 할 뿐이다. 이제 이 책의 모든 내용을 껴안으면서, 우리는 죄르지 루카치처럼 타인의 죽음이 갖는 의미에 대해 다시 물어야 한다.[36]

> 누군가가 죽었다. 무슨 일이 일어났는가? 아마도 아무 일도 일어나지 않았고, 아마도 모든 일이 일어났다. 아마도 몇 시간의 슬픔, 또는 몇 달의 슬픔이 있을 것이다. 그러고 나서 모든 것이 다시 한 번 고요해질 것이고, 삶은 이전처럼 계속될 것이다. 아니면 아마도 한때 분할할 수 없는 통일체처럼 보였던 무언가가 수천 조각으로 갈기갈기 찢길 것이고, 아마도 삶은 한때 꿈꾸었던 모든 의미를 갑자기 잃어버릴 것이다. 아니면 아마도 메마른 갈망이 새로운

　죽음을 사색하는 시간

힘을 얻어 피어날 것이다. 아마도 무언가가 무너지고 있거나, 아마도 다른 무언가가 세워지고 있다. 아마도 이 두 가지 가운데 어떤 일도 일어나지 않고 있으며, 아마도 이 두 가지가 모두 일어나고 있다. 누가 알겠는가? 누가 말할 수 있겠는가?

누군가가 죽었다. 그는 누구였는가? 그건 중요하지 않다. 이 사람이 다른 이에게, 다른 누군가에게, 가장 가까운 사람에게, 생면부지의 사람에게 무슨 의미를 지녔는지 누가 알겠는가? 그가 다른 사람과 가까웠던 적이 있는가? 그가 다른 누군가의 삶 안에 있었던 적이 있는가? 아니면 그는 그저 자기만의 제멋대로의 꿈에 의해 이리저리 내던져진 공이었는가? 그는 그저 자신을 미지의 세계로 내던지는 구름판이었는가? 그는 그저 어떻게든 절대 자기와 하나가 될 수 없는 덩굴 식물이 그 위에서 자라는 외로운 담벼락이었는가? 그리고 그가 참으로 누군가에게 어떤 의미를 지녔다면, 그것은 무엇이었는가? 그의 어떤 속성 때문에 어떻게 그런 일이 일어났는가? 그것은 그의 특별한 성격, 그 자신의 무게와 본질의 결과였는가? 아니면 그것은 공상, 무의식적으로 발언된 말, 우연한 몸짓 때문에 일어났는가? 인간이 다른 인간에게 무슨 의미를 지닐 수 있는가?

주

1   Giorgio Agamben, "Judgment Day," *Profanations*, trans. Jeff Fort, New York: Zone Books, 2007, pp. 24–25.

2   Walter Benjamin, "Julien Green," *Walter Benjamin: Selected Writings, Volume 2, 1927-1934*, trans. Rodney Livingstone et al., Cambridge: The Belknap Press of Harvard University Press, 1999, p. 333.

3   정진홍, 『만남, 죽음과의 만남』, 궁리, 2003, pp. 159–167.

4   Arthur Schopenhauer, "The Ages of Life," *The Essays of Arthur Schopenhauer, Volume 1: Counsels and Maxims*, trans. T. Bailey Saunders, A Penn State Electronic Classics Series Publication, 2004, p. 117.

5   James D. Torr, *Euthanasia*, San Diego: Greenhaven Press, 1999, pp. 90–91.

6   Marcel Mauss, "The Physical Effect on the Individual of the Idea of Death Suggested by the Collectivity (Australia, New Zealand)," *Sociology and Psychology: Essays*, trans. Ben Brewster, London: Routledge, 1979, pp. 36–56.

7   Robert Hertz, *Robert Hertz: Sin and Expiation in Primitive Societies*, trans. Robert Parkin, Oxford: British Centre for Durkheim Studies, 1994, p. 112.

8   Émile Durkheim, *Suicide: A Study in Sociology*, trans. John A. Spaulding & George Simpson, London: Routledge, 2005, pp. 261–270.

9   Geoffrey Gorer, "The Pornography of Death," *Encounter*, October 1955, p. 52.

10 Giorgio Agamben, *Homo Sacer: Sovereign Power and Bare Life*, trans. Daniel Heller–Roazen, Stanford: Stanford University Press, 1998, pp. 160–162.

11 *Ibid.*, p. 162.

12 Margaret Lock, "Displacing Suffering: The Reconstruction of Death in North America and Japan," in Antonius C. G. M. Robben, ed., *Death, Mourning, and Burial: A Cross-Cultural Reader*, Malden: Blackwell Publishing, 2004, pp. 95–96.

13 Zygmunt Bauman, *Mortality, Immortality, and Other Life Strategies*, Stanford: Stanford University Press, 1992, pp. 132–142.

14 *Ibid.*, pp. 137–138, 140, 142.

15 *Ibid.*, p. 199.

16 *Ibid.*, p. 173.

17 *Ibid.*, p. 169.

18 *Ibid.*, p. 77.

19 Charles W. Wahl, "The Fear of Death," in Robert Fulton, ed., *Death and Identity*, New York: John Wiley & Sons, Inc., 1965, p. 59.

20 Zygmunt Bauman, *Mortality, Immortality, and Other Life Strategies*, pp. 12–13.

21 알베르 카뮈, 「행복한 죽음」, 『알베르 카뮈 전집 1권, 1931–1939』, 김화영 옮김, 책세상, 2010, pp. 338–342.

22 Ernest Becker, *The Denial of Death*, New York: Free Press, 1973, p. 7.

23 지그문트 프로이트, 「전쟁과 죽음에 대한 고찰」, 『문명 속의 불만』, 김석희 옮김, 열린책들, 2003, pp. 54–55.

24 Carol Zaleski, "Death and Near–Death Today," in John J. Collins & Michael Fishbane, eds., *Death, Ecstasy, and Other Worldly Journeys*, Albany: State University of New York Press, 1995, pp. 396–397.

25 Charles W. Wahl, "Suicide as a Magical Act," *Bulletin of the Menninger Clinic*, vol. 21 no. 3, May 1957, p. 96.

26 *Ibid.*, pp. 93–94.

27 *Ibid.*, p. 94.

28 *Ibid.*, pp. 94–96.

29 *Ibid.*, pp. 96–98.

30 Marcel Mauss & Henri Beuchat, *Seasonal Variations of the Eskimo*, trans. James Fox, London: Routledge, 1979, pp. 59, 64, 95, n. 40.

31 Michael C. Kearl, *Endings: A Sociology of Death and Dying*, Oxford: Oxford University Press, 1989, p. 124.

32 정진홍, 「종교와 노인」, 『경험과 기억: 종교문화의 틈 읽기』, 당대, 2003, p. 200.

33 위의 책, pp. 205, 210.

34 Michael C. Kearl, *Endings: A Sociology of Death and Dying*, p. 121.

35 Zygmunt Bauman, *Mortality, Immortality, and Other Life Strategies*, p. 65.

36 György Lukács, "The Moment and Form: Richard Beer–Hofmann," *Soul and Form*, trans. Anna Bostock, Cambridge: The MIT Press, 1974, p. 107.

참고문헌

레나토 로살도, 『문화와 진리: 사회분석의 새로운 지평을 위하여』, 권숙인 옮김, 아카넷, 2000.

알베르 카뮈, 「행복한 죽음」, 『알베르 카뮈 전집 1권, 1931-1939』, 김화영 옮김, 책세상, 2010.

에드문트 후설, 『시간의식』, 이종훈 옮김, 한길사, 1996.

에른스트 캇시러, 『인간이란 무엇인가: 문화철학서설』, 최명관 옮김, 서광사, 1988.

엠마누엘 레비나스, 『시간과 타자』, 강영안 옮김, 문예출판사, 1996.

장 그르니에, 『불행한 존재』, 권은미 옮김, 청하, 1989.

장 보드리야르, 「정치경제학과 죽음」, 『섹스의 황도』, 정연복 옮김, 솔, 1993.

정진홍, 「죽어 되사는 신비」, 『죽음의 사색』, 서당, 1989.

정진홍, 『만남, 죽음과의 만남』, 궁리, 2003.

정진홍, 「종교와 노인」, 『경험과 기억: 종교문화의 틈 읽기』, 당대, 2003.

지그문트 프로이트, 「전쟁과 죽음에 대한 고찰」, 『문명 속의 불만』, 열린책들, 1997.

테오도어 아도르노·막스 호르크하이머, 『계몽의 변증법』, 김유동·주경식·이상훈 옮김, 문예출판사, 1995.

Agamben, Giorgio, *Homo Sacer: Sovereign Power and Bare Life*, trans. Daniel Heller-Roazen, Stanford: Stanford University Press, 1998.

Agamben, Giorgio, "Judgment Day," *Profanations*, trans. Jeff Fort, New York: Zone Books, 2007.

Agamben, Giorgio, "Identity without the Person," *Nudities*, trans. David Kishik & Stefan Pedatella, Stanford: Stanford University Press, 2011.

Ariés, Philippe, "Death Inside Out," trans. Bernard Murchland, *The Hastings Center Studies*, vol. 2 no. 2, May 1974.

Assmann, Jan, *Death and Salvation in Ancient Egypt*, trans. David Lorton, Ithaca and London: Cornell University Press, 2005.

Augustine, *Concerning the City of God against the Pagans*, trans. Henry Bettenson, London: Penguin Books, 1984.

Augustine, *Confessions*, trans. Henry Chadwick, Oxford: Oxford University Press, 1991.

Bataille, Georges, *Theory of Religion*, trans. Robert Hurley, New York: Zone Books, 1989.

Bauman, Zygmunt, *Mortality, Immortality, and Other Life Strategies*, Stanford: Stanford University Press, 1992.

Becker, Ernest, *The Denial of Death*, New York: Free Press, 1973.

Benjamin, Walter, "Julien Green," *Walter Benjamin: Selected Writings, Volume 2, 1927-1934*, trans. Rodney Livingstone et al., Cambridge: The Belknap Press of Harvard University Press, 1999.

Bloch, Maurice & Jonathan Parry, eds., *Death and Regeneration of Life*, Cambridge: Cambridge University Press, 1982.

Bloch, Maurice, *Prey into Hunter: The Politics of Religious Experience*, Cambridge: Cambridge University Press, 1992.

Bloch, Maurice, *Placing the Dead: Tombs, Ancestral Villages, and Kinship Organization in Madagascar*, Illinois: Waveland, 1994.

Bosch, Lourens P. van den, *Friedrich Max Müller: A Life Devoted to the Human-*

ities, Leiden: Brill, 2002.

Codrington, Robert Henry, *The Melanesians: Studies in Their Anthropology and Folklore*, Oxford: Clarendon Press, 1891.

Corbin, Henry, "Cyclical Time in Mazdaism and Ismailism," in *Man and Time: Papers from the Eranos Yearbooks*, trans. Ralph Manheim & R. F. C. Hull, New York: Pantheon Books, 1957.

Cullmann, Oscar, *Christ and Time: The Primitive Christian Conception of Time and History*, rev. edition, trans. Floyd V. Filson, London: SCM Press Ltd., 1962.

de la Saussaye, P. D. Chantepie, *Manual of the Science of Religion*, trans. Beatrice S. Colyer–Fergusson, London and New York: Longmans, Green, and Co., 1891.

Durkheim, Émile, *Suicide: A Study in Sociology*, trans. John A. Spaulding & George Simpson, London: Routledge, 2005.

Eliade, Mircea, "Time and Eternity in Indian Thought," in *Man and Time: Papers from the Eranos Yearbooks*, trans. Ralph Manheim & R. F. C. Hull, New York: Pantheon Books, 1957.

Eliade, Mircea, *Birth and Rebirth: The Religious Meanings of Initiation in Human Culture*, New York: Harper & Brothers Publishers, 1958.

Eliade, Mircea, *The Sacred and the Profane: The Nature of Religion*, trans. Willard R. Trask, New York: Harcourt, Brace and Company, 1959.

Eliade, Mircea, *Myth and Reality*, trans. Willard R. Trask, New York: Harper & Row, Publishers, 1963.

Eliade, Mircea, *Australian Religions: An Introduction*, Ithaca: Cornell University Press, 1973.

죽음을 사색하는 시간

Eliade, Mircea, "Mythologies of Death: An Introduction," *Occultism, Witchcraft, and Cultural Fashions: Essays in Comparative Religions*, Chicago: The University of Chicago Press, 1976.

Eliade, Mircea, *The Myth of Eternal Return: Cosmos and History*, trans. Willard R. Trask, Princeton: Princeton University Press, 2005.

Gorer, Geoffrey, "The Pornography of Death," *Encounter,* October 1955.

Gorer, Geoffrey, *Death, Grief, and Mourning in Contemporary Britain*, London: The Cresset Press, 1965.

Heidegger, Martin, *Being and Time*, trans. J. Macquarrie and E. Robinson, New York: Harper and Row, 1962.

Hertz, Robert, "A Contribution to the Study of the Collective Representation of Death," *Death and the Right Hand*, trans. Rodney and Claudia Needham, London and New York: Routledge, 1960.

Hertz, Robert, *Robert Hertz: Sin and Expiation in Primitive Societies*, trans. Robert Parkin, Oxford: British Centre for Durkheim Studies, 1994.

Hubert, Henri and Marcel Mauss, *Sacrifice: Its Nature and Functions*, trans. W. D. Halls, Chicago: The University of Chicago Press, 1964.

Hubert, Henri, *Essay on Time: A Brief Study of the Representation of Time in Religion and Magic*, trans. Robert Parkin & Jacqueline Redding, Oxford: Durkheim Press, 1999.

Kearl, Michael C., *Endings: A Sociology of Death and Dying*, Oxford: Oxford University Press, 1989.

Kristensen, W. Brede, *Life Out of Death: Studies in the Religions of Egypt and of Ancient Greece*, trans. H. J. Franken & G. R. H. Wright, Louvain: Peeters Press, 1992.

Laertius, Diogenes, *Lives of the Eminent Philosophers*, trans. Pamela Mensch, New York: Oxford University Press, 2018.

Landsberg, Paul—Louis, *The Experience of Death & The Moral Problem of Suicide*, trans. Cynthia Rowland, London: The Camelot Press Ltd., 1953.

Lévi—Strauss, Claude, *The Raw and the Cooked: Introduction to a Science of Mythology : 1*, New York & Evanston: Harper & Row, Publishers, 1964.

Lock, Margaret, "Displacing Suffering: The Reconstruction of Death in North America and Japan," in Antonius C. G. M. Robben, ed., *Death, Mourning, and Burial: A Cross-Cultural Reader*, Malden: Blackwell Publishing, 2004.

Lukács, György, "The Moment and Form: Richard Beer—Hofmann," *Soul and Form*, trans. Anna Bostock, Cambridge: The MIT Press, 1974.

Markandya, Anil, et al., "Counting the Cost of Vulture Decline: An Appraisal of the Human Health and Other Benefits of Vultures in India," *Ecological Economics*, vol. 67 no. 2, September 2008.

Mauss, Marcel & Henri Beuchat, *Seasonal Variations of the Eskimo*, trans. James Fox, London: Routledge, 1979.

Mauss, Marcel, "The Physical Effect on the Individual of the Idea of Death Suggested by the Collectivity (Australia, New Zealand)," *Sociology and Psychology: Essays*, trans. Ben Brewster, London: Routledge, 1979.

McTaggart, J. M. E., "The Unreality of Time," *Mind*, New Series, vol. 17 no. 68, 1908.

Müller, Friedrich Max, *Anthropological Religion: The Gifford Lectures Delivered before the University of Glasgow in 1891*, London: Longmans, Green, and Co., 1892.

Nock, Arthur Darby, *Conversion: The Old and the New in Religion from Alexander the Great to Augustine of Hippo*, Lanham: University Press of America, 1988.

Olson, Robert G., "Death," in Paul Edwards, ed., *Encyclopedia of Philosophy*, New York: Macmillan Publishing Co., Inc. & The Free Press, 1967.

Perrett, Roy W., *Death and Immortality*, Dordrecht: Martinus Nijhoff Publishers, 1987.

Plessner, Helmuth, "On the Relation of Time to Death," in *Man and Time: Papers from the Eranos Yearbooks*, trans. Ralph Manheim & R. F. C. Hull, New York: Pantheon Books, 1957.

Puech, Henri–Charles, "Gnosis and Time," in *Man and Time: Papers from the Eranos Yearbooks*, trans. Ralph Manheim & R. F. C. Hull, New York: Pantheon Books, 1957.

Quispel, Gilles, "Time and History in Patristic Christianity," in *Man and Time: Papers from the Eranos Yearbooks*, trans. Ralph Manheim & R. F. C. Hull, New York: Pantheon Books, 1957.

Radcliffe–Brown, A. R., *The Andaman Islanders*, Glencoe: The Free Press, 1948.

Ricoeur, Paul, *Time and Narrative, Volume 1*, trans. Kathleen McLaughlin & David Pellauer, Chicago: The University of Chicago Press, 1984.

Ricoeur, Paul, "The History of Religions and the Phenomenology of Time Consciousness," in Joseph M. Kitagawa, ed., *The History of Religions: Retrospect and Prospect*, New York: Macmillan Publishing Company, 1985.

Ricoeur, Paul, *Living up to Death*, trans. David Pellauer, Chicago: The University of Chicago Press, 2009.

Rosenzweig, Franz, *The Star of Redemption*, trans. Barbara E. Galli, Madison: The University of Wisconsin Press, 2005.

Schärer, Hans, *Ngaju Religion: The Conception of God among a South Borneo People*, trans. Rodney Needham, The Hague: Martinus Nijhoff, 1963.

Schopenhauer, Arthur, "The Ages of Life," *The Essays of Arthur Schopenhauer, Volume 1: Counsels and Maxims*, trans. T. Bailey Saunders, A Penn State Electronic Classics Series Publication, 2004.

Seneca, Lucius Annaeus, "On the Shortness of Life (De Brevitate Vitae)," *Moral Essays, Volume 2*, trans. John W. Basore, Cambridge: Harvard University Press, 1932.

Seneca, Lucius Annaeus, "On the Happy Life (De Vita Beata)," *Moral Essays, Volume 2*, trans. John W. Basore, Cambridge: Harvard University Press, 1932.

Severson, Richard James, *Time, Death, and Eternity: Reflecting on Augustine's Confessions in the Light of Heidegger's Being and Time*, London: The Scarecrow Press, 1995.

Stausberg, Michael, *Zarathustra and Zoroastrianism: A Short Introduction*, trans. Margret Preisler–Weller, London: Equinox, 2008.

Torr, James D., *Euthanasia*, San Diego: Greenhaven Press, 1999.

Turner, Victor W., "Betwixt and Between: The Liminal Period in *Rites de Passage*," *The Forest of Symbols: Aspect of Ndembu Ritual*, Ithaca and London: Cornell University Press, 1967.

Tylor, Edward Burnett, *Religion in Primitive Culture*, Gloucester: Peter Smith, 1970.

van der Leeuw, Gerardus, "Primordial Time and Final Time," in *Man and Time: Papers from the Eranos Yearbooks*, trans. Ralph Manheim & R. F. C. Hull, New York: Pantheon Books, 1957.

van der Leeuw, Gerardus, "Immortality," in *Man and Transformation: Papers from the Eranos Yearbooks*, trans. Ralph Manheim, London: Routledge & Kegan Paul, 1964.

Wahl, Charles W., "Suicide as a Magical Act," *Bulletin of the Menninger Clinic*, vol. 21 no. 3, May 1957.

Wahl, Charles W., "The Fear of Death," in Robert Fulton, ed., *Death and Identity*, New York: John Wiley & Sons, Inc., 1965.

Wright, James R., "Seneca, Lucius Annaeus," in Paul Edwards, ed., *Encyclopedia of Philosophy*, New York: Macmillan Publishing Co., Inc. & The Free Press, 1967.

Zaleski, Carol, "Death and Near−Death Today," in John J. Collins & Michael Fishbane, eds., *Death, Ecstasy, and Other Worldly Journeys*, Albany: State University of New York Press, 1995.

죽음을 사색하는 시간

발행일 1쇄 2020년 11월 20일
지은이 이창익
펴낸이 여국동

펴낸곳 도서출판 인간사랑
출판등록 1983. 1. 26. 제일-3호
주소 경기도 고양시 일산동구 백석로 108번길 60-5 2층
물류센타 경기도 고양시 일산동구 문원길 13-34(문봉동)
전화 031)901-8144(대표) | 031)907-2003(영업부)
팩스 031)905-5815
전자우편 igsr@naver.com
페이스북 http://www.facebook.com/igsrpub
블로그 http://blog.naver.com/igsr
인쇄 하정인쇄 **출력** 현대미디어 **종이** 세원지업사

ISBN 978-89-7418-832-0 93200

이 도서의 국립중앙도서관 출판시도서목록(CIP)은 서지정보유통지원시스템 홈페이지(http://seoji.nl.go.kr)와
국가자료공동목록시스템(http://www.nl.go.kr/kolisnet)에서 이용하실 수 있습니다.(CIP제어번호: CIP2020046212)